高等学校交通运输专业"十二五"规划系列教材

运输经济学

YUN SHU JING JI XUE

（第2版）

编著 杭 文

东南大学出版社
SOUTHEAST UNIVERSITY PRESS
·南京·

内容提要

本书基于微观经济学基本原理的分析和描述，同时引入了新制度经济学、产权理论、博弈论等相关学科的基本思想，以大量具体的运输经济问题、特别是新时期中国的运输经济问题为主要关注对象，力图使读者理解运输经济问题的特点及其与一般经济理论的联系，并在此基础上去探寻和解释运输经济活动所涉及的需求者、供给者在受政府管制的运输市场中的行为方式和相互关系。

全书共分五篇/18 章：第一篇，重点介绍运输需求；第二篇，重点分析运输供给；第三篇，重点介绍运输市场；第四篇，重点探讨运输政策；第五篇，重点分析我国的交通运输热点问题。

本书以交通运输类专业的本科生和研究生为主要使用对象，也可供其他专业的研究人员、教学人员、管理人员和政府工作人员参考。

图书在版编目（CIP）数据

运输经济学/杭文编著 .—2 版 .—南京：东南大学出版社，2016.11（2023.7 重印）

（高等学校交通运输专业"十二五"规划系列教材）

ISBN 978-7-5641-6776-9

Ⅰ.①运⋯ Ⅱ.①杭⋯ Ⅲ.①运输经济学 Ⅳ.①F50

中国版本图书馆 CIP 数据核字（2016）第 237075 号

运输经济学（第 2 版）

编　　著　杭　文	主　　审	朱金福
选题总策划	责任印制	张文礼
责任编辑　李　玉	封面设计	顾晓阳

出版发行　东南大学出版社	
地　　址　南京市四牌楼 2 号	邮　编　210096
出 版 人　江建中	
经　　销　全国各地新华书店	
印　　刷　南京京新印刷厂	
开　　本　700 mm × 1000 mm　1/16	
印　　张　23.25	字　数　499 千字
版　　次　2016 年 11 月第 2 版	
印　　次　2023 年 7 月第 4 次印刷	
书　　号　ISBN 978-7-5641-6776-9	
定　　价　43.60 元	

（东大版图书若有印装质量问题，请直接与营销部调换。电话：025-83791830）

高等学校交通运输专业"十二五"规划系列教材

编审委员会名单

主 任 委 员　李旭宏
副主任委员　毛海军　朱金福　鲁植雄
委　　　员　（按姓氏笔画排序）
　　　　　　丁　波　毛海军　朱金福　李仲兴　李旭宏　吴建华
　　　　　　张孝祖　顾正洪　鲁植雄　蔡伟义

编写委员会名单

主 任 委 员　李旭宏
副主任委员　毛海军　李玉
委　　　员　（按姓氏笔画排序）
　　　　　　丁　波　马金麟　王国林　王振军　毛海军　左付山
　　　　　　卢志滨　吕立亚　朱彦东　朱艳茹　刘兆斌　江浩斌
　　　　　　李　玉　李仲兴　李旭宏　何民爱　何　杰　宋　伟
　　　　　　张　永　张　远　张萌萌　陈大伟　陈松岩　陈昆山
　　　　　　杭　文　周凌云　孟祥茹　赵国柱　侯占峰　顾正洪
　　　　　　徐晓美　常玉林　崔书堂　梁　坤　鲁植雄　赖焕俊
　　　　　　鲍香台　薛金林　魏新军

执行主编　李　玉

编审委员会委员简介

李旭宏	东南大学交通学院	教授、博导
毛海军	东南大学交通学院	教授、博导
朱金福	南京航空航天大学民航学院	教授、博导
鲁植雄	南京农业大学工学院	教授、博导
李仲兴	江苏大学汽车与交通工程学院	教授、博导
张孝祖	江苏大学汽车与交通工程学院	教授、硕导
顾正洪	中国矿业大学矿业工程学院	副教授、博士
吴建华	淮阴工学院	副院长、教授
蔡伟义	南京林业大学机械电子工程学院	教授、硕导
丁 波	黑龙江工程学院	教授、系副主任

出版说明

作为国民经济的重要基础设施和基础产业,交通运输是社会经济发展的重要物质基础,其基本任务是通过提高整个运输业的能力和工作质量,来改善国家各经济区之间的运输联系,进而安全迅速、经济合理地组织旅客和货物运输,保证最大限度地满足社会和国防建设对运输的需求。

改革开放以来,我国加快了交通基础设施建设,交通运输业成为重点扶持的支柱产业之一,尤其是20世纪90年代以来,我国采取了一系列重大举措,增加投资力度,促进了交通运输业的快速发展。但是,我国目前的主要运输装备及核心技术水平与世界先进水平存在较大差距,运输供给能力不足,综合交通体系建设滞后,各种交通方式缺乏综合协调,交通能源消耗与环境污染问题严峻。

展望21世纪,我国交通运输业将在继续大力推进交通基础设施建设的基础上,依靠科技进步,着力解决好交通运输中存在的诸多关键技术问题，包括来自环境、能源、安全等方面的众多挑战，建立起一个可持续性的新型综合交通运输体系，以满足全面建设小康社会对交通运输提出的更高要求。客运高速化、货运物流化、运营管理智能化将成为本世纪我国交通运输发展最明显的几个特征。

作为国民经济的命脉，交通运输业正面临着重大的战略需求。掌握交通运输技术的人才及其人才的培养自然成为社会各界关注的热点问题。无论是公路运输、铁路运输，还是水路运输、航空运输、管道运输等都需要大量的交通运输专业的高级技术与组织管理人才，由他们运用先进的技术来装备交通运输，用科学的方法来组织管理交通运输。

教材建设是培养交通运输人才的基础建设之一，但目前我国对交通运输专业的教材建设却十分滞后，已经很难满足社会经济发展的需要，为此由东南大学出版社策划，东南大学出版社与国家重点学科东南大学载运工具运用工程专家共同组织有关高校在交通运输专业有多年教学科研经验的教师编写了这套"高等学校交通运输专业'十二五'规划系列教材"。该套教材融入了作者多年的教学实践及相关课题研究成果，注重交通运输实践性强的特点和科学技术不断向交通运输渗透的趋势，在阐述基本理论、基本方法的同时，引入了大量的实际案例，使这套教材有其显著的特点。相信这套教材的出版，将有助于我国交通运输专业人才的培养，有助于交通运输在我国的社会经济与国防建设中发挥出更大的作用。

高等学校交通运输专业"十二五"规划系列教材编写委员会
2007年12月

前　言

在包括运输经济学初学者在内的大多数人看来,运输经济学既枯燥又乏味,充满了统计数字和专业术语,因此,人们普遍以为,运输经济学的主题是统计与计算。其实,这是一种误解。运输经济学真正的主题是阐释现实中的运输问题,而这些问题本身也由于充满了理性而足以娱人心智,令人乐而忘返:春运期间火车站哪来的那么多"黄牛"?为什么出租车牌照动辄数十万元?公路收费站为何越建越"高级"?乘坐同样的航班、相邻的座位,票价怎么是不一样的?……这些问题,你确定能够给出合理的解释吗?我们之所以在日常生活中遇到这样那样的烦扰,可能是经济学说起来比较简单的缘故。"供给与需求""价格""效率""竞争"等都是大家耳熟能详的经济学词汇,而且这些词汇的意思也是显而易见的,因此,很多时候,似乎人人都是经济学家。然而,运输的独特性与复杂性导致运输经济学中的许多问题并非人们想象的那么简单。例如,出租车司机为何每月要向公司交纳几千元人民币的"份子钱"?超载货车为什么"不超载不赚钱"?飞行员跳槽为何这么难?……在运输经济学领域,要想从"我听说过"进入到"我懂得"的境界并不是件轻而易举的事情。

从教学的角度,为了使运输经济学走出困境,必须改变以集中计划体制为主体结构、以某种运输方式为研究对象、以具体业务知识为基本内容的拘泥于阐述政治经济学所揭示的经济规律的部门经济学的旧框架。同时要避免与交通规划学、运输组织学、运输工程学等学科的简单重叠。本书力图推动运输经济学逐渐从以经验知识的传授为主转向以系统化的理论分析为主,从对具体工作的描述转向超前的运输政策研究,从只对问题进行分割或片断的讨论转向形成完整的运输经济思想和逻辑体系。

基于此,本书编写的目的,主要是想让读者了解运输经济问题的基本特点及其与一般经济理论的联系，了解运输市场内各种基本组成要素以及运输市场的基本结构和主要运行方式，了解运输经济活动所涉及的使用者、运输业者和应该代表一般公众利益的政府这三个主要方面的地位和相互关系，了解运输政策所要调整的主要关系以及制定正确的运输政策的重要性。本书的主要内容以微观经济学基本原理的分析和描述为基础，同时引入了新制度经济学、产权理论、博弈论等相关领域的基本思想，但更为关注的是一些具体的运输经济问题，特别是中国新时期的运输经济问题。

本书以交通运输类专业的大学生和研究生为主要使用对象，也可以供相关研究、教学人员和政府工作人员参考。书中的主要内容可以分为五大部分：第一篇是运输需求，包括第2、3、4章，分别讨论运输需求的基本概念、货物运输需求和旅客运输需求；第二篇是运输供给，包括第5、6、7、8、9、10章，分别讨论运输供给的基本概念、运输成本、载运工具的供给、运输基础设施的供给、运输的外部性以及运输企业，其中，第10章——运输企业为选修章节；第三篇是运输市场，包括11、12、13章，分别讨论运输服务的定价、运输市场结构和运输市场中的交易成本；第四篇是运输与政府，包括第14、15章，分别讨论运输外部性的控制和运输管制；第五篇是综合运用，包括第16、17、18章，分别探讨我国城市公共交通、城市慢行交通和公路货运的经济学问题。

真正的科学研究往往具有超前的性质，能够对后来实际问题的真正解决提供理论上的指导。不敢奢望本书已具备这种理论上的指导，但确实希望书中的一些思想能对读者有某种启发，或能产生某种共鸣，由这些思想延伸，也许我们能在寻求真理的过程中找到正确的途径和方法。

在编写过程中，研究生夏佳、闫许、潘盛艺、于美娜等同学积极参与了本书的编写和修改工作；本书的编写得到了江苏省社会科学基金项目"江苏城市交通发展及管理创新研究"（12GLC006）、江苏省社科研究A类（重点）课题"城市交通拥堵的症结与缓解对策研究"（12SYA-017）和江苏省教育科学"十二五"规划课题"高校跨学科课程有效教学模式研究"（C-c/2011/01/13）的资助；编者在编写过程中参考了同行、专家及相关人士的有关著作、文献、观点和资料，在此对大家一并表示衷心的感谢！

由于编者水平有限，书中难免存在不妥之处，责任由编者承担，恳请读者批评指正。

编 者

2016年6月

目 录

1 运输经济学概述 ··· 1
  1.1 运输经济学概述 ·· 1
    1.1.1 运输与经济学 ··· 1
    1.1.2 运输经济学的定位 ··· 2
  1.2 运输经济学的发展 ·· 3
    1.2.1 学科的国外发展情况 ··· 3
    1.2.2 学科的国内发展情况 ··· 5
    1.2.3 运输经济学的发展趋势 ··· 7
  1.3 运输经济学的学习 ·· 10
    1.3.1 运输经济学的学习意义 ·· 10
    1.3.2 运输经济学的学习方法 ·· 10

第一篇 运输需求

2 运输需求概述 ·· 14
  2.1 运输需求的概念 ·· 14
    2.1.1 需求理论概述 ·· 14
    2.1.2 运输需求概述 ·· 16
  2.2 运输需求的特点 ·· 17
  2.3 影响运输需求的因素 ··· 23
    2.3.1 运输服务的价格 ·· 23
    2.3.2 消费者的收入水平 ·· 25
    2.3.3 其他运输服务的价格 ·· 26

  2.3.4 需求者的偏好 ··· 27
 2.4 运输需求分析的复杂性 ·· 29
3 货物运输需求 ··· 33
 3.1 生产地的区位决定 ·· 33
  3.1.1 运输与土地利用的关系 ··· 33
  3.1.2 工业区位理论 ·· 34
  3.1.3 区位理论的发展 ··· 36
 3.2 货物运输需求的属性 ·· 41
  3.2.1 运输距离 ·· 41
  3.2.2 货物批量 ·· 43
 3.3 货运需求的影响因素 ·· 45
  3.3.1 运价水平 ·· 45
  3.3.2 经济发展水平与产业结构 ··· 47
  3.3.3 偏好 ·· 51
4 旅客运输需求 ··· 56
 4.1 人们的交通需要 ·· 56
 4.2 客运需求的影响因素 ·· 58
  4.2.1 运价水平 ·· 58
  4.2.2 收入水平 ·· 60
  4.2.3 其他运输服务的价格和质量 ··· 62
  4.2.4 人口数量 ·· 66
  4.2.5 出行偏好 ·· 66
 4.3 有关私人交通的分析 ·· 71
 4.4 旅行时间价值 ·· 74

第二篇 运输供给

5 运输供给概述 ··· 78
 5.1 运输供给的概念 ·· 78
 5.2 运输供给的特点 ·· 79
 5.3 运输供给的影响因素 ·· 84
 5.4 五种运输方式的技术经济特点 ·· 87

  5.4.1 铁路运输 ································· 87
  5.4.2 水路运输 ································· 88
  5.4.3 公路运输 ································· 89
  5.4.4 航空运输 ································· 90
  5.4.5 管道运输 ································· 91

6 运输成本 ··· 93
6.1 运输成本概述 ··································· 93
6.2 基本的运输成本概念 ··························· 95
  6.2.1 总成本、固定成本和可变成本 ············ 95
  6.2.2 边际成本 ································· 97
  6.2.3 平均成本 ································· 99
6.3 扩展的运输成本概念 ·························· 102
  6.3.1 短期成本和长期成本 ····················· 102
  6.3.2 联合成本与共同成本 ····················· 104
6.4 运输成本计算的复杂性 ······················· 105

7 载运工具的经济特性 ······························ 113
7.1 载运工具的经济装载量 ······················· 113
  7.1.1 载运工具的经济装载量模型 ············· 113
  7.1.2 载运工具经济装载量的影响因素 ········· 114
7.2 载运工具的运力结构 ·························· 117
  7.2.1 大型载运工具的经济性 ··················· 117
  7.2.2 实载率与运输组织 ······················· 118
7.3 载运工具的经济寿命 ·························· 123
  7.3.1 载运工具的经济寿命模型 ················ 123
  7.3.2 载运工具经济寿命的影响因素 ··········· 124

8 运输基础设施的经济特性 ························ 129
8.1 运输基础设施的成本特性 ····················· 129
  8.1.1 机会成本难以把握 ······················· 129
  8.1.2 固定资产投资巨大 ······················· 130
  8.1.3 成本难以归依 ···························· 132
8.2 运输基础设施的商品特性 ····················· 133

  　　8.2.1　公共物品属性 ·· 133
  　　8.2.2　多维商品属性 ·· 137
  　　8.2.3　互补性与替代性 ·· 139
  　　8.2.4　规模经济性与规模不经济 ···································· 141
  8.3　运输基础设施供给的特性 ·· 143
  　　8.3.1　投资收益的不确定性 ··· 143
  　　8.3.2　投资的社会公益性 ·· 145

9　运输的外部性 150
9.1　外部性概述 ··· 150
　　9.1.1　外部性的概念 ·· 150
　　9.1.2　外部性产生的原因 ·· 152
　　9.1.3　符合社会效率要求的污染 ···································· 153
9.2　运输的外部性 ·· 154
9.3　运输外部成本的评估与量化 ··· 156
　　9.3.1　外部成本计量的复杂性 ······································· 156
　　9.3.2　运输外部成本计量的方法 ···································· 156
9.4　交通拥挤概述 ··· 161
　　9.4.1　交通拥挤的概念 ··· 161
　　9.4.2　拥挤的经济成本 ··· 164
　　9.4.3　拥挤的经济价值 ··· 164

10　运输企业 168
10.1　运输企业概述 ·· 168
10.2　运输企业的产权形式 ··· 170
　　10.2.1　公路企业的产权形式 ··· 170
　　10.2.2　车辆运输企业的组织形式 ··································· 175
10.3　运输企业的一体化 ·· 176
　　10.3.1　公路企业的纵向一体化 ······································ 176
　　10.3.2　公路企业的横向一体化 ······································ 177
　　10.3.3　车辆运输企业的纵向一体化 ································ 180

第三篇　运输市场

11　运输服务的定价 186

- 11.1 定价原理 ··· 186
- 11.2 边际成本定价与效率原则 ··· 187
- 11.3 现实中的定价方法 ··· 190
  - 11.3.1 高峰定价 ·· 190
  - 11.3.2 固定基础设施成本的分摊 ································· 192
  - 11.3.3 互不补贴定价 ·· 195
  - 11.3.4 次优定价 ·· 197
  - 11.3.5 全部成本和增量成本定价 ································· 199
  - 11.3.6 差别定价 ·· 201
  - 11.3.7 成本加成定价 ·· 203

12 运输市场结构 ··· 208
- 12.1 运输市场的概念 ··· 208
- 12.2 运输市场的类型 ··· 209
  - 12.2.1 完全竞争市场 ·· 209
  - 12.2.2 完全垄断市场 ·· 211
  - 12.2.3 寡头垄断市场 ·· 214
  - 12.2.4 垄断竞争市场 ·· 216
  - 12.2.5 不完全竞争的实质与代价 ································· 217
- 12.3 运输市场结构 ··· 221
  - 12.3.1 上下一体化的运输经营者 ································· 221
  - 12.3.2 基本上不拥有固定设施的运输经营者 ············· 224
  - 12.3.3 拥有部分固定设施的运输经营者 ····················· 228

13 运输市场中的交易成本 ··· 237
- 13.1 交易成本概述 ··· 237
  - 13.1.1 交易成本的概念 ·· 237
  - 13.1.2 交易成本的分类 ·· 237
  - 13.1.3 交易成本产生的原因 ·· 238
- 13.2 风险与不确定性 ··· 239
- 13.3 有限理性与机会主义 ··· 240
  - 13.3.1 "契约人"假说 ·· 240
  - 13.3.2 有限理性 ·· 241
  - 13.3.3 机会主义 ·· 242

第四篇　运输与政府

14　运输外部性的控制 …… 254
- 14.1　控制运输外部性的政策选择 …… 254
- 14.2　控制运输外部性的市场手段 …… 257
  - 14.2.1　"污染者付费"原则 …… 257
  - 14.2.2　拥挤收费 …… 258
- 14.3　控制运输外部性的其他政策手段 …… 263
  - 14.3.1　标准与规章 …… 263
  - 14.3.2　运输补贴 …… 265
  - 14.3.3　对受害者的保护 …… 268
- 14.4　控制运输外部性的私人方式 …… 268
- 14.5　优化运输外部性的复杂性 …… 271

15　运输管制 …… 276
- 15.1　管制理论 …… 276
  - 15.1.1　管制产生的原因 …… 276
  - 15.1.2　管制的成本与效果 …… 281
  - 15.1.3　管制经济学的发展趋势 …… 282
- 15.2　运输管制概述 …… 284
  - 15.2.1　运输管制的工具 …… 284
  - 15.2.2　我国的运输管制 …… 285
- 15.3　几类运输管制的经济学分析 …… 286
  - 15.3.1　税收 …… 287
  - 15.3.2　价格限制 …… 290
  - 15.3.3　市场准入 …… 294

第五篇　综合运用

16　城市公共交通经济学 …… 300
- 16.1　出租车市场的经济学解释 …… 300
  - 16.1.1　出租车价格管制 …… 300

16.1.2	出租车司机收入	304
16.1.3	出租车运力管制	306
16.1.4	出租车市场的经济租	308
16.1.5	新事物与展望	311

16.2 城市公交市场的经济学解释 313

16.2.1	大城市公共交通的经济属性	313
16.2.2	大城市公共交通出行者的需求特征	313
16.2.3	大城市差异化公交服务模式发展的必要性	315
16.2.4	大城市差异化公交服务模式发展的可行性	317
16.2.5	公交服务水平提升困难的经济学解释	319

17 城市慢行交通经济学 323

17.1 公共自行车系统的经济学解释 323

17.1.1	消费者视角的分析	323
17.1.2	城市管理者视角的分析	325

17.2 电动自行车市场的经济学解释 327

17.2.1	电动自行车市场分析	327
17.2.2	电动自行车问题的经济学解释	330

18 公路货运经济学 334

18.1 运价走低的经济学解释 334

18.1.1	可比较的公路运价水平	334
18.1.2	运价走低的经济解释	336

18.2 我国公路货运的优势与代价 343

18.2.1	我国公路货运行业的特征	343
18.2.2	公路货运特征对国民经济的促进作用	346
18.2.3	公路货运特征对交通效率的影响	347
18.2.4	公路货运特征对交通安全的影响	348
18.2.5	公路货运特征对公路基础设施的影响	351
18.2.6	小结与展望	352

主要参考文献 354

1 运输经济学概述

学习目标

理解运输经济学的学科定位；了解运输经济学的发展历程与发展现状；理解运输经济学的研究方法；熟悉经济学的常见逻辑错误。

1.1 运输经济学概述

1.1.1 运输与经济学

运输(transport)，指的是人或者货物通过运输工具经由运输网络，由甲地移动至乙地，完成某个经济目的的行为。简单地讲，运输是在一定范围内人与物的空间位移。需要说明的是，国民经济与社会生活中发生的人与物体在空间位置上的移动几乎无所不在，但并不是所有的人与物的位移都属于运输经济学探讨的范畴。经济活动引起的物质移动有很多，除了一般了解的货物运输，还有输电、输水、供暖、供气，还有电信部门传输的信息等等。这些物质移动也产生物质位移，在一定意义上说与货物的移动并没有什么本质上的太大区别，而且其中有一些也确实就是从货物运输中逐渐分离出来的。但是，由于输电、输水、供暖、供气和电信传输都已各自拥有独立于交通运输体系的传输系统，它们完成的物质位移不再依赖于人们一般所承认的交通运输工具，因此这些形式的物质位移不包括在运输领域中。

在自然经济社会中，生产、生活所需要聚集的必要要素种类少。因此，物质、能量、信息的流通域小，且在大地域范围内的流通频度也很低，只在一窄小范围之中相对较高，所以在这种社会中经济是以"板块割据"的形态出现。由于自然经济社会生产产品的单调而导致各经济板块具有同质性，经济的同质性则使其流通域中的流通频率低，强度小，这时的运输并非现代意义上的一种产业。因此，有学者认为，包括运输经济学在内的任何一种经济学都是资本主义生产方式的产物。而只有当流通的涉及面广、强度大、方向复杂、频繁重复时，研究其有效性才有重大的社会意义或价值。也正因为研究意义重大，因而才促使其研究内容成为一门经济科学。到了资本主义社会，实现了社会化的大生产后，创造出了与过去无与伦比的空前的生产力。这种空前的生产力的获得来自社会化大生产中的规模经济，实现规模经济的理论方法是实施生产高度分工，具体操作方法就是集中化、同步化和标准地进行生产。同时，与这种生产方式同构的生成了地点相对集中（主要在城市）、不断重复、高强度的货流、客流，这些货流、客流则使得运输成为一种产业。产业的运作要求是要使资源得到有效的配置，这正是经济研究中的本原问题。因此资本主义生产方式是包括运输经济在内的各种产业经济学产生的根据，要注意之处的是由此引出各种经济学的产生不一定是同期的，而是有先有后，其中通常是先"一般"后"专门"。因为"专门"的经济学理论是要有"一般"经济学理论做基础的。所以运输经济学产生的必要条件有两个：一是运输产业的存在；一是有普适的经济学作基础。

1.1.2 运输经济学的定位

运输经济学（transport economics）是应用经济学的一个分支，它是以经济学的理论和分析方法，探讨与运输有关的各种经济问题的一门学科。

根据研究对象的不同，目前与运输经济有关的学科，大致可划分为运输经济学、运输地理学、运输规划学、运输工程学、运输组织学和运输管理学这样几个领域。这几个领域之间相互联系和交叉，有时候不容易分得很清楚。一般来说，运输经济学抽象和研究的是运输需求、运输供给以及运输市场中的种种经济规律。而对于地理学家来说，运输的重要性在于它是影响经济与社会活动分布的主要因素之一，所以他们关心运输网空间结构的变化及其与其他地理要素的相互作用关系。运输规划学主要研究运输业发展中运输设施建设的布局、规划原则、规划方法以及如何确定具体的运输项目。运输工程学主要解决具体工程的设计、施工问题和工程中如何提高管理水平、提高效率及效益的问题。运输管理学则是运输业经营者关于运输企业的组织形式、结构规模、如何在运输市场上竞争和内部如何从事计划、财务、劳资等方面的经营和管理的学科。

运输学（运输工程学及运输管理学）的成熟为运输经济学的产生提供了充分条件，而运输经济学则是衔接运输学与经济学的"交叉"学科，因此运输经济学内容的丰富与否是与运输学内容的丰富伴随相关的。其实运输经济学就是从运输学之中的最后章节的发展中分离出来的，而运输学又是一种工程学，那么也可以说运输经济学是一种后工程学。其中前缀"后"除指运输经济学从运输学之中分离出来的那部分内容外，还应包括二者分离后运输工程发展中所出现的新情况。这部分研究的主要内容就是工程技术（运输）与社会（经济）之间的"接口"问题，也就是运输之中的技术经济问题。其实还不止于此，运输经济学还应包括一部分从经济地理学中分离出来的问题。由于运输经济中的"路"与"车"两种问题比较时，"路"是交通地理系统中的慢变量，它对交通系统特性起着支配性的作用。其中"路"的问题又是属经济地理研究的范畴，因而人们有时也将运输经济问题划归经济地理，而经济地理问题又属地理学科，因此运输经济学研究的问题中还有一部分来自经济地理。但这部分经济地理中的运输问题的基础仍是运输学,没有运输中的路就没有经济地理中的运输问题。实际上准确地讲经济地理问题应为地理经济问题,应属经济学科,所以运输经济学中真正能起分析作用的理论还是运输学和经济学。而运输管理学是一门与运输经济学邻近的学科。这二者的相同之处都是以运输现象作为研究对象;研究目的都是为了要使运输系统能有效运作,并使其资源得到充分利用。不同之处:运输经济学研究是要抽象出运输生产中的经济规律。运输管理学研究则使如何将运输生产中经济规律得以具象。前者在研究中应尽可能的抹去不必要的背景去进行抽象操作,得到的研究成果就是抽象的规律,规律是属科学范畴的概念。所以运输经济学是一门科学。而后者则是要尽可能的将抽象规律在其应用的背景进行具象操作,使其回归到背景之中去。具象操作术在遵从规律的前提下,更多的是要应用艺术范畴之中的技术。因此,这就是很多人认为与其说管理学是一门科学,还不如说它是一门艺术的深层道理。

在一定程度上,运输经济学为其他运输学科提供必要的经济理论基础。在开展运输地理研究、进行运输规划、从事工程设计和施工,以及经营管理运输企业之前或工作进行之中,应该对问题的本质和来龙去脉有一定的了解和分析,对未来的可能趋势做出预测,并将解决问题的方法制定出方案以进行评价和可行性研究,作为决策的参考依据;运输的规划、设计、施工、运营各项工作中都包含经济问题,都离不开运输经济学的理论和分析方法。因此,运输经济学是其他几个有关运输学科的经济理论基础;同时,运输经济学也必须与其他学科一起共同发展,只有运输经济学与其他学科互相渗透、紧密结合,才能更好地探索各种运输经济问题的内在规律,比较圆满和有效率地实现运输目标。

1.2 运输经济学的发展

1.2.1 学科的国外发展情况

1)学科初创时期

西方的经济学家们很早以前就开始注意运输问题了。亚当·斯密1776年在《国民财富的性质和原因的研究》(即《国富论》)中论述过运输对城市和地区经济繁荣所起的促进作用、政府在交通设施方面的开支等问题。铁路在欧洲出现以后,有更多学者参加了对运输经济问题的讨论,著文论述运输与经济及文化的关系。德国经济学家李斯特在19世纪20—30年代把交通作为国民生产力的一个因素进行研究。马克思在他的经济学研究中提出了大量非常宝贵的运输经济思想,《资本论》用大量篇幅论述了铁路和航运对资本主义大工业的作用。1844年法国经济学家杜比特(J. Dupuit)发表了以费用—效益观点研究运输投资和运价问题的《论公共工程的效用》。这是第一篇提出边际概念的经济学论文,也被后人认为是第一篇运输经济学专论,因此在运输经济学学说史中占有重要地位。1850年,在铁路的发源地英国,伦敦大学教授拉德那(D. Lardner)出版了他的《铁路经济》一书,这本书的副标题是"论一种运输新技术,它的管理与展望,并通过铁路在英国、欧洲及美洲的运营结果说明它与商业、金融和社会的各种关系"。在这本书里,拉德那讨论了运输进步的历史及其影响,讨论了铁路的各种运营管理和成本、运费、利润等问题,还讨论了铁路与国家的关系。著名经济学家马歇尔(A. Marshall)后来称赞该书为近代铁路经济科学奠定了基础。1853年,德国的卡尔·克尼斯(K. Knies)也出版了他的《铁道经营及其作用》一书。1878年,奥地利的萨克斯(E. Sax)出版了《国民经济中的运输工具》。这本书注重采用理论分析的方法,把边际效用学说引入了运输经济学;在体系上,该书既讨论一般的运输政策论,讨论国家在运输方面的作用,也有讨论运输业运营活动的经营论。萨克斯对运输经济理论体系的建立做出了杰出贡献。以上几本著作是运输经济学初创时期的主要著作,为运输经济科学奠定了基础。

2)快速发展时期

从工业国家修筑铁路高潮时期一直到第一次世界大战后,铁路在世界运输业中一直占有统治地位。在这个时期里,铁路的投资、铁路的经营管理以及国家对铁路的管理成为运输经济研究的主要对象,各个欧洲国家、美国和加拿大在这些年中都出版了这些方面的专门著作和大学教材。到了二次大战前夕,汽车运输在欧美国家向铁路提出挑战,其他运输方式也得到迅速发展,这种变化当然要反映到运输经济学中。1940年,美国的约翰逊(E. Johnson)等人出版了《交通运输:经济原理与实践》,开始全面讨论包括铁路、水运、公路、航空和管道各种运输方式的运输经济问题,包括它们之间的竞争与协作。二次大战以后,各种运输业的发展、变化和经济学在宏观、微观理论方面的进步,吸引了较多经济学家逐渐加入运输经济研究。以至于在西方,人们一般认为从20世纪50年代后期开始,运输经济学才真正加快了自己前进的步伐。这是因为,它的发展一方面要等待与运输有关的社会经济实践积累得比较充分;另一方面,要等待基本经济理论、数学方法等基础和工具也变得足够完善起来。在美国,1946年出版了毕格海姆(T. Bigham)的《交通运输:原理与问题》,1950年出版了费尔(M. Fair)的《运输经济学》,1958年出版了梅耶(J. Meyer)等人的《运输业中的竞争经济学》,多次再版了劳克林(D. Locklin)的《运输经济学》。这些著作综合地讨论了各种运输方式的发展、竞争、定价原理、经营、国家对运输业的管理和运输政策等,是这一时期运输经济学的代表性著作。

20世纪60年代以后,西方国家各种运输规划方面的可行性研究和环境影响研究,吸引了很多工程专家参加工作,这使得运输经济学在投资和成本——效益分析方面取得了较快进展。这期间,由于世界银行在运输方面的贷款项目,发展中国家遇到的交通运输问题也引起了经济学家的注意,他们注重研究运输与经济发展的关系。进入70—80年代以后,世界经济在能源、环境等方面的危机提出了新的运输经济课题,同时西方国家的运输业管理政策也发生了很大变化,对这些问题的探讨逐渐反映在运输经济著作中。西方运输经济学除了综合性的著作,如美国桑普森(R. Sampson)等人的《运输经济——实践、理论与政策》,哈帕尔(D. Harper)的《美国运输:使用者、运送者和政府》,英国肯尼思·巴顿(Kenneth J. Button)的《运输经济学》和斯特伯斯(P. Stubbs)的《运输经济学》以外,还有一些比较专门性的论著,如航空经济、海运经济、客运、城市交通、运输与能源、运输与土地利用、运输需求分析、各国运输政策分析等,其中城市交通的规划研究发展很快,著作数量较多。

从总体上说,运输经济学是一门正在发展、尚未完全成熟的学科。而且,运输经济学在很长一段时间里似乎与主流经济学总是格格不入。其原因在于:一方面运输经济学问题确实有自己很强的行业特点,因此一些运输经济学家在建立学科体系和进行经济分析时似乎更像一群专业的技术专家,而较少使用已经比较通用的经济学方法和语言;而一般经济学家也较难一下子就能够从总体上把握住整个运输经济学的脉络,故而使得学科之间的沟通较为困难。另一方面,过去一般经济学是以新古典理论作为基本框架的,但是这种分析框架需要一系列非常严格的前提假设,例如完全竞争、交易成本为零、信息完全对称等,而这些假设在交通运输领域可能比一般工商业更加不适用,因此,在运输经济学教科书中所直接平移过来的新古典理论又确实距离运输市场的现实十分遥远。

3) 近期的著作与教材

在作为运输经济学学科发展主流所在地的西方国家,运输经济学著作与教材在最近20年间发生了很大变化,其突出特点之一是标准经济学方法的使用。例如:1997年,美国密歇根大学的肯尼思·博伊(Kenneth D. Boyer)的《运输经济学原理》(Principles of Transportation Economics)一书出版,该书第一次比较清晰地把运输经济分析建立在运输业网络经济特性的基础之上,因此常常被认为是运输经济学开始走向成熟的一个标志。此外,还有其他一些近年来出版的教材,如英国肯尼思·巴顿(Kenneth J. Button)2010年再版的《运输经济学》(第三版)(Transport Economics, 3rd Edition),英国David J. Spurling于2010年出版的《运输经济学介绍:需求、成本、定价与采纳》(Introduction to Transport Economics: Demand, Cost, Pricing, and Adoption),法国André de Palma和加拿大Robin Lindsey等人2011年出版的《运输经济学指南》(A Handbook of Transport Economics), D. Levinson, D. Gillen和M. Iacono于2011年出版的《运输经济学》(Transportation Economics),加拿大Barry E Prentice和美国Darren Prokop于2016年出版的《运输经济学概念》(Concepts of Transportation Economics)。

1.2.2 学科的国内发展情况

1) 学科发展历程

我国从20世纪20年代后期和30年代开始引进西方的运输经济学,先后出版了《交通经济学》、《铁路管理学》等著作,介绍运价、运输成本、财务会计和运输统计等方面的原理。新中国成立以后,新中国的运输经济理论主要是向前苏联学习的,结合中国实际也编著了一系列运输经济学教材和专著。80年代前后又陆续出版了《铁路运输经济》、《公路运输经济学》、《航运经济》、《中国运输布局》、《中国交通经济分析》、《中国的交通运输问题》等一批著作，其中一些分别讨论各部门内部的运输经济、管理活动和体制改革，另一些则反映了当时对综合性宏观运输经济问题进行研究的成果。

到了20世纪90年代，运输经济学学科理论体系逐渐显现出来。其中代表性的著作有：《运输经济学导论》（主编：许庆斌、荣朝和、马运等，1995），《运输经济——实践、理论和政策》（赵传运、荣朝和、马运等译，1989），1999年上海海运学院陈贻龙教授和长安大学邵振一教授主编的《运输经济学》，管楚度的《新视域运输经济学》（人民交通出版社，2002），荣朝和的《西方运输经济学》（经济科学出版社，2002第一版，2008第二版），严作人、杜豫川和张戎主编的《运输经济学》（人民交通出版社，2009第二版），徐剑华的《运输经济学》（北京大学出版社，2009）和杭文主编的《运输经济学》（东南大学出版社，2008第一版）等等。

2）学科发展的问题

尽管运输经济学在我国取得了长足的发展，仍然有不少学者认为这些年我们在运输经济学理论创新，特别是学科体系改造方面的成果远不能令人满意。突出的表现是运输经济学科时代特征的最明显的"载体"——教科书，还存在以下一些明显的问题：

第一，过去的运输经济学几乎纯粹是政治经济学的部门经济学，把它的指导思想概括为仅仅阐述政治经济学所揭示的规律在本部门的体现，似不为过。有些运输经济学者即使不同意这个命题，但在实际上却无力摆脱这一束缚。这种状况必然与国际上经济学发展的主流不相适应，特别不能与宏观经济学和微观经济学相衔接。

第二，过去的运输经济学是以集中计划体制作为主体结构。诸如：曾被我们长期借鉴的前苏联运输经济学，它们的思路是停滞的，几乎无例外地以"计划作为全书主线"。这种以计划体系为主的情况在我们这里如出一辙。我们当然可以允许在学术上有个运输经济的"计划学派"，但是，这种思想体系的教科书也许只能反映过去时代的传统计划体制，而不能给读者以比较充足的运输经济的科学知识。

第三，过去的运输经济学教材都以一种运输方式为研究对象，或者以一种运输方式为主要研究对象，没有形成综合性的运输经济学体系。各种运输方式是相互联系、相互补充的，抽去了它们的共性，过于强调它们的特性，就不免使运输经济学加重工艺性和技术性色彩，从而出现弱化理论研究和政策研究的倾向。当然，我们不反对有"铁路运输技术经济学"、"公路运输技术经济学"和"水运技术经济学"等等，但是用"运输经济学"命名的教科书，终究应具有各种运输方式的综合性特征，否则，就不可能给读者以整体的运输经济科学知识。

第四，过去的运输经济学教科书中，具体的业务知识占有很大分量，从而使它的内容同各种具体的经济业务课程相重复。在运输经济学科的课程体系中，适当的交叉是不可避免的，但主要内容的重复却是不能容忍的。如果运输经济学与计划、价格、财务、劳动工资、统计等互相重复，运输经济学本身必然产生危机。

第五,近年来的一些运输经济学教科书中,开始逐渐引入西方运输经济学的学科体系,这是对传统运输经济学教科书的重大突破,但书中引用的案例也多源自西方发达国家的运输经济问题。这固然有助于读者对经济学基本原理的把握,但我们也应看到,中国经济的发展,走的是一条西方发达国家未曾经历的新路。因此,中国的运输经济问题,有着与西方发达国家不完全相似的社会背景,需要我们投入更多的时间和精力方能剖析机理、探寻真谛。

1.2.3 运输经济学的发展趋势

1)研究范围扩大,综合性日益加强

运输经济学的研究领域一直在扩大,目前它的研究内容大致可以分为:交通运输的意义,它与经济、文化及社会发展的关系;运输需求分析;运输供给和成本研究;运输价格分析;运输政策方面的研究;运输业发展战略研究;运输投资和项目评估;城市运输问题;交通拥挤和安全问题;运输引起的环境问题以及运输与土地利用、与能源问题的关系;运输行业管理方式的改革和运输企业的内部管理等等。研究领域的扩大反映出交通运输与现代社会经济的联系越来越紧密,也反映出运输经济学开始走向成熟。

这方面的变化不但表现在部门运输经济学正日益走向跨部门的综合性运输问题研究,而且表现在运输以外的人们对运输问题的关心越来越多,运输经济问题不再是运输经济学界能够关起门来自己研究的领域。虽然从亚当·斯密和马克思的时代起,运输界就没能包揽过这一领域,但跨学科研究运输问题的倾向从来没有像现在这样突出。由于运输问题影响的广泛,许多学科的专家纷纷转向这一领域;而另一方面,运输经济具有很强的综合性,单靠运输界的力量又难以胜任当前研究所需要的广度和深度。因此,运输经济已经成为诸多学科涉足的领域。20世纪60年代以来,各国加强了各种运输经济研究机构,一些世界著名学府如牛津大学、哈佛大学、麻省理工学院和伯克利加州大学,都有自己的运输经济问题研究所或研究中心,甚至出现了多国性的研究组织,如欧洲经济共同体的运输经济研究中心等。参与运输经济问题研究的学科包括经济学、管理学、地理学、农学、城市规划、建筑工程、环境科学、法律、数学和计算机应用等十几个学科,每年都有很多研究报告、论文和专著出版。在这一点上我国的情况也类似,例如中国科协1987年以来组织几百位各方面的专家学者,进行了历时数年的大规模运输发展战略与政策咨询研究。这些都反映出运输经济学与现代经济的密切联系。

2)过去一向以政策论和经营论为主的发展线索有所改变

萨克斯1878年在《国民经济中的运输工具》一书中初步建立了运输经济学体系,他把运输经济学分成从宏观角度讨论运输业作用及其与国民经济的关系,和从微观角度讨论运输企业的经营活动这样两大部分。前一部分属于运输经济学的宏观部分,被后人称作政策论;后一部分是运输经济学的微观部分,被称为经营论。从那以后,运输经济理论主要是在这两大块内容里发展。

很长一段时间，运输经济学经营论主要侧重对运输企业经营工作的描述，如运费核算、财务和会计制度、统计方法等。随着企业内部管理活动的逐步规范化和经营管理学科的发展，原来在经营论中的运输财务、会计、统计等内容，一个个分离出去，形成了运输经营管理学科的组成部分。而随着西方经济学微观分析理论的完善，运输经济学微观部分开始注意比较抽象的理论探讨，如运输需求与供给分析、运输成本和运价分析的比重增加，这一部分逐渐成为微观经济学的一个应用分支。

在政策论方面，交通运输的意义、它与经济和社会发展的关系，过去一直是运输经济学关心的重要内容，后来，各国政府在不同时期采取的运输政策，对运输业进行管制或鼓励发展，也逐渐成为西方运输经济学研究的重点。在这方面，耶鲁大学约翰·梅耶等人1958年出版的《运输业的竞争经济学》是一部重要著作。当时美国运输业面临的情况是：公路、航空已继铁路、水运和管道之后得到了相当发展，运输业中五强并存的局面已经形成，但长期实行的运输管制政策却仍旧僵硬地限制着运输业的正常竞争活动，造成运输市场缺乏活力，企业经营效率低下，财务亏损严重。当时许多人没有意识到需要改变运输政策，仍旧主张加强运输管制，增加国家补贴，甚至主张用国有化去解决运输业面临的严重问题。针对这种情况，梅耶等人提出要对运输政策进行根本性调整，以适应运输业的新形势，他们主张放宽对运输业已持续百余年的严格政府控制，代之以鼓励竞争，充分发挥运输市场的作用。近30年来，运输政策研究从过去主要关注管制政策转向放松运输业管制、公共运输业的私有化或民营化，注意更多利用市场机制、利用竞争去解决面临的运输问题。现在，运输政策研究更注重实际应用，强调预见性，以便为所需采取的政策或替代政策提出建议，并能事先预计该政策将会产生的影响。

3）强调运输需求分析

过去，运输经济学经营论主要是从运输业角度讨论运输问题，政策论则主要考虑一般公众或代表国家的政府行为，一度忽视了作为运输服务对象的旅客和货主。随着发达国家的运输供给趋于成熟，运输市场上旅客和货主所处的地位上升，运输经济学也从过去思考问题时一般站在运输业的角度逐渐摆脱出来，把注意力更多地转向运输需求分析。新的运输经济学微观部分注重分析各种运输需求产生的原因和影响因素、旅客或货主在运输活动中的作用和他们对各种运输工具的选择标准、客货运量以及客货流的预测等。不少西方运输经济学家认为，运输经济学的主要内容应该是需求分析，有的运输经济学著作甚至宣称，该书就是主要从使用者的角度讨论运输经济问题。由于物流业和物流管理对现代经济运行效率的影响越来越重要，发达国家目前十分重视物流问题，货物运输的进一步发展要服从提高整个社会物流效率的需要，因此不少著作也开始把货运与物流管理放在一起讨论。

4）与经济学和地理学等主要学科的关系发生了一定变化

在多学科参与运输经济问题综合研究的同时，运输研究似乎有点脱离了经济学和地理学这两门主要学科理论发展的主流，在其学术建设中的地位有所下降；而在起初阶段,运输因素曾是西方经济学和地理学理论发展的重要基础。亚当·斯密和马克思的经济理论中运输问题都占有重要地位,另一些著名经济学家如李斯特、罗雪尔、皮古和马歇尔等也都有过对运输问题的重要论述,经济学中极其重要的边际理论也是从讨论运输问题起源的。但在后来西方经济学的分析体系中,运输多被置于外生变量的地位,即当做经济运行已有的背景条件,不属于少数被分析的重要变量之列。显然,今天主流经济学家们关心的重点已经从运输问题上移开了。随着就业需求的改变,过去西方大学经济系中开设的运输经济课程有不少停办,而在城市规划系、土木工程系或农业经济系中的运输经济课程,现在则更多的是教授工程经济方面的内容。总的趋势是,运输经济研究在推进经济学理论发展方面的影响已经明显下降。

对运输条件和运输费用的考虑,一开始也是传统经济地理学的基础。在杜能的农业区位模型中,其他因素都被作为固定的常数,农民的收益只决定于土地与市场的距离和运输费用。在韦伯的工业区位理论中,他只规定了运输费用、劳动力费用和生产集聚力三个影响区位的因素,其中运费对工业的基本区位起着决定作用,而劳动力费用和集聚的影响,则被他归之为对运输决定的工业区位的第一次和第二次"变形"。韦伯甚至把其他一些次要的区位影响因素,也简化为运输费用加以计算。在区域经济研究中,胡佛提出将自然资源优势、集中经济和运输费用作为构成经济活动区位结构和了解区域经济问题的三个基础因素,运输仍占有重要地位。但运输问题目前在国际地理学界已不是热门话题,有不少地理学家转而研究商业地理或通讯地理,大学里的运输地理课程也减少了。

5)研究方法日趋多样化

随着各学科之间的相互渗透和交叉,运输经济研究所使用的方法和工具日渐丰富,各种规范的、实证的、定性的、定量的、历史的、逻辑的、区域的以及计算机模拟等方法被更多地采用,特别是计量分析手段的逐步完善,使得运输经济学可以更为有效地处理社会经济中与运输问题有关的大量统计信息,能进行更为深入联系及更为复杂的研究探索。

运输经济学发生的这些变化是由各方面原因促成的。在工业化初期,运输业是支持和推动西方国家经济进入现代增长的最重要部门,运输问题特别是运输供给问题非常突出,运输经济学很自然地在这方面取得了较大进展。随着工业化的逐渐成熟,特别是发达国家从70年代开始进入后工业化阶段,实现地区间客货联系的运输网已基本上定型,这方面的问题只是如何加以完善和改进。因此,运输需求、市场机制和运输政策的影响在运输经济学中逐渐突出出来,运输与环境的关系也日益得到人们的关注。经济和地理科学本身也在不断变化,在发达国家,对运输问题从总体上继续进行深入研究,似乎已不是主流经济学家和地理学家十分迫切的任务,这些学者的兴趣中心随着经济结构的变化而转到当前对经济运行产生更大影响的方面。总之,在经济学和地理学这些重要的综合性学科中,由于新问题、新领域不断出现,运输问题研究在推进理论发展中所占的位置也在发生着变化。

1.3 运输经济学的学习

1.3.1 运输经济学的学习意义

我们学习运输经济学具有两方面的意义,一类为理论意义,一类为实践意义。前者有助于不断地拓展其理论的科学逻辑的深度和广度,从而提高人们的理论智力;而后者则有助于提高生活实践、工程实践和政策实践中的主客一致性,以减少实践风险。

1)理论意义

一般认为,学习运输经济学理论具有两种功能:解释功能和预测功能。解释功能就是对运输状态进行定位,从而解释运输经济主体的行为,如运输供给者、运输消费者或政府等的经济行为。预测功能就是预测经济主体未来的行为,为运输决策提供备选方案并对各种可行方案进行效应分析,从而为决策提供依据。无论是解释功能,还是预测功能都应该是科学的,即有科学根据。为此,运输经济理论需要明确的建立一些基本经济范畴,需要对经济行为主体规定一些假设条件,对各经济范畴之间的关系建立一些模型等。

2)实践意义

学习运输经济学的实践意义可以体现在个人、企业和政府三个层次上:从个人的角度说,学习运输经济学就是接受一种经济学方面的教育,以便为分析和理解现代运输市场经济运行规律及其中实施的经济政策提供知识基础;从企业的角度来看,市场经济条件下运输企业的经营和管理必须以经济学理论作为基础,以便降低成本、提高生产率,更好地满足市场需求;从政府的视角来看,政府管理的运输问题无一不是宏观层次上的社会问题,而宏观社会问题的把握是很难凭直觉行事的,运用运输经济学中的理论去把握,有助于正确决策、降低风险并加速发展。

1.3.2 运输经济学的学习方法

首先,综合运用文字、图表与数学公式进行分析是很重要的。本书在理论方面的论述主要依靠文字和图表分析来表达,同时不回避以数学方式表达。这主要是考虑到文字是表达学科思想的首选语言工具,而整个西方经济学的理论体系是由一系列的图形贯穿起来的。学习时要特别注意概念和观点表述的规范性和逻辑性,以及图形坐标系的含义,以免出现一字之差或逻辑谬误。本书中实际上很少有数学公式的推导,列出的方程式也仅供参考。读者如果以后希望从事经验型研究,可以据此去寻找更有帮助的模型。

其次,知识的掌握要系统化。因为本书涉及许多不同的相关理论体系,不同理论体系的理论模型、观点、政策主张都是有一定的差异的。所以在学习中,要有意识地去联想记忆,看到一个理论体系的因素分析时,要回想一下其他哪个理论体系也在这一领域有分析,异同点在哪里。例如,在论述交通拥挤的时候,从定价理论、运输外部性的控制理论、甚至博弈论的角度都有其独特的见解,从而我们能够看出,这些理论之间的相关性是很大的,总结的过程也就是你去理解、系统掌握它的过程。

最后,理论要联系实际,要勤于思考、多问为什么,这一点非常重要。权威和老师比你强的地方仅仅是他们先走一步,已经学习和研究过这些东西,但是这并不意味着他们的研究结果是正确的。因此,对前人的东西,不应该"敬畏地、无条件地接受",而应该是"尊重地审视、平等地质疑"。

 注意:推理的逻辑谬误

不妨提请各位注意一下:必须警惕推理中各种常见的思维谬误。由于运输行业的经济关系通常十分复杂,会涉及许多不同的变量,因此很容易混淆事件背后的真实原因和政府政策对经济的影响。以下是经济推理中一些常见的逻辑谬误:

1)后此谬误

后此谬误(the post hoc fallacy)出自于因果推理。如果我们仅仅因为一件事发生在另一件事之前,就想当然地认为前者是后者的原因,那么,我们就犯下了这里所说的后此谬误。一个实例发生在20世纪30年代大萧条时期的美国。一些人观察到,在商业周期扩张之前或扩张期之中,会出现物价上涨的现象。由此,他们便得出结论说,治疗大萧条的良方是提高工资和价格。这种对策建议会导致一系列的以增加工资和提高价格为目的的低效率的立法和规定。然而这些举措真的能够推动经济复苏吗?几乎可以肯定地说:"不能"。尽管它们可能会有利于复苏早日起步,但事实情况却是,只有在政府为准备第二次世界大战而扩大军事开支、从而导致总支出迅速回升的时候,经济才得到了真正的复苏。

2)不能保持其他条件不变

不能保持其他条件不变(failure to hold other things constant)指的是在考虑某一问题时没能保持其他相关条件不变。例如,当我们发现"十一"长假期间公路的票价上涨了,但公路客流量同时也在暴增,于是一些人争辩说,价格上涨也会导致需求量的增加。这一推理有什么错呢?错误就在于它忽略了长假期间人们出行需求的变化。由于长假期间人们旅游出行需求较平时大为增加,因此,尽管公路票价上涨了,客流量依然猛增。可见,这一分析没有坚持"保持其他条件(即需求曲线)不变"的原则。切记:当你分析一个变量对于经济体系的影响时,一定要保持其他条件不变。

3)合成谬误

有时我们会假定,对局部来说是正确的事情,对总体来说也一定是正确的。然而,在经济学中,我们常发现总体并不简单地等于局部之和。如果你认为对局部来说成立的东西,对总体也必然成立,那你就犯了合成谬误(the fallacy of composition)。我们来看一些正确的命题:①看球赛时,对于某个人来说,如果他站起来,那么或许他能看得更清楚些;但是当大家都站起来时,视野实际上跟大家都坐着时差不多,然而站着比坐着要费力的多。②如果城市里某一市民率先购买了小汽车,他的通勤时间就能减少;但如果所有市民都开车上班,则他(以及所有市民的)通勤时间却会由于交通拥挤而下降。③如果卡特尔中某一企业提高了产量,那么它就能赚取更多的利润;但如果寡头集团中所有的企业都提高了产量,那么所有寡头企业的经营情况都可能变得更糟。这些例子没有任何诡异或神奇之处,它们不过是整个体系中个体互动的结果。个体相互作用时,整体行为往往会与个体行为的结果大相径庭。

这些错误有时会令你付出昂贵的代价。当你学完这本书之后,不妨再回过头来看看,为什么上述那些看似矛盾的结论实际上却是完全正确的。

第一篇 运输需求

看到了别人的需要,你就成功了一半;满足了别人的需求,你就成功了全部。

——波尔加·韦雷什·阿尔巴德

2 运输需求概述

学习目标

掌握运输需求的概念及需求定律；理解运输需求曲线的概念；理解运输需求的特点；借助运价弹性、收入弹性、交叉弹性和偏好等概念理解运输需求的影响因素。

2.1 运输需求的概念

2.1.1 需求理论概述

1）需求的基本概念

运输经济学过去似乎有一个传统，就是主要从作为供给方的运输业角度进行运输经济分析。这当然是有一定道理的，但也容易对需求方的真正特点和意愿认识不足，甚至有把供给方的意愿强加给对方的倾向，这不利于更客观地认识和了解运输经济问题。因此，我们从运输需求出发开始我们的分析。

运输需求理论是从微观经济学的消费者需求理论发展而来的。在微观经济学中，需求（demand），是指当其他条件相同时，在某一价格水平下，消费者愿意并且能够购买的商品数量。在某一价格下，消费者愿意购买的某一物品的数量称为需求量。在不同价格下，需求量会不同。因此，在其他条件相同时，一种物品的市场价格与该物品的需求数量之间存在着一定的关系。这种关系若以图形来表示（图2-1），便称为需求曲线（demand curve）。需求曲线中，每一个价格水平都对应着一个需求量。需求曲线有一种明显的特征，即需求定律。需求定律（the law of demand），指的是当一种商品的价格上升时（同时保持其他条件不变），购买者便会趋向于购买更少的数量。同理，当价格下降、其他条件不变时，对该商品的需求量会增加。需要注意地是，可以影响需求量的因素多如天上

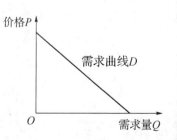

图2-1 需求曲线示意图

繁星,而价格只是其中之一罢了。例如,春运期间,汽车票的价格上升,而其需求量也增加了。这现象并没有推翻需求定律:汽车运输的需求量上升,并不是因为其价格的变化,而是因为春节人们要回家。

2)需求量的含义

需求量是指在某一价格下消费者意图购买的商品/服务的数量。此处,需求量只是"意图"的概念,不是事实,也无从观察。这与运输市场中的成交量(运输量)是两回事。成交量是事实,是可以观察到的:一样物品的购买量与出售量永远相同,二者是同一回事,只是从成交量的不同视角来看罢了。因此,切勿混淆"需求量(某一价格条件下的需求数量)"和"运输量(需求和供给相互影响下的实际成交量)"。对于运输来说,运输量的大小当然与运输需求的水平有着十分密切的关系,但运输量本身并不能完全代表社会对运输的需求,因为运输量还要取决于运输供给的状况。

此外,还要注意,"需求量"与"需求"是不同的概念。前者是因价格变动而变动的。而后者的变动,是因为价格之外的其他因素引起的。春运期间(是个变量),影响了"需求",使整条需求曲线向右移动。因为这种移动,需求量也就增加了,但这增加可不是由价格变动引起的。很明显,要以需求定律来表达公路票价与公路运输需求量的关系,我们必须假设分析的时期不变。

3)价格的含义

现代经济学之父亚当·斯密认为价值有两种:一是使用价值(use value),二是交换价值(exchange value)。使用价值是一个消费者对某物品在边际上所愿意付出的最高代价;交换价值是获取该物品时所需要付出的代价,在市场上,就是该物品的市价;价格是就货币而言的物品的交换价值。有些物品没有市场,所以没有市价,在此我们用代价来取代市价,代价也是要付出或放弃的物品的最高边际使用价值。需要注意地是,市价是一种代价,但代价不一定是市价。例如,我们在"五一"长假时去买火车票,除了按车票上的数值支付货币(票价)之外,可能还要向代购点或者黄牛支付手续费,这里的票价加上手续费等于火车票的市价。除了市价之外,我们可能还要忍受购买车票过程中的奔波之苦(这是一种市价之外的代价)。可见,购买某一运输服务的代价可能会远高于车票的市价,在需求分析时,我们要注意市价与代价的区别。

4)需求量的变动与需求变动的区别

如图2-2所示,需求量变动和需求变动的含义:需求量是在某一时期内,在某一价格水平上,消费者购买的商品数量,商品价格的变动引起购买量的变动,我们称之为需求量的变动,它表现为需求曲线上的点的移动(例如由A点

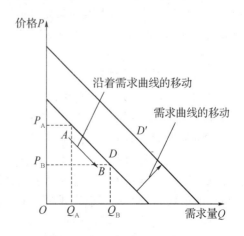

图2-2 运输需求与价格的关系

移动到 B 点）。而需求是在一系列价格水平时的一组购买量，当商品价格之外的因素变化引起购买数量发生变化时，我们称这种变化为需求变动，它表现为需求曲线的移动（例如需求曲线 D 移动到 D'）。当所要购买的数量在每一价格水平增加（或减少）时，称为需求增加（或需求减少）。切勿混淆"沿着曲线的移动（需求量的变动）"和"曲线的移动（需求的变动）"。区别的关键在于价格变动时其他条件是否保持不变。

2.1.2 运输需求概述

1）运输需求产生的原因

汤普森（1974）曾经把现代社会的人们为什么"需要"交通运输归结为以下七个原因：

①自然资源分布的非均衡性，这意味着任何一地都不可能提供当地居民所需要的全部物品，因此需要运输来使不同地区之间互通有无。

②现代社会的高度物质文明依赖于专业化分工，而大工业既需要从各地获得多样化的原材料，也需要为自己的产品去开拓远方市场。

③优良的运输系统有助于实现由技术革新、自动化、大批量生产与销售以及研究与开发活动支持的规模经济。

④运输还一直承担着重要的政治与军事角色：对内而言，一个国家需要良好的运输系统以支持有效的国防并增强政治上的凝聚力；对外而言，强大的运输能力是一个国家强盛的重要标志，也是那些大国实现海外野心和统治殖民地的手段之一。

⑤良好的交通是增加社会交流与理解的基础，并有助于解决由于地域不同而产生的问题；对于很多不发达国家，提供基本的交通条件目前还是解除一些地区封闭状态的首要途径。

⑥交通条件的改善使得人们在自己的居住地点、工作地点以及日常购物、休闲地点之间可以做出很多选择和安排，这在很大程度上影响了人们的生活方式。

⑦现代交通有助于国际文化交流，以便人们了解其他国家的文化特点，并通过国际展览、艺术表演、体育比赛等方式向国外展示本国文化。

2）运输需求的概念

需要说明的是，需求（demand）与需要（need）是两个不同概念。从经济上讲，有支付能力的需要，方构成对商品或服务的需求。引申到运输领域，运输需求（transport demand），是在一定的时期内，一定的价格水平下，社会经济生活在货物与旅客空间位移方面所提出的具有支付能力的需要。同需求一样，具有实现位移的愿望和具备支付能力是运输需求的两个必要条件。不过，由于交通运输具有社会服务的性质，因此也有观点认为它应该满足的是社会"需要"，而不仅仅是市场"需求"，而只依靠以简单盈利为目标的市场力量就不足以实现那种对交通运输的更加宽泛的社会标准和要求。对这一问题我们在这里不做详细讨论，在本书第 4 章会有进一步的涉及。

运输需求分析研究的是运输需求曲线所在的位置、曲线斜率以及曲线在何种因素影响下左移或右移的程度。但由于运输市场是十分复杂的,因此运输需求分析的难度也很大。从运输市场是"一组运输服务"的概念来看,根据分析问题的需要,现实中可以存在着无数多各种各样从很小到非常大的运输服务的组合,因此运输市场的种类几乎是没有穷尽的,而每一组这样的运输服务都对应着一条自己的需求曲线。

2.2 运输需求的特点

与其他商品的需求相比,运输需求主要具有以下特点:

1）派生性

运输需求总体上是一种派生性需求而非本源性需求,这是运输需求的一个重要特点。所谓派生性需求（derived demand）是指一种商品或服务的需求是由另一种或几种商品或服务需求派生而来,是由社会经济中的其他活动所引发出来的一种需求。人们希望旅行,一般是为了在最后的目的地能得到某些利益。因此,旅程本身要尽可能的短或快捷。自然,也有"爱驾车兜风者",但他们总是少数。同样,货物运输的使用者把运输看成他们总生产函数中的成本,因此,会尽量设法使之减少。显然,货主或旅客提出位移要求的最终目的往往不是位移本身,而是为了实现其生产、生活中的其他需求,完成空间位移只是中间的一个必不可少的环节。

以煤炭运输为例,如图 2-3 所示, A 地是煤炭产地, B 地是煤炭销售地。这是一个最简单的运输供求关系,即只有惟一的货物种类——煤炭,同时也只有惟一的货运始发地和惟一的到达地,两地之间有煤炭经销商把 A 地生产的煤炭运到 B 地销售,图中的价格和供求数量都是象征性的。当然可以将货物的种类想象成其他原材料或消费品,甚至也可以把 A 地与 B 地分别想象成人们的居住地点和度假旅游地,从而用这个例子说明客运需求。

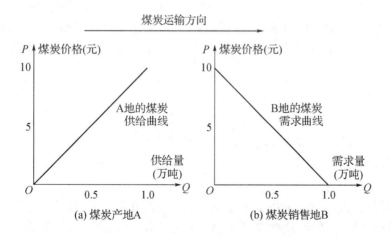

图 2-3 产销两地的煤炭供求

图（a）中是产地 A 的煤炭供给曲线，我们把它画成最简单的直线形式，表示供给量随价格的上升而增加。该供给曲线的数学公式为：

$$Q = 1\,000 P_A \tag{2-1}$$

式中 Q 为煤炭供给量，P_A 为产地价格。该式表示价格每上升 1 元，A 地的生产厂商就愿意增加 1 000 吨的供给量。图（b）是销售地的煤炭需求曲线，我们也把它画成最简单的直线形式，表示需求量随价格的上升而减少。该需求曲线的数学公式为：

$$Q = 10\,000 - 1\,000 P_B \tag{2-2}$$

式中 Q 为煤炭需求量，P_B 为销地价格。该式表示价格每上升 1 元，B 地的消费者就要减少 1 000 吨的需求量。

由于 A 地与 B 地是分离的，A 地的煤炭供给要变成 B 地的煤炭消费，必须依靠煤炭运输。我们上面给出的 A 地煤炭产地价格中不包含煤炭运输的价格，而 B 地的煤炭销地价格中理应包括了煤炭的运输价格，因此 A 地与 B 地之间存在着一个煤炭的价格差，我们假定该价格差仅仅是由于煤炭运输造成的。可以想象出，在产销地供求曲线已经分别确定的情况下，从 A 地运往 B 地的煤炭数量，取决于煤炭的运输价格。运价越低，两地间的煤炭价格差越小，相对较高的产地收购价可以鼓励产地的厂商多生产煤炭，而较低的销地价格则鼓励消费地的客户多消费煤炭；当运输价格为零的时候，两地的煤炭价格完全相同，此时煤炭的运输数量是最大的。而运价越高，所引起的情况则正好相反。从图中可以看出，当运输价格为零时，A 地的厂商在 5 元的煤炭产地价格下愿意提供 5 000 吨煤炭，这正好与 B 地消费者在 5 元的煤炭销地价格下愿意消费的 5 000 吨煤炭相等，此时两地煤炭的供求正好达到均衡状态。从式 2-1 和式 2-2 的联立求解中我们也可以得到完全一样的结果。

如果煤炭运输价格上升到 2 元，此时煤炭经销商就会提高 B 地的销售价并同时压低 A 地的收购价，以消化上升了的运输价格，而两地价格的变化当然会引起供求数量的变化。在这个例子中，B 地的销售价提高到 6 元，需求量相应地减少到 4 000 吨，A 地的收购价压低到 4 元，而供给量也相应地减少到 4 000 吨，使得两地煤炭的供求再一次达到均衡状态。

煤炭运输价格的数学公式为

$$P_T = P_B - P_A \tag{2-3}$$

式中 P_T 为运输价格。把式 2-1、式 2-2 和式 2-3 结合起来，我们就可以得到本例的运输需求公式：

$$Q = 5\,000 - 500 P_T \tag{2-4}$$

表 2-1 表示的是运输价格分别定为 0 元、1 元、2 元、…、10 元时，煤炭的销地价格、产地价格和运输数量，这些煤炭运输数量也是 A、B 两地在各个均衡状态上的产销数量。

2 运输需求概述

表 2-1　衍生的煤炭运输需求计算表

运输价格（元）	煤炭产地价格（元）	煤炭销地价格（元）	需求量（吨）
0	5.0	5.0	5 000
1.0	4.5	5.5	4 500
2.0	4.0	6.0	4 000
3.0	3.5	6.5	3 500
4.0	3.0	7.0	3 000
5.0	2.5	7.5	2 500
6.0	2.0	8.0	2 000
7.0	1.5	8.5	1 500
8.0	1.0	9.0	1 000
9.0	0.5	9.5	500
10.0	0	10.0	0

当我们把表 2-1 第一列和第四列的数字转换到坐标图上，就可以得到图 2-4，这是一条煤炭运输需求随运输价格变化的曲线。从形式上看，运输需求曲线与一般产品或服务的需求曲线没有什么不同，也是一条向右下方倾斜，即随着价格下降需求逐渐增加，但我们通过上面的例子已经知道运输需求是衍生出来的。很显然，如果图 2-3 中的煤炭供给与需求增加（两条曲线分别向右方移动），那么图 2-4 中的煤炭运输需求曲线也会向右移动，反之则反是。图 2-4 中煤炭运输需求曲线的斜率也取决于图 2-3 中煤炭需求曲线和煤炭供给曲线的情况，如果煤炭的需求和煤炭的供给是更有弹性的（曲线分别变得更为平缓），那么煤炭的运输需求自然也会更具有弹性。这实际上很清楚地告诉我们，运输需求取决于社会经济中其他活动所提出来的对货物或旅客在空间位移的需要。其他货物种类和客运的需求曲线我们也可以类似地进行分析，例如在旅游客运的情况下，运输需求大体上取决于人们支付运价的意愿和度假地点的各种相关服务价格。

从本节的这个例子中我们还知道，运输价格越低，产销两地之间的价格差别也越小，因而运输需求也越大；极端地看，如果运输是免费的，那么意味着运输极为方便，产销两地之间的价格没有差别。而运价越高，这意味着消费者必须承担较高的销地价格，

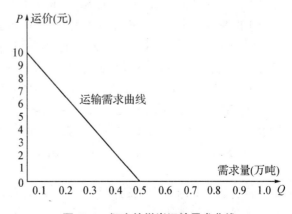

图 2-4　衍生的煤炭运输需求曲线

而生产者则必须接受较低的产地价格,这显然不鼓励产品的消费与生产,因而运输需求也越小;运输价格水平高到一定程度以上,该产品的运销就不再具有经济性,运输就不会发生,地区之间则处于隔绝状态。因此我们很容易得出这样的结论,即随着交通运输条件的改善,运价不断降低会鼓励不同地区之间的客货交流,而由于运输条件落后,过高的运输价格则阻碍地区之间的客货交流。

2)广泛性

运输需求产生于人类生活和社会生产的各个角落,运输业作为一个独立的产业部门,任何社会活动都不可能脱离它而独立存在,因此与其他商品和服务的需求相比,运输需求具有广泛性,是一种带有普遍性的需求。

3)多样性

货物运输服务提供者面对的是种类繁多的货物。承运的货物由于在重量、体积、形状、性质、包装上各有不同,因而对运输条件的要求也不同。在运输过程中,必须相应采取不同的技术措施。对旅客运输需求来说,对服务质量方面的要求也是多样的。这是由于旅客的旅行目的、收入水平、自身身份等不同,对运输服务质量(安全、速度、方便、舒适等)的要求必然呈多样性。

4)空间特定性

运输需求是对位移的要求,而且这种位移是运输消费者指定的两点之间带有方向性的位移,也就是说运输需求具有空间特定性。例如,农产品产地在A地,而市场在城市B,这就决定了农产品的运输需求必然是从A地到城市B,带有确定的空间要求。又如,建于1937年的美国旧金山的金门大桥是世界上最大的单孔吊桥,也是世界上最繁忙的大桥之一,现在每天有10万辆汽车通过。它本来有8车道的宽阔道路,4车道去、4车道来,俗称"4+4"模式,但建成不久就发现堵车严重。人们发现,每天的车流在不同的时段,在左右两个半幅路面的分布是不均匀的(上下班的车流高峰正好相反),高峰时经常出现半边拥堵半边闲的景象。于是,一个加拿大的年轻人给他们提了一个建议:将现有的"4+4"模式,按不同时段的交通流量调整为"6+2"模式和"2+6"模式,以适应不均匀的来往需求。这一简单的改变,竟使严重的堵车问题迎刃而解。

对于货运来说,运输需求在方向上的不平衡性更为明显,特别是一些受区域分布影响的大宗货物如煤炭、石油、矿石等,都有明显的高峰方向,这是造成货物运输量在方向上不平衡的主要原因。需要注意的是,在这种会随着时间变化的运输需求面前,运输供给常常难以及时做出反应,而在短期内表现得完全无弹性,但它又需要尽可能地去满足需求。所以,在运输需求量急剧增加之时(如春运),只好以大幅度地降低运输质量去适应需求,求得均衡。而在运输需求量大幅度减少之时,又只得靠闲置设备去求得均衡。

5)时间特定性

客货运输需求在发生的时间上有一定的规律性。例如,周末和重要节日前后的客运需求明显高于其他时间,市内交通的高峰期是上下班时间;蔬菜和瓜果的收获季节也是这些货物的运输繁忙期。这些反映在对运输需求的要求上,就是时间的特定性。运输需求在时间上的不平衡引起运输生产在时间上的不均衡。时间特定性的另一层含义是对运输速度的要求。客货运输需求带有很强的时间限制,即运输消费者对运输服务的起运和到达时间有各自特定的要求。从货物运输需求看,由于商品市场千变万化,货主对起止的时间要求各不相同,各种货物对运输速度的要求相差很大;对于旅客运输来说,每个人的旅行目的和对旅行时间的要求也是不同的。例如,在每天的上下班时间,特别是雨雪天的上下班时间,出行者对出租车有较大的需求,在其他时段,则需求减小。而出租车数量的配置,一般是固定的,一旦投入营运就成为有效供给,因而在每个时段大致都是相同的。这就难免出现在上下班的高峰时段"打车难"、在其他时段有的出租车只好"扫马路"的现象。

6)部分可替代性

不同的运输需求之间一般来讲是不能互相替代的,例如人的位移显然不能代替货物位移,由北京到兰州的位移不能代替北京到广州的位移,运水泥也不能代替运水果,因为这明显是不同的运输需求。但是,在另一些情况下,人们却可以对某些不同的物质位移做出替代性的安排。例如,电煤的运输可以被长距离高压输电线路的输电替代;在工业生产方面,当原料产地和产品市场分离时,人们可以通过生产力布局的确定在运送原料还是运送生产成品或半成品之间做出选择。人员的一部分流动在某些情况下也可以被现代通讯手段所替代。

案 例

出租车运输需求的地区差异

引自李秀江,《北戴河出租车"开不出区"背后》,中国经济周刊,2004年第40期

北戴河是人们旅游避暑的胜地,但当地的出租车司机却把这里比喻成与世隔绝的牢笼,因为他们赖以谋生的出租车根本就"开不出"北戴河区。10月7日,记者从北戴河打车去秦皇岛市海港区,司机师傅说:"我只能把你送到秦皇岛,不能在市区里转,我们北戴河的车不能在秦皇岛拉活。"秦皇岛市辖海港、北戴河、山海关三个城区和昌黎等四个县。当地人所说的秦皇岛通常是指海港区。据秦皇岛市道路运输管理处出租办介绍,"秦皇岛市出租车是属地管理,各区管理本区的车,北戴河、山海关、海港三区的出租车都只能在本区内营运,不许异地营运。"北戴河与海港区同属秦皇岛市,为什么北戴河的出租车不可以在海港区营运?同一个城市中的区与区之间为什么还有壁垒?

据了解,北戴河共有500辆出租车,分属北运、渤海两家出租车公司。而秦皇岛全市共有4 385辆出租车,仅海港区就有2 844辆。一到

旅游旺季,一些海港、山海关和其他区县的出租车和一些"黑车"都会来北戴河抢活。运管处不是不管,而是管不过来。但海港区对跨区营运查得非常严,当地的出租车司机也经常举报外区来海港的"可疑"出租车。所以,北戴河的出租车要想偷偷在海港区接活,那就是"虎口夺食"。不只是北戴河的出租车不可以到海港区营运,海港区的出租车同样也不可以到北戴河营运。"说是禁止跨区营运,但一到暑期总有很多其他区的出租车来北戴河拉活,也没人管。可北戴河的出租车到别的区去就会被抓,说罚多少就是多少。"北戴河一出租车司机有些激动地说。既然两个区的出租车都想到别的区拉活,秦皇岛市为什么不允许跨区营运呢?

"要是允许跨区营运,那还不乱了套了?"秦皇岛市道路运输管理处出租办解释到,"山海关、海港的出租车都会涌到北戴河拉活,北戴河受得了吗?而且北戴河的出租车就这三个月的好活,其他区的车再来分一份,北戴河的出租车更挣不到钱了。"如此说来,禁止跨区营运,对于北戴河的出租车来说应该是一件好事。但北戴河出租车也是这么认为的吗?在北戴河,《中国经济周刊》采访了几位司机。他们说,现在刚到10月,北戴河就没什么活了。再过一段时间就更没活了。一般一天也就拉个30块、20块的,有时候才拉个10块、8块的。要是可以去海港区,一天怎么也能拉100多元。如果可以跨区营运,虽然7、8、9三个月的活要比原来少了,但平时可以去海港区拉活,海港区一年四季都有活,平均下来要比现在好得多。据说,以前秦皇岛市曾提出过要实现三区联运,但海港区不同意。

据介绍,秦皇岛市的出租车营运证在1998年就全部拍卖给了个人,而海港区与北戴河的营运证在当初拍卖时就拍出了不同的价格。"当时,北戴河的营运证是1万元,海港区的营运证是4.8万元。"一位司机说,"现在又涨了,海港区的营运证差不多可以值10万元,北戴河的顶多值5万。"如果可以跨区营运,北戴河与海港区的营运证也就不存在差别了,无形之中,海港区的营运证确实是贬值了。所以海港区的出租车不同意跨区营运似乎也在情理之中。这样看来,北戴河出租车营运证"低人一等",是北戴河出租车开不出区的症结所在。

这种差别是如何形成的呢?而一个城市中两个区的营运证为什么会拍出不同的价格?"这是管理部门一直以来就过于保护海港区造成的。"北戴河的一位出租车司机说,"拍卖的时候就不许跨区营运,海港区的活比北戴河多,自然就会卖得比北戴河的高。如果当初两个区之间可以营运,肯定就不会拍出两种不同的价格。"

案例讨论
1. 秦皇岛市出租车行业的现状反映了运输需求的哪些特征?
2. 为何海港区与北戴河这两个相邻城区的出租车营运证会拍出不同的价格?
3. 管理部门颁发出租车营运证的原因是什么?
4. 如果取消出租车营运证,会出现怎样的经济后果与社会后果?

2.3 影响运输需求的因素

通常认为,消费者对某种商品的需求(D)受它的价格(P_0)、其他商品价格(P_1, P_2, $\cdots$, P_n)以及收入水平(Y)的影响:

$$D = f(P_0, P_1, P_2, \cdots, P_n, Y) \quad (2\text{-}5)$$

虽然这一简单结构不仅适用于运输,而且也适用于所有其他商品和服务,但是如果要理解运输市场的运作方式,需要注意其中的细节和微妙之处。上边等式中的每一项,事实上不是简单的变量,而是若干相互作用的因素的复杂复合物。例如,价格不是简单地付出的票价,而必须包括为获得运输服务所付出的所有其他成本(其中的"时间成本",通常被认为是最重要的其他成本)。同时,影响个人旅行需求的可能不是总收入,而是超过某一维持最低生活水平的收入。此外,有必要弄清,需求的究竟是什么:是旅行本身,还是比这更为具体的某种经济活动?

2.3.1 运输服务的价格

1)需求的价格弹性

如同上面已经提到的,运输价格所包括的内容大大超过以车票或货运费形式支付的简单货币成本。在运输模型以及定量研究中,价格的这些其他组成部分(即时间成本、等候、不安全等)可能结合起来形成一般化的成本指数,但这里我们把注意力集中在货币价格上,特别是把注意力集中在运输工具的使用者对于运输服务价格的敏感性上。根据微观经济学理论,需求的价格弹性(price elasticity of demand),简称需求弹性,计算公式如下:

$$e_d = -\frac{\Delta Q/Q}{\Delta P_T/P_T} \quad (2\text{-}6)$$

式中:e_d 为需求弹性,Q 和 ΔQ 为需求量及其变动量,P_T 和 ΔP_T 为运价及其变动量。对于商品或服务的不同弹性程度,我们有不同的称呼:

- 当 $e_d = 0$:我们称之为完全无弹性,此时,价格的变动对需求量无影响;
- 当 $0 < |e_d| < 1$:我们称之为缺乏弹性或无弹性,此时,价格的变动对需求量的影响较小,价格上升可以增加供给者的总收入(价格乘以需求量);
- 当 $|e_d| = 1$:我们称之为单位弹性或单一弹性,此时,价格的变动对供给者的总收入无影响;
- 当 $1 < |e_d| < \infty$:我们称之为富有弹性,此时,价格的变动会引起需求量更大的波动,价格上升会导致供给者总收入的下降;
- 当 $|e_d| = \infty$:我们称之为完全弹性或完全有弹性,此时,需求量对价格及其敏感。

使价格一般化显然很困难,尤其是要包括全部运输方式时更是如此。但在许多情况下,似乎很明显,某种限度之内的价格变化对于旅行或运输服务的需求数量只有较小的影响。举例说明,货物船运的需求没有什么弹性,部分是由于船运服务缺少近似的替代物,部分是因为对经常运载的原料的需求无弹性,部分是因为运费在货物最终销售价格中占的比重较小。

2)运输需求的价格弹性

20世纪70年代对城市公共交通的研究包括许多不同国家研究结果也表明价格弹性较低,直接票价弹性在 -0.3 左右被认为是正常的。也有学者发现:在票价变化研究"之前和之后"发现的短期弹性,大致为涵盖超过5年反应时间的长期弹性的1/3。

价格变化对于私人小汽车运输的影响,必须区分为对车辆拥有量的影响和对车辆使用的影响。英国对小汽车拥有的大多数研究表明,对车辆价格的弹性约为 -0.3,对汽油价格的弹性约为 -0.1。美国的经验研究表明了相当高的敏感程度(购买的价格弹性为 -0.88,燃料的价格弹性为 -0.82),但是反应仍然是非常低的。关于小汽车的使用,所有的证据都表明,在短期内,燃料的价格弹性极低,这可归因于家庭支出的车辆拥有和使用之间的模式发生了变化和人们对开汽车成本的感受发生了变化。

3)运输需求弹性的影响因素

许多有关需求弹性的统计资料存在的问题是,它们是关于不同种类运输的平均弹性。事实上,交通运输的价格弹性与其他货物的价格弹性一样,理想的做法应该是进行具体的分类。对于运输而言,以下因素对需求弹性影响较大。

①旅行目的

有充分证据表明,某些类型旅行的票价弹性远高于其他种类的旅行。特别是商务旅行需求似乎对于运输价格的变化较之其他旅行更不敏感。

②收费方法

各种运输方式的使用者(或者某些时候,相同运输方式的不同服务的使用者),常常遇到完全不同的付费方法。因此,他们对旅行价格的感觉可能与实际花的钱不同。例如,汽车驾驶者对他们旅行的全部真实价格感觉很少,因为他们是根据短期边际成本这一有限概念做出决定的。另一方面,公共运输工具的使用者在旅行开始之前就得买票因而非常强烈地感觉到出行成本。不过,由于有种种季票(从而可整批购买特定路线上的旅行)和"旅行卡"(从而可整批购买特定交通网上的旅行)的便利,区别不是很明显。旅行卡制的价格弹性比传统单票现金支付制低得多。

③所考虑的时期

与其他购物决策一样,面对运输价格变动的人们可能在特短时期、短时期和长时期行为方式大不相同。例如,人们对公共交通票价上涨的即时反应可能很激烈,但是经过较长时期,他们会软下来,决心会变弱,因而长期弹性远远低于特短时期的弹性。所以,特短时期的弹性可能非常高但保持时间很短。这种情况可能并不像有人认为的那么普遍,实际上,在稍长的时期,倒可能出现相反的反应。例如,在短期内,人们可能对价格变化反应相当迟钝,或是因为他们并不认为这是永久的变化,或是由于技术上的约束限制了他们立即行动。20世纪70年代石油价格暴涨后对私人大汽车运输需求的增加,就说明了这后一种现象。石油危机的影响十分清楚地表明,价格的短期效应与长期效应完全不同。在短期内,人们试图继续干他们以前干的事情,而在长期内,他们则调整自己的行为。在短期内,石油的价格弹性很低,为0.1;而在长期内,人们则通过调整车辆的大小来做出反应。同样,在考虑上下班出行成本的普遍上升的后果时,工作出行的必要性有可能导致短期的出行方式极少变化,但是在较长时期里,住所或工作场所的改变,可能产生更为显著的后果。

④价格变化的绝对水平

人们普遍发现,旅行距离越长,弹性越大。但不应该简单地把这看做是距离的函数,而应该看做是对绝对值的反映,譬如,5英镑的票价增加10%相对于500英镑的票价增加10%。

⑤替代品的多寡

如果某一运输服务在当地没有合适的替代品(例如偏远地区可能只有一条公路而没有其他运输方式),那么,该运输服务的票价弹性将远低于有替代运输方式时的水平。

2.3.2 消费者的收入水平

需求的收入弹性(income elasticity of demand),简称收入弹性,指的是,在其他条件(如价格)保持不变的情况下,需求量变动的百分比除以收入变动的百分比。

$$e_i = -\frac{\Delta Q/Q}{\Delta I/I} \quad (2-7)$$

式中:e_i为收入弹性,I和ΔI为收入及收入的变动量。

虽然有充分的证据表明运输是一种正常商品,即收入水平越高,需求量越大,但这样的概况既不适用于所有运输方式,也不适用于所有场合。例如,收入对车辆拥有量施加了正面影响,但这对公共交通的作用却相反。随着消费者收入的提高,拥有汽车变得更为普遍,而公共运输在许多情况下变成了次等商品。有研究指出,英国城市公共运输旅行对收入的长期需求弹性约为-0.4到-1.0。如同价格一样,收入变化对长期运输需求和短期运输需求施加的压力也有所不同。一般来说,收入的降低会使需求水平急剧下降,但是由于人们在长期中重新调整他们的支出模式,长期弹性又可能低很多。

案 例

美国各地小汽车拥有量的差别

转引自斯蒂格利茨:《经济学的小品和案例》,中国人民大学出版社,1998年

1990年,美国全国的人均汽车拥有量是0.57辆(目前,已超过1.0辆,而中国到

2008年9月底,是每百户家庭7.6辆),但是不同地区的人均汽车拥有量又有不同。具有较高人均汽车拥有量的地区形成两个长条形区域,一个从西部的华盛顿州和俄勒冈延伸至中西部的明尼苏达和艾奥瓦州,一个沿东海岸延伸,从佛罗里达到田纳西,经弗吉尼亚直到缅因州。那么,这些州之间究竟有什么共同之处呢?一个可能的联系就是除了一个例外,美国10个大都市地区(纽约、洛杉矶、芝加哥、圣胡塞/旧金山/奥克兰、费城、底特律、波士顿、华盛顿特区、达拉斯、休斯敦)都不在人均汽车拥有量超过0.6辆的州之列。大城市居民似乎更依赖公共交通,因此小汽车的拥有量反而较少。例如面积基本上全都是城市的华盛顿特区具有高度发达的公共交通系统,这里的人均汽车拥有量只有0.4辆。惟一的例外是密歇根州,也许是因为著名的汽车城底特律就坐落在那里。反过来的极端现象是在一些较落后的州,例如阿肯色和西弗吉尼亚,人均汽车拥有量也很小。有人马上联想到这是当地收入较低造成的结果,但情况似乎并不完全是这样,因为佐治亚、密西西比、阿拉巴马和肯塔基几个州的经济也差不多同样落后,但它们的人均汽车拥有量却高出很多。一个潜在的影响因素可能在于不同州的居民具有不同的偏好和生活方式,税收也不一样。经济学家的工作之一就是考虑和检验这样的解释,而不是仅仅局限于与价格和收入有关的因素。

案例讨论

1. 人均小汽车拥有量与人们的收入有着怎样的关系?
2. 为什么有的地区人们收入较高但人均小汽车拥有量却较低?
3. 为什么有的地区人们收入较低但人均小汽车拥有量却较高?

2.3.3 其他运输服务的价格

1)需求的交叉价格弹性

任何一种运输服务的需求,都可能受到与其竞争的和补充性的供应者行为的影响(严格地说,它还受经济中所有其他市场价格的影响,但是土地市场以及通讯可能是例外)。另外,在各种公共运输方式之间存在着交叉的价格影响。我们可以用交叉弹性的概念来表明这种影响。需求的交叉价格弹性(cross-price elasticity of demand)的计算公式如下:

$$e_{AB} = -\frac{\Delta Q_B / Q_B}{\Delta P_A / P_A} \tag{2-8}$$

式中 e_{AB} 为 A 与 B 两种运输方式需求之间的交叉价格弹性,即 A 方式运价升降对 B 方式运输需求增减的影响程度,Q_B 和 ΔQ_B 为 B 方式运输需求量及相应的增量,P_A 和 ΔP_A 为 A 方式运价及相应的增量。若 $e_{AB} > 0$ 表示 B 运输方式的需求量与 A 运输方式的价格正相关,则 A 与 B 互为替代品;若 $e_{AB} < 0$ 表示 B 运输方式的需求量与 A 运输方式的价格负相关,则 A 与 B 为互补品。

2）运输需求的交叉价格弹性

表 2-2 列出了一些不同的研究得出的结果，这些研究考察了 1970—1975 年间伦敦的运输需求弹性（包括自己的费用和交叉费用）。一般说来，结果的不同是所采用的估算方法和时间长度的不同造成的。令人较为感兴趣的一点是，使用城市小汽车的需求对公共汽车和铁路公共运输的票价水平几乎完全没有反应。这一事实，实际上在所有城市公共运输研究中都曾看到，这是城市运输当局试图以补贴公共运输费用来减少或控制小汽车旅行证明基本上不成功的主要原因。

表 2-2 伦敦周一到周五的票价弹性（1970—1975）

研究	运输方式	弹性水平	
		公共汽车	铁路
研究一（1975）	公共汽车	-0.60	0.25
	铁路	0.25	-0.40
研究二（1976）	公共汽车	-0.56	0.30
	铁路	1.11	-1.00
研究三（1977）	公共汽车	-0.405	—
研究四（1978）	公路交通高峰时	0.025	0.056

资料转引自肯尼思·巴顿（1993），《运输经济学》（第二版），商务印书馆，2002 年 1 月第一版

表 2-2 也表明，改变公共运输票价结构，会使各种公共运输方式之间需求的变化大于公共运输和私人运输之间需求的变化。然而，最近对公共运输方式之间交叉弹性的研究产生了稍许不同的结果，特别是表明，伦敦的公共汽车旅行对地铁票价更为敏感。

在其他运输市场，无论是在同一种运输方式的经营者之间还是在不同运输方式的经营者之间需求的交叉弹性可能更高。例如，公路网络的扩大，通过降低公路旅行费用，肯定增加了对某些公路支线的需求，同时减少了竞争线路上的需求。这种网络效应的准确含义比运输方式划分的准确含义更难查明，但实际上这种效应是运输系统的重要特征。

2.3.4 需求者的偏好

迄今尚未提及但常常包括在需求讨论中的一项，是偏好（preference）这个含义颇广的变量。虽然在某些情况下，这样的变量能够而且实际上也应该包含在需求函数中，但一般来说，偏好更可能影响需求方程（式 2-5）的实际形式。因此，可以看到，偏好的变化会影响需求和解释变量之间的关系，而不是导致遵循既定的关系模式沿着需求曲线作某种移动。

"偏好"的经济含义很难弄清楚,但实际上它似乎包括前面标题中未涵盖的所有对需求的影响。随着时间的推移,运输方面的偏好肯定已发生了变化。例如,在私人运输中很多国家的居民拥有小汽车的倾向增加了,而在货物运输中,国民经济结构的改变(特别是从基础重工业转向产生高价值低重量产品的轻工业)使人们将重点从价格转移到了运输服务的其他方面。这两种变化在一定程度上必然与生活水平的上升有关。有了更多财富和更多空闲时间,人们会更加强烈地渴望利用私人运输工具提供的较大自由和灵活性。随着离开市中心的大居住区变得越来越具有吸引力,居住地点模式的改变也称为可能。

"偏好"的另一方面涉及做出决定中的惯性和不对称性这两种含义。首先,作为个人和企业的习惯和惰性的结果,在运输的需求曲线上可能有中断,或者至少有部分需求曲线对价格变化的反应几乎完全不灵敏。这完全可以用以下事实来解释,即:搜寻替代方法的信息是要付成本的,因而像以前那样继续下去是合理的反应,直到发生更大的价格变化。其次,在一些情况下,反应是不对称的,存在着"棘轮效应"(指人的消费习惯形成之后有不可逆性,即易于向上调整,而难以向下调整),因此对价格降低的反应与对同等的价格上升的反应不一样。对这种"对途径的依赖"进行的经验研究很有限,不过,表 2-3 提供了在燃料价格变动的背景下旅行行为不对称的证据。

表 2-3 燃料消耗的长期价格弹性

国家	可逆模型	不可逆模型	
	价格上升和下降	价格上升	价格下降
法国	-0.96	-0.80	-0.45
德国	-0.33	-0.44	-0.02
英国	-0.40	-1.50	-0.10
美国	-0.46	-0.67	-0.31

资料转引自肯尼思·巴顿(1993),《运输经济学》(第二版),商务印书馆,2002 年 1 月第一版

偏好也体现在对运输服务质量的反应方面。例如,公共运输需求对于服务质量的变化很敏感,特别是对速度的降低或班次的增加很敏感。一项对英国中西部地区的市场研究表明,只有 27.1% 的人认为降低票价是对当地公共交通的最大改进;其余的人都希望改进服务质量,例如 14.6% 的人希望提高可靠性,10.4% 的人希望增加班次,10.4% 的人希望设立更多的公共汽车候车亭,10% 的人希望有更清洁的车辆等等。

此外,消费者对未来商品的价格预期会影响需求。当消费者预期某种商品的价格即将上升时,社会增加对该商品的现期需求量,因为理性的人会在价格上升以前购买产品。反之,就会减少对该商品的预期需求量。

案 例

全国各地囤油风潮越演越烈

摘自：红香克，新浪博客，2008-11-30，http://blog.sina.com.cn/cgyang

2008年底，在国际油价不断下跌（由年中的140美元/桶暴降至50美元/桶以下），我国的成品油出厂价、批发价却出现反弹大涨。其原因就在于我国燃油税改方案基本成型但尚未开征。人们预期"费改税"之后，基础油价虽然会随着国际油价的下跌进行下调，但加上燃油税之后的"总油价"反而还会有所提升。因此，不仅全国各地的油商囤油，而且车主们也在大桶小罐地储存着汽油。

据当时的《成都商报》、《大河网》、《信息时报》等媒体报导：就在国家发改委研讨燃油税消息发出的第一天，成品油批发价格上扬，山东地方炼油厂30家企业中，就有25家上调了汽柴油价格，最低幅度为每吨20元。菏泽地区的东明石化将柴油价每吨上调了350元，报价为5 750元/吨。河南郑州汽油柴油批发价格闻风而涨，部分油企柴油批发价每吨上涨500元，一些民营加油站的汽油柴油也应声涨价。广东成品油批发价每天上涨50～100元/吨。车主因担心燃油税促使油价上涨，四处奔走借油桶"储"油。近日，北京一些车主，听说燃油税出台后，油价可能还要涨价的消息，不仅将自己家里的备用油罐总动员，还将亲戚家的油罐也借来进行"储油"。当时在江苏和安徽省的各级公路加油站也可以看到，汽车和摩托车的车主们大桶小罐地在灌油存油，加油站的员工抱怨说连吃饭的时间都没有。

案例讨论

1. 人们为何要囤油？
2. 你认为囤油的行为是否理性？

2.4 运输需求分析的复杂性

1）运输量与运输服务的区别

传统的需求分析中，效用函数只考虑了商品数量与商品价格的关系，而未考虑商品品质对商品价格的影响。针对这一问题，美国学者兰卡斯特（Lancaster，1996年）提出了特征消费理论，又称Lancaster偏好理论。他认为，进入效用函数的不是商品（goods）本身，而是商品特性或者属性（characteristics or attributes），他同时提出了三大假设：物品本身并不直接提供效用，而是通过物品的特性对消费者产生效用；一种物品本身往往具备一种以上的特性，不同物品可能具备相同特性；物品组合可能与单独物品所具备的特性不同。从这个意义上说，人们需求的不仅仅是运输量，而是包含着一系列特征的运输服务。

2）运输量的计量单位

在本章第二节我们所举的例子中，每一个煤炭的需求地都得到了相应的煤炭供给，这种需求和供给数量一般是用吨数来表示的，但在煤炭的这种供销和运输均衡中究竟产生了多少运输量呢？我们仍然可以用吨数来表示货物运输数量的一个方面，就像可以用人数来表示旅客运输数量的一个方面一样，因此货运发送吨数和客运发送人数是运输领域中的两个重要统计指标。但是，如果仅仅使用吨数和人数这两个指标，那么运输活动中的另外一个最重要的因素——运输距离就无法反映出来，于是人们一般同时也采用另外两个复合指标来衡量运输的数量。在货运中这个复合指标是吨公里（ton-kilometer），它是所运货物的吨数与运输距离的乘积；在客运中这个复合指标是人公里（passenger-kilometer），它是所运的人数与运输距离的乘积。有了吨公里的指标，我们就可以同时从货物的重量和运输的距离两个角度把握货物运输量了，同样人公里指标可以帮助我们从人数和运输距离两个角度把握旅客运输量，这更加接近运输产品即货物与旅客的空间位移的概念。因此，吨公里和人公里在运输领域中是最常用的统计和分析指标。但尽管如此，吨公里和人公里这两个指标仍然存在着自己的局限性，我们下面以货运产品为例说明这种局限性：

①货物位移指的是货物在空间位置上的变化，而吨公里只是这种变化在重量和距离方面的一个度量单位，例如 1 000 吨公里既可以表示把一吨货物运送 1 000 公里，也可以表示把 100 吨货物运送 100 公里，但它们是不同质的空间位移。我们不能把吨公里作为运输业的产品，就像不能把"吨"作为煤炭或钢铁工业的产品一样。

②货物位移是具体的，每一个货物位移都有确定的货物和起运终到地点。起运终到地点不同，尽管货物和运距都一样，也是不同的位移；起运终到地一样但货物不同，也不是同一种运输产品。不同的运输产品之间不能互相替代。但吨公里却是一种抽象物，它可以体现各种货物位移在重量和距离方面的共性，但同时也把其他方面的特征抽象掉了。

③即使是相同的货物位移，在运输服务质量上也可能差别很大，例如货物运送速度的差别、货物完好程度的差别、方便客户程度的差别等，吨公里不能反映这些差别。

④货物位移对应着包括装卸等其他作业的货物运输的完整过程，有时候一个运输过程要包括好几次装卸，吨公里则无法包含这些内容。

⑤相同的货物位移可能产生出不同的吨公里数。例如，两地之间的运输无论使用哪一种运输工具，货物位移都是相同的，但铁路、公路、水运和航空各有自己的线路或航线，产生的吨公里数就不一样。即便是同一种运输工具，也会因为选择的路径不同而出现吨公里数的差异。

⑥因为各种运输方式计费重量和统计方法的规定，货票单据和统计报表上的吨公里数字很多时候并不是实际的货物位移量；而当货物经过两种以上运输方式联运的时候，每个运输部门所统计的吨公里数与真正的货物位移差别就更大了，它们可能只代表整个货物位移的一部分。

3）运输价格的计量单位

至于运输经济分析中所使用的运输价格的概念，不少运输经济学家主张对货物运输应该使用"吨公里平均运费",对旅客运输则应该使用"人公里平均运费",认为把它们作为运输价格往往比公布的运价表上的数字更具有现实性和对于具体运输流的可比性。吨公里平均运费和人公里平均运费的计算,是用某次(或某类)运输服务所收取的全部收入总额除以该次(或该类)运输服务所产生的全部吨公里数或全部人公里数。当然这只是对应着受雇运输的情况,如果是私人或自有运输费用,那么则应该是用某次(或某类)运输活动所支付的全部费用除以该次(或该类)运输活动所产生的全部吨公里数或全部人公里数。

然而吨公里平均运费或人公里平均运费作为体现单位运输产品运价水平的指标,也不是十分理想的,原因仍然首先在于可获得的收入或费用总额以及吨公里和人公里这些累计运输量往往存在着很大程度上的非同质性。如果收入或费用总额或者累计运输量的成分结构发生变化,这些指标的解释能力就会打折扣。例如,由于公路运输的崛起,美国铁路在二战后一个时期逐渐失去了货运量中价值较大的那些部分,因此尽管总的运量在增加,但增加的大都是低运价的货物,结果铁路的总收入反而下降了。为了扭转收入下降的局面,铁路公司一度提高了货物运价水平,但实际上并没有奏效,于是在那一个时期,美国铁路的运价水平在提高,但其综合性的吨公里平均运费却是下降的。

此外,不同类别的运输需求对运价变动的弹性不一样,这也会使平均运费的使用受到限制。例如,航空客运中不同方向和航线、长短途、不同出行目的的旅客的需求价格弹性差别,就会让使用平均运费作指标进行的一些分析结论与实际价格引起的市场变动难以对应起来。

平均运费的问题还在于有些额外成本它们可能体现不出来,因此代表不了使用者的完全成本。例如,与私人交通和自有运输的灵活性相比,公共运输一般都需要在固定的场站集中承运,这就引出来一个这些固定场站的可达性成本问题,如果可达性较差,那么对公共运输的真正使用成本会增加很多,而这也是公共运输竞争力下降的一个重要原因。又例如,所有的运输都是要耗费时间的,而对使用者来说时间有价值或者说时间可以计算成本,平均运费一般却并不包括这种越来越为人们所重视的运输时间成本在内。

4)真实的运输需求曲线

由于运输市场的复杂性和确定有关计量指标的难度,因此运输经济分析需要格外谨慎。例如,可能的真实运输需求曲线并不是像图 2-1 的直线,而是类似图 2-5 凹凸不平的走向。而在这种需求曲线上,要想准确确定其中任何一点的弹性值显然

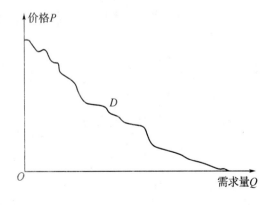

图 2-5 可能真实的运输需求曲线

都是很困难的。

人们或许会问,既然吨公里、人公里、吨公里平均运费和人公里平均运费存在着这些局限性,那么我们为什么不选择其他更合适的指标来对运输市场进行分析呢?答案是可能没有更好的指标。一个指标在多大程度上能够正确体现其所代表的内容,主要取决于根据这些指标汇总的数据其组成部分对于外部影响反应的一致性。运输经济分析的复杂性来源于运输市场的复杂性,在于网络上的运输业产品或服务以及供求关系的极端多样化,而不仅仅在于计量指标的选取。当然,对研究对象的描述难度,在很大程度上决定了研究工作的难度,这也是我们必须提醒分析者在确定所要分析的运输市场边界和搜集有关数据资料时,以及以此作为依据得出结论并制定政策或经营对策时,必须格外谨慎小心的主要原因。

概念复习

需求　　　　　　　　需求定律　　　　　　　　需求量
价格　　　　　　　　需求的移动　　　　　　　　运输量
需求的价格弹性　　　　需求的收入弹性　　　　　　需求的交叉价格弹性

思考题

1. 需求量变化与需求变化有什么区别?
2. 当一种产品十分有限时,如果不改变价格而是采用某种办法配给该稀缺品,例如:拍卖、发票证、先来先得等等,试说明每一种方法的利弊。
3. 什么是运输需求?
4. 运输需求有哪些特征?
5. 分别改变第 2.2 节中煤炭需求曲线和供给曲线的斜率,然后重新计算煤炭运输需求的公式。
6. 运输需求的影响因素有哪些?
7. 运输需求弹性的影响因素有哪些?"私家车和公车"、"汽车和汽车轮胎"你认为哪一个更具有价格弹性? 为什么?
8. 如何理解运输需求者的偏好?
9. 运输产品是什么,它与"人公里"、"吨公里"有什么区别?

3 货物运输需求

学习目标

了解工业区位理论的基本思想及其发展;理解货运需求的运价特征和批量特征;理解货运需求的影响因素;掌握产业结构与货运需求的关系,熟悉货物运输与储存等物流环节的关系。

3.1 生产地的区位决定

3.1.1 运输与土地利用的关系

毫无问题,在运输与经济的发展之间存在着联系,但二者之间的因果关系却很难说清楚。是高收入导致高水平的流动性,抑或是高收入来自高水平的流动性?答案不是一眼就能看出来。另外,虽然人们现在已充分认识到这些相互作用,但要建立能全面反映所有这些联系的综合理论,实际上却很困难。运输和土地利用变化不断对空间的充分利用作修正的事实,使问题进一步复杂了。因为存在不中断的因果循环,所以难以断定在哪一点插入这个变化的连续体是切合实际的。因此,从实际出发,人们必须做出相当谨慎的判断,是把土地利用看做是受运输的影响,还是反过来运输受土地利用的影响。

在某种程度上,最后的决定必须取决于正在考虑的问题。城市规划专家往往把运输视为影响因素,他们注意的焦点在于城市空间的规模与结构。例如,为什么出现某种人口密度,或者为什么发生特定的城市经济互相作用。与之相对应,运输经济学家通常接受特定的土地利用模式,并在它的约束内研究提供有效率的运输服务的方法。本书的大部分内容和短期运输决策有关,其中隐含着这样的假设:因果关系是从土地利用到运输,即一般说来,土地利用是预先决定的,各个生产地与消费地的位置都是已经事先确定好的。

在短期的运输需求分析中这种假设是可以成立的,而且我们只能在各生产地与消费地的位置已经确定的情况下讨论运输供求的短期平衡。但如果是在一个很长的时期中,又是什么因素决定了这些生产地和消费地所在的位置呢?而交通运输条件又在其中起着什么作用?有不少地理因素是人类无法控制的,例如气候条件、土地和矿产资源的分布、可通航的水域等,于是人类生产和经济活动的分布在历史上就自然形成了,像种植业和采矿业的地理位置、水运航道的走向等,人们的运输活动只能去适应这些已有的地理分布。但许多产销地点的布局与运输条件以及运输价格之间是有相互影响的,特别是一些制造业的选址与交通运输的关系非常密切。例如,我国的汽车工业(我国的第一汽车制造厂位于长春市)早期主要集中在东北地区,这与当时该项目属于前苏联援建,要靠近前苏联有关,更重要的是与钢铁(鞍钢)、煤炭(在长春四平间)、木材(兴安岭)和其他原材料工业在周围分布,水陆交通方便以及人口较集中有很大关系。但随着我国的工业重心逐步向南部地区迁移,东北作为汽车工业产地的主要优势就不那么明显了,一些最新的汽车厂主要改在在我国东南部地区设点,其中节约运输费用因素的考虑起着重要作用。因此可以说,一方面制造业的布局是决定运输需求的重要因素,而另一方面,运输条件及运输成本又在某种程度上决定了制造业的区位。

本节我们将简要地概述一下工业区位理论,主要集中在关于运输起核心作用的理论方面,并讨论一些应用研究来补充这个理论。

3.1.2 工业区位理论

1)工业区位分析的基本思想

工业区位分析的基本思想,是根据加工过程中原材料或产成品减重或增重的程度确定加工厂的位置。凡加工过程减重程度较大的产业,被认为应该设立在原料集中的地点;而加工过程增重程度较大的产业,则应设立在靠近市场的地点。前者我们可以看到例如造纸厂(包括纸浆厂)和糖厂等,绝大多数都设立在原料产地,例如加拿大和北欧国家有丰富的木材资源可以造纸,但它们大量出口的是加工过程中已经减重很多的纸张或纸浆,而不是造纸的初始原料,制糖厂也大都建在甘蔗或甜菜产地;而后者如饮料业,则大多设立在靠近消费地的地方,最明显的例子就是全球最大的饮料厂商—美国可口可乐公司为了节约运输成本,而把自己的分装厂建在了全世界几乎所有被它打开市场的国家。即使所有地方的气候条件、土壤肥力、矿产资源及人口密度等各方面的情况都没有差别,从长期看也仍然会有地区之间的货物运输需求。这种结论乍看起来有些费解,既然所有的地方都有同样的生产条件,那么它们都可以生产自己所需要的各种消费品,为什么还需要地区之间的贸易和运输呢?原因在于生产的专业化可以获得更高的效率,每一种产品的生产都有一定的规模经济,在该范围内生产规模越大,产品的单位生产成本越低,这就使得每一个地区并不是生产所有自己需要的产品都合理,而是低成本地集中生产某些产品,并用自己具有成本优势的产品去交换其他自己需要的产品。这样,地区之间的贸易和运输就是不可避免的了。

2)杜能的工业区位理论

在农业区位方面最著名的要数另一位区位理论的早期代表人物杜能(J. H.Thunen)

提出的理论。杜能关于工业区位的主要思想与其在分析农业区位时的思想保持一致。如图3-1所示,在均质的大平原上,以单一的市场和单一的运输手段为条件,研究农业经营的空间形态及产地与市场间距离的关系。

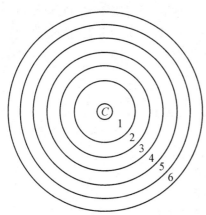

图3-1　杜能的工业区位理论

按照19世纪的运输条件,杜能证明了易腐产品和重量大、价值低从而不利运输的产品应该靠近市场生产,而不易腐坏和每单位重量价值较高、相对较易运输的产品则可适当远离市场进行生产。这样,以市场为中心就会形成一个呈同心圆状的农业空间经营结构,即所谓的"杜能环"。杜能认为,运输费用是决定利润的决定因素,而运输费用则可视为工业产品的重量和生产地与市场地之间距离的函数。因此,工业生产区位是依照产品重量对它的价值比例来决定的,这一比例越大,其生产区位就越接近市场地。杜能的分析虽然很形式化,他的假设条件距离现实也很远,但他的开创性工作为区位理论的形成做出了巨大贡献,也成为后来农业区位、土地和地租分析进一步发展完善的基础。

3) 韦伯的工业区位理论

工业区位理论的另一位代表人物韦伯(A. Weber)认为工业区位的形成主要与运费、劳动力费用和生产集聚力三个因素有关,其中运费具有把工业企业吸引到运输费用最小地点的趋势,而劳动力费用和生产集聚力具有使区位发生变动的可能。他的方法是先找出最小运输成本的点,然后再考虑劳动力成本和聚集效益这两项因素。他认为,工业区位的决定应最先考虑运输成本,而运输成本是运输物品的重量和距离的函数。如图3-2所示,所有潜在的顾客都定位于M,而制造厂所需的两种原材料分别位于S_1和S_2。假设所有其他生产因素在所有潜在生产地都可自由地获得,并且从地形学来说,假设所有活动都在一个均匀平面上运行。假定运输费用与间隔的距离,和所运货物的重量成正比。因此制造厂的选址,取决于不同原材料所在地和市场的相对拉力。于是,问题在于为制造厂寻求总成本为最小的地点Z,换句话说,就是能使TC(运输总成本)达

到最小的地点 P，即：

$$Min: TC = w(M) \times d(M) + w(S_1) \times d(S_1) + w(S_2) \times d(S_2) \qquad (3-1)$$

其中：$w(M)$ 为在 M 处所消费的最终产品的重量；
$w(S_1)$ 为生产最终产品 $w(M)$ 所需的在 S_1 处所能得到的原材料的重量；
$w(S_2)$ 为生产最终产品 $w(M)$ 所需的在 S_2 处所能得到的原材料的重量；
$d(M)$、$d(S_1)$ 和 $d(S_2)$ 分别为选址地点距市场 M、原料产地 S_1 和 S_2 的距离。

> **资料：美国钢铁工业的布点**
>
> 转引自 H. 彼得森，W. 刘易斯：《管理经济学》，中国人民大学出版社，1998年
>
> 在20世纪初期，钢铁工业的选址决策主要是依据生产中所用原料，特别是煤和铁矿石成本的最低化。那时，约2吨煤和1吨铁矿石生产不到0.5吨钢。显然这是一个"失重"过程，决定选址决策的是原料的运输成本。钢铁工业还大量用水，每生产1吨钢约需水6.5万加仑，主要用于冷却和加工。尽管很多水是可以循环使用的，但水的供求数量仍然很大，因此在选择厂址时，河流和湖泊附近肯定要优先考虑。由于宾夕法尼亚州西部可以获得丰富且廉价的煤和水，所以当时全美国的钢铁工业基本上都分布在那里，匹兹堡成为全国的钢都。

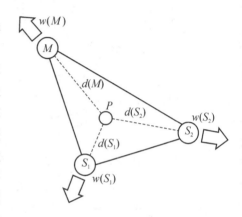

图 3-2　韦伯的工业区位理论

但技术进步使加工1吨铁矿石所需煤的数量不断下降，到20世纪70年代中期，加工1吨矿石的用煤量已经不到1吨。尽管这一工业仍在原料产地布点，但接近铁矿石产地变得更为重要，五大湖地区埋藏有很丰富的铁矿，由于可以利用廉价的水运运输煤和矿石，又有大量的水资源，于是大型钢铁联合企业就在克利夫兰、扬斯敦、底特律、布法罗和芝加哥等地发展起来——这些城市全部都在五大湖区。近年来，用废金属作为原料变得重要起来。由于底特律和芝加哥有大量的废钢铁，结果使钢铁工业在这两个城市有了更快的发展。而且事实上，几乎完全依靠废钢铁来生产的相对较小的钢铁厂，已经在不少过去认为根本不可能有钢铁工业的地方建立起来了。

3.1.3　区位理论的发展

1）工业区位理论的不足

虽然工业区位的理论模型可以使人们看清运输所起的作用，但运输在现实世界中的实际意义还需要详细的经验研究。首先，韦伯的分析隐含地假设运输费用与距离呈线性关系，但是有充分的证据说明，短途运输和部分满负荷常常是相当不经济的。虽然韦伯原来建议，可以通过调节区位三角形的边来取得最经济的效果，但这要求做相当复

杂的修正。困难在于,在这些情况下,区位和运输费用是共同决定的;如果不知道最后定位处,就不可能估计出长途运输的经济重要性(如果有的话)。但是,有人提出,如果其他不变,递减的运费率(即每英里的运费率随距离降低)在某些情况下会使企业或者迁移到原材料产地或者迁移到最终产品市场。另外,有学者认为韦伯的最小成本区位方法并不正确,因为企业选择的目的是获得最大的利润,而最低的生产成本往往并不能带来最大利润。正确的方法应当是找出最大利润的地方,因此需要引入需求和成本这两个空间变量。还有人发现,在很多情况下,运输成本只是总生产成本的很小一部分,以致要获得并寻求最低成本地点所需信息的费用,较之忍受次优情况低效率的损失似乎更多。我们可以通过观察运输成本在生产成本中的相对重要性,分离出这种对运输成本不敏感的行业。表 3-1 提供了一些美国行业的运输成本在净产值中所占的百分比的估计值。根据该表似乎能得出这样的结论:假设其他条件不变,诸如皮革、仪器、印刷等行业比起化学、木材等行业来,前者选择厂址时受运输因素的影响较小。而像煤矿、黏土、砂石开采等行业,体现了韦伯三角形中的节点解,即在原料产地进行生产。

表 3-1 部分美国行业的运输成本在净产值中占的百分比

运输成本占生产价格的百分比(%)					
行业	低	行业	中	行业	高
皮革及皮革产品	3	橡胶与塑料产品	7	家具	12
电气与电子机械	4	运输设备	8	食品	13
印刷与出版物	4	杂品制造	8	化学品	14
服装及其他纺织品	4	金属装配产品	8	木材和木制品	18
仪器	4	纺织产品	8	石油产品	24
非电气电子机械	5	初级金属工业	9	石料、黏土及玻璃	27
烟草生产商	5	造纸及有关产品	11		

资料转引自肯尼思·巴顿,《运输经济学》(第二版),商务印书馆,1993 年

2)现代企业选择的影响因素

过去数十年来世界工业结构的改变,特别是从基础工业到制造业与服务业的转移,使运输对区位决策的影响不断减小,至少在地区之间是如此。此外,几乎在所有工业化国家中遍布各地的运输和通讯网络,使接近良好的运输系统比过去容易了许多。但是,上述成本统计也可能会使人对运输因素的影响产生稍许扭曲的印象。尤其是,虽然在很多部门中运输成本可能只占产出成本的较小比例,然而,它们对于利润却有着值得注意的影响。例如,在 20 世纪 60 年代的一些制造业中,运输成本可能相当于多达 25%的利润。还有,虽然运输成本在某些行业一般可能较低,但它们在地区间可能有很大不同。应该记住,简单的成本估计可能掩盖运输的其他特性(如速度、规律性等等)的变化,而这些变化会对决策者产生影响。可靠的城市间运输、良好的国际运输联系以及高

质量的当地运输（这些是雇用稀缺的熟练劳动力所必须具备的条件），对现代高技术产业是特别重要的。问及企业家的选址或再选址决策的动机时，一些调查结果也表明了运输因素的重要性。从这些研究中得到的一个结论是，在战后充分就业和加强土地利用控制的期间，接近市场和原料供应地在选址决策中常常不如稀缺熟练劳动力的可获得性和工厂可建得更大等因素重要。

对于新兴的高技术产业来说，由于它的产品"轻、薄、短、小"，高技术产品运费一般占产品成本比重微不足道，其布局中的交通运输问题因此往往被忽视，其实不然。很多近期的研究表明，影响高技术企业选址的主要是良好的旅客运输设施，这是因为高技术产业的发端是耗资巨大而且发展迅速的，需要大量科学研究与工程技术专家。而从实验室和其他研究与开发设施到娱乐场所之间的地方交通质量十分重要，正是因为科学技术专家在选择工作地点时很重视这个条件。良好的都市内部客运和生活环境质量都是在传统工业布局中很少考虑的，然而对于高技术产业却很重要。此外，在新技术革命的今天，虽然电讯已十分发达，金融家、厂商和技术开发人员仍然需要方便的交通以面对面地洽谈业务和掌握信息。对于成功的企业来说，这类人员频繁地乘坐飞机，他们研究与开发活动区位对机场设施的要求是较高的，此时不仅考虑节约时间，更重要的是安全和可靠程度。如果他们不能经常见到同行，会感到十分不舒服。一份在美国的调查表明，研究与开发人员平均每月乘坐 $8 \sim 12$ 次飞机，而在制造工厂的人员平均每月只坐 $0.07 \sim 0.25$ 次飞机。接下来的影响因素才是长途运输工具或货物运输工具的质量。在较小的国家内，这种功能由公路或铁路来实现；而在世界范围，航空运输就显得格外重要。大多数著名高技术公司都有跨国经营的特点，由于技术上的和组织上的创新，研究与开发活动和生产活动、总部与分厂在地理上都是分离的，因此高技术产业具有临空型布局特点。例如，从日本运往东南亚的集成电路原材料、零部件等加工成半成品，再运回日本或送往美国，几乎全为航空运输，期间产品和零件需要平稳地在世界上空航行数千公里。

在零售业和其他一些行业中，企业选址的影响因素可进一步加以扩展包括企业接近顾客的愿望。如表3-2所示，接近市场、接近家庭和上下班距离在影响企业选址的因素中分别列第1位、第2位和第4位，地区间的地面运输和接近机场仅仅分别列第13位和第16位。这证明，企业把重点放在了容易得到经过训练的工人。一些调查清楚地表明，得到合适的劳动力是高技术企业和传统企业选址的关键因素。也有证据表明，当地运输条件对吸引或流动这类劳动力具有影响。因此，运输及与运输有关的因素，看来在现代工业的选址决策中仍然非常重要，尽管近年来运输的一些重要特征已有了某种程度的改变。

表 3-2　影响高技术工厂及其他类型工厂选址的因素

排序	高技术工厂	普通工厂
1	劳动力	劳动力
2	运输工具可获得性	接近市场

续表 3-2

排序	高技术工厂	普通工厂
3	生活质量	运输工具可获得性
4	接近市场	接近原料
5	公用事业	公用事业
6	位置特征	规制
7	交通特征	生活质量
8	商业环境	商业环境
9	税收	位置特征
10	开发组织	税收

资料转引自肯尼思·巴顿,《运输经济学》(第二版),商务印书馆,1993 年

3)满意策略

除了认为运输条件在区位选择中常常不是最主要的因素外,现在越来越多的经济学家认为,企业并非总是受成本最小化的观念所左右。因此,即使能分离出对企业而言很重要的那些因素,也不应把这些因素归入成本最小化的构架之中。在许多情况下,其他条件相同的情况下,运输成本低于某一水平的地方被认为是可以接受的。更多的时候,人们一般选取最先碰到的合意地方。因此,在选址时企业常常采取"令人满意"的政策,而不是力求利润或收益的最大化或者是成本的最小化。在选择过程中,作为决策者的个体无法做出完全理性的决策,他只能尽力追求在他的能力范围内的有限理性(详见本书第 13 章 3.2 节)。于是,决策者通常会定下一个最基本的要求,然后考察现有的备选方案,如果有一个备选方案能较好地满足定下的最基本的要求,决策者就实现了满意标准,他就不愿意再去研究或寻找更好的备选方案了。这是因为一方面,人们往往不愿发挥继续研究的积极性,仅满足于已有的备选方案;另一方面,由于种种条件的约束,决策者本身也缺乏这方面的能力。因此,决策者承认自己感觉到的世界只是纷繁复杂的真实世界的极端简化,他们满意的标准不是最大值,所以不必去确定所有可能的备选方案,由于感到真实世界是无法把握的,他们往往满足于用简单的方法,凭经验、习惯和惯例去办事。因此,导致的企业选址结果也各有不同。在这种情况下,运输成本所起的确切作用变得几乎难以确定,但是看来一旦选定了区位,只有运输成本大幅上升,才能克服似乎伴随着这种管理目标的基本惯性。

案　例

紧张的铁路运输

引自:佚名,《铁路运输如何完善应急物流体系》,现代物流报,2008 年 6 月 13 日

"抢运"这两个字眼频繁出现在有关铁路运输方面的报道中。东北粮抢运、宁夏玉米抢运、电煤抢运……铁路部门的运力一次次地集结。对于那些面临运输困难的地区来说,"抢运"可谓是及时雨,而频频出现的铁路"抢运",也让人不禁思索:难道只是铁路运力问题?

卖粮遭遇运输难

东北地区的粮食运输长期受到外运难的困扰,尤其在铁路部门运力紧张的时候,申请到车皮的几率非常小。虽然今年铁道部实施了抢运行动,但记者在采访中了解到,由于这次抢运行动浩大,铁路方面停止了大型施工,只留下必要的维修施工,腾出运行线,通过抢时间增加车次,把粮食抢运出去。但是,即便如此,铁路运输能力在抢运之初便接近饱和状态。导致粮食运不出去,因大量积压而掉价。

无独有偶,就在铁路部门拉响了抢运东北粮的号角不久,宁夏玉米也遭遇掉价危机。据了解,宁夏玉米的外销地主要在四川、云南等省区。南方雪灾过后,给铁路部门的运力带来了更为紧张的负面影响,有限的运力未能满足更多的运量需求,宁夏玉米便因此造成积压,价格开始一路下跌。

只要一提起玉米难卖的事,不少农民都满脸愁云:"眼瞅着种玉米的季节又到了,可眼下的玉米却还没运出去。这粮食价格眼看着一路下跌,真把人愁得不得了"。据了解,由于运力紧张,今年春节过后,宁夏市场上玉米价格开始回落。到3月底,水分低的玉米平均每公斤最高的收购价才1.46元,令等待涨价的农民叫苦不迭。截至4月中旬,像中宁和红寺堡等宁夏玉米主产地的农民家里,仍然有大量玉米积压待售。

抢运电煤成大考

我国是世界第三煤炭生产大国,但由于资源分布不均,95%的煤炭集中在北部和西部地区,而东部和南部地区煤炭资源比较匮乏,主要通过铁路进行运输。近几年,我国每年的煤炭运输总量都在10亿吨以上,其中70%以上的运量依靠铁路运输。电煤运输一直是铁路运输的重点工作,尤其是夏季的电煤运输,成为对铁路部门运输能力的一大考验。如往年从5月31日至6月10日的11天时间,全铁路日均电煤装车提高为4万车,日均增加4 700多车。当时,四川省电煤库存充裕,可耗天数在20天以上,可满足当地的生产生活需要。但是在京津唐地区、山东、安徽、湖南、江西等省份电煤库存较低,可耗天数均低到10天的警戒库存量,有的电厂电煤库存甚至低于3天。在抢运电煤行动中,铁路部门加大了对这些省份电煤运输力度。但长期以来,铁路部门对煤炭运输似乎都未能给出一份令人满意的答卷,总是在运量和运能之间存在矛盾。由于铁路运力紧张的问题,煤炭产运销的问题没有从根本上得以解决,导致部分地区的煤炭"出不去、进不来"并致使部分地区煤炭供应紧张。

一年之中,铁路部门的抢运行动可谓一个接一个。抢运背后凸显的铁路运力紧张的问题也一次次地被强调和呈现出来。铁路运力何时不再吃紧,抢运何时变成一种常态被赋予了更多期待的成分。业内人士指出,从以往的几次抢运来看,我国铁路运力仍存在运力不足的同时,像东北地区这样长期存在运力吃紧的老问题也未得到解决。虽然此次抢运很大程度上解决了东北粮外运难的问题,但是却令一度紧张的运力接近饱和状态。但抢运只能解一时之渴,治标不治本,对于铁路运输系统来说,加强全国铁路网建设和完善,才能提高运力。 业内人士还指出,铁路应急运力"按下葫芦,浮起瓢"的窘状背后,除了实际运力有待提高外,还需要特别重视综合应急物流体系的建立。由于在电煤、粮食等运输上,我国长期依赖铁路运输,这种"孤军奋战"很难适应现代应急物流的需求。铁路部门需要加大与公路、水路等领域的多式联运等方面的合作。

案例讨论

1. "东北粮抢运、宁夏玉米抢运、电煤抢运……"反映了我国运输需求的哪些特点?
2. 长期以来,铁路部门的运力为何一再处于"吃紧"的饱和状态?为何不设法提高运能?

3.2 货物运输需求的属性

货物运输需求(freight demand)是一个广义的概念,泛指社会经济活动提出的货物空间位移需要。货物运输需求产生于人类生活和社会生产的各个环节,个人、企业、部门、区域或国家都有可能提出空间位移的需要。

一般认为,社会经济活动对运输的需求可以通过运输量的形式反映出来。(货物)运输量可以反映为载运工具的流量,也可以是所运送货物的货运量或是周转量。虽然运输量的大小与运输需求的水平有着十分密切的关系,但两者也并非完全是一回事,运输量本身并不能完全代表社会对运输的需求特征,它反映的是被一定运输供给水平(基础设施、载运工具、运输组织条件等)所限制的运输需求量,如果运输供给水平允许或是得到提高,潜在的运输需求就会显现出来;反之,运输需求量将会被进一步抑制。

因此,本节将从更本源的角度讨论货运需求的属性。我们知道,运输需求的物理特征包括流量、流向、流程、流时和流速5个要素。此外,运输需求还具有一定的结构性特征,例如可靠性、便利性、安全性等等,它们反映着对于运输服务质量的要求。下面,我们主要从运距和批量这两个属性对货运需求进行分析。

3.2.1 运输距离

尽管重工业和农业在发达国家经济结构中所占的比重已经有所下降,但它们所引起的运量或运输需求在总货物运输量中仍占有绝大多数。例如,美国货运量最大的货物种类主要有砾石、粮食、非金属矿石、废弃物、天然气焦炭沥青、煤炭、汽油和原油产品。2013年这几种货物的运量分别为 22.02 亿吨、15.11 亿吨、13.74 亿吨、13.08 亿吨、12.73 亿吨、11.45 亿吨、9.34 亿吨和 7.61 亿吨。但这些大宗和低价值货物的运输更多是被铁路和水运承担了。根据美国 2013 年的货运调查资料,铁路运送的货物吨数占全部运量的 9.2%,但货物价值只占 3.2%;内河和沿海水运运送的货物吨数占全部运量的

4%，货物价值也只占 1.6%；而航空货运吨数虽然很少（仅占 0.08%），但运输的货物价值竟占到 6.5%。

运输距离是衡量货物运输需求结构的一个重要方面，图 3-3 是 2007 年美国货物发送量和周转量随运距变化的示意图。从图上可以看出，大多数货物运输需求产生于地方性的运输，因为运距小于 100 英里的货物发送量超过了总发送吨数的一半，而随着运输距离的延长，货物发送量所占的比重也逐渐缩小，超过 1 500 英里运距的货物发送量一共只占总发送吨数的约 4%。但由于运输距离越远同样吨数货物所产生的吨公里数越大，因此远距离货物运输所占的周转量比例要比其发送量比例高得多，从图上可以看出，1 000～1 500 英里运距上只占货物发送量 6% 左右的货物却占了周转量比例的约 22%，而超过 1 500 英里运距的货运周转量比重也明显大于 100 英里以内运距的货物。当然，国土面积的大小对货物运输距离的分布具有重要影响，而像日本和英国这样的岛国，货运距离与美国相比肯定有较大差别。

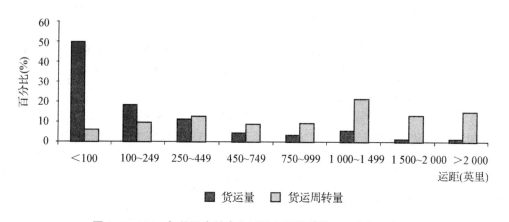

图 3-3　2007 年美国全社会货运量和周转量随运距变化示意图

各不同工业部门对运输业的依赖程度是不一样的，表 3-3 是美国若干类工业品的平均运输距离、每吨产品平均价值和运输费用占价值比重对比表。从表中数据可以看出，皮革制品的平均运距最长，达到 900 英里以上，而运输费用占产品价值的比重却最低，仅有 3%；电气及电子设备、光学仪器和服装三类产品的每吨平均价值也比较高，它们的平均运距都在 600 英里以上，运输费用比重也仅占 4%；而在另一端，非金属矿石的每吨平均价值只有 12 美元，它的平均运距最低，只有 87 英里；建材及玻璃制品、成品油和木材的每吨平均价值也比较低，相应的平均运距也都较短，而运输费用比重却接近或超过 20%；煤炭的情况似乎比较特殊，它的价值很低，但运输距离却很长，可能与其作为主要能源的产销特点有关，它的运输费用比重与非金属矿石一样缺失，但可以相信应该都属于最高之列。一般而言，初级产品的平均运输距离较短，而运输费用占产品价值的比重却较高，最终产品则正好相反，平均运输距离较长，但运输费用占产品价值的比重较低。

表 3-3　美国若干类工业品的平均运距、每吨产品价值和运输费用比重

产品分类	平均运距（英里）	货物价值（美元/吨）	运费占价值比重（%）
皮革制品	909	21 093	3
电气及电子设备	650	13 630	4
光学仪器	624	23 080	4
服装	659	19 249	4
一般机械	559	12 954	5
橡胶及塑料制品	488	3 348	7
运输设备	560	7 447	8
布匹	458	4 128	8
初级金属材料	365	858	9
纸张及纸制品	464	898	11
家具	591	4 193	12
食品	315	997	13
化工产品	434	977	14
木材	182	191	18
成品油	152	191	24
建材及玻璃制品	105	114	27
煤炭	432	21	—
非金属矿石	87	12	—

3.2.2　货物批量

1）经济订货批量模型

货物批量（shipping size）指的是一批次运输货物的重量，货物批量也是衡量货物运输需求结构的另一个重要方面。早在 1977 年美国著名经济学家萨缪尔森就已经意识到了货物批量对于运输方式选择的重要性。他认为，货主的运输决策不仅仅是选择运输方式的问题，而是同时选择运输方式和货物批量的综合性问题。通常情况下，货物批量甚至是决定性的。这里我们借用物流中的经济订货批量（economic order quantity）来说明货物批量的决定因素。经济订货批量模型是目前大多数企业（货运需求者）最

常采用的货物定购方式,该模型适用于整批间隔进货、不允许缺货的存储问题。假定:企业能够及时补充存货,需求量稳定;并且能够预测;存货单价不变,不考虑现金折扣;企业现金充足,不会因现金短缺而影响进货;所需存货市场供应充足,不会因买不到需要的存货而影响其他。那么,在上述假设下企业的年存货总成本为年订货成本和年储存成本之和,即:

$$TC(Q)=DS/Q+QK/2+F \quad (3-2)$$

式中:TC 为年存货总成本,元。

D 为年货物总需求量,吨;

Q 为每次进货量,吨;

S 为单位重量货物的订货成本(包含运输成本、议价成本等),元/吨;

K 为单位重量货物的储存成本(包含仓库建设、租用、运营和管理费用,货物占用的资金成本,货物陈旧损坏或跌价的风险等),元/吨;

F 为其他固定成本,元。

为了使年存货总成本达到最小值,可以运用微积分推导出最优订货批量 Q^* 的表达公式:

$$Q^*=\sqrt{\frac{2DS}{K}} \quad (3-3)$$

如图 3-4 所示,由于货运需求者的订货成本与储存成本之间存在着背反关系,导致总成本呈 U 形曲线,因此存在着使得总成本最小的经济订货次数。而经济订货批量为年货物总需求量除以经济订货次数。因此,货运需求者每年的订货次数或者说每次的订货量不仅与运输成本有关,还受到库存成本的直接影响。这就导致了现实中不同货物的批量存在着差异。

2)货物种类与载运工具的装载量

从公式 3-3 中我们可以发现,如果某种货物的储存成本远高于运输成本或者年需求总量

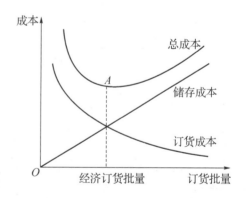

图 3-4 经济订货批量模型示意图

很高,那么,货运批量可能会很低;若是运输成本远高于储存成本,那么,批量可能就很高。换句话说,如果运费上升,最优货物批量通常将出现下降;如果年运输量或订货成本上升,最优货物批量也将随之提高。表 3-4 是 2004 年安徽某干线公路货运货物种类与平均装载量的调查结果。我们发现,钢铁、煤炭、建材等货物的运输批量要明显高于生鲜农副产品和机械电子工业品,因为对于前者来说,运输成本的影响较大。例如,煤炭的货物价值较低、定货量大、订货成本较低,仓储成本也较低。这些较低的运输与库存成本导致了货主偏向于采用重型卡车等规模运输方式进行大批量运输。而对于后者

来说,产品在储存时出行货损和跌价的高风险导致了其储存成本很高。例如,由于电脑配件的货物价值较高、货运量较少、订货与仓储成本较高、货架期较短,货主倾向于采用小批量的货物运输方式。实际上,更多货物的运输与库存要求介于上述两者之间,并导致了市场上纷繁复杂的货运价格、运输批量和仓储要求,这也解释了市场上一些货物之所以使用不同类型车辆进行运输的原因。

表3-4 2004年安徽某干线公路货物种类与批量

货物种类	货车比例(%)	平均装载量(吨)
钢铁	6.41	36.2
煤炭	10.98	33.3
建材	29.19	26.0
化工原料	13.25	20.2
粮食	9.83	19.3
日用工业品	15.81	17.2
机械电子工业品	5.98	16.6
生鲜农副产品	6.41	15.6
其他	2.14	13.1

数据引自:李旭宏,杭文,何杰等,《世界银行安徽公路项目II——车辆超载课题研究》,东南大学,安徽省交通厅,2006年6月

3.3 货运需求的影响因素

3.3.1 运价水平

1) 货物的运价弹性

对货运市场进行需求分析的意图之一,是想确定某一种或几种运输方式的运输需求对于运输价格变化的弹性。甚至有学者认为这是运输需求分析最重要的目的,比预测总的运输需求更有实用价值,因为在现实中运输企业需要根据对运输需求弹性的分析决定自己在运输市场上的价格水平,政府也需要了解和掌握诸如社会运输需求对提高燃油税措施的反应程度等动向。国外学者曾经做过不少这方面的研究工作,但不同研究者得出的结论差别很大。例如,美国曾有人对铁路和公路货运的需求价格弹性进行计算,其结果是铁路为-0.6,而公路为-1.8。这两个数字的含义是,当这两种运输方式的平均运输价格分别上升10%,铁路的运输周转量将下降6%,而公路的运输周转量下降18%;另一些计算的结果却是铁路与公路的货运需求弹性都处

于 -0.2 至 -0.5 之间；还有专家对铁路与公路之间货运需求的交叉价格弹性进行过实际分析，结果是两者之间的交叉价格弹性值远远小于各自的需求价格弹性。这些结论遭到更多专家的质疑，认为人们普遍感觉到的是铁路的需求价格弹性应该大于公路，因为一种运输方式的市场份额如果比较大，那么它的需求价格弹性值应该比较小才合理。

为什么实际的弹性分析与计算结果与人们感觉到的有差距呢？有些解释说是计算方法有误，也有说计算的假设条件设立有问题，当然也有解释认为弹性计算所根据的运输市场概念过于宽泛，也就是说用于确定运输市场范围的那"一组运输服务"包括的内容过大，因而提出用划小运输市场范围的方法去改善运输需求弹性计算的准确性。有几位美国学者在 20 世纪 80 年代采用了以划分货物品类细分市场的办法，他们单独挑出"新鲜水果和蔬菜"这一类货物，对铁路和公路运输的交叉弹性进行了分析，当时美国这类货物的绝大多数是由公路承运的。虽然"新鲜水果和蔬菜"这个货物品类从某种程度看仍旧很大，因为它又包括很多种不同的水果和蔬菜，其中每一种的运输需求弹性都可能是不一样的，而且分析计算所搜集的数据资料包括了很多不同的始发到达地点、不同的运输批量和运输质量，也就是说"新鲜水果和蔬菜"这一单独品类的货物运输仍旧不能算是"同质"的，但据认为分析结果还是比那之前很多类似的研究有了改进。当时计算的结果是这样的：当铁路运价提高 10%，铁路的需求减少 3.4%，公路的需求上升 1.9%；当公路运价提高 10% 时，公路的需求减少 5%，而铁路的需求上升 10%。这一结果与前述"一种运输方式的市场份额如果比较大，那么它的需求价格弹性值应该比较小"的判断逻辑就比较接近了。

实际上，每一种货物运输由于运输对象、地理条件和其他种种因素的影响，其真正的需求弹性是非常复杂的，不同的人从不同角度或使用不同的分析方法都可能得出不同的结果，因此要想十分准确地计算任何一组运输需求的价格弹性都几乎不可能，我们只能从大体上去把握每一种运输需求弹性的变化范围，并进行必要的比较。

进一步地说，即使运输需求弹性值计算准确，我们又能在多大的程度上将其推广使用呢？某一年的运输弹性是否能代表该时期以前和该时期以后的运输市场情况？某种货物的运输弹性是否能代表其他货物的运输弹性？某地的运输需求弹性是否能代表其他地区之间或者全国的运输需求弹性？显然都不能。每一个特定运输市场（即一组运输服务）中的运输需求条件都是惟一的，我们不能武断地随意把特定案例中的运输需求弹性值用在其他的运输环境里。这并不是说运输需求弹性的分析没有真正的实用价值，而是说这种弹性分析必须根据研究目的和各种给定的条件非常细致地去进行，否则就达不到预期的分析目的，甚至会得出错误的结论。需求弹性的概念很简单，但需求弹性分析即使在其他产业中也不是轻易就能给出结论的，在运输行业中只不过由于情况比较复杂，因此要求作结论时更谨慎一些罢了。

最后，当某一条特定运输线的运价水平发生变动，它所影响的可能不只是该线路上的运输量，所有有关的产品供给地都会重新调整自己最合适的运输终到地点，也就是说,所有可能的始发到达地的产品供给曲线和需求曲线都会对新的运输均衡产生影响。因此,在网络上考虑运输需求问题情况十分复杂,因为原来已经存在的特定运输服务组别可能会发生变化,运输距离使运输市场的范围都改变了。例如,从 1960—1995 年间,美国铁路每吨英里的实际货运收入从 7 美分降至 2.5 美分,而同期美国铁路货运的平均运距增加了 37%。另一个例子则是,当决定采用"零库存"生产组织方式时,美国的汽车制造厂商就需要放弃过去距离比较远的零部件供应渠道,而在更近的距离内采购,以便使零部件的适时制供应更加可靠。因此,我们在运输领域应用一般经济学分析方法的时候应该比较谨慎,要注意运输需求对价格变化的敏感反应,往往不是体现在货运吨数的增减或者运输方式之间的转移上,而是体现在运输距离的远近上。

2)货运的非价格成本

有些必须考虑的影响因素是"运输的非价格成本"(non-rate cost to transport)或"非价格的运输成本",我们也可以把它称为"附加的用户成本"。运输的非价格成本本身不是运输价格的组成部分,但是一旦发生这种成本并且其水平达到某种高度,那么它所起的作用与提高运价水平是相似的,也会减少运输需求(或者使运输需求曲线向左移动)。例如,某产品的产地价格是每公斤 9 元,其销地价格是每公斤 10 元,两地之间的正当运输费用是每公斤 0.5 元,在这种情况下可能就会有经销商愿为获得剩余的那平均每公斤 0.5 元的利润,而将该产品从产地运到销地去销售。但如果出现每公斤平均为 0.6 元的额外非价格运输成本,那么产地价加上运费和非价格运输成本的总计就会超过销地价格,经销商则无疑会对该种产品的运销失去兴趣,结果是运输需求下降。

某些产品的性质使其属于易腐坏、易破损或易被偷盗丢失的货物,那么在运输这些产品时,货主就需要多付出额外的费用,例如保证活牲畜运输中的饲养和清洁条件并安排专人押运,易破损货物的特殊包装条件,易损易盗货物的保险费用等,这些额外费用就属于运输的非价格成本。又如运输是需要时间的,而在市场经济中"时间就是金钱"的概念已经被普遍接受。在运输过程中的货物对货主来说有相应在途资金被占用的问题,货物本身价值越高,运输所耗费的时间越长,被占用资金所需付出的代价(至少等于同期的银行利息)就越大,而这笔代价也是由运输引起但却不包括在运输价格中的。还有,在市场经济还不完善的情况下,很多货主在运输中受到承运方工作态度或服务水平较差的影响,例如不能按合同提供运输车辆、运输被延误、货物出现不应有的损害或灭失、出现责任事故后不能及时得到应有的赔偿等情况时有发生,这些情况给货主带来的损失显然也是运输的非价格成本。无论是上述的哪一种情况,运输的非价格成本越高,运输需求就越受到限制。

3.3.2 经济发展水平与产业结构

1)经济发展水平与货运需求

货物运输需求是派生需求,这种需求的大小决定于经济发展水平。各国在不同经济发展阶段对运输的需求在数量和质量上有很大区别。从西方发达国家的交通运输发展过程看,工业化初期,开采业和原材料对大宗、散装货物的需求急剧增加;到机械加工工业发展时期,原材料运输继续增长,但增长速度已不如前一期,而运输需求开始多样化,对运输速度和运输质量方面的要求有所提高;进入精加工工业时期,经济增长对原材料的依赖明显减少,运输需求在数量方面的增长速度放慢,但运输需求越发多样,在方便、及时、低损耗等运输质量方面的需求越来越高。出现这些变化的深层次原因在于,经济的发展使得人们更为富裕,人们的消费行为也发生了改变,由需求弹性较低的货物转向需求弹性较高的货物,或是由农产品转向制造业产品及服务业的服务。因此,对产业结构而言,亦会因消费者消费取向的不同而有所转变;在产业结构因经济发展而改变时,会出现货物种类和货运服务特性的改变,从而使货运需求发生变化。根据经济学理论,专业分工越细,规模经济效益越容易得到发挥,从而可以降低生产成本,但相对而言,专业分工的细化也导致了运输成本的增加;例如厂商采取适时制(JIT)生产策略,可有效降低存货成本、增加生产的弹性,但必须为之付出较高的运输成本。当某一地区的产业结构变得更为复杂或单纯化时,会影响到区域(包括境内、入境与出境的)货运量,并对区域间货运量分布的形态产生影响。

在货运需求分析中,最大的一组运输服务可能要算把一个国家所有的货运吨公里加总在一起了,即把所有不同始发到达地点之间、通过不同运输方式、不同批量和不同品类的货物位移加总的合计。图3-5是我国1979年到2007年总货运周转量随国内生产总值变化与增加的示意曲线。从图中我们可以看到,如果用实际发生的货运吨公里代表货运需求量,那么在这一时期大体上它与国民经济是一起增长的,甚至增速更

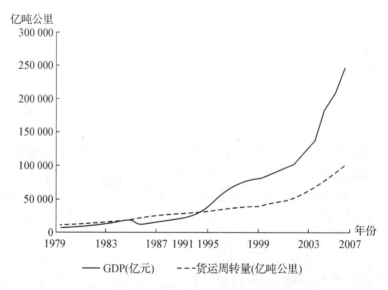

图3-5 中国总货运周转量与GDP增长关系示意图

快。但货运周转量与国民经济的增长变化又并不是完全同比例的。在图 3-5 所表示的时期,中国的 GDP 增长了约 39 倍,而货运周转量的增长仅为 8 倍;当 20 世纪 80 年代末 GDP 出现波动时货运周转量仍然保持了稳步的增长。相比之下,发达国家的货运需求与国民经济的增长变化与图 3-5 情况不完全相同,运输需求的增长比例要更平缓些。这是因为,在这些国家的国民经济增长或工业化的初期,运输需求的增长幅度超过经济总量的增长幅度,而到了工业化的中期和后期,运输需求的增长一般会开始放慢。出现这种变化的原因主要是,经济结构中一开始重工业所占的比重较大,重工业所引起的原材料和燃料以及产成品的运输量都比较大,而工业化中后期经济结构中附加价值较高的高新技术产业和服务业比重增加,这些产业单位产值所引起的货物运输量比较少。

2)货运需求的地区不平衡性

此外,要注意我国货运需求层次地区分布的不平衡性。首先,我国国土面积广大,地区资源分布不均,比如中西部主要是大量能源、原材料的产地,而东南部主要集中的是加工产品的生产,这就使得我国各地区由于货物产品的不同,拥有着不同的货运需求层次。同时,区域经济发展不平衡带来货运需求层次地区分布不均。比如西部地区的经济发展落后于东部沿海,人民消费水平也较低,产品的生产及需求不如东部地区多样,使得西部的货物运输需求层次比较单一简单,而东部就相对要复杂得多。

3)货运消费者对载运工具的选择

我们来分析一下货运需求变化时运输消费者对载运工具的选择。我们前面已经提到,货物的批量是由储存和运输等物流环节共同决定的。虽然对于载运工具来说,都有一定的装载容积以及相对较"经济"的装载量(本书第 7 章将详述这种载运工具的载运能力经济性),运输者必须保证运送的货物达到一定的装载量以满足运输工具一次的装载能力。但对于商品的生产者(货运消费者)来说,装载量越大,其产品的存储数量和时间也越大或越长,而产品存储所造成的成本显然也会越高。如果产品的价值较低且市场需求较稳定,那么,充分利用载运工具的运输能力能够显著地降低运输成本而又不会带来其他成本的大幅度增加。而对于一些单位价值很高、市场需求变化很快的产品来说,过长时间或过大数量的存储显然是不经济且存在极大市场风险的。此时,那些装载容积较小、相对灵活方便的运输工具,特别是卡车的优势就体现出来了,因为它们几乎可以随时启运,大大减少产品的存储成本。所以产品生产地对运输需求的影响,还应该包括存储和装载方面的考虑。极端的情况是适时制生产组织方式的情况,一些汽车公司首先采用了这种生产组织方式,使每一个前方生产者的加工品正好在下一个生产者需要的时候直接供应到位,以最大限度地减少不同工序、车间或分厂之间原材料、零配件及半成品的存储量,甚至做到"零库存"。为了适应这种适时制的生产组织方式,运输组织也必须做到非常准确及时,因为假如某项供应一旦不能及时到位,就可能引起整个生产链停顿的严重后果,而某项供应提前到位也会引起不必要的存储,达不到适时制的目标。这种生产组织方面的变化对运输服务的可靠性提出了空前的要求,因此比较可靠的运输方式被用户青睐,而对那些运输组织环节复杂、时常出现运输延误的运输方式,其运输需求就可能下降。

4) 不同运输方式的发展

如果把总的货物运输需求拆分到不同运输方式,我们就可以看到比总量略微具体一些的运输需求。在目前的几种主要运输方式中,铁路、公路、水运和管道承担了大部分货物运输,航空货运正在崛起,但从承担的运输总量来看相对还比较小,即使在航空运输最发达的国家,航空所占的货运比重也很小。图3-6是中国在1980—2015年期间不同运输方式货物运输量的增长变化示意图,其中(a)是货运周转量的变化,(b)是货运量的变化。可以看出,在此期间铁路、公路、管道和水运的运输量都有较大增长,特别是公路和水运的增长更加明显;航空货运是从无到有,增长速度很快,但目前数量还较少。实际上,从1980年到2015年,我国铁路货运量比重持续下降,在整个交通运输体系中的地位平均每年以0.8%的比重一路下跌;而公路货运量稳步上升,在整个交通运输体中的地位平均每年以0.9%构成比的速度不断上扬;空运总量增加速度很快,虽然在占总量比例上不多,但其在货运中的地位是不容忽视的。将图3-6(a)和(b)对比还可以看出,水运货运周转量的增长明显高于其货运量的增长,可反映出我国由于对外贸易的繁荣,远洋运输增加了水运的平均运输距离;铁路货运周转量的增长也明显高于其货运量的增长,这主要是由于铁路运输的平均距离比较长所致;而公路货运量增长明显高于周转量增长,主要由于公路短途运输比重加大。

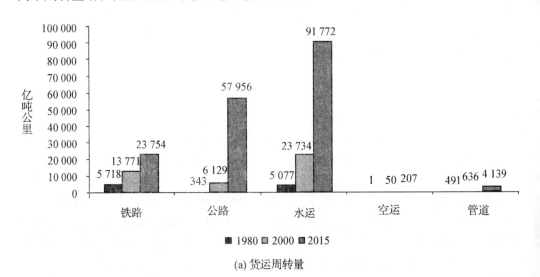

(a) 货运周转量

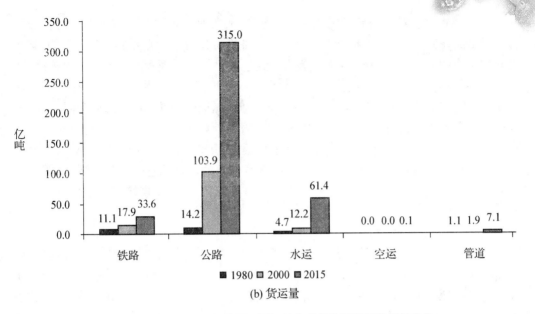

图 3-6　1980—2015 年中国不同运输方式货物运输量的增长变化

3.3.3　偏好

1) 发货人对运输企业的要求

在本章的不少地方都涉及了运输服务的质量问题,也就是说,运输服务质量对运输需求是有实际影响的。然而对于经济计量分析来说,运输质量的概念目前却很难发挥更多的作用,原因在于很难给出运输质量的准确定义并进而收集到能够进行定量分析的实证数据。每一种运输服务都存在着很多方面的特点,对某些发货人来说运输能力的大小可能是最重要的,对另一些发货人来说运输速度可能更重要,对第三类发货人可能更看重运输的可靠性包括正点服务,还有很多发货人可能对承运人的形象和服务态度十分注重等等。表 3-5 是英国价格协会对发货人进行的一次调查结果,可以看出,随着经济结构的转变,货物运输的轻型化、小批量、时间紧、安全可靠等特点越来越突出,因此无论是区内运输还是跨区运输,货主都把车型合适与发货迅速摆在最突出的位置。

表 3-5　英国发货人对公路运输公司的各种要求　单位: %

类别	区内货运	跨区货运
车型合适	38	43
发送迅速	29	36
装载及时	10	12
声誉良好	15	5
手续方便	8	1

注: 资料转引自肯尼思·巴顿,《运输经济学》(第二版), 1993 年

不少国外学者对运输质量问题进行过研究,包括使用问卷方式调查用户对各方面运输质量的评判,但这些研究似乎仍没有为经济计量分析提供必要的信息。例如,某一次问卷调查的结果是有30%的客户认为运输速度是他们选择承运人时的主要标准,而运价水平只排在第三位,但结论到了这种程度我们仍旧无法判别运输速度提高多少可以使运输需求曲线向右移动到什么位置。若要使质量因素能够真正在运输需求的经济计量分析中起作用,就要能够收集到足够有说服力的数据,使其成为经济计量模型中的一个变量,例如可以用运输速度这个指标取代地区GDP。如果做到了这一点,我们就可以在固定运输速度的情况下分析运价对需求量变化的影响,或在固定运输价格的情况下分析运输速度对运输需求的影响。然而到目前为止,运输质量的定量分析方法仍很不成熟。

2)自备运输问题

在经济生活中还有一种现象,就是尽管专业受雇运输公司的能力越来越大,服务也不断改善,但还有很多一般的工商企业保留了自备运货车或车队。也就是说,这些企业或多或少要把一部分运输能力控制在自己手里,除了必需的内部运输和短途接运,有些还要用于完成中远距离的运输任务。这种情况在各国都很普遍。照理说维持自备车队的成本可能会高于利用专业运输公司,那么为什么企业愿意保留自己的运输力量而不完全依靠专业运输呢?表3-6是英国运输部对有关调查归纳出的结果,可以看出企业在更可靠、更容易控制、有利于与客户建立更好的关系、更快和更有灵活性等因素上的考虑都超过了对常规运输成本或运价的考虑,此外,满足特殊服务需要、专门化、反应和适应性、安全等因素也都是需要顾及的内容。因此,综合起来看,只要专业运输公司的服务尚无法在这些方面超过自备车辆,就算运价可以更低,对运输质量越来越挑剔的客户们还是要自己保留一手。

表3-6 英国生产企业保留自备车队的若干原因

原因	选择比例(%)
可靠性	14.9
可控性	13.0
与客户建立更好的关系	9.4
发运迅速	9.2
灵活性	7.8
成本与运价	7.4
满足时间上的特殊需要	6.6
有特定的服务要求	6.5
专门化的运输能力	5.5
反应快	5.1

续表 3-6

原因	选择比例（%）
适应性好	3.6
始终如一	3.5
减少货损货差	3.4
更安全	2.6

注：资料转引自肯尼思·巴顿，《运输经济学》（第二版），1993 年

但不同产业或部门对自备车辆或自有运输的依赖程度是不一样的，表 3-7 是 20 世纪 90 年代中期美国有关产业的运输总费用和其中使用自有运输与受雇运输的比例。从表中数据可以看出，各产业平均使用自有运输与受雇运输的比例分别是 52% 和 48%，自有运输比重略大；但金融保险业、电信业和运输总费用最大的制造业对自有运输的依赖较小，其比例分别为 7.9%、11.9% 和 21.4%；而农林渔业、建筑业和商业对自有运输的依赖却很大，分别达到 69.7%、74.6% 和 82.7%，其他服务业的比例也有 66.2%。

表 3-7　美国若干产业中使用自有运输与受雇运输的对比

产业	运输总费用（亿美元）	自有运输比重（%）	受雇运输比重（%）
农、林、渔业	188.97	69.7	30.3
采掘业	66.80	57.9	42.1
建筑业	522.35	74.6	25.4
制造业	1020.54	21.4	78.6
电信业	99.90	11.9	88.1
商业	517.83	82.7	17.3
金融、保险业	114.22	7.9	92.1
其他服务业	635.17	66.2	33.8
平均		52.0	48.0

注：资料转引自肯尼思·巴顿，《运输经济学》（第二版），商务印书馆，1993 年

案　例

货物运输工具的选择

引自：中田信哉，《物流·配送》，海天出版社，2001 年 7 月第一版

某家工厂在 A 地区，必须从这家工厂把商品运到 B 这个消费地的流通中心去，如果

问："用什么样的运输工具运比较好呢？"如果是个说话不慎重的人，看了A和B之间的距离及地图上A和B的位置，就会说"应该用海运"或"可以用集装箱火车"。这种回答，只是从距离和运输工具的效率来考虑的，实际上这绝对决定不了用什么样的运输工具。为什么呢？因为需要运走的货物的量并不清楚。虽说内航海运可以用，但一次运输的货物量只有2吨卡车装一车的量，就不能用船运。同种类的商品，如果一次要运20吨或30吨，用普通的铁路货车运，比集装箱划算。就是说量不一样，运输工具的选择也不同。再就是运输所要求的时间不同，运输工具的选择也不一样。如果A地到B地必须在一天之内运到，就不能用晃晃悠悠的船来运，即使铁路也满足不了这样的时间要求。如果早晨受理出货订单，要求傍晚之前必须送到，就得用卡车跑，或者用飞机，别无他法，由此可看出，时间也是个重要因素。总之，运输工具的选择，原则上是根据（量）×（时间）×（距离）来决定的，当A和B的地理位置作为所给予的条件时，时间和一次要运的量是决定运输工具的第一要因。

采取什么样的库存策略

那么，时间和量是根据什么来决定的呢？它不是物流内部本身就能够决定的，而是由根据市场状况的库存策略来决定的。采取什么样的库存策略，时间和量就会有所不同。关于上面举例的A和B，现在有两家经营同样条件的同样商品的制造商，假定它们是甲公司和乙公司，甲公司采取尽量不持有流通库存的政策，所以B仅有最小限度的必要的商品库存，这种情况会怎样呢？通过销售，从B那里不断地向客户出货，B的库存常常不足，于是，生产出来的商品集中库存于A，需要从A不断地一点一点地向B送货。在这种情况下，一次出货的量往往是少的，把商品送到B所要求的时间必须短，卡车运输必然就成了运输的首选。与此相反，乙公司采取的是在B的流通中心持有充分的库存商品，即流通过程集中库存，B有充分的商品库存，即使销售方面需要不断地向客户出货，也没有必要急着担心没有库存商品的问题，所以，可以不用着急地把在A地生产出来的商品集中起来运往B，运输可采用船、铁路等能够大批量运输的运输工具。从上面的叙述来看，甲公司运输成本高，但库存费用、库存投资少，而乙公司虽然运输可以达到效率化，但库存分散，不单要发生费用，还会有风险。

当然上面举的是极端的例子，企业需要根据运输和库存的平衡关系，建立自认为是合理的物流系统，只是有时候库存策略要根据销售的情形优先考虑效率的问题。根据平衡关系建立的运输系统中，有一种叫做海陆联运的国际运输方式，运程中没有自始至终都是用一种运输工具进行运输的，而是在运输过程中有机地结合采用其他的运输工具。譬如，从中国向英国运输商品，从成本的角度来考虑，最有利的是用船，从时间来考虑，最快的是飞机。于是，通过调整当地的库存状况，把用于运输的运输工具加以巧妙的组合，达到成本最低的目的。如果用船运，花时间多，必须事先在当地多持有库存商品；如果当地库存过少，就需要用飞机运过去。海陆联运的国际运输方式，整合采用了两方的长处，在平衡中做到最有利。总而言之，对运输工具的选定来说，库存策略关系极大。

3 货物运输需求

案例讨论

1. 对于货物运输来说，载运工具选择的主要影响因素有哪些？
2. 国际多式联运相对于单一运输方式来说，主要的优势有哪些？

概念复习

工业区位理论　　　　　满意策略　　　　　　货物运输需求
货物批量　　　　　　　经济订货批量　　　　运输的非价格成本

思考题

1. 传统企业与高技术企业在选址时对运输条件的考虑有何区别？
2. 试举例分析你所在城市的商业区与交通条件变化的关系。
3. 用数据说明我国近年来铁路和公路货运平均运距的变化。
4. 试分析货物批量与货物种类的关系，随着经济的发展，货物批量会出现怎样的变化趋势？
5. 根据可获得的数据情况，分别计算某种货运需求的价格弹性和某两种货运需求的交叉价格弹性。
6. 说明在运输需求分析中总量预测和弹性分析都难以十分准确的原因。
7. 举例说明什么是"运输的非价格成本"。
8. 试分析经济发展水平对货运需求的影响体现在哪些方面？
9. 简述适时制生产组织方式对运输需求的影响。
10. 试分析不同产业使用自有运输或受雇运输比例上差别的原因。

4 旅客运输需求

学习目标

了解客运需求与需要的关系；熟悉运价水平、收入水平、出行偏好等客运需求的影响因素；理解私人交通需求的概念及中国私人交通需求的特点；理解时间价值的概念与影响因素。

4.1 人们的交通需要

1）交通需要的含义

在旅客运输需求分析中要涉及一个概念，就是运输"需要"。一般来说，需要（need）的概念比需求（demand）要大，因为需求只是有支付能力的那部分需要。由于需求要受个人收支预算的限制，所以仅仅按需求去分配社会资源就会由于收入水平的差别而产生出一些不平等。因此有人主张，运输服务，至少其中的一部分，应该按照"需要"进行分配而不是按照有效的"需求"进行分配。其中心思想是，在现代社会中每一个人都应该有权利享受一些不低于基本水平的教育、医疗等服务，而不论他们收入的多少，交通运输也应该属于这一类服务，人们也有权享受某种最低标准的运输供给。

任何一个国家或地区，都会有一些低收入者，还有残疾人、老人和儿童，这些人相比之下需要一些特殊的运输服务，任何一个国家也都会有一些地区的经济开发水平较低同时交通条件较差，需要外界提供一些它们自己难以实现的运输服务，这些运输服务仅靠市场上自发的供求平衡力量往往无法满足。因此，需要被认为是既包括可以用市场去满足的需求，同时也包括要依靠市场以外力量去满足的那些基本要求，这后一部分运输需要有时也被称作"公益性运输"或"普遍服务"。在1977年英国运输部公布的运输政策中曾这样定义社会运输需要，"它包括人们作为现代社会成员所必需的工作、采购、休闲和其他活动的运输需要"。

2）交通需要与政府补贴

在西方国家的运输政策中可以看到一些属于此类公益性运输的处理办法。例如，在英国1930年的公路运输法中，有关公路运输执照的条款就包括公共需要的概念，并被解释成是与有效市场需求不同的服务，由于经营者可能在这种营业中亏损，因此有权获得补贴。英国1968年的运输法中更是明确规定，有222种运输服务由于社会原因造成的财务亏损可以由政府补贴；英国政府多年来一直同时在航运和航空的基础设施与运营两方面同时对地处苏格兰地区的一些岛屿给予资助；20世纪70年代开始建立满足老人和残疾人交通需要的系统；1985年的运输法又授权各地方政府对城市和农村的公共汽车给予补贴。在美国，1978年航空业放松管制法规定了对为小城市提供的航空服务实行补贴。加拿大1987年的运输法也明确规定了为该国北部地区的航空服务提供政府补贴。

但即使承认了运输需要与需求的差别并采用政府补贴的办法处理，在现实中还是存在很多问题，特别是大量界限不清的交叉补贴会引起公共交通企业降低效率。因此，有一部分学者虽然支持妥善解决低收入人群和残疾人的交通困难，但并不同意用"需要"去作为分配资源的机制，主张仍然以普通经济学原理去支持交通运输领域基本的市场运行制度。他们认为应该采用明晰的收入补贴等办法，从根源上解决收入问题或劣势问题（政府和其他机构补贴给社会运输服务的钱可以视为社会对这种服务的有效需求，于是人们可以把这种状况看做类似于传统消费理论的情况，正如"需求"反映个人购买一种特殊服务的愿望一样，政府对"需要"的响应反映了社会为它的某些成员购买特殊的运输服务的愿望），而不要搞混杂的交叉补贴。这样才可以实现让市场的有效需求正确反映一般消费者购买具体运输服务的意愿，而政府为特定群体社会性运输服务提供的专项补贴也不致造成不必要的效率损失。总而言之，上述问题的存在确实给运输需求分析又增加了一定难度。

观点：春运期间的交通"需要"

摘自：薛兆丰，《康德未曾出远门》，21世纪经济报道，2001年3月26日

春节后本栏一篇《火车票价还不够高》，激起雪片般的批评，而最早一封信是我父亲写来的：表面上，火车票价足够高，就不会有炒票现象；而羊胎素也如是，幸好它的价格不像雪花膏，否则也会发生排长队挤伤人的事故。但细想却不然：没有羊胎素，社会不会动乱；但回家过年，百万民工可没有选择余地！所以，羊胎素的贵与火车票的贵看来就有质的不同……后来接到的来信，大半都是这种"实在需要"论。我给父亲回信说：什么是生活必需品，那是很主观的定义。康德上知天文，下通地理，可他从未离开过家乡的几里地；歌德把阿尔卑斯山描绘得有如仙境，可他从未去过；硅谷是美国高科技工业的心脏，可那里因为缺乏电力要歇业；非洲无数儿童患上艾滋病绝症，但如果强迫西方的药商降价，就会打击他们继续研究的热情。

这个世界"实在需要"的东西太多，每个人的要求都是那么有理、那么迫切、甚至催人泪下。现实可能不受欢迎，甚至令人憎恶，但经济评论的任务，应该是客观地解释真实的世界，而不是给读者发送歪曲的信息，流于用一厢情愿的愿望来博取读者的欢心。

而现在的现实是：就算把票价压得再低，也不能增加哪怕一张火车票！父亲，您的好心，并未做成好事。"

观点讨论

1. 你认同上述观点吗？试从经济学的角度和道义的角度分别论述。
2. 你如何看待春运期间人们的出行"需要"？

4.2 客运需求的影响因素

4.2.1 运价水平

1）客运需求弹性

客运需求也受运价水平的影响，如果我们已经比较清楚地知道了运输需求与运输价格之间的相互关系，就可以在价格与需求坐标系中画出一条运输需求曲线，可以根据运价水平的变化考察运输需求量的变化。当然，这只是理想条件下的，现实条件下客运需求分析中所使用的变量往往不应该简单处理，例如价格可能并不仅仅是乘客所支付的票价，而是包括了其他许多有关又相互影响的因素，像时间成本就是其中最重要的一项，此外还有安全、舒适和方便等。但由于这种综合性的运输成本不容易准确掌握或计算，因此，在现实中，很多情况下人们还是利用容易取得的价格资料进行运输需求分析。这当然会带来一些问题，其中一个就是对运输需求的价格弹性计算结果往往与人们预料的相差很多，而且一般都是偏低。例如，20世纪70年代以来很多学者对美国、英国、澳大利亚等国城市内或城市间客运以及跨北大西洋航空客运分析出来的运输需求价格弹性都比较低，从最低的 -0.08 到最高的 -0.61 不等。

2）客运需求弹性的影响因素

与货运需求弹性的计算结果类似，客运需求弹性也因计算者、计算目的、使用数据来源、计算期间和分析范围的不同而差异很大。运输需求弹性的计算如果过于笼统，它与特定和现实的运输需求特性就会背离较大。于是有学者建议要注意分类对运输需求弹性进行分析，他们认为至少可以从这样几个不同层面去观察客运需求的价格弹性变化：

第一是出行的目的不同。人们的出行目的大体可归类为：出差、旅游、探亲、访友、购物及其他几类。一般认为公务出差的旅行需求对运价的弹性要低于以旅游度假及探亲访友为目的的旅行，前者更倾向于选择更加快速、舒适、便捷的运输方式，因为前者的机会成本通常要高于后者。表 4-1 中对京沪通道的调查结果证明了这一点，乘坐飞机的旅客中因公出差的比例要远高于使用铁路和公路运输的旅客。据美国学者的分析结果，相对于旅行费用而言，开私人小汽车度假的旅行需求弹性值为 -0.955，长途公共汽车的需求弹性值为 -0.694，铁路为 -1.2，航空为 -0.378；而对于公务旅行来说，小汽车的弹性值为 -0.7，公共汽车为 -0.3，铁路为 -0.57，航空为 -0.18。相比之下，公务旅行的需求价格弹性要小于度假旅行。由于公务旅行需求的价格弹性要比个人出行小得多,因此航空公司就可以依此而制定不同的定价策略以增加收入。当然,出行目的本身不能孤立地对方式选择发生作用,而是与其他因素综合作用于方式选择的全过程。

表4-1　2002年京沪通道按出行目的分类的旅客出行比例

运输方式	出行目的	因公出差	个人经商	旅游	探亲访友	就医疗养	外出求学	外出打工	其他	合计
铁路	比例(%)	43.6	9.6	10.6	16.3	1.5	3.6	6.5	8.2	100
公路	比例(%)	49.6	13.1	4.5	20.8	1.0	1.2	3.4	6.4	100
民航	比例(%)	80.0	6.7	4.6	4.5	0.3	0.9	0.5	2.5	100

数据引自:李茜,《京沪通道:旅客运输方式选择分析》,综合运输,2006年4月

第二是费用支付方式的不同。例如,私人小汽车的燃油等直接费用相对于既包括燃油,又包括保险、保养和折旧等间接费用的全成本来说只是一部分,这使得驾车人的需求弹性按燃油费用与按全成本计算相比就有差别;而公交车票又分别有一次性票、按时间的期票和按里程的累积优惠票等等,结果使需求的价格弹性也不同。

第三是长短期的弹性不同。例如,人们对市内公交车票涨价的反应,在短期内往往是需求明显减少(抗拒心理),但一段时间以后,当人们的心理逐渐适应,这种反应会软化,因此表现为需求价格弹性短期较高而长期较低。然而燃油价格对人们驾车行为的影响却是一种相反的情况,当20世纪70年代石油危机导致燃油价格上升时,在短期内人们的驾车距离似乎没有很大变化(人们可能寄期望于油价在将来有所回落,同时,对车辆的投资是种固定成本),但在更长的时期内它对人们选择居住和上班地点以及选择车型都发生了影响。

第四是运输距离或支付总额的差别。都是20%的上涨率,但5元票价和500元票价两种基数却会使人反应不同(因为上涨的金额相对于普通人的收入具有明显的差别),研究结果是休闲旅行需求在长距离的价格弹性要大于短距离。例如,一项研究说美国航空旅行需求的价格弹性在400英里时为-0.525,而在800英里时为-1.0。

资料:20世纪70年代石油价格上涨对美国车主的影响

引自:彼得森,刘易斯(1994),《管理经济学》,中国人民大学出版社,1998年版,P67

1973—1981年间美国的汽油价格急剧上涨。起初,消费者只能节约少量的汽油,例如假期旅行被取消了,有些人开始改乘公共汽车上班,但这种节约只是有限的。1973—1975年,每辆车的平均耗油量每年从736加仑减少到685加仑。而在更长的时间里,消费者就有可能进一步减少耗油量,例如这时候小型的节油车已经比较普及,轿车每加仑的平均行驶里程从1973年的13.3英里增加到1981年的15.7英里。还有些人变动了工作,或搬到离工作地点较近的地方去住。这些变化使小汽车的平

均行驶英里数在同时期内从 9 800 英里减少到 8 700 英里。所有这些变化使美国在 1973—1981 年间,每辆车每年消耗的油量从 736 加仑减少到 555 加仑,降低了 25%。显然,对汽油的长期需求弹性,要比短期需求弹性大得多。

⚠ **注意:一些独特的观点**

小汽车价格的上升会减少居民购买小汽车的数量,但同时又会促使人们延长每辆车的使用寿命,因此私人小汽车拥有量相对于汽车价格的弹性值可能几乎为零。汽车燃油涨价会减少人们对燃油的购买数量,但一些居民可能更倾向于更换一辆比较节省燃油的汽车,而不是减少自己每天驾车行驶的距离,因此,汽车行驶距离相对于燃油价格的弹性值也可能几乎为零。

4.2.2 收入水平

人们的收入水平与交通需求之间有一定联系,过去有人提出,由于在出行时间预算上的限制,人们在出行行为方面具有相对的稳定性,即人们花在出行方面的时间和出行的总次数变化不大,如果以休闲为目的的出行增加,那么以工作为目的的出行就会减少,如果选择使用汽车或飞机出行,那么原来以步行或骑自行车的出行次数就会相应减少。但后来的研究表明,人们的平均出行时间和次数都随着收入水平的提高在增加。不少学者对同一国家不同收入水平的家庭,或不同人均收入水平的国家进行过对比分析,结论基本都是相同的。

根据《中国统计年鉴 2015》,我国城镇居民人均消费性支出 2014 与 1990 年相比提高了 14.6 倍,农村居民人均生活消费支出 2014 年与 1990 年相比提高了 13.3 倍。城乡居民各项消费支出在总消费支出的百分比也有较大的改变,具体数据见表 4-2 和表 4-3。从表中可见,城镇居民的交通与通信、居住两项的比例大幅度提高,而农村居民的医疗、交通通讯、文教娱乐三项服务性支出的比例有所增加。

表 4-2 我国城镇居民消费结构的变化　　　　　　　　　　　　　单位:%

年份	1990	1995	2000	2005	2014
食品	54.25	50.09	39.44	36.69	30.05
衣着	13.36	13.55	10.01	10.08	8.15
家用	10.14	7.44	7.49	5.62	6.18
医疗	2.01	3.11	6.36	7.55	6.54
文娱	11.12	9.36	13.40	13.82	10.73
居住	6.98	8.02	11.31	10.18	22.48
交通	1.20	5.18	8.54	12.55	13.21
其他	0.94	3.25	3.44	3.50	2.67

表 4-3 我国农村居民消费结构的变化　　　　　　　　　　　　　　　　单位：%

年份	1990	1995	2000	2005	2014
食品	41.59	41.10	36.14	36.11	33.57
衣着	11.76	10.33	7.41	6.83	6.09
家用	8.20	7.92	6.79	5.20	6.04
医疗	5.06	4.94	6.82	7.87	8.99
文娱	8.36	11.91	14.53	13.84	10.25
居住	21.66	17.20	17.98	16.04	21.03
交通	2.24	3.92	7.25	11.48	12.08
其他	1.13	2.68	4.08	2.54	1.94

表 4-4 是 1989 年英国家庭开支分类按收入水平分组的对比表,可以看出交通开支大体上是随着收入水平提高的,从最低收入组占总支出的 6.8%,到高收入组超过 18%。其他发达国家的情况与英国类似。

表 4-4　1989 年英国按收入水平分组的家庭开支分类表　　　　　　　　单位：%

每周收入（英镑）	食品	住房	水电	烟酒	服装	日用品	交通	其他
低于 60	27.2	14.1	10.0	8.0	5.2	12.5	6.8	13.1
60～99	25.4	21.6	9.6	6.3	5.4	11.2	8.4	12.0
100～149	23.0	22.2	7.2	7.0	6.6	10.5	9.3	14.2
150～199	20.1	20.1	5.9	6.2	5.6	9.8	14.6	17.7
200～249	20.5	19.5	5.6	7.5	6.2	10.9	14.8	15.0
250～299	19.2	17.1	4.6	6.7	6.6	13.6	16.7	15.4
300～349	19.3	17.1	4.8	7.0	6.8	11.5	17.0	16.3
350～399	18.7	16.0	3.9	6.6	6.5	11.5	17.5	19.3
400～524	17.7	15.6	3.9	6.5	7.1	11.8	18.4	19.0
525 以上	15.8	16.4	3.1	5.7	7.9	12.1	18.3	20.7
平均	18.8	17.4	4.8	6.5	6.9	11.7	16.2	17.8

资料来源：转引自 K.J. Button. Transport Economics. p.9

需要注意的是,虽然可以认为交通在总体上属于经济学中的优质品,即消费随收入增加的物品,但也有人认为如果分更细来看,其中的私人交通特别是人们对小汽车的需要与收入增加的相关性更加明显,而对市内公共交通的需要却可能是在减少的。

4.2.3 其他运输服务的价格和质量

1）客运需求的交叉弹性

对任何一种交通工具的需求，无疑会受到与其竞争或与其互补的其他交通工具的影响，这其中也包括收费或价格方面变动的影响。需求的交叉价格弹性是可以用来分析需求受其他交通工具价格影响程度的有效工具。表 4-5 是 1991 年英国伦敦城市交通需求的价格弹性表，反映由于公共汽车和地铁两种公交票价变动引起伦敦交通需求的变化情况，表中公共汽车、地铁和市郊铁路之间似乎都属于替代或竞争关系。从表中数据可以看出，公共汽车提高票价对自身需求的影响要大于地铁对自身的影响，而且前者对后者的交叉影响要大于后者对前者的影响，它们对市郊铁路的需求和人们减少出行的决定也产生了一定影响，但程度要小一些。

表 4-5 1991 年英国伦敦城市交通需求的价格弹性

	公共汽车	地铁	市郊铁路	减少出行
公共汽车	-1.318	0.897	0.193	0.229
地铁	0.356	-0.688	0.211	0.120

资料来源：转引自 K.J. Button. Transport Economics. p.41

需要说明的是，即使在同一种运输方式内部，也可能存在不同运输企业之间的竞争，而分析这种运输企业之间的需求交叉价格弹性，对企业的经营也是很现实和极有实用价值的。此外，对于互补型的运输工具或运输企业，例如市内道路交通为市际铁路和航空集散客流，或者支线航空公司与干线航空公司共同组成轴辐型结构等，需求的交叉价格弹性应该是负值。

2013 年，美国人上下班使用公共交通的比例只有 5.2%，独自驾驶私人小汽车的占 76.4%，其余的人利用其他方式包括合伙搭乘小汽车等，但美国有几座大城市，如纽约、旧金山、芝加哥、华盛顿和费城等，仍保持了相对较高的公共客运使用率，其中纽约的通勤出行中，公共交通占比甚至高达 55%。据分析，这与这些以金融、商业或政府职能为主的大城市就业地点大都集中在城市中心，因此公共客运相对比较容易发挥优势有关，如果居住和工作地点都十分分散，公共客运的发展就比较困难。

除了计程出租汽车，公共客运都是集体运输，即要把数量不等的旅客集中到一部交通工具上运载，因此公共客运一般都需要设定专门的运行线路、停到站和运行时刻。与私人交通相比，公共客运的不方便之处就是不能随时随地满足每个人的出行需要，而必须等待规定运行时刻，并只能在确定的运行线路和停到站；此外，旅客往往还需要利用个人交通（包括徒步）去衔接公共客运所不能满足的那部分路程。这使得公共客运比随时随地可听凭个人支配的私人交通工具缺少了一定的吸引力，再加上其他原因，公共客运在很多国家和城市都被私人小汽车排挤了，引起了很严重的交通堵塞问题。从 1940 年代后期到 70 年代，美国城市公共客运一直迅速下降，1970 年代以后大体保持在每年85亿人次的水平上,而私人小汽车此时已经占据了绝对优势。世界上很多国家的城市交通大体也是这样一种趋势。一些城市曾经采取了比较积极的态度,努力把私人小汽车的乘客转移到公共客运上,但到目前为止成功的例子相当少。似乎只要道路的拥挤状况不到极端,或者市内停车位的收费还能接受,私人小汽车的拥有者们就对公共客运的降价措施根本不予理会。根据对世界上100座城市所进行的调查分析,公共客运需求对客运票价的平均弹性值只有 -0.45。也就是说,如果城市公交票价降低10%,其运量只会增加4.5%。极而言之,即使公交票价降低100%,即完全免费,公共客运的运量也只增加45%;如果原来选择公共交通的居民比重不大,那么大多数在公共交通免费的情况下仍然还会以私人小汽车出行为主。

2)公共交通服务水平的重要性

还曾有学者对20年时间内影响美国波士顿市公共客运的若干影响因素,包括收入水平、就业人数、公交票价和公交服务质量等,进行了分析,分析结果显示在表4-6内。居民收入水平对波士顿城市公交需求的影响是负面的,因为人们收入增加一般更愿意选择使用私人小汽车而放弃使用公共交通,该弹性值为 -0.715,在该期间人们的收入水平实际增长了44.5%,对公交需求的估计影响程度为 -30.1%;就业人数对公交需求的影响是正的,其弹性值为 +1.75,在该期间波士顿就业人数实际增加了8.3%,对公交需求的估计影响程度为 +12.7%;公交需求对票价的弹性值为 -0.234,在该期间公交票价下降了42.4%,对公交需求的估计影响程度为 +12.1%;公共交通服务水平的提高可以鼓励人们更多地使用公共客运,公交需求对其的弹性值为 +0.358,在该期间波士顿城市公交开行的车英里数实际增加了38.3%,对公交需求的估计影响程度为 +10.9%。从总的情况看,这20年间对公共交通正的影响累计共为35.7%,负的影响为30.1%,正负相抵后波士顿城市公共交通的需求只增长了5.6%。

表4-6 波士顿城市公交需求的影响因素、弹性与变化(1970—1990年)

变量	弹性值	变量实际变化(%)	影响程度(%)
收入水平	-0.715	+44.5	-30.1
就业人数	+1.75	+8.3	+12.7
公交票价	-0.234	-42.4	+12.1
车英里数	+0.358	+38.3	+10.9

资料来源:转引自《美国规划协会学报》,1996冬季版

如果政府官员和学者希望能使公共客运吸引到更多的乘客,那么就必须研究如何克服公共客运的那些弱点,或者能在其他如成本、速度和舒适性等方面具有更大的补偿能力。有很多研究表明,人们对公交票价高低的敏感度正在下降。例如,20世纪70年代末一项对英国中西部的运输市场研究显示,当时只有27.1%的人还坚持公交车降低价格是最重要的问题,而其余大多数人的观点都认为服务质量的改进更重要,其中

14.6%的人选择了速度上的可靠性,10.4%选择了频率高,另外10.4%的人认为应该增加候车站的遮篷,还有10.0%的人则更看重车辆的清洁程度。还有研究指出,在原来服务质量比较差的情况下,改进质量特别有助于增加公共交通的需求。

但是,公共交通的服务质量与所在地区的人口密度以及人们对它的使用强度又有很大关系,因为如果乘客过少就很难维持较好的公交车况和较高的服务频率。所以大城市本来应该是能够充分发展公共交通,用优质公交服务引导居民减少对私人小汽车依赖的理想地方,可惜的是很多大城市由于政策失误反而导致居民选择小汽车并放弃公共交通,致使交通状况恶化。另外,对公共交通服务水平的定量分析并不容易。在波士顿的案例中,分析者使用了城市公交车辆开行的车英里数这一指标,应该说具有一定意义,因为公交开行的车英里数越多,说明提供的服务越多,对乘客应该越方便。但实际上公共交通的服务质量仍然是一个在经济学上很难分析的问题,因为它可能包含的意义太多了,除了公交车辆开行的车英里数以外,像公交线路的多少和长度、发车频率、行驶时间、站点设置、转换车时间长短等,都对人们是否更多地选择公交产生着影响,而公交服务的另外一些指标,如舒适程度、可靠性、安全性等,在定量分析方面也仍然是十分困难的。

3)停车服务对小汽车出行的影响

最后,对于小汽车来说,停车的便利性与停车服务的价格(停车费)也对小汽车出行的需求产生着重要的影响。例如,纽约市的汽车需求量较低,不仅是因为那里的公共交通很方便,同时,高昂的停车费也是许多车主的噩梦。曼哈顿商业区车多路狭,允许路边停车的路段很少,停车大多要驶入大楼的地下停车库,在这里1小时收费10美元算是便宜的。因此,许多驾车来纽约者,为免停车费时费钱,多将车停在长岛(纽约市与曼哈顿毗邻的地区)甚至邻近的新泽西州,然后乘地铁到曼哈顿游览;当地的中产阶级上班和到市中心区活动也多乘地铁,平时汽车放在车库内,假日到外地或郊区旅游时才用。当然,国内一些城市的停车费也不便宜,南京市主城区核心干道的路边停车费已达到20元/小时(第一小时12元,之后每小时20元),达到甚至超过了很多国际大都市的水平。而国内大城市市中心住宅的一个车位的价格基本都达到了中高档车的价格。例如广州市某高档小区的车位甚至高达110万元。因此也有人称,买得起车的不一定是富人,有车位的才是富人。

案 例

都市的停车需求

引自:刘心惠,《都市停车难问题如何破解?——析论停车泊位的经济性质》,瞭望,2003年12月9日

停车难已成为大城市一个突出的问题。有资料显示,全国36个大中城市停车位满足率不足20%,也就是说,我国城市每5辆机动车辆只有1个停车位。截至2003年年底,上海市有停泊车位24万个,其中,配建泊位22.13万个,路外公共泊位8 100个,合

法的路边泊位 8 400 个,其他泊位 3 000 个。公共停车泊位占全市机动车辆的比例仅为 2%,远低于国际 10%～15% 的水平。

案例分析

停车难的一个客观因素是汽车发展速度远远超过预期水平。20 世纪 90 年代初,街上为数不多的捷达车也能吸引人们的好奇目光。谁能想到,十多年之后就车满为患了。而直到 1994 年,居住小区建设规划中才开始设立机动车停车泊位指标。历史遗留问题还没有解决,新建或改造项目中不按规划配建停车位的问题又暴露出来。在城市新建和改造项目中,有关部门对写字楼、娱乐类建筑、餐饮类建筑的停车场用地提出过要求,但各地普遍存在不做停车场用地规划或有规划不落实等问题。个中原因之一是,停车场用地要求只是推荐性标准而非强制性标准。有的单位为了节省建筑成本,尽量压缩停车位。此外,道路规划与停车场规划相脱节,道路规划往往只管道路不管停车,城市规划也很少涉及停车场规划。

长期以来,人们把停车泊位当成纯公共物品,以为应该免费使用。实际上,大城市的停车泊位具有显著的竞争性和排他性,更接近私人物品。私人物品的生产和供给通过市场的手段去解决可能更为合适。因此,从公共经济学角度看,破解停车难的关键是不要把停车泊位作为纯公共物品看待,而把它视为私人物品。有人曾对世界上 300 多个城市进行研究,发现发达国家的城市,在转变了停车泊位无偿使用的观念后,停车难题才得以解决。例如 20 世纪 20—50 年代,美国一些城市无序停车,占用有限的道路资源,交通堵塞不堪。从 1958 年起,划定一些地方建设停车场,装上停车咪表(即电子计时表),从无偿停车转变为有偿停车,停车无序及停车难的问题才得以解决。有报道说,美国停车产业每年大约收入 260 亿元,提供约 100 万个就业机会。

当然,若想把停车泊位当做私人物品,科学地设计停车收费制度很重要。国外许多城市采取了分地段、分时段收费的方式。在纽约曼哈顿的许多街道,只有持特殊牌照的车辆才能停车上下货或上下客,其他车辆不得停放,否则即遭罚款。在收费制度设计上确立一个理念,那就是:违章收费高于路上停车收费,路上停车收费高于路外停车收费。在纽约市,立体停车楼停车每小时是 3～5 美元,一次违章停车罚款却高达 120 美元,是正常停车的 10 多倍。这样一来,违章停车、路上停车的概率就小得多。只有这样,停车产业才能进入市场。在繁华地带,停车收费应该是开始的第一个小时便宜,越往后收费标准越高。如果第一个小时收费高,往后反而便宜,停车场地的周转利用率就会大打折扣。

案例讨论

1. 有些城市的相关部门常常在居民小区内狭长的道路上用黄线划出停车泊位以解决停车难的问题,这种做法合适吗?
2. 一些城市规定,停车不超过 10 分钟不收停车费,你怎么看待这个政策?

4.2.4 人口数量

我们讨论的客运需求曲线是谁的需求呢？我的，你的，还是每个人的？答案并不明确。虽然决定需求的基本因素是"个人"的感受，但在现实世界中，我们所能直接观察得到的往往是市场需求。市场需求（market demand）所代表的是某一市场范围内所有个人需求的总和。市场需求曲线则是将在每一价格水平下所有个人的需求量加总而得到的。市场需求曲线也符合需求向下倾斜的规律：当价格下降时，较低的价格通过替代效应吸引了新的顾客；若既经过替代效应又经过收入效应，则价格的下降就会刺激原有的顾客购买更多的数量。

于是，客运需求也受到人口数量变化影响，一般来说人口越多运输需求也应该越大，但两者的增长变化比例可能是不一样的，从反映我国旅客运输周转量与人口增长关系的图4-1就可以看出这一点。从1979年到2007年，我国的人口增加了约36%，而客运周转量则增长了近10倍，远远超过人口的增长速度。据分析，客运周转量的这种快速增长除了人口增加的因素之外，一方面是由于平均每个人的出行次数越来越多，另一方面是出行的距离越来越远。

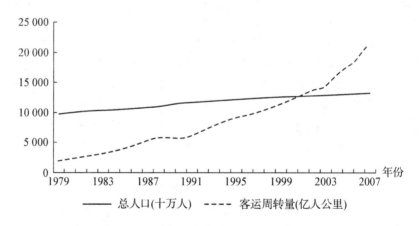

图 4-1　中国客运周转总量与人口增长关系示意图

资料来源：中国国家统计局《统计公报》1979—2007

4.2.5 出行偏好

即使在同样的收入水平上，有人可能爱好外出旅游，但也有人可能更偏重文艺和体育方面的享受，有人出远门喜欢乘飞机，但也有人就喜欢坐火车，有人热衷于拥有并随时使用新型轿车，甚至把这作为自己身份或个性的标志，但也有人宁愿多骑自行车，以便实现自己关注环保的意愿……这就是人们喜好或嗜好的不同。尽管在经济学中找不到关于喜好的准确定义，也很难将其精确地数量化，但它对于运输需求的影响还是很广泛和重要的，应该在需求分析中考虑到这种影响。人们在交通行为中的喜好也是会发

4 旅客运输需求

生变化的,例如随着收入提高和闲暇时间增多,大多数人还是愿意享受私人小汽车所能给人带来的更多自由和方便。也有学者更强调喜好所具有的惯性,认为尽管存在着从众心理,但人和人毕竟不一样,这导致了人们在选择出行行为上的多样化。还有学者甚至分析了人们在交通行为的喜好上存在着"路径依赖"现象,认为一旦做出初始选择,例如个人在大城市郊外购买了住房并使用私人小汽车作为主要交通工具,他就很难再改变一种相对固定的日常交通模式,这种现象对一个城市的交通规划和布局也是类似的。对于中国人的出行来说,有一种独特的路径依赖现象——春节时哪怕千辛万苦也要回家过年。回家过年的观念已历经千年而深入人心,这也直接导致了令中国客运交通行业最为头疼的问题——春运。

 补充:路径依赖

路径依赖(path dependence)类似于物理学中的"惯性",一旦进入某一路径(无论是"好"的还是"坏"的)就可能对这种路径产生依赖。某一路径的既定方向会在以后发展中得到自我强化。人们过去做出的选择决定了他们现在及未来可能的选择。而这些选择一旦进入锁定状态,想要脱身就会变得十分困难。

在现实生活中,路径依赖现象无处不在。一个著名的例子是:现代铁路两条铁轨之间的标准距离是 4 英尺 8.5 英寸,为什么采用这个标准呢?原来,早期的铁路是由建电车的人所设计的,而 4 英尺 8.5 英寸正是电车所用的轮距标准。那么,电车的标准又是从哪里来的呢?最先造电车的人以前是造马车的,所以电车的标准是沿用马车的轮距标准。马车又为什么要用这个轮距标准呢?因为古罗马人军队战车的宽度就是 4 英尺 8.5 英寸。罗马人为什么以 4 英尺又 8.5 英寸为战车的轮距宽度呢?原因很简单,这是牵引一辆战车的两匹马屁股的宽度。有趣的是,美国航天飞机燃料箱的两旁有两个火箭推进器,因为这些推进器造好之后要用火车运送,路上又要通过一些隧道,而这些隧道的宽度只比火车轨道宽一点,因此火箭助推器的宽度由铁轨的宽度所决定。所以,由此推绎今天世界上最先进的运输系统的设计,在 2000 年前便是由两匹马的屁股宽度而早已决定了!

案 例

春运期间的火车票价

摘自:谢思佳等,《吴敬琏炮轰春运票价不上浮》,南方日报,2007 年 3 月 5 日

2007 年 1 月 10 日铁道部宣布,2007 年铁路春运各类旅客列车一律不再实行票价上涨,今后也不再上浮。这是继中国铁路 06 年春运对以农民工、高校学生为主要客流的所有临时旅客列车实行票价不上浮后,铁路机构在更大范围内实行了这一惠民政策。春运车票不涨价到底有没有给旅客带来实惠?车票供不应求状况没改,是否会让"不涨价"形同虚设?改变"一票难求"局面,归根到底该做什么?到哪一年,一票才不难求?

对此,全国政协委员、著名经济学家吴敬琏炮轰春运票价不上浮,称其违反市场经

济原理,长远效果不好。全国政协委员王翔则针锋相对,认为春运涨价是铁道部违法。而全国人大代表、广州铁路集团公司董事长吴俊光认为,今年广铁春运实战显示,"不涨价"让超过1 500万人次的旅客切实受益,但"一票难求"现象仍应通过铁路基础设施建设来根本解决。

吴敬琏:不上浮是价格扭曲,给全体打工者车票补贴,可能更加实际。

全国政协十届五次会议经济界小组讨论会上,著名经济学家、政协委员吴敬琏发言炮轰春运票价不上浮不符合市场经济的原理,是价格扭曲。价格扭曲的结果使得资源配置低效,而且并没有使得我们意图上希望得到好处的人得到好处,因为造成了人为的稀缺。吴敬琏认为,铁道部往年在春运的时候票价上浮,今年铁道部决定不上浮,传媒是一片叫好,特别是从农村来的打工者特别高兴,但是结果好像不太好。出现的结果是很多农民工连夜排队买不着票,另外票价高涨,黄牛党横行,结果是付出了排队成本。除了票贩子,还有后门批条子的也很厉害。

"有人说,你们都是西方的经济学家,我们不吃这一套,我们要合理价格、公正价格。"他说,但从市场经济的角度来看,所谓的"公正价格"完全是一种几百年前的概念。政府的一切工作是为了人民的利益,一切利益以人民为重,这个不能动摇,但是必须注意人民的利益有长远的,有短期的,片面地强调眼前的、直接的利益,有时候会损害长远的利益,间接的利益。他表示,对于进城打工者,一年一次要回家,可以采取别的措施,比如说给全体打工者补贴,这是可以做到的,这个可能更加实际。

王翔:涨价就是铁道部违法 一是违反消费者保护法,二是违反价格法。

针对吴敬琏的说法,全国政协委员王翔则认为春运涨价违法,坚定地站在了吴敬琏的对立面。他说:"铁道部违法,一是违反消费者保护法,二是违反价格法。我为什么说违法? 第一,我们买一张票,我应该有一个位置,这张票包括这些,实际上我们有合同,你公布的就是要约,现在不但不能保证一个座位,不能保证一杯水,我连上个厕所都没有办法,还要涨价! 所以,违反消费者权益保护法。还有违反价格法,你要涨价就要听证。"

吴俊光:不涨价≠买到票 "一票难求"仍应通过铁路基础设施建设来解决。

今年火车票不涨价,为什么仍然"一票难求"? 吴俊光直言,春运应该更多关注如何解决车票的供需矛盾,而不仅仅关注价格的高低。吴俊光表示,铁路不涨价政策主要是为让数千万旅客尤其是返乡农民工受益,而不是意味着会有更多车票提供。换句话说,"铁路不涨价"并不意味着"火车票更好买了"。

2007年春运,是党中央提出构建和谐社会重大战略思想后的第一个春运。"构建和谐关注民生"是今年春运最核心的关键词。当年1月10日,铁道部宣布"今年春运票价不上涨",在铁道部之后,交通部也相继宣布今年春运的公路运输价格要严格控制在规定的上涨幅度之内。从而使2007年春运成为近年来第一个真正意义上的"不涨价春运"。

吴俊光说,首次春运"实战"表明,铁路不涨价政策已经达到一定目的,确实已经使广大旅客受益。根据最新统计,今年春运开始至3月3日,仅广铁就运输旅客1 514.7万人次,同比增长4.8%。可见更多旅客能够坐上火车回家过年或出门旅行。

案例分析

按照供求理论,春运期间旅客对运输服务的需求猛增,将使需求曲线右移。而运输部门,尤其是铁路运输部门又难以在短期内进行如此大规模的(单向)运力扩充(平时若维持如此大规模的运力又会造成大量的运力闲置)。因此,在短期内会呈现出运力严重不足,无法满足需求的状况。在新的均衡产量下,交通运输部门提高票价,意图减轻客流量骤增带来的运输压力。然而,事实表明,票价上浮的收效甚微。何以至此呢?这是因为在春运期间,客运需求曲线不仅右移,同时,旅客对交通的需求弹性也较平时大大下降(春节回家与家人团聚是中华民族的传统)。即,春运期间需求曲线在右移的同时,也变得缺乏弹性,如图4-2(a)所示。因此,春运期间将票价由平常的P_1大幅度调整到的P_2。有学者测算,火车硬座票价及软卧票价在春运时期应上调20%~50%,硬卧票价至少应上调50%~100%(顾海兵,《为什么没有人倒卖飞机票?》,经济学家茶座第十六辑,2004年2月),方能将客运量由Q_1减少至Q_2。换句话说,若票价不调整,将会造成数量为Q_1-Q_2的车票短缺。短缺必然会导致"一票难求",也会使车辆的安全性、舒适度及客运服务质量大打折扣。

(以下文字摘自薛兆丰《火车票价还不够高》,21世纪经济报道,2001年2月5日和《康德未曾出远门》,21世纪经济报道,2001年3月26日)

春运火车票价历来低于市场出清价格(market-clearing price,指市场中实现供给与需求双方平衡时的价格),差额向来由铁路职工和黄牛党瓜分。乘客支付的总代价不变,而全社会则蒙受净损失,损失量等于排队者所花时间和气力本来可以制造的财富和快乐。只要客运班次不增加,只要供求关系不改变,那么无论票价高低,乘客所需支付的"总成本"是不变的。现在,只是"总成本的组合"发生了变化,也就是说,火车票的面值提价不足,于是,其他形式的成本便增加了。乘客为了得到火车票,除了要向铁路部门支付"未充分提价"的票价外,还要向黄牛党支付额外的"佣金",并承担"反复周旋、讨价还价、鉴别真伪、受骗上当"的成本。乘客付出的"总成本",是上述三项的总和,而不仅仅是第一项。需要注意地是,只要票价过低,黄牛党就必然应运而生,而且驱之不去。不要责怪黄牛党,他们是应邀而来的,是过低的票价和过高的需求,邀请了他们。他们的确赚了钱,但他们赚的不是乘客的钱,而是铁路部门的钱。由于铁路部门的定价过低,所以黄牛党就分了一杯羹,但乘客付出的"总代价"不变。

另一方面,铁路部门的收入减少了,国有资产流失了,流到了黄牛党的手里,也流到了为炒票活动提供方便和保护的人手里。可是,铁路部门为什么不充分提价呢?可能是由于不了解市场,也可能是迫于社会舆论的压力。但无论如何,只要提价不充分,就必定会给黄牛党留出牟利的空间,给车站票务人员以及检察人员增加灰色收入。

有人认为,打破铁路部门的垄断,从而增加运输服务的供给,才是根本的解决办法。这个观点正确,但它离题了。那是"如何增加火车票"的问题,而我们原来的问题是"如何分配有限的火车票"。不管铁路是垄断经营还是开放竞争,都不得不面临"如何分配"的问题,因为经济商品始终是稀缺的。(图 4-2(b)表明,无论铁路部门的供给是否富有弹性,春运期间的供需不平衡都将出现)

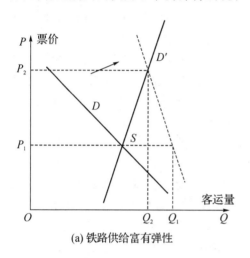 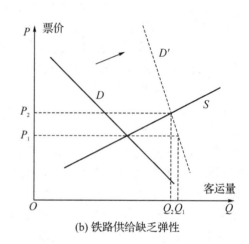

(a) 铁路供给富有弹性　　　　　　　　　(b) 铁路供给缺乏弹性

图 4-2　春运期间客运需求的变动

有学者主张用"火车票实名制"来遏止黄牛党,那他实际上是主张严格执行"先到先得"的标准了。对于这个办法,有时间亲自提前几天排队的人会赞成。但别的标准,也都能找到大批拥护者,那些标准包括按年龄辈分、或按职务高低、或按离开老家的时间长短、或按文凭证书的多寡等。有闲人士喜欢排队,年纪大的喜欢算辈分,官职高的喜欢比贡献,学历高的喜欢讲尊重知识,无非是这样。争论哪一种标准更"公平",那是永远没有结果的。竞争标准一旦确定,就有某种人要胜出,某种人要落败,此事古难全。而且无论采用哪种标准,都要浪费一定的竞争成本。若要排队,则浪费了时间;若以年龄、职务、学历为标准,则不仅要浪费填写表格、弄虚作假和稽查核实的成本,还会吸引人们作无谓的努力,比如积极钻营做官,进修不必要的课程等。

在众多的竞争标准中,只有一种最有效、最不浪费,那就是"价高者得"。愿意出高价买火车票的人,他所挣得的钞票,是他在别的场合向社会其他人提供服务换来的。也就是说,他为争夺火车票而做出的努力,已经得到了社会其他人的认可。与此对照,"排队"和"写证明"之类的努力,却无法使别人受益。分配有限的商品(如火车票)时,若要论"公平",那么有无数种竞争标准,经济学无力表态,尽管经济学家们众说纷纭,不过,他们的言论只代表自己,不代表经济学;但若要论"效率",那么经济学证明,只有"价高者得"的竞争规则,才能减少浪费和刺激生产,从而创造更多有价值的商品和服务。

机票是个好对照。它先定最高价,然后淡季打折,没人有意见了。机票是实名制的,实名制的作用不是保证穷人买得起便宜票,而是保证乘客间不能直接转手机票,从而保证所有收入流入航空公司和旅行社(合法的黄牛党)的手上。在今天,美国航空公司是自由竞争的,没有政府垄断问题,也没有价格管制问题,可机票价格秒秒波动,明明看好的网页,一眨眼就变价,航空公司和旅行社能宰多少就宰多少。他们兼并了黄牛党,他们就是黄牛党,黄牛党的功能还在发挥,这功能合法化了,机票价格能涨就涨,圣诞节是不是谁都回得起家?

案例讨论

1. 吴敬琏、王翔、吴俊光与薛兆丰的观点有何区别?你如何看待这些观点?
2. 春运期间不同类型旅客(民工流、学生流、其他探亲流和旅游流)的运输需求具有怎样的异同?
3. 你认为我国铁路运输的供给曲线更接近图 4-2(a)还是(b)的情况?为什么这样判断?
4. 从经济学的角度看,春运票价不上浮是否合理?票价不上浮有没有其他原因呢?

4.3 有关私人交通的分析

1)小汽车需求的影响因素

私人交通工具的拥有和使用在旅客运输中起着非常重要的作用,私人交通需求与私人交通工具的拥有量以及这些私人交通工具的行驶距离(使用量)有密切关系。图 4-3 反映的是我国近年来每千人拥有私人小汽车数量与人均 GDP 的增长情况。可以看出,两者的相关性较强。同时,虽然这几年我国私人小汽车的拥有量增长很快,但由于基础薄弱,目前离一些发达国家每千人 500 辆的水平仍相差较远。另外,发达国家的私人交通工具已基本上是私人小汽车,在发展中国家,私人小汽车数量增加的同时也仍然保留有大量私人自行车、摩托车等。

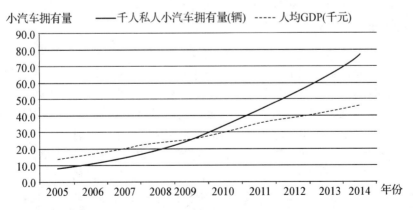

图 4-3 中国千人私人小汽车拥有量与人均 GDP 关系示意图

资料来源:中国国家统计局《中国统计年鉴》2015

很多人早就对小汽车的需求进行过研究,一般结论是小汽车的需求与居民收入、小汽车售价以及其互补品(主要是燃油)的价格关系比较密切,其中收入水平是最重要的影响因素。国外学者的很多研究表明,私人交通需求的增长与居民的人均收入水平关系十分密切,但人均收入增长对私人交通需求的影响主要体现在拥有私人小汽车的数量上,而不是体现在每辆车每年的行驶距离上,例如,美国的一项研究材料指出,私人小汽车拥有量相对于人均收入水平的弹性值是 0.8,而每辆车每年的行驶距离相对于人均收入水平的弹性值只有 0.1。也就是说,假定人均收入水平增加了 10%,那么私人小汽车拥有量可能会提高 8 个百分点,而平均每辆车每年的行驶距离只增加 1%。

而影响社会上小汽车存量的另一个因素是小汽车的使用寿命。小汽车的报废是一种经济性的决策,它受新车(使用中汽车的替代品)价格和燃油与汽车修理(使用中汽车的互补品)价格或收费的影响。此外,在经济衰退时期,人们会推迟使用中汽车的报废和新车的购买,因此在这种时期道路上汽车的平均车龄就比较长,而在经济繁荣时期道路上汽车的平均车龄就会相对较短。当小汽车价格的上涨快于通货膨胀率上涨时,汽车的使用寿命当然也会长些。小汽车之间的区别除了它们的使用期长短不同,还包括车子的大小和特性。轿车品类的繁多使得人们有可能根据经济形势的变化,在不改变车辆拥有总数的情况下,通过改变使用的车型去调整和适应。例如当油价发生变化时,人们的反应不是多买车或少买车,而是选择买大车还是买小车。有些人家拥有不止一部汽车,因此当油价出现升降,他们就会很自然地决定多开小车或多开大车。与小汽车有关的最大开支是购买和拥有车辆的成本,而不是驾驶车辆的费用。

对于中国人来说,还有一个影响小汽车购买的重要因素——面子。要不要买车、买多大的车、买什么品牌的车、什么时候买车,这些都或多或少地与"面子工程"有关,而不仅仅考虑自身的出行需要。例如,每年春节前夕,我国很多城市小汽车的销售都会出现一个小高峰。其实也不难理解:拿着新发的奖金,带着积累了很久的存款,买辆新车在春节期间走亲访友,无疑是节前最喜庆的消费方式。例如,从 2008 年 1 月份长沙车市情况来看,连续三周以来的上牌量都达到一个高峰,甚至刷新了单周上牌的纪录。

2)私人交通方式的选择

在美国,还有一种重要的私人交通工具是私人航空,主要用于城市间交通。20 世纪 90 年代中期美国私人航空所产生的旅客周转量约为 100 亿人英里,大致与美国铁路客运的周转量相当,在总客运周转量中约占 0.4%。而在 80 年代初,美国私人飞机的拥有量达到 20 多万架,私人航空所产生的旅客周转量有 150 亿人英里,当时在总客运周转量中占到 1%。80 年代以后美国私人航空运输量的下降与同期美国商业航空的大幅度增长是同步发生的,在那一期间商业航空的客运周转量增长了近 1 倍。人们估计,私人航空需求的缩小与商业航空由于放松管制而导致的服务改善和价格降低有关。从这里我们也得到了一个启示,即私人交通相对于公共交通的某些优势并不是绝对无法超越的。

与西方发达国家不同的是,在中国这样的发展中国家,由于私人小汽车尚不那么普及,因此很多私人交通仍旧依靠步行或骑自行车。如图 4-4 所示,由于收入水平的差距,人们出行方式的选择也是不同的。在距离为 1 公里以内时,富人选择步行的比例还比较大,超过 1 公里后该比例就降到很小了,而穷人选择步行的距离范围要更大些;从骑自行车的选择来看,富人骑车的比例很小,说明一旦超过步行的选择范围,他们就要乘汽车出行了,而穷人在 10 公里以内选择骑自行车的比例差不多有 40%,甚至在 25 公里以外仍旧有一定数量的人以自行车为主要交通工具。

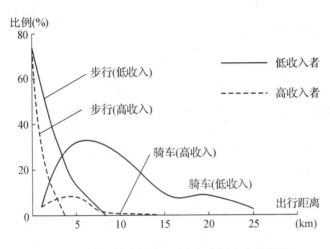

图 4-4　我国某城市居民对出行交通方式的选择

3) 私人交通的分析方法

需要注意地是,由于私人交通不是消费者在运输市场上购买的,因此它没有市场价格,为了分析私人交通的需求曲线,经济学家们把私人交通的需求量与私人交通所需要支出的单位费用建立起联系,也就是说,用私人支付的交通费用代替价格来确定需求曲线。道理显而易见,私人交通除了需要购买交通工具,还有很多其他需要开销的费用,包括车辆的保险、维修、燃油、停车费等等,居民收入与所有这些开销的相对关系也影响着私人交通的数量和需求,但影响不如对私人小汽车拥有量影响那样大。这也许可以看做是一种必需的替代,但也有人反对说成本不应该是与需求直接挂钩的变量,而应该与供给挂钩。此外,不同国家经济发达水平、城市化水平和城市结构、人均收入水平、生活习惯和已有的基本交通设施都有很大差别,因此对私人交通需求的各种影响因素发挥影响的程度也差别很大,需要仔细分析研究,不能一概而论,也不能把其他国家的分析结论轻易照本宣科。

资料:我国私人轿车超 1 500 万辆

引自:《2015 年国民经济和社会发展统计公报》,国家统计局网站,2016.2

2015 年末,全国民用汽车保有量达到 17 228 万辆(包括三轮汽车和低速货车 955 万辆),比上年末增长 11.5%,其中私人汽车保有量 14 399 万辆,增长 14.4%。以个人名义登记的小型载客汽车（私家车）超1.24亿辆，比2014年增加了1 877万辆（17.8%）。全国平均每百户家庭拥有31辆私家车。北京、成都、深圳等大城市每百户家庭拥有私家车超过60辆。

不过，有业内人士指出，目前中国每千人拥有125辆民用汽车（每千人拥有的私家车数量更是不到90辆），而全球平均水平为165辆/千人，美国为870辆/千人。因此，中国的整体汽车消费水平还有较大发展空间。

4.4 旅行时间价值

1）旅行时间价值的概念

旅行时间价值（values of travel time）是人们对旅行时间的评价，是由于旅行者在旅途中耗用的时间存在机会成本所产生的价值。在许多国家的交通运输规划中，旅行和运输时间的节省通常是一项重要的考虑内容，时间的节省构成了运输投资效益的主要组成部分，所以人们进行了大量有关旅行时间价值的研究。

2）旅行时间价值的计量

西方学者对旅行时间的价值计量一直分为两种情况分别对待，一种是工作时间的旅行，另一种是非工作时间的旅行。工作旅行包括运输工具驾驶员、服务员的在途工作和一般公务旅行，其时间价值一般被认定是旅行者工资的100%。但这里面有这样一些假定：每个人的工资都等于他所创造的边际产品；工资包括了他的全部劳动所得；分析范围不包括涉及重大政治、军事或商业事件时的情况等。非工作旅行包括以通勤、通学、购物、社交、旅游、娱乐等为目的的旅行，一般认为非工作旅行的时间价值要低于工作旅行的时间价值，相当于旅行者工资的某一个百分比，但研究结果差别很大。学者们一向比较关注城市居民上下班通勤的时间价值，也许这是因为相比之下通勤属于最有规律的出行行为而且旅行者的数量最大。

对旅行时间价值的研究需要借助行为科学，过去学者们多采用显示性偏好（revealed preferences）的分析方法，但近年来学者们开始更多地使用表述性偏好（stated preferences）的方法，它们之间的区别是前者注重实际观察到的人们已经做出的选择是什么，而后者则更多根据并未实际发生、但人们在调查表上对各种情况明确表述的选择意愿进行分析。

3）旅行时间价值的影响因素

尽管已有的研究存在着众多的分歧，但可以相信旅行时间的确是有价值的，而且会由于以下各种影响因素的不同而有差别：①旅行目的。由于旅行目的的不同，人们对相应的旅行时间价值评价也不一样。②所在国家与地区。大多数的研究学者都认为一个国家的旅行时间价值与该国的经济发展水平和人民生活水平成正比，因此发达国家的旅行时间价值高一些，不发达国家的旅行时间价值低一些。③旅行发生的时段不同，旅行时间价值也是不同的。例如工作日一天中旅行时间价值随着各个时段的不同而波动，早晨上班高峰期人们对旅行时间价值的评价最高,而在其余时间特别是晚上,由于人们对时间的安排不那样严格,因此对旅行时间价值的评价则会相对较低。④旅行者收入与职业。收入越高的人,旅行时间的价值越大;反之,收入较低的旅行者,其旅行时间价值较低;对于家庭妇女、退休者、失业者和儿童而言,他们的旅行时间价值与全职工作者的平均工资显然也存在较大差异。⑤零碎的和整块的时间节省。一般认为整块的时间节省比零碎的时间节省产生的经济效益要大。⑥平均旅行时间价值和边际旅行时间价值的区别。⑦某一特殊时点的重要性。例如,严格的上班考勤制度会提高通勤者的旅行时间价值,下班时要不要接孩子对旅行时间价值显然也有影响。

案 例

廉价汽油与时间成本

转引自:斯蒂格利茨,《经济学的小品和案例》,中国人民大学出版社,1998年

为了得到一个更好的汽油价格,你愿意排队等多长时间?这是1990年8月23日位于美国洛杉矶的KJLH电台对当地驾车人提出的问题。该电台宣布要对当天早上6点15分至8点30分期间,到市区一个指定加油站加油的驾车人提供补贴。当时伊拉克刚刚入侵科威特,美国加油站出售的汽油价格几乎全部提高到每加仑1.20美元,KJLH电台却要通过特别补贴使该加油站的汽油只卖每加仑0.76美元,那只是1978年的价格。

结果当天早上,在指定加油站等待的车队排了三个街区,要等超过1小时的时间才能来到加油泵前。按照补贴后的价格,每加仑汽油最多可节省50美分,购买15加仑节省的总钱数不会超过7.5美元。我们因此知道,400多名排队的驾车人要么是估计他们自己的时间价值低于每小时7.5美元,要么就是没有好好温习经济学入门课程的内容,忘记他们应该同时考虑汽油价格和时间成本(除了等待时间,还要加上往返于该加油站所增加的时间),从而影响了自己的判断。

实际上,排队的车龙还加剧了洛杉矶地区原本已经非常严重的交通堵塞状况,那些无意购买廉价汽油而又被更严重交通阻塞延误的驾车人,是无端遭罪。如果KJLH电台必须为这一别出心裁的恶作剧支付社会成本,包括补偿所有受到延误的驾车人,也许他们根本就不会搞这么一个活动了。

概念复习

运输需要	市场需求	路径依赖
旅行时间价值	显示性偏好	表述性偏好

思考题

1. 谈谈你认为应该如何解决公益性运输或普通服务问题。
2. 用实际数据计算我国改革开放以来旅客运输量和周转量与国民经济和人口增长的关系。
3. 计算我国改革开放以来人均出行距离的变化,并分析人均收入水平和人均出行距离的关系。
4. 从出行目的、费用支付方式、调价时期长短、运输距离或支付总额的差别中任选一个角度,用实例分析客运需求的价格弹性。
5. 试分析收入水平、小汽车价格、燃油价格、停车费用、购车时间与小汽车购买量、拥有量及行驶距离之间的关系。
6. 试仿照图4-4分别绘出你自己平日对步行、骑自行车、乘出租车和乘公共交通的选择意愿曲线。
7. 试分析城市公共交通怎样才能增加对居民的吸引力。
8. 谈谈你对旅行时间价值的看法。

第二篇 运输供给

天下没什么坏买卖,只有蹩脚的买卖人。

——阿曼德·哈默

5 运输供给概述

学习目标

理解运输供给的概念；熟悉运输供给的特点；熟悉运输供给的影响因素；了解各种运输方式的技术经济特征。

5.1 运输供给的概念

1）供给的基本概念

现在我们从需求转到供给。供给（supply），指的是特定市场上在一定时期内，当其他条件不变时，在某一价格下，生产者愿意且能供应的商品或服务的数量。供给的大小通常用供给量来描述，而供给是指在不同价格水平时的不同供给量的总称。在不同价格下，供给量会不同。因此，在其他条件相同时，一种物品的市场价格与该物品的供给量之间存在着一定的关系。这种关系若以图形来表示（图 5-1），便称为供给曲线（supply curve）。供给曲线也有着一种明显的特征，即当一种商品的价格上升时（同时保持其他条件不变），生产者便会趋向于生产更多的数量，在图上这表现为供给曲线向上倾斜。供给曲线向上倾斜的重要原因之一是"边际收益递减规律"。边际收益递减规律又称"边际产量递减规律"，指在技术水平不变的条件下，增加某种生产要素的投入，当该生产要素投入数量增加到一定程度以后，增加一单位该要素所带来的产量增加量是递减的。

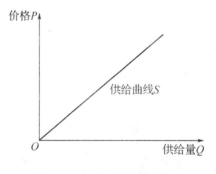

图 5-1 供给曲线示意图

⚠ 注意：供给量的变动与供给的变动

供给曲线表现的是价格这一单一因素变动时"供给量"的变动，当物品价格之外的其他因素发生变动而引起供给数量发生变动时，我们称之为"供给的变动"（图 5-2）。

从供给曲线看：在市场的每一价格水平，当供给的数量都增加（或减少）时，我们就说供给增加（或减少）。例如，当公路客运的价格发生变动时，供给者当然也改变客运服务的供给量，但这时供给和供给曲线并没有发生变动。但如果引进了节约成本的计算机化的设计和生产方法，则会降低客车生产的成本；如果政府削减公路客运附加费，那么，公路客运的供给成本就会降低……这些因素中的每一个都会提高在每一价格水平上公路客运的供给。

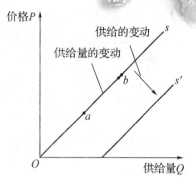

图 5-2 供给与价格的关系

2）运输供给的基本概念

运输供给（transport supply）是指运输生产者在某一时刻，在各种可能的运输价格水平上，愿意并能够提供的各种运输产品的数量。与一般商品的供给相比，运输供给的特点在于其涵盖的范围很广：运输供给包括了运输基础设施的供给、载运工具的供给以及它们共同提供的运输服务供给。运输供给在市场上的实现要同时具备两个条件：一是运输供给者有出售运输服务的愿望；二是运输供给者有提供运输服务的能力。

5.2 运输供给的特点

1）运输服务的不可储存性

运输市场出售的不是实物产品，而是不具有实物形态、不能储存、不能调拨的运输服务，消费者在运输市场中的购买，不是为了直接占有运输产品，而是通过运输实现旅客和货物的"位移"。运输业并不像工农业那样改变劳动对象本身的性质和形态，而只是改变劳动对象（旅客和货物）在空间上和时间上的存在状态，具体体现在空间位置的移动，即"位移"。但位移并不是任何抽象的笼统的位移或运输，而是有具体条件的，包括目的地、时间等要求和规定的场所变动，它的数量和质量都要受到用户的检验。运输服务的供给过程和运输服务的消费过程融合在一起，二者不可从时空上进行分离。同时运输服务又具有矢量的特征，不同的起始点和目的地之间的运输形成了不同的运输产品，它们之间不能相互替代，即使是相同起始点和目的地之间的运输存在运输方向的问题。因此，不存在任何可以储存、转移或调拨的运输"产成品"，运输服务的供给只能以提高运输效率或新增运力来适应不断增长的运输市场需求。即使这样，当面对变幻莫测的运输需求时，运输服务的不可储存性带来的困难仍然难以克服。

以出租车供给为例，由于潜在的顾客很少正好位于空出租车巡行的地方，因此即使在总需求曲线与总供给曲线的交汇处，仍将有未满足的需求（此时，只有出租车总是精确出现在需要的地点，需求才会完全得到满足）。若要提供充分的搭车服务，就必须提供超过总需求的出租车数量。只有这样，出租车市场的需求量才能等于所提供的车辆数，才不存在由于不能乘上出租车而放弃等候的失望的旅客。当然，在那些准备付费并使用出租车的人获得一种良好的服务时——提供的车辆远超过需求量——短暂的等候时间和充足的载运能力有可能是在资源使用上的浪费。

　　同时,运输产品的生产过程和消费过程不可分离的特征对运输产品或运输服务的质量提出了特殊要求。当旅客发现运输服务质量较差时,他往往已经身处运输过程之中,一般很难立即退出该过程,改变自己的行程安排;货主发现运输质量有问题时,更是在运输过程完成之后。这使得旅客和货主不能像普通商品的消费者一样,把质量不符合标准的商品拿回去退换,他只能消费自己事先选择了的运输过程,不管它是时间上的延误、感觉上的不舒适或是货损货差。如果运输过程中发生安全方面的事故,更会带来无法弥补的生命财产损失。运输产品的这种特性使得运输市场上对运输质量的要求应该更加严格,特别是在事前对运输业者提供服务的监督和检查比在其他市场上更为重要,以切实保护运输消费者的利益。为了在发生意外事故时尽可能补偿旅客或货主的经济损失,各国的运输市场还普遍实行了运输保险的制度,有些甚至采取强制性保险的方式。

　　2）运输供给的分散性

　　运输市场既有空间上的广泛性,又有具体位移的特定性。运输产品进行交换的场所,是纵横交错、遍布各地的运输线路和结点。客运市场交换主要集中在车站、码头、机场等地;货运市场则更为分散,哪里有货物运输需求,哪里就会有形成货运交易场所的动力。但旅客和货物位移是具体的,只有相同的旅客和货物在相同起运终到地点的运输才是相同的运输产品。不能用运水果代替运石油,也不能用兰州向乌鲁木齐的运输代替广州向上海的运输,甚至在同一运输线上不同方向的运输也是完全不同的运输产品。然而同一种运输产品可以由不同的运输方式提供,并行的几种运输工具可以提供相同但质量上（比如运输速度、方便、舒适程度等）有差别的运输产品。在具体的运输市场上,不同运输生产者的竞争,不仅发生在同一部门内部的不同企业之间,也发生在不同的运输方式之间。可以互相替代的运输工具共同组成运输市场上的供给方,它们之间存在着合作竞争关系。因此,虽然某些运输线路或结点的流量很大,但从更大的区域范围来看,运输供给仍然是极为分散的,并不存在大系统层面上的一致性。

　　3）运输供给的离散性

　　运输供给具有一定的不连续性,或称离散性。长期来看,一条双向4车道的高速公路,如果由于通行能力不足需要扩容的话,将会直接扩建为双向6车道甚至双向8车道的高速公路而不存在太多的"中间状态"(如仅增加原有4个车道的车道宽度)。又如,如果由于一辆2轴的卡车运能不足而需要更换车型的话,车主通常会选择更换3轴以上的卡车。2轴车"升级"到3轴车之间便是运输能力的一次飞跃,不存在运能的连续增加过程。短期来看,运输供给的离散性可能更为明显。例如,5个成年人打车,通常一辆出租车无法提供超过4个成人的运输服务,因此还需要另一辆（也能乘坐4个人的）出租车来提供服务,尽管这看似很不经济。从运输服务质量的角度来看,也存在着离散性。例如普通飞机上的座位分为商务舱和经济舱两类,对于一位既嫌商务舱的条件太优越（当然，他/她真正反感的是商务舱的高票价）又嫌经济舱太简陋的旅客来说，航空公司并不能提供介于商务舱和经济舱之间的"折中"服务。综上所述，运输供给的离散性导致了运输供给与运输需求有时难以完全吻合，或者说，运输供给者有时无法恰到好处地提供消费者所需的运输服务。

4）运输供给的部分可替代性

现代运输市场中有铁路、公路、水运、管道、航空多种运输方式及多个运输供给者存在，有时几种运输方式或多个运输供给者都能完成同一运输对象的空间位移，于是这些运输供给之间存在一定程度的可替代性，这种可替代性构成了运输方式之间竞争的基础。当然，由于运输产品具有时间上的规定性和空间上的方向性，因此不同运输供给方式的替代性受到限制；各种运输方式的技术经济特征、发展水平、运输费用和在运输网中的分工也不同，所以运输方式之间的替代是有一定条件的。对于客运来说，旅客在旅行费用、服务质量、旅行速度之间进行权衡，选择运输方式；对于货运来说，运输费用、运输速度、方便程度是选择运输方式的依据。因此，各种运输方式之间存在的既不是异功能的协同关系，也不是同功能的竞争关系，而是在某些区间为同功能、某些区间又为异功能的一种相互有弱可替代性的关系，反映到综合运输系统中这种关系有时就呈现竞争性、有时又为协同性。此外，运输服务的消费者通常还拥有其他的选择权力，决定是否改变他们的生产方式和生产地点（针对货物运输）或者改变他们的居住、工作地点和消费方式（针对客运方式），所以运输本身也是在与不同形式的人类活动进行竞争。

5）"有效"供给范围较大

铁路、公路、航空等很多运输方式的特征之一是资本密集度高，造成运输业单位产值占用资金的数量明显高于其他生产和服务部门。资本密集度高往往意味着在总成本中固定成本比变动成本的比重要大，这使得很多运输方式的短期成本曲线较为平坦，就是说与那些变动成本很大的产业相比，运输成本曲线的U字形不明显。当短期平均成本曲线在相当大的产出范围内具有较平坦的形状时，平均成本随运量变动则只有较小的改变。对于运输供给者来说，处于由边际成本确定的理想"最优"供给量的运输成本，与其周围非最优供给量所对应的成本可能相差不大。而且，运输供给者还可以通过运输服务质量的下降从一定程度上抵消成本变动的不利影响。因此，"有效供给"对运输生产者来讲就有一个较大的范围，换句话说，其经济运能是一个较大的范围。例如，如果火车的客座率由80%增加到100%甚至120%，则由于上述运输业的短期变动成本所占的比重较小，使得运量的增加而引起的总成本的增加微不足道。然而，当这种情况发生时，伴随而来的是运输条件的恶化，旅客必须在买票、候车、行李托运、行李检查的过程中花费大量的时间和精力。这些服务质量下降所引起的成本大部分由消费者承担了。如果把这笔费用加在运输业的账上，则其成本曲线将会是另外一种形状。也就是说铁路运输供给者把一系列改善服务条件必需的费用（如改造客站、增加售票点）转嫁给了消费者，从而降低了运输成本，使供给曲线向下移动，在运价不变的情况下增加了供给。

6）运输供给的规模经济性

在经济学中，规模经济（economies of scale）意味着当固定成本可以分摊到较大的生产量时会产生的经济性，是指随着厂商生产规模的扩大，其产品的平均单位成本呈现下降趋势。范围经济（economies of scope）则意味着对多产品进行共同生产相对于单独生产的经济性，是指一个厂商由于生产多种产品而对有关生产要素共同使用所产生的成本节约。运输供给的规模经济，是指随着网络上运输总产出的扩大，平均运输成本不断下降的现象。这是一个十分笼统的概念，因为它包含着很多不同的内容。运输业的范围经济，是指与分别生产每一种运输产品相比较，共同生产多种运输产品的平均成本可以更低，这可以是指某一运输企业的情况，也可以是指某一运输网络或载运工具（如线路、节点、车辆和车队等）的情况（如表 5-1 所示）。运输业的规模经济和范围经济概念与一般工商业的规模经济和范围经济的区别在于这个特殊的多产品行业使得其规模经济与范围经济几乎无法分开，并使它们通过交叉方式（表 5-1 中用相互覆盖表示）共同构成了运输业的网络经济。

表 5-1　运输供给的规模经济与范围经济性

规模经济与范围经济的划分		运输密度经济与幅员经济的划分	具体表现	
范围经济	规模经济	运输密度经济	线路通过密度经济	特定产品的线路密度经济
				多产品的线路密度经济
			载运工具载运能力经济	
			车（船、机）队规模经济	
			港站（枢纽）处理能力经济	
		幅员经济	线路延长	运输距离经济
			服务节点增多	幅员扩大带来的多产品经济

注：表格引自荣朝和，《西方运输经济学》，经济科学出版社，2002 年 11 月第一版第 8 页

①运输是地理空间上的活动，运输网络在空间幅员上的规模越大，线路越长，网点越多，其服务覆盖的区域范围就越大，因此从运输网络的幅员大小看，可以考察运输企业是否具有管辖线路越长或网络覆盖区域越大单位运输成本越低的效果。

②从运输线路的通过密度上看，可以考察具体运输线路上是否具有运输量越大就导致该线路的单位运输成本越低的效果。例如一条铁路从开始修建时的单线到复线以至多线，牵引动力也从蒸汽机车到内燃机车再到电力机车，加上行车指挥技术的不断进步，其通过能力也从起初的上百万吨到几百万吨、几千万吨甚至上亿吨，运输能力越来越大，

效率越来越高,平均成本则不断降低。公路、管道和水运航线等也具有类似的现象。

③从单个运输设备的载运能力(如列车牵引重量、车厢容积、飞机客座数或轮船载重吨位等)上看,则可以考察是否具有载运能力越大其单位运输成本就越低的效果。目前的趋势是载运工具越造越大,400座以上的大型客机、万吨货物列车和驳船队、30万吨矿石船、50万吨油轮、6 000~8 000TEU(标准箱)的集装箱轮都已经司空见惯了。

④从运输企业拥有车(船、机)队中车辆数的多少,可以考察是否车队的规模越大,经营效率越高或单位运输成本越低。例如机队的规模既与在航线上所能提供的服务频率有关,又与保持合理的维修队伍及合理的零部件数量有关,有数据说在只有一架客机单独使用时所需储备的零部件数量相当于飞机价值的50%,而当拥有10架相同客机时所需要储备的零部件数量仅相当于飞机总价值的10%。我国目前拥有500余架民用客机,分别属于数十家航空公司,飞机总数还不如国外一家大公司拥有的数量,因此每一家公司的机队都很难达到应有的合理规模。

⑤由于客货发送量越来越大,而且存在大量同种运输方式内部或不同运输方式之间的中转、换装、联运、编解和配载等问题,交通网络内港站或枢纽(包括车站、港口、机场、配载中心以及它们的结合体等)与相关线路或相关运输方式的能力协调变得十分重要;而且在网络内线路运输费用已经比较低的情况下,有关枢纽上的高昂中转费用就会变得十分突出。港站的处理能力经济表现为,港站处理的客货发到与中转数量或处理的载运工具发到、中转、编解和配载数量越大单位成本越低。目前在世界上不难找到每年发送数千万人次的机场、接卸十几万吨或几十万吨位货轮的码头、吞吐1 000万TEU以上集装箱的港口、每天处理上万辆车的铁路编组站或几千吨货物的公路零担转运中心。枢纽的能力必须与整个网络相协调,在能力不足的情况下,枢纽决定或限制了网络系统的整体能力;反过来说,枢纽的规模和能力也是其所在运输网络发达水平的标志。

⑥还可以从运输距离角度考察是否具有单位运输成本会随着运距的不断延长而下降的效果。由于运输成本都可分成随运距延长成比例变化的途中成本和与运距无关的终点成本,因此运输经济中一直有所谓"递远递减"的规律,特别是终点成本所占比例较高的铁路、水运和航空运输这一特点更为明显。

因此,与运输活动有关的规模经济可以划分成多种不同的类型,即:运输网络幅员经济、线路通过密度经济、港站(或枢纽)处理能力经济、车(船、机)队规模经济、载运工具能力经济和运输距离经济等。运输业由多种运输方式组成,各种运输方式都既可分成基础设施与客货运营两部分,而且根据客货流或服务对象的特点(如远途或近途,整车或零担,定点定线服务与否等)又可进一步划分为若干运输类别,这使得讨论运输业的规模经济问题平添了很大的难度,不可以简单地一概而论。可以在运输业中找到很多存在规模经济的例子(例如公路零担运输需要组织较大的车队和在较大的网络内通过沿途接卸和轴辐式中转的结合提供服务),同时也可以找到大量不具有规模经济的例证(如个体运货卡车和船户、个体出租车等)。

而运输业范围经济的存在使得其规模经济概念的把握更加困难。前面已经提到运输产品及其计量上的复杂性,此外在通常情况下,运输基础设施特别是运行线路往往需要客货运混用,例如铁路客货运公司利用同一个铁路网络,同时提供客货运服务并生产出多种客运和货运产品,一般要比分别建立两个各自拥有客货运专线的铁路公司分别进行客货运的成本要低。虽然同时从事客货运输也会导致一定程度的范围不经济,其原因在于线路上开行了速度不同的列车,导致能力损失和出现拥挤现象等,因此在运量特别巨大的铁路上有可能增建客运专线,但符合这种条件(例如客货运输密度已分别超过 7 000 万吨和 5 000 万人次)的情况应该是很少的。又如,尽管公路客货车辆对路面厚度等的不同要求会导致公路造价的差别,但世界上单独修建供客车或货车行驶的公路似乎也很少,因为双方的车流密度往往都达不到把公路分开建的要求。可以看出,即使是在同一运输线路上被运送,甚至就在同一部载运工具上的旅客和货物,也会对应着很多不同的运输产品。因此运输业在很大程度上也是存在范围经济的,产生范围经济的一个主要原因是设施和设备的共同使用可更充分地发挥效率,从而降低运输成本。如果不考虑运输服务质量上的差别,对运输产品可以根据客货运、货运中的不同货种、同类货物但起讫点不同以及不同的运送时间等进行分类,可以看出几乎每一个特定的位移都是一个特殊的运输产品。运输业就是这样一个提供极端多样化产品的特殊行业,同样的运输位移可以由不同的运输行业(即不同运输方式)分别提供,而每一个运输行业和运输企业往往又都面对着不同的运输市场。

5.3 运输供给的影响因素

1)运输价格

运输服务的价格(简称运价)是影响运输供给的最重要的因素。在其他因素不变的情况下,商品价格与供给量呈同增同减的变动关系。但由于运输业的商品价格在许多运输对象和运输范围内受到政府的严格管制,使得对于运输供给弹性的实证分析变得较为复杂。运输供给的价格弹性是指在其他条件不变的情况下,运价变动所引起的供给量变动的灵敏程度,运输供给的弹性系数 E_{st} 为

$$E_{st}=\frac{运输供给量变动的百分比}{运输价格变动的百分比} \quad (5-1)$$

- 当 $E_{st} > 1$,我们说运输供给是富有弹性的;
- 当 $E_{st} < 1$,我们说运输供给是缺乏弹性的;
- 当 $E_{st} = 1$,我们说运输供给是单位弹性的。

影响供给弹性的因素主要有如下几方面:

①运输成本。运输业提供一定运量所要求的运价,取决于运输成本。如果成本随运量变化而变化的幅度大,则供给曲线比较陡,因而供给就缺乏弹性;反之则富于弹性。

②调整产量的难易程度。一般来说,能够根据价格的变动灵活调整产品产量的产

业,其供给的价格弹性就大;反之,难于调整的,其供给弹性就小。

③考查时间的长短。时间因素对于供给弹性来说,比对需求弹性可能更为重要。时间越长,供给就越有弹性;时间越短,供给就越缺乏弹性。

2)运输成本

考察运输供给决定因素的基本点在于,运输供给者提供运输服务为的是利润,而不是乐趣或博爱。因此,决定运输供给的一个关键因素便是运输成本。相对于运输市场价格而言,当某种运输服务的成本比较低时,运输供给者大量提供该运输服务就会有利可图;当运输成本相对于市场价格而言比较高的时候,运输供给者就会提供比较少的服务数量,而转向其他地区甚至退出该行业。运输成本的影响因素很多,但主要取决于投入品价格和技术进步。劳动、能源或设备等投入品的价格显然会对既定产出水平的运输成本产生重大的影响。例如,20世纪70年代石油价格急剧攀升,提高了运输供给者的能源开销,从而导致了运输成本的增加,致使运输供给者降低了供给。另一个同样重要的决定因素是技术进步,即降低提供同样运输服务所需的投入品数量。这种进步包括从应用科学突破到现有技术的更新与挖掘,或者仅仅是生产流程的重新组织。例如,近10多年来,运输工具的制造越来越富有效率,今天生产一辆普通小汽车所需花费的劳动时间可能远远低于10年前的情况。这种技术进步使得汽车制造商可以在相同成本下生产更多的汽车。另外举个例子,如果电子商务可以让运输业者更方便地获取货源信息,那么,这种进步同样也会提高运输的效率并降低运输成本。

3)相关物品或服务的价格

运输成本并非运输供给曲线的唯一决定因素,运输供给也受相关物品价格的影响,特别是那些能够轻易地进行替代的相关物品的价格。例如,汽车公司通常会制造不同类型的汽车,如果一种类型的汽车需求增加而导致价格上升的话,它们就会将更多的生产线转向生产该种车型,如此一来,其他类型汽车的供给就会下降;如果卡车的需求和价格上升,整个公司就会更多地转向生产卡车,从而降低轿车的供给。

4)政府政策

出于环境、能源或安全等方面的考虑,政府会鼓励或限制某些运输形式,而税收和财政补贴会影响运输投入品的价格。政府的运输管制对于竞争企业的数量和它们的运输产品价格都会产生影响。本书将在第15章详细讨论运输管制的问题。

5)特殊因素

最后,一些特殊因素也会影响运输供给。气候条件对公路运输和航空运输有着重要的影响,而对未来政府政策和市场状况的预期通常也会对运输供给决策产生重大的影响。如果运输企业对未来的经济持乐观态度,则会增加供给;如果企业对未来的经济持悲观态度,则可能减少供给。表5-2以公路运输为例,列举了影响公路货运供给的重要因素。

表 5-2　公路运输供给受运输成本和其他因素影响

影响因素	以公路运输为例
技术	信息技术的进步,降低了运输组织成本并增加了供给
投入品价格	油价的下跌降低了运输成本,并增加了供给
相关物品的价格	如果铁路的运价上升,卡车的供给就会增加
政府政策	取消对卡车的交通管制会增加供给
特殊因素	对政府未来路桥通行费政策放宽的预期会增加供给

案　例

影响运输供给的产业外因素

摘自:周其仁,《"奔的"出逃与出租车选型》,选择周刊,2006.4.19

满世界汽车的款式越来越多,一个城市要怎样选出租车才好?通常的考虑,出租车是服务业,要看服务对象的需要。现在用出租车服务的顾客形形色色,需求的层次很多,因此在同一个城市,总要多选几款出租车,才能够满足不同档次消费者的不同需要。这个考虑有道理。一般而言,外来的商务旅游人群,与本地老百姓对出租车的要求有别。本地居民之中,因为收入、职业和需要的差别,对出租车的要求也不尽相同。因此,我国不少城市都选了好几个档次的出租车。以北京为例,夏利、捷达、富康、桑塔纳、现代都在马路上跑,加上原先淘汰的"面的",总有三四种不同价位的出租车同时"扫街"。

但是,这种多价位、多档次的出租车营运模式,照样遇到不少困扰。一个问题是,无论选多少种出租车型,也难以满足当今市场需求层次差别的要求。上文提到前些年北京市强制淘汰"面的",直到今天还可以听到老百姓的抱怨。可是,论到城市形象和对高档需求的满足,究竟怎样才算是个头?杭州的出租车本来就很漂亮——连夏利这样的车型也早就淘汰了——去年又加了"奔的",应该够得上国际水准了吧?可是坊间还有议论,说"奔的"选的奔驰 E200,不过是德国高档商务车的入门车型,真要拿来讲排场,还不够有谱呢!

选用更多不同档次的车型吗?另一个麻烦会找上门。观察一下吧:当打的的人群明知同时有不同档次的出租车,所以除非时间紧急、烈日当空或瓢泼大雨,他们总是站在路边选自己心仪的出租车。结果,那些不对胃口的出租车就无端被放空而行。这每个人微不足道的行为倾向,加到一起成就了一个业界的概念——"空驶",就是出租车白白在街上跑,却并不载客。我看过的记录,大都市出租车的空驶率有的高达30%。很明白的事情:大都市不同档次的出租车选的越多,对道路资源的压力就越大,对"堵车"的贡献就越大。就是说,想通过选用更多类别出租车来满足不同需求的动机,要受到城市道路资源的限制。这就是为什么东京、伦敦、纽约等地,招手即停的出租车差不多总是一个价。香港的出租车,不但价位划一,连车型也全部一样,起步一律15港币。这些地方,客人打的招到一辆就上,绝没有等下一辆——无论更贵的还是更便宜的——都必要。我的理解是,这些国际大都会在道路资源的局限下,宁愿减少出租车的多样性来加快城市车辆的通行速度。

案例讨论

1. 一个城市中的出租车存在着哪些差异?
2. 出租车的差异对出租车市场的需求和供给有何影响?
3. 为什么出租车的车型在我国一些城市中较单一,而在另一些城市中很繁杂?

5.4 五种运输方式的技术经济特点

5.4.1 铁路运输

1) 铁路运输的优势

- 运输能力高。铁路运输能力承运远高于公路、水路运输的大批量旅客或货物,一般每列客车可载旅客1 800人左右,一列货车可装2 000～3 500吨货物,重载列车可装20 000多吨货物;每列车小时运输能力(运输能力可以用装载能力来衡量,使用每小时可完成的吨公里数来表示,运输能力由运输工具技术参数推算求得的,而不是由统计平均求得)为3.4×10^4～5.3×10^5吨公里;单线单向年最大货物运输能力达1 800万吨,复线达5 500万吨;运行组织较好的国家,单线单向年最大货物运输能力达4 000万吨,复线单向年最大货物运输能力超过1亿吨。
- 运行速度快,时速一般在80～120公里,高速铁路更是高达200～300公里每小时。
- 运送距离远。据统计,铁路的平均运距分别为公路运输的25倍,为管道运输的1.15倍,但不足水路运输的一半,不到民航运输的1/3。
- 运输成本低。虽然铁路的基本建设投资较大,但其运输的单位成本低于公路运输,如果考虑装卸费用,对一些装卸成本较高的货物,铁路运输成本低于内河运输成本。
- 能保证运输的经常性、连续性和准时性。铁路运输受气候和自然条件的影响较小,能在很多恶劣气候条件下持续运行,且到发时间准确性高,在运输的经常性和连续性方面占有优势。
- 通用性能好。既可运客又可运各类不同的货物,也可方便实现驮背运输、集装箱运输及多式联运。
- 运输能耗低。每千吨公里耗标准燃料为汽车运输的1/11～1/15,为民航运输的1/174,但是这两种指标都高于沿海和内河运输。

- 环境适应性强。铁路运输过程受自然条件限制较小。
- 运行平稳舒适。火车运行比较平稳,安全可靠。

2)铁路运输的不足

- 灵活性差。由于铁路运输受轨道限制,灵活性较差,一般需要其他运输方式的配合和衔接,才能实现"门到门"的运输。
- 运送时间长。在运输过程中需要有列车的编组、解体、中转改编等作业环节,占用时间较长,因而增加了货物的送达时间,不适宜短途货物运输。
- 货损率高。由于装卸次数较多,货物损毁或灭失事故通常比其他运输方式比例高。
- 基建投资大。始建投资大,单线铁路每公里造价为 100 万 ~ 300 万元之间,复线造价在 400 万 ~ 500 万元之间甚至更高,高速铁路每公里造价则超过 1 亿元;建设时间长,一条干线要建设 5 ~ 10 年;占地太多,如路基、站场等,一旦停止营运,不易转让或收回,沉没成本较大。

3)铁路运输方式的适用范围

基于铁路运输的上述技术经济特点,铁路运输适宜于内陆地区大宗低值货物的中、长距离运输;适合于大批量、可靠性要求不高的一般货物和特种货物的运输;适合于大批量一次高效运输,也较适合于散装货物(煤炭、金属、矿石、谷物等)、罐装货物(如化工产品、石油产品等)的运输;高速铁路则适宜运送时间价值较高的旅客,由于速度很快,运距 1 000 公里时仍具有较强的竞争力。从投资效果看,在运输量比较大的地区之间建设货运铁路比较合理,在高时间价值客运需求比较大的地区之间建设高速铁路比较合适。

5.4.2 水路运输

1)水路运输的优势

- 载运量大。在五种运输方式中,水路运输能力最大,在长江干线,一支拖驳或顶推驳船队的载运量已超过万吨,运输能力达到每船小时 $1.8 \times 10^5 \sim 5.3 \times 10^5$ 吨公里;国外最大的顶推驳船队的载运量达 3 万 ~ 4 万吨,运输能力达到每船小时 $1.8 \times 10^5 \sim 1.8 \times 10^6$ 吨公里;世界上最大的油轮已超过 50 万吨。
- 运输成本低。我国沿海运输成本只有铁路的 40%,美国沿海运输成本只有铁路运输的 1/8,长江干线运输成本只有铁路运输的 84%,而美国密西西比河干流的运输成本只有铁路运输的 1/3 ~ 1/4。
- 平均运距长。据统计,海洋运输的平均运距较长,分别是铁路运输的 2.3 倍,公路运输的 59 倍,管道运输的 2.7 倍,但次于航空运距,是其的 68%。
- 水运建设投资省。水运主要是利用"天然航道",除必须投资购置船舶、建设港口之外,沿海航道几乎不需投资,整治内河航道也仅仅只有铁路线路投资的 20% ~ 30%。

- 劳动生产率高。由于船舶的装载量大,其劳动运输生产率高于其他运输方式。据统计,沿海水运的劳动生产率是铁路运输的 6.4 倍左右,长江干线运输的劳动生产率是铁路运输的 1.26 倍左右。
- 通用性好。既可运客,也可运货,特别是大件货物运输,还能方便实现集装箱运输和多式联运。在运输条件良好的航道,通过能力几乎不受限制。
- 代表着国际声望。远洋运输在我国对外经济贸易方面占重要地位,我国有超过 90% 的外贸货物采用远洋运输,是发展国际贸易的强大支柱,战时又可以增强国防能力,这是其他任何运输方式都无法代替的。

2)水路运输的不足

- 运输速度慢。船舶运输平均航速较慢,在途时间长,不能快速将货物运达目的地,会增加货主流动资金的占有量。
- 可达性差。水路运输只能在固定水路航线上进行运输,需要其他运输手段的配合和衔接,才能实现"门对门"的运输。
- 受自然条件影响大,连续性较差。内河航道和某些港口受季节影响较大,冬季结冰,枯水期水位变低,难以保证全年通航。

3)水路运输方式的适用范围

水路运输适宜于运距长、运量大、时间性不太强的各种大宗货物运输。在 21 世纪的今天,在航空仍不能解决大批量货物运输的现实情况下,量大、价廉和较为便捷的海上运输仍将是联系全球性经济贸易的主要方式,承担着全球性、区域间的货物运输,成为世界经济全球一体化和区域化服务的主要纽带。

5.4.3 公路运输

汽车现已成为道路运输的主要载运工具,所以现代道路运输主要指汽车运输。下面从公路运输的技术经济角度介绍道路运输的主要特性及其适用范围。

1)道路运输的优势

- 灵活、方便性。主要体现在以下几个方面:①空间上的灵活性,可以实现门到门运输服务;②时间上的灵活性,根据货主的需求随时启运,旅客运输虽然实行"五定",但随着运输网点的发展及运输组织与管理水平的提高,旅客候车时间逐渐缩短,许多干线上基本上实现了随到随走;③批量上的灵活性,在各种运输方式中,道路运输的启运批量最小;④运行条件的灵活性,汽车运输服务的范围不仅在高等级公路上,还可延伸到等级外道路上,甚至可以辐射到乡村便道上;⑤服务上的灵活性,既可自成体系组织运输,又可作为其他运输方式的衔接运输。
- 送达速度快。汽车运输活动空间领域大,可以深入工厂、矿山、车站、码头、农村、城镇街道等,这一特点是其他任何运输工具所无法比拟的,因而汽车运输在送达速度上、直达性上有着明显优势。
- 包装简便,货损少。因汽车运输途中货物撞击少,加之一般没有中转装卸作业,货损少。同时,对货物的包装比较简便,可以节约包装费用。
- 普通公路投资少,修建公路的材料和技术比较容易解决,易在全社会广泛发展,可以说是公路运输的最大优点。
- 除此之外,汽车运输操作人员容易培训;近距离运输中少量的货物运费较小;抢险、救灾以及战时,也是最有效的运输方式。

2)道路运输的不足
- 运输能力较小。每辆普通载货汽车可以运送 30 吨以内的货物,超载的汽车列车可以运送 80 吨货物,运输能力为每车小时 2 100～4 800 吨公里;长途客车一般只能运送 40～50 位旅客,仅相当于一列普通火车运送能力的 1/36～1/30。
- 运输成本高。公路建设占地多,成本高,二级公路每公里造价为 300 万～500 万元之间,高速公路每公里造价更是高达 3 000 万～5 000 万元之间。加之汽车的运能较小,导致汽车的运输成本分别是铁路运输的 11.1～17.5 倍,是沿海运输的 27.7～43.6 倍,是管道运输的 13.7～21.5 倍,但比民航运输成本低,只有民航运输的 6.1%～9.6%。
- 劳动生产率低。衡量某种运输方式的生产效率高低主要是看完成吨公里运输所产生的消耗大小。据统计,汽车运输的劳动生产率只有铁路运输的 10.6%,沿海运输的 1.5%,内河运输的 7.5%,但比航空运输的劳动生产率高,是航空运输的 3 倍。
- 运输能耗很高。据统计,汽车的能耗分别是铁路运输能耗的 10.6～15.1 倍,是沿海运输能耗的 11.2～15.9 倍,是内河运输的 113.5～19.1 倍,是管道运输能耗的 4.8～6.9 倍,但比民航运输能耗低,只有民航运输的 60%～87%。
- 环境适应性差。汽车的运行易受外界干扰,受自然条件限制较大。

3)汽车运输方式的适用范围

因此,公路运输比较适宜在内陆地区运输短途旅客、货物,因而,可以与铁路、水路联运,为铁路、港口集疏运旅客和物资,可以深入山区及偏僻的农村进行旅客和货物运输;在远离铁路的区域从事干线运输。近年来,由于高速公路网的逐步建成,汽车运输将会逐渐形成从短途运输到短、中、长途运输并举的格局。

5.4.4 航空运输

航空运输之所以能在短短半个世纪内得到快速发展,是与其自身的特点分不开的,与其他运输方式相比,航空运输主要有以下特点:

1)航空运输的优势
- 运行速度快。这是航空运输最大的优势,现代喷气式客机的巡航速度为 800～900 公里/小时,比汽车、火车快 5～10 倍,比轮船快 20～30 倍。距离越长,航空运输所能节约的时间越多,快速的特点也越显著。
- 机动性好。飞机在空中飞行,受航线条件限制的程度比汽车、火车、轮船小。它可以将地面上任何距离的两个地方连接起来,可以定期或不定期飞行。尤其对灾区的救援、供应、边远地区的急救等紧急任务,航空运输已成为不可少的手段。
- 货物包装要求相对较低。由于飞机航行的平稳性和自动着陆系统的缓冲性,减少了货损的比率,货物空运的包装要求通常比其他运输方式低,因此可降低包装要求。
- 具有独特的经济特性。从经济方面来讲,航空运输的成本及运价均高于铁路、水运,是一种价格较高的运输方式。但如果考虑时间的价值,航空运输有独特的经济价值,因此,随着经济发展、人均收入水平的提高及时间价值的提高,航空运输在运输中的比例呈上升趋势。

2) 航空运输的不足
- 载运量小。除了极少数的超级货机,普通飞机舱容积和载重量都较小,运输能力为每飞机小时 $8×10^3 \sim 1.3×10^3$ 吨公里,但通常只能承运小批量、体积小的货物。
- 运输成本高。飞机或航空器造价高,运营能耗大,运载成本和运价比地面运输高。
- 易受气候条件限制。因飞行条件要求高,航空运输在一定程度上受气候条件限制,影响其正常、准点性。如遇大雨、大雾、大雪、台风等特别天气,不能一贯保证客、货运送的准点性和正常性。
- 可达性差。航空运输难以实现"门到门"的运输服务,需要借助于其他运输工具转运,主要是需要借助于汽车运输工具。

3) 航空运输方式的适用范围

综上所述,航空运输比较适宜于 500 公里以上的长途、国际乃至洲际客运,以及时间性强、鲜活易腐和高价值货物的中长途运输。

5.4.5 管道运输

1) 管道运输的优势
- 运量大。一条油管线,根据其管径的大小不同,小时运输能力为 1 800 ~ 55 300 吨公里,每年的运输量可达几百至几千万吨,甚至上亿吨。例如,一条直径 720 毫米的管道可年输送原油 2 000 万吨,几乎相当于一条单线铁路的单向输送能力,一条管径 1 220 毫米的管道,年输量可达 1 亿吨以上。
- 运输安全可靠,连续性强。可以实现封闭运输,减少损耗,避免对空气、水源、土壤的污染,实现可持续发展。
- 能耗小、成本低、效率高。在各种运输方式中,管道运输能耗最小,每吨公里的能耗不足铁路运输的 1/7,在大批量运输时与水运接近。又由于管道运输属于一种连续不断的作业方式,几乎不存在空载,因而运输成本低。以石油运输为例,管道运输、水路运输、铁路运输的运输成本之比在 1∶1∶1.7 左右。

- 不受气候影响。由于管道密封且多埋于地下,几乎不受气候的影响,因此,可以确保运输系统长期稳定地运行,送达货物的可靠性较好。
- 占地少,建设速度快、费用低。管道埋于地下部分占管道总长度的95%以上,永久占用的土地只为铁路的1/9,公路的1/40。管道建设只需铺设管线、修建泵站,土石方量比公路、铁路建设少得多,建设周期短,建设费用低。管道可以走捷径,运输距离短,而且在平原地区大多埋在底下,不占农田。

2)管道运输的不足

- 灵活性差,专用性强。管道运输功能单一,只能运输石油、天然气及固体料浆(如煤炭、粉煤灰等),货源减少时也难以改变线路。
- 管道运输量与最高运输量间的幅度小。在油田开发初期,采用管道运输困难时,还要以公路、铁路、水陆运输作为过渡。而当运输量降低,并超出合理的运行范围时,运输成本会显著增大。

3)管道运输方式的适用范围

适用于单向、定点、量大的流体且连续不断货物的运输(如石油、天然气、煤浆、某些化学制品原料等)。

概念复习

供给　　　　　　　　供给量　　　　　　　　供给曲线
运输供给　　　　　　规模经济　　　　　　　范围经济
运输供给的价格弹性

思考题

1. 供给量变化与供给变化有什么区别?
2. 什么是运输供给?运输业供给的是怎样的产品?
3. 运输供给有哪些特点?
4. 运输供给的规模经济与范围经济主要体现在哪些方面?
5. 运输供给的影响因素有哪些?
6. 运输成本的影响因素有哪些?
7. 试从运输能力、运输速度、运输成本、建设投资、能源消耗、环境适应性等方面对比五种常见运输方式的技术经济特点。
8. 试查找高速铁路的资料并对比分析高速铁路与高速公路运输的优劣性。

6 运输成本

掌握机会成本的概念；理解总成本、边际成本与平均成本的含义；熟悉简单的运输成本曲线；了解各种运输方式的成本特征。

6.1 运输成本概述

1）运输成本与运输供给

前一章已经表明了运输成本对于运输供给的重要影响，经济学分析中需求与供给是一对相互联系的概念，但是在实际经济分析中成本概念有时比供给的意义更重要。这是因为任何厂商或产业都有自己特定的成本曲线，而它们在市场上的供给曲线只不过是其成本曲线的一部分，对运输业者和运输行业来说也是这样。因此可以说，如果我们比较好地理解了运输成本，也就自然理解了运输供给。

学习经济学时要切记的一个重要原则是：资源是稀缺的。这就意味着每次我们采用一种方法使用资源时，我们就放弃了用其他方法利用该资源的机会。这在我们的日常生活中很常见，我们必须决定如何使用有限的时间和收入。我们是否应该参加明天的旅游活动？应当周末去外地旅行还是去买一辆新的自行车？我们应当打的还是挤公交？

2）运输的机会成本

这里的每一个例子中，做出决定实际上都会使我们失去做其他事的机会。失去的选择被称为机会成本。机会成本（opportunity cost）与一般意义上的会计成本不是同一个概念，它不一定是做某件事的时候实际发生的账面费用支出，而更多地是指为了做这件事而不得不放弃做其他事而在观念上的一种代价；使用一种资源的机会成本是指把该资源投入某一特定用途所放弃的在其他用途中所能获得的最大利益。在运转良好的市场上，当所有成本都包括进来时，价格等于机会成本。在分析发生于市场之外的交易时，机会成本的概念显得尤其重要。

运输经济学中所使用的成本概念也应该是机会成本。例如,不论是土地还是其他自然资源,也不论是劳动力还是资金,一旦被用于某种运输设施建设或运输服务,就不能同时用于其他产品的生产或提供其他服务,因此选择了资源在运输方面的使用机会就意味着放弃了其他可能获得利益的机会。更进一步地说,避免更大损失也是把握机会成本概念的重要方面,"两害相权取其轻"的说法早就清楚地刻画了人们在这方面对机会成本的理解,因此机会成本还可以有一个补充定义:"在做出希望使损害最小的某种选择时,如果不做该选择可能会遭受的更大损害,就是该项选择所要避免的机会成本"。

那么,是否所有的机会成本都表现在企业的损益表(也称利润表,是反映企业在一定期间的经营成果及其分配情况的报表)这样明显的地方呢?不一定。有一些重要的机会成本往往并不出现在损益表中,例如:在许多小的运输企业中,业者可能投入了许多无偿的时间,但并没有被包含在成本之中;企业账户不会涉及其所有者自有资金的资本费用;当企业把有毒气体排放到大气中时,它们也没有承担由此引起的环境污染费用。但是,从经济学的观点来看,这些对于经济都是真实的成本。让我们以一辆卡车的车主为例来说明机会成本的概念。该车主自己驾车进行运营,他每周投入60个小时,而并不领取"工资"。在年末,他获得了20 000元的利润。这对于一个个体卡车车主来说是不错的收入。果真是这样吗?未必。我们还必须把车主失去的劳动机会作为成本来计算。通过考察,我们发现,这位车主能够找到一份相似的、同样有趣的工作,他为别人打工能获得每年30 000元的收入。这就代表了机会成本或所放弃的收益,因为该车主决定去当没有工资的个体运输户的老板,而不是为其他公司工作而领取工资。因此,他表面上得到了20 000元/年的利润,实际上减掉30 000元/年的劳动机会成本后,还净亏损10 000元。结果是,尽管账面数字认为该个体运输户在经济上是可行的,但是,经济学家却会判定,该企业实际上是亏损的。

我们在运输活动中也可以找到很多这样的例证,例如由于不正确的投资决策造成某些运输设施经营严重亏损,投资回收已不可能,那么是应该废弃已经建成的运输设施,还是维持该设施的运营并使损失尽可能减少呢,这也需要用机会成本去进行分析和权衡。又如,私人小汽车拥有者自己开车出行,所引起的直接费用(如燃油费)可能并不大,但除此之外他还要付出一些代价,如交通拥堵及停车引起的时间损失等,而时间也是有价值的,因此,私人交通领域也不仅仅考虑的是实际发生的费用,机会成本同样是人们选择或决策的主要依据。当然,由于机会成本一般不能用会计成本直接代替,而机会成本本身又不容易准确地进行计算,因此如何准确把握机会成本有时会成为一个比较困难的问题。例如,在图书馆看书学习还是享受电视剧带来的快乐之间进行选择,此时的机会成本就很难用货币来衡量。

3)机会成本的衡量方法

在运输经济分析中有两个相对实用的机会成本衡量方法,即利用隐含成本和影子价格的概念。所谓隐含成本(implicit cost)是指厂商使用自己所拥有的生产要素,由于在形式上没有发生明显的货币支付,故称为隐含成本。例如,运输业者或运输企业自己在拥有固定运输设施或运输工具的情况下,从事运输时似乎并不需要支付相应的利息和租金等。这部分支出在形式上虽然没有发生,但这并不等于没有机会成本,因为他们当时建设或购置这些财产的时候是付了钱的,这些钱如果存在银行可以获得利息,如果投资在其他领域也可以获得利润,而假如运输业者或运输企业租用运输设施或运输工具从事运输则无疑需要付出租金。因此计算隐含成本是大体把握运输企业使用自有财产机会成本的一个替代方法。影子价格(shadow price)是一种以数学形式表述的反映资源在得到最佳使用时的价格,主要应用在投入使用的生产要素的账面成本与这些要素现实在市场上的价格有差别的情况下。例如运输业者或运输企业原来储存的燃油与现实的燃油市场价格有了较大不同,或所拥有的土地及其他财产也由于时间和其他条件变化产生了价值的增减,这就需要把有关生产要素放到开放的要素市场中去进行重新估价,用当前的市场价格修正账面会计成本。

6.2　基本的运输成本概念

6.2.1　总成本、固定成本和可变成本

1) 总成本

总成本(total cost, TC)是指在一定时期内(财务、经济评价中按年计算),运输供给者提供某种运输服务(运输服务产出即运输量用 q 表示)而发生的总耗费。通过总成本的计算和分析,可以了解掌握计算期的总支出,将总成本与收入、利润、净利润等比较,能获得有意义的分析指标。观察表 6-1 的第 1 列和第 4 列,我们看到,TC 随着 q 的上升而上升。这是很自然的,要得到更多的运输服务必须使用更多的劳动和其他投入,增加生产要素便会引起货币成本的增加。

2) 固定成本

表 6-1 第 2 列和第 3 列将总成本区分为两部分: 总的固定成本和总的可变成本。

什么是企业的固定成本(fixed cost, FC)呢? 有时,固定成本也称为"固定开销"。它由许多部分构成,如公路的建设费用、车站和码头的租金、根据合同支付的设备费、债务的利息支付、长期工作人员的薪水,等等。即使运输供给者的运输量为零,它也必须支付这些开支; 而且,如果运输量发生变化,这些开支也不会改变。例如,一个码头可能拥有 10 年的场地租约,即使改码头的吞吐量缩减到原来的一半,它仍然有义务支付租金。由于 FC 是无论产量水平如何都必须支付的费用,因此,在第 2 列中,它的数值保持 55 元不变。

表 6-1　固定成本、可变成本和总成本

运输量 q（吨公里）	固定成本 FC（元）	可变成本 VC（元）	总成本 TC（元）
0	55	0	55
1	55	30	85
2	55	55	110
3	55	75	130
4	55	105	160
5	55	155	210
6	55	225	280

3）可变成本

表 6-1 的第 3 列显示的是可变成本。可变成本（variable cost，VC）是随着产出水平的变化而变化的那些成本。它包括：提供运输服务所需要的原料（如汽车行驶所需更换的轮胎）、为运输站场配置的搬运工、进行运输所需要的能源，等等。在一个运输站场中，搬运工是可变成本，因为站场主管可以较轻易地调整搬运工的数量和工作时间来适应站场中的车流量。根据定义，当 q 为零时，VC 的起始值为零。它是 TC 中随着产量增加而增加的部分。实际上，在任何两个产量之间，TC 的变化量就是 VC 的变化量，因为 FC 的数值一直不变。

根据上述定义，总成本等于固定成本加可变成本：

$$TC=FC+VC \tag{6-1}$$

补充：固定成本与沉没成本

沉没成本（sunk cost）又称沉淀成本、历史成本、旁置成本等等，是指一旦支付就永远损失的成本。以经济观点而言，此项成本可以不算经济成本或机会成本，因为此项资源已经使用，且已没有机会再使用它。因此，在微观经济学中做决策时如果同时考虑到沉没成本（这被微观经济学理论认为是错误的），那结论就不是纯粹基于事物的价值做出的。举例来说，如果你预订了一张火车票，已经付了票款且假设不能退票或转卖掉。此时你付的钱已经不能收回，就算你不去乘坐火车钱也收不回来，火车票的价钱算作你的沉没成本。当然有时候沉没成本只是价格的一部分。比方说你买了一辆自行车，然后骑了几天低价在二手市场卖出。此时原价和你的卖出价中间的差价就是你的沉没成本。而且这种情况下，沉没成本随时间而改变，你留着那辆自行车骑的时间越长，一般来说你的卖出价会越低（折旧）。

现在，我们对固定成本和沉没成本做一个重要的区分。回顾一下，固定成本是不随产出变化而变化的成本。假设你是一家煤矿公司的经理,已经支付了 10 000 元租用一辆运煤用的轨道车一个月。这笔费用反映了你公司的一个固定成本——不管你用这台车运 10 吨煤还是 10 000 吨煤,成本都是 10 000 元。这 10 000 元多大程度上作为沉没成本取决于你的租用方式。如果租用方式规定,一旦这 10 000 元支付就不能再收回,那么这 10 000 元就是沉没成本——你已经支付了这一成本,没有任何办法能够改变它。如果该租用方式规定,如果你不需要轨道车了,将偿还 6 000 元,那么 10 000 元固定成本中只有 4 000 元是沉没成本。因此,沉没成本是不能偿还的固定成本部分。

既然沉没成本一旦支付就永远损失了,它们与当前的决策是不相干的。例如,假设你支付了不可偿还的 10 000 元以租用一辆轨道车一个月,但在签订租用协议后你立刻意识到自己并不需要它——因为煤的需求量比你预计的大大降低了。一个承包商找到你,提出从你处以 2 000 元转租轨道车。如果你的租用合同允许你转租这辆轨道车,你应该接受这个承包商的建议吗?你可能有理由说不。毕竟,你的公司将 10 000 元的轨道车以微不足道的 2 000 元转租出去会损失 8 000 元。这种推理是错误的!你的租金是不可退还的,也就意味着这 10 000 元是沉没成本,已经损失了。既然你没有办法减少这 10 000 元的成本损失,那么惟一可做的是设法增加你的现金流。在这种情况下你的最优选择是转租这辆轨道车,因为这样做能为你的总收入增加 2 000 元,否则的话,你不能得到这 2 000 元。注意,尽管沉没成本与你的当前决策无关,但它影响你的总利润。如果你不转租这辆轨道车,你会损失 10 000 元;如果你转租它,你的损失只有 8 000 元。

6.2.2 边际成本

在经济学各领域中,边际成本是最重要的概念之一。边际成本(marginal cost, MC)表示由于多生产 1 单位产出或多提供 1 单位运输服务而增加的成本。例如,一个公路运输企业提供 1 000 吨公里运输服务的总成本是 500 元,如果提供 1 001 吨公里运输服务的总成本是 506 元,那么,提供第 1 001 吨公里运输服务的边际成本就是 6 元。

有时,多生产 1 单位产出的边际成本可能非常低。例如,对于一架有空位的客机,增加一个旅客的边际成本可能是微不足道的,几乎不需要增加任何资本(飞机)或劳动(飞行员和空中服务人员)。而在其他例子中,边际成本也可能会很高。以铁路运输系统为例,在正常情况下,它可以用最低的成本或最高的效率提供足够的运输服务,但在春运期间,当客运需求变得非常巨大的时候,铁路部门将不得不启用系统中那些陈旧的、高成本而又低效率的机车和车皮,这会导致所增加运输服务的边际成本非常高昂。

表 6-2 运用表 6-1 中的数据表明我们如何计算边际成本。表 6-2 中第 3 列中的 MC 数值来自于第 2 列中的 TC 减去上一行的 TC。除了从 TC 列中得到 MC 之外,我们还可以从表 6-1 第 3 列的每一个 VC 数值减去上一行中的 VC 而得到 MC。只是因为可变成本的增加永远和总成本的增量完全相同。唯一的区别在于,根据定义,VC 必须从零开始,而不是从固定的 FC 水平开始。

表 6-2 边际成本的计算

运输量 q （吨公里）	总成本 TC （元）	边际成本 MC （元）
0	55	
		30
1	85	
		25
2	110	
		20
3	130	
		30
4	160	
		50
5	210	
		70
6	280	

经验研究发现，对于大多数短期生产活动（即，当资本存量不变时），边际成本曲线是一种如图 6-1（b）所示的 U 形曲线。这种 U 形曲线在开始阶段下降，接着达到最低点，然后开始上升。

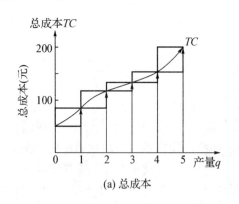
(a) 总成本

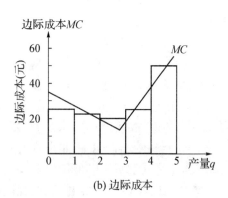
(b) 边际成本

图 6-1 总成本与边际成本之间的关系

注：本图是根据表 6-2 中的数据绘出的，通过计算（a）中追加每单位投入所增加的成本，得到（b）中的边际成本。在（a）中，我们连接各 TC 点做出一条平滑的曲线；在（b）中，经由 MC 的非连续性阶梯，我们也可做出一条平滑的 MC 曲线。

补充：边际成本与增量成本

在经济学中，边际成本一般被定义为增加额外一单位产量的成本增加额。在运输经济学中，边际成本是用增加的吨公里或人公里数去除新增运输服务所增加的运输成本，然而吨公里或人公里仅仅是运输产品的一类计量单位，并不是实际的运输产品，一位旅客随飞机在空中飞行一公里距离与他的整个旅程有很大差别，因此这样定义的边际运输成本就可能与一般经济学发生偏差，以吨公里或人公里计算的边际成本仍然带有某种平均的性质。

于是，在运输成本分析中还可以使用增量成本（incremental cost）的概念。对于增量成本，有学者将其定义为新增加的运输服务引起的成本增加，它与边际成本的主要区别在于衡量增加的产出量是单个运输对象的全程位移。例如，假设其他因素不变，在有空座的航班上增加一人，并不需要为这一增加的客流加开航班，新增的成本几乎只是该旅客的机场建设费用。这就是在假定系统其他条件不变情况下新增旅客的增量成本。

6.2.3 平均成本

表6-3补充了表6-1和表6-2中的数据，纳入了3项新的指标：平均成本、平均固定成本和平均可变成本。

1）平均成本或单位成本

同边际成本一样，平均成本是在企业中广泛使用的概念。通过比较平均成本与价格，或平均成本与平均收益，企业就能得知是否可以获利。平均成本（average cost, AC）是总成本除以产品或服务的单位总数，即：$AC = TC/q$。如表6-3中第6列中所示，当产量仅为1单位时，平均成本必然等于总成本；但之后，平均成本越来越低；当 $q = 4$ 时，AC 达到了40元的最低点，之后又缓慢上升。

表6-3 各类成本

运输量 q	固定成本 FC（元）	可变成本 VC（元）	总成本 $TC=FC+VC$（元）	边际成本 MC（元）	平均成本 $AC=TC/q$（元）	平均固定成本 $AFC=FC/q$（元）	平均可变成本 $AVC=VC/q$（元）
0	55	0	55		无穷大	无穷大	—
1	55	30	85	30	85	88	30
2	55	55	110	25	55	$27\frac{1}{2}$	$27\frac{1}{2}$
3	55	75	130	20	$43\frac{1}{3}$	$18\frac{1}{3}$	25
4*	55	105	160	30	40*	$13\frac{3}{4}$	$26\frac{1}{4}$
5	55	155	210	50	42	11	
6	55	225	280	70	$46\frac{2}{3}$	$9\frac{1}{6}$	$37\frac{1}{2}$

续表 6-3

运输量 q	固定成本 FC（元）	可变成本 VC（元）	总成本 $TC=FC+VC$（元）	边际成本 MC（元）	平均成本 $AC=TC/q$（元）	平均固定成本 $AFC=FC/q$（元）	平均可变成本 $AVC=VC/q$（元）
6	55	225	280	90	$46\frac{2}{3}$	$9\frac{1}{6}$	$37\frac{1}{2}$
7	55	315	370	110	$52\frac{6}{7}$	$7\frac{6}{7}$	45
8	55	425	480		60	$6\frac{7}{8}$	$53\frac{1}{8}$

* 平均成本的最低水平

图 6-2 描绘了表 6-3 中的成本数据。图 6-2（a）描绘了在不同产出水平上的总成本、固定成本和可变成本。图 6-2（b）画的是边际成本曲线和各种平均意义上的成本概念。

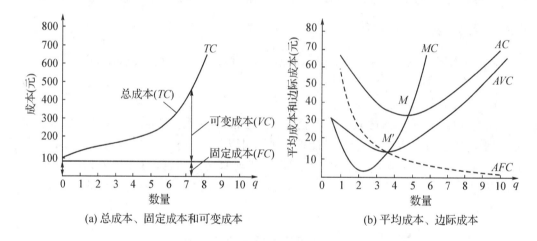

(a) 总成本、固定成本和可变成本　　(b) 平均成本、边际成本

图 6-2　总成本曲线和其他成本曲线

2）平均固定成本和平均可变成本

正如我们把总成本分解为固定成本和可变成本一样，我们也可以把平均成本细分为平均固定成本和平均可变成本两部分。平均固定成本（average fixed cost，AFC）被定义为：

$$AFC = FC/q \qquad (6-2)$$

由于总固定成本是不变的，因此，除以不断增加的产量，就得到一条不断下降的平均固定成本曲线（参见表 6-3 中的第 7 列）。换句话说，当运输供给者提供越来越多的服务，不变的 FC 为越来越多的运输量所分摊。

图 6-2（b）中的虚的 AFC 曲线是一支双曲线，渐进于两个坐标轴：随着固定成本被更多单位的产出所分担，它逐渐降低，接近水平轴。如果我们允许产量 q 的单位无限细

分，AFC 将从无穷大开始，因为有限的固定成本此时只能分摊到无穷小的产量 q 上。

平均可变成本（average variable cost, AVC）等于可变成本除以产量，或：

$$AVC = VC/q \tag{6-3}$$

如表 6-3 和图 6-2（b）中所示，本例中的 AVC 开始时下降，然后上升。

3）最低平均成本

不要将平均成本与边际成本相混淆，这种错误很容易发生。实际上，平均成本可以比边际成本高得多或者低很多，如图 6-2（b）所示。图中也表明，MC 与 AC 有关：当增加 1 单位产出的 MC 低于 AC，它将平均成本向下拉，AC 将下降；当 MC 高于 AC，它将平均成本向上拉，AC 将上升；在 MC 与 AC 相等的点，AC 曲不上升也不下降且位于最低点。因此，对于典型的 U 形 AC 曲线，MC 与 AC 相等的点也是 AC 达到最低水平的点，即在 U 形 AC 曲线底部，MC = AC = AC 的最小值。这是一个非常重要的关系，它意味着一个追求最低平均成本的企业应当将其产出置于平均成本与边际成本相等的水平。

补充：简单的运输成本曲线

运输成本分析要用到微观经济学的一般成本理论，一般成本函数表示企业或产业成本与产量之间的函数关系，根据一般成本理论可以做出短期成本示意图（见图 6-3）。其中平均固定成本 AFC 随着产量的增加而逐渐减少，因为当固定总成本不变时，分摊到单位产量上的固定成本是递减的。平均变动成本 AVC 最初随着产量的增加逐渐减少，但当产量增加到一定程度后，由于边际收益递减的作用又开始增加。单位平均成本曲线 ATC 的形状取决于平均固定成本和平均变动成本的

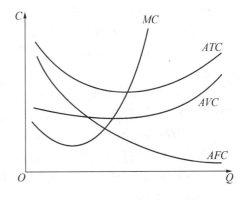

图 6-3　简单的运输成本曲线

共同作用，开始时由于平均固定成本和平均变动成本下降，因此单位平均成本也不断下降；而到后期，平均固定成本的下降越来越小，但平均变动成本却在不断增加，所以在产量增加到一定程度后，单位平均成本曲线也会上升，形成"U"字形状。边际成本 MC 是增加一单位产量的成本增加额，它最初随着产量的增加而减少，当产量增加到一定程度时，又随着产量的增加而上升，并在其上升过程中先后经过 AVC 和 ATC 的最低点。经济分析十分注意"U"字形单位平均成本曲线的最低部分，因为在该产量范围内组织生产成本可以最低。

6.3 扩展的运输成本概念

6.3.1 短期成本和长期成本

1）短期与长期的界定

按照时期长短的不同,成本函数可以分为短期成本函数和长期成本函数。实际上所谓短期并不一定是指时间很短,而主要是指厂商在一定的生产规模下不能将生产所耗用的某些投入要素的数量加以改变,在短期,劳动成本和原料成本通常被视为可变成本,而资本成本是固定成本。从长期来看,厂商投入的所有生产要素都可以调整和变动,包括劳动、原料和资本。因此,在长期,所有成本都是可变成本,而没有固定成本,因为生产规模发生了变化。

联系本章 6.1 节的内容,说某一项成本是固定的还是可变的,取决于我们所考察的时间的跨度。例如,在短期,航空公司所拥有的一定数量的飞机就是一种固定成本。但在长期,很显然航空公司却可以通过买卖飞机等办法来控制其机群的规模。实际上,一个活跃的二手飞机市场的存在已经使得处理不需要的飞机变得相对简单。通常,在短期,我们会认为资本是固定成本,而认为劳动是可变成本。但事实并不一定如此(考虑你所在大学中那些被长期聘用的教师)。当然,一般说来,劳动投入还是比资本投入更容易改变。

回顾一下图 6-2,为什么成本曲线是 U 形的? 从短期看,资本是固定的,而劳动是可变的。在这种情况下,可变要素(劳动)的边际收益是递减的,因为每新增 1 单位的劳动所对应的资本是下降的。因此,产出的边际成本会上升,因为每新增 1 单位的劳动所能带来的产出增量在降低。亦即,可变要素的边际收益递减意味着短期边际成本的递增。这就说明了为什么边际收益递减导致边际成本在某一点之后上升。我们可以将生产率规律与成本曲线之间的关系总结如下:在短期,当像资本那样的要素固定不变时,可变要素一般表现为开始阶段的边际产量递增和随后出现的边际产量递减。与之相应的是,成本曲线表现为开始阶段的边际成本递减和在边际收益递减发生之后出现的边际成本递增。

2）长期成本曲线

长期生产与短期生产有着密切的关系,厂商长期生产的决策是基于每一相应短期的决策选择逐步形成的,使得生产规模渐次扩大。长期平均成本曲线也反映产量与单位平均成本之间的关系,与短期平均成本曲线起伏较大不同的是,从长期来看,企业可以根据不同产量来调整生产规模(例如运输企业可以根据需求调整车型),从而始终使自己处于较低的平均成本状态。如图 6-4 所示,长期成本曲线(LAC)可以表达为若干短期成本曲线(SAC)的包络线。大多数企业或产业的长期平均成本曲线也是 "U" 字形,但相对比较平缓。应该注意每一个企业或产业长期平均成本曲线各自具有的低成本生产范围,以便组织合理规模的企业进行生产。有些产业的长期平均成本曲线"U"字形底部范围很宽,甚至有些长期平均成本曲线的右端不再上翘,说明这些产业具有比较明显规模经济,即该产业中的企业生产规模越大越合理。具有明显规模经济的产业在经济学中有时也被称作"自然垄断"产业。

3)运输规模的变动与平均成本曲线

利用一般成本理论进行运输经济分析有时需要注意一些特殊问题,固定运输设施的影响就是其中之一。由于固定运输设施常常规模巨大,因此新的固定设施往往会使短期平均成本曲线的形状和位置发生很大改变,这就造成相对于其他一些产业,运输业的长期平均成本曲线可能显得不那么平缓和有规则。图6-5给出由一个新的运输固定基础设施投产所引起的平均成本曲线变化示意。

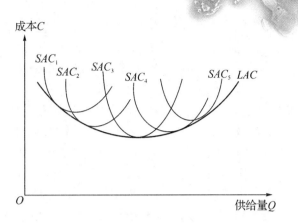

图 6-4　短期平均成本与长期平均成本的关系

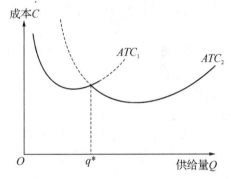

图 6-5　运输设施能力扩大时的平均成本曲线

在图 6-5 中 ATC_1 和 ATC_2 分别代表新的固定运输设施建成前后的两条短期单位平均成本曲线,ATC_2 的运输能力远远超过 ATC_1,平均成本也比较低。显然,在运输需求小于 q^* 的情况下,使用 ATC_1 的规模组织运输更为合理,而在运输需求大于 q^* 的情况下,使用 ATC_2 的规模组织运输才更合适。那么在图中沿 ATC_1 和 ATC_2 两条曲线下部形成的粗线就代表了这段相对长时期的平均成本曲线,它存在着隆起而不那么平缓。

运输业长期平均成本曲线存在隆起的主要原因,是运输基础设施一定程度的不可分割性。例如,一条铁路或公路不能只建其中的一段,一座大桥也不能只造一半,于是投资巨大的工程项目完工就会形成新的强大运输能力,并形成急剧改变的新短期成本曲线。当然,不同运输方式和各类运输企业长期平均成本曲线隆起的程度是有区别的,一般来说,固定设施投资越小或固定设施成本所占比重越小的,隆起的程度也越小。例如,一家汽车货运企业仅通过购买新车扩大了运营业务,而在固定设施方面没有新的投资,那么它的短期成本曲线的形状和位置可能变化都不大。

案　例

福特汽车公司产量的安排

对于许多企业来说，总成本分为固定和可变成本取决于时间框架。例如，考虑一个全机车公司，比如福特汽车公司。在只有几个月的时期内，福特公司不能调整汽车工厂的数量与规模。它可以生产额外一辆汽车的唯一方法是，在已有的工厂中多雇佣工人。因此，这些工厂的成本在短期中是固定成本。与此相比，在几年的时期中，福特公司可以扩大其工厂规模，建立新工厂和关闭旧工厂。因此，其工厂的成本在长期中是可变成本。由于许多成本在短期中是固定的，但在长期中是可变的，所以，企业的长期成本曲线不同于其短期成本曲线。长期平均总成本曲线是比短期平均总成本曲线要平坦得多的 U 型曲线。此外，除了交点，所有短期曲线在长期成本曲线之上。这些特点的产生，是因为企业在长期中有更大的灵活性。实际上，在长期中，企业可以选择它想用的那一条短期成本曲线。但在短期中，它不得不用它过去选择的任何一条短期曲线。当福特公司想把每天的产量从 1 000 辆汽车增加到 1 200 辆时，在短期中除了在现有的中等规模工厂中多雇工人之外别无选择。由于边际产量递减，每辆汽车的平均总成本从 1 万美元增加到 1.2 万美元。但是，在长期中，福特公司可以扩大工厂和车间的规模，而平均总成本保持在 1 万美元的水平上。对一个企业来说，进入长期要多长时间呢？回答取决于企业。对一个大型制造企业，例如，汽车公司，这可能需要一年或更长。与此相比，一个人经营的柠檬水店可以在一小时甚至更短的时间内去买一个水罐。

6.3.2　联合成本与共同成本

联合成本（joint cost）是指当两种产品或服务以某种无法避免和改变的比例关系被生产出来时所产生的成本。运输经济学家经常举运输返程回空的例子，由于没有其他货物，因此满载的运煤列车由煤矿驶往电厂，卸载后空车返回，满载的煤炭运输当然是该铁路的主要产品，但空列车必须返回煤矿才有可能开始下一次运输，而且因为列车往返的比例是不变的，所以返程回空的列车就成了满载煤炭列车的联合产品。于是，列车空返的成本就是满载列车运输的联合成本，它们是不可分割的。又如一架 150 座的客机，在为机上任何一个客座提供飞行服务时，也就同时提供了其余 149 个客座的飞行服务，这无法随意改变，而这 150 个客座的飞行成本也是不可分割的联合成本。联合成本甚至也体现在固定运输设施方面，例如一条公路建成通车后每天 24 小时都可以使用，如果硬要把它分成每小时一段的公路使用服务，并且把每天下午 3～4 点那一段的建设成本分离出来，那也是不可能的，因为公路不可能只为每天下午 3～4 点而不为其他 23 个小时建设，该公路的建设成本应该是每天 24 小时的联合成本。也有人认为运输产品或服务联合成本的存在是造成运输成本曲线隆起的一个原因，这给运输成本分析增加了一定难度。

共同成本（common cost）是指使用资源提供某一种服务并非不可避免地导致另一

种服务的成本。例如一列运货火车有 50 节车厢,这列火车的运输成本对这 50 节车厢来说是共同成本而不是联合成本,原因在于火车的长度是能够改变的,车厢可以多一些也可以少一些,因此从技术上看这 50 节车厢不是绝对不可分的。共同成本的存在当然也为不同运输产品或服务的成本分担造成了困难,但其原理与联合成本还是有区别。共同成本可以使其中的某一部分增量成本找到相应的对象,而联合成本中的任何一部分都不可能分离出来。

6.4 运输成本计算的复杂性

1) 铁路运输成本

相对于其他运输方式,铁路单批量运输成本的计算可能是最复杂的。例如为了准确计算一批货物的运输成本,研究人员需要用很长的篇幅来描述有关铁路线方面和列车运行方面的各种支出,他需要弄清列车长度、运行速度、线路等级、运输密度、运行时间、列车是否晚点、车辆的利用率以及所有沿途车站和编组场的情况等等,这比使用卡车运送同样货物的成本计算要复杂得多,实际上这件事几乎无法做到。此外,回空车的存在更增加了问题的复杂性。铁路货车在装运货物从始发地运到目的地卸车之后,往往需要改变地点甚至返回原始发地才能再次装车。如果能马上利用这些卸空车装载货物,那么这些新重车的运行比空车运行只增加很少运输成本;但如果卸空车不能被利用,那么回空车的运行成本就应该计算在上一次(或下一次)装车的货物运输成本之内。回空车还不是单批量运输成本有别于平均运输成本的惟一原因,单批运量在燃料和人工消耗上的差别还要取决于其所使用的不同车型和是否需要其他特殊设备,取决于其所在列车编成的长短,取决于运输线路的坡度和线路质量,取决于运输途中需要经过几次列车的编解作业,取决于线路和编组场上的拥挤程度,取决于该种货物的运输是否存在特殊的管制要求,等等。因此,有人估计准确计算某批货物铁路运输成本所需要花费的开支甚至会超过运送那批货物的开支。

2) 公共交通工具的运输成本

公共交通系统包括地铁、轻轨、公共汽车、有轨及无轨电车、小公共汽车、出租汽车和轮渡船等等。公交车辆根据使用年限计算的折旧费应该是车辆拥有成本的重要组成部分,但要想准确计算公交车辆的成本,还应该考虑与这些车辆相联系的机会成本以及当这些车辆不使用时可以节约的维修成本。但是,这些有关数字很难从公布的数据中得到,而且由于基本上不存在公交车辆的旧车市场,因此很难估计有关的价格水平。城市公交车辆拥有成本计算不清还有政府补贴因素的影响。在很多城市,公交的票价收入都不够弥补运营成本,因此一般还需要政府给予财政补贴。由于公交车辆的资本成本中政府补贴占的比重很大,要按照市场价值计算其机会成本就很难。此外,由于很多城市公交车辆是政府购买的,因此其折旧和还贷支出也没有算作车辆的拥有成本。最后,运输方式之间的成本对比应该做到成本项目一致,但城市公交的成本计算却很少把乘客乘车所耗费的时间价值计算进去。几乎没有任何一种城市公交的运营不包含上述因素，因此对其运输成本的计算需要进行某种程度的调整。

3）卡车运输成本

卡车运输种类繁多，而且很大一部分卡车是由货主自备用来提供自我服务的，例如农、林、矿业自备车辆。但运输经济界大多更关注营业性卡车的运输成本问题，并总是假设企业自备卡车的运输成本与受雇卡车大体相同，其中的原因部分是因为后者的数据资料相对比较容易获得。营业性卡车的运输成本结构取决于卡车的类型和运输服务的类型。其中，运输服务可分为整车（truckload）运输和零担（less-than-truckload）运输两种类型，它们的运输成本结构也存在着明显差别。由于整车运输企业一般不需要自己的货场和中转设施，因此其车辆在全部财产和费用开支中都占很大比重，而运营成本主要由人力费和燃油费组成，也包括一些车辆维护和保险费用；这正好与零担运输企业的情况相反，后者恰恰需要专用的场站设施以便集散及配装许多来源和去向都不同的小批量货物，因此其场站设施与人工费用的比重会大些，而运输车辆开支的比重则相应小些。

人们不大愿意在卡车运输成本的计算上花费太多精力，原因在于：

①对于整车运输来说，每一趟出车的开支是明摆着的，惟有一些回程车费用处理的麻烦。而且，整车运输市场的高度竞争性也使得运价水平不可能大大高出其成本，由于很多整车运输的货物价值较低，运价即使只上升很小的幅度都可能导致托运人的利润化为乌有，因此运输需求的价格弹性相对较高。卡车被用来在公路上运货，简单看起来相差不大，但实际上公路货运从使用设备和所提供的服务分析，可能是差异性最大的运输形式。

②而对于零担运输而言，成本计算又可能太过复杂了一点，与铁路十分相似，零担公路货运的网络结构同样会导致幅员经济和密度经济问题。整车货运是直接把货物从发运人处运到收货人处，而典型的零担运输过程却包括：先用短程车辆从多个发运人处收集终到地不同的各种货物，然后在地区中心配载到长途车辆上，再由这些长途车辆运至终到地附近的地区中心，最后才由当地的短程车辆送到收货人处。有时货物需要在地区中心存储若干时间，以便使到另一个地区中心的货物可以充分利用一辆大型长途货车的运力。假如一家零担运输公司并不是同时服务于货物的发送地和收达地，那就还需要与另一家零担公司联运，而这往往导致更长的运送时间。零担运输公司除了要拥有并运营车辆，还必须拥有并经营货场或货物中转站，而相对于车辆而言，货场或货物中转站的用工和费用更多。而且，零担运输成本对零担运价的确定又并不是决定性的，由于零担货物一般自身价值较高，运价只在整个货物价格中占很小的一部分，其销售的市场范围又往往很大，因此运价的变化即使较高也不会对货主的生产与销售造成太大影响。补充一句，民航固定航班服务的成本结构与公路货运中的零担运输十分相似，而航空业中与公路整车货运相近的是包机服务。

表6-4是美国一家较典型的公路整车货运公司（A公司）和一家典型零担货运公

司(B公司)的资产价值与运输成本对比。由表中数据可以看出,在整车货运公司A的资产中运营车辆所占的比重为88.7%,而在零担货运公司B中只占48.1%;但土地、建筑和其他运营资产在A公司的资产中仅占11.3%,而在B公司中却占到50%以上。在运输成本中,零担货运公司B的工资开支比重明显超过整车货运公司A,但在运营费用、保险与事故损失、折旧和其他运输成本方面,整车货运公司A均超过了零担货运公司B。平均来看,如果不包括折旧和维修费用,美国零担公路货运的车辆拥有成本占总成本的比例约为5%,整车公路货运的车辆拥有成本比例约为15%,而如果包括折旧和维修费用,该比例显然要更高些。

表6-4 两个典型公路货运公司的资产价值与运输成本对比

项目	整车货运公司A		零担货运公司B	
	金额(千美元)	比重(%)	金额(千美元)	比重(%)
一、资产价值				
土地	17 313	1.5	141 134	7.6
建筑	50 962	4.3	613 530	32.9
运营车辆	1 050 986	88.7	897 426	48.1
其他资产	65 547	5.5	214 475	11.5
资产价值合计	1 184 808	100.0	1 866 565	100.0
二、运输成本				
工资	457 567	35.7	1 918 406	67.2
运营费用	237 831	18.6	433 789	15.2
税收与执照费用	26 422	2.1	110 004	3.9
保险费与事故损失	50 707	4.0	76 953	2.7
通讯费用	14 822	1.2	41 046	1.4
折旧费	130 265	10.2	133 970	4.7
其他	362 989	28.3	142 295	5.0
运输成本合计	1 280 603	100.0	2 856 463	100.0

资料来源:肯尼思·博伊,《运输经济学原理》,1997年版第162页

 补充:小汽车的出行成本

引自:王正,施文俊等,《上海市小汽车出行成本研究》,第十六届海峡两岸都市交通学术研讨会,2008年9月

1)小汽车购买阶段的成本构成

上海市小汽车购买阶段的成本主要包括:车辆购置价格、增值税、购置税、车船使

用税、牌照费、验车费等,如图6-6所示。在购买小汽车的时候,上述费用需要一次性支付。

2)小汽车使用阶段的成本构成

小汽车使用阶段的成本包括:固定使用成本、弹性使用成本和折旧费。固定使用成本包括:保险费、养路费、小区停车费、保养费、年检费等,其中保险费包括第三者责任险、车辆损失险、不计责任免赔险、全车盗抢险、交强险、玻璃单独破碎险、车身划痕险等;弹性使用成本包括油费、停车费、维修费等(如图6-7所示)。

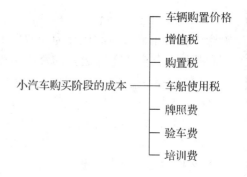

图6-6 小汽车购买阶段的成本构成

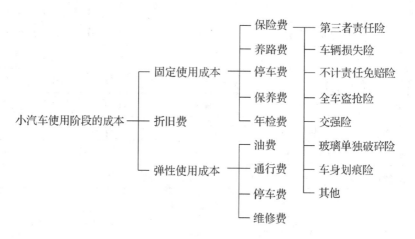

图6-7 小汽车使用阶段的成本构成

3)小汽车出行时间成本

出行时间成本 TTC(trip time cost)是指出行者在整个出行过程中消耗的时间用货币来衡量。小汽车的出行时间成本计算公式为:

$$TTC=\frac{L}{V}Vot \qquad (6-4)$$

式中:TTC——小汽车出行方式的时间成本(元/人);

L——小汽车的出行距离(km);

V——小汽车的平均速度(km/h);

Vot——某地的单位时间价值(元/h)。

4)小汽车出行综合成本分析

如表6-5,2007年上海市范围,浦西内环内的出行综合成本最高,为23.577元/公里,其次是浦东内环内,为16.68元/公里,上海郊区的出行综合成本最低,为8.785元/公里。在成本构成方面,固定成本占总成本的比例最高,一般为80%左右,而使用成本只占总成本的 10%～15%。

表 6-5　2007 年上海市不同区域小汽车出行综合成本分析

区域	固定成本（元/公里）	使用成本（元/公里）	时间成本（元/公里）	延误成本（元/公里）	出行综合成本（元/公里）
浦西内环内	18.76	2.38	2.42	0.017	23.577
浦东内环内	13.37	1.92	1.38	0.010	16.68
浦西内外环间	10.28	1.48	1.06	0.007	12.827
浦东内外环间	8.63	1.35	0.74	0.005	10.725
上海郊区	7.08	1.00	0.70	0.005	8.785

注：表中的"延误成本"是指驾车早到或晚到成本，取经验值 10 分钟

补充：卡车运输成本的调查与统计

引自：李旭宏，杭文，何杰等，《公路超载车辆运输管理关键技术研究——最终报告》，东南大学，安徽省交通厅，2008 年 4 月

1）卡车的分类方法

我们知道，卡车运输成本的关键影响因素是车辆的装载量，因此，公路货运车辆运输成本研究的基础是获悉车辆的实际装载量。但由于公路货运车辆型号繁多，使用状态复杂，加之大吨小标与超载超限运输现象的普遍存在，导致使用车辆行驶证、运货单等记录数据或运用目测判断等传统方法无法有效地获得车辆的真实装载情况，我们需通过更为直接的途径获取车辆装载量的真实信息。同时，车辆装载量的影响因素主要有车辆载重能力、货运需求、道路情况、法律法规等，其中的决定性影响因素是车辆的载重性能特别是车辆底盘的承载能力。因此，以车辆的轮轴类型进行车型分类可以有效地区分车辆的实际载重范围以建立运输成本与载重量的联系。最后，该分类模式也便于建立公路基础设施成本与车辆运输成本之间的联系。

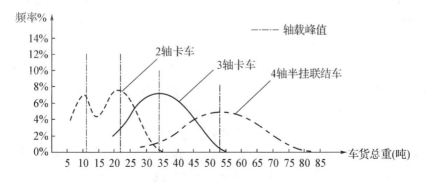

图 6-8　卡车轴型与总重分布示意图

为了选择可以表征区域公路货运成本特征的车型,需实施"基于轴型划分的交通量调查",根据交通组成确定常见轴型,再对常见轴型车辆进行抽样称重调查以获得轴载谱和总重谱数据。称重调查所得的轴载谱一般存在2个峰值(空载峰值与装载峰值)。为了滤去调查数据的"噪声",可以使用最小二乘法通过一定的分布函数对离散型的总重谱数据进行曲线拟合,常用的拟合函数有正态(Gauss)分布(图6-8)、对数正态分布和Weibull分布等。在建立总重分布模型之后,取模型对应车辆装载状态的函数均值$\mu_{i载}$减去空载状态的函数均值$\mu_{i空}$的差值作为该轴型车辆的峰值装载量x^*_i。

2)短期运输成本模型

如图6-9所示,可以根据各成本项与车辆装载量的关系将某车型车辆的运输成本TC划分为固定成本FC和变动成本VC。

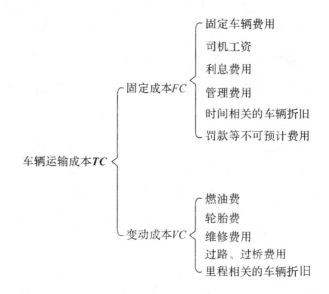

图6-9 公路货运车辆运输成本分类结构图

令ATC为车辆的"平均运输成本",即某一类型车辆每行驶一公里时每吨载重的运输成本,则有:

$$ATC(x_i) = TC(x_i)/x_i = [FC_i + VC(x_i)]/x_i \qquad (6-5)$$

式中:i为车辆类型,$i = 1, 2, \cdots, N$;x_i为i车型车辆的装载量,吨;$ATC(x_i)$为平均运输成本函数,元/吨公里;$TC(x_i)$为i车型在装载量为x_i时每公里的运输总成本函数,元/公里;FC_i为与车辆装载量无关的固定运输成本,元/公里,主要包括车辆折旧、管理费用、驾驶员费用、保险以及各项固定税、费等,若超限执法处罚力度与车辆装载量无关,还包括超限处罚;$VC(x_i)$为车型i在装载量为x_i时每公里的变动运输成本函数,元/公里,主要包括燃油费用、轮胎费用和车辆维护费用等,若超限执法处罚力度与车辆装载量有关,还包括超限处罚。

假设某一车型的车辆大多会选择单位运输成本接近最小时的装载量进行运输,那么,可以调查统计出某车型峰值装载量时的平均运输成本为该车型的最小平均运输成本。

$$ATC_i^* = [FC_i + VC(x_i^*)]/x_i^* \tag{6-6}$$

式中：x_i^*为i车型车辆的装载量峰值,吨；ATC_i^*为车型i的最小平均运输成本,元/吨公里。

据调查统计,2007年安徽省公路运输常见车型的平均运输成本如表6-6所示。

表6-6　2007年安徽省不同车型卡车的平均运输成本

车型	2轴轻卡	2轴卡车	3轴卡车	4轴半挂车
燃油费用(万元/年)	4.12	11.04	13.56	17.66
维修保养费用(万元/年)	0.49	1.09	2.48	3.94
轮胎费用(万元/年)	0.88	1.38	1.30	1.37
里程折旧费用(万元/年)	0.86	2.38	3.34	3.21
路桥通行费(万元/年)	2.12	8.41	9.55	14.06
其他固定成本(万元/年)	4.89	9.10	10.39	13.74
平均装载量(吨)	3.38	9.85	16.29	21.15
平均周转量(万吨公里/年)	17.42	95.7	152.48	208.11
平均运输成本(元/吨公里)	0.768	0.349	0.266	0.256

结果表明,安徽省公路货运车辆的平均运营成本约在0.256～0.768元/吨公里之间,这与公路货运市场"过低"的运价是基本一致的。同时,大型货车的平均运输成本要远低于小型车辆,这也反映出卡车具有显著的载运能力经济性。

3) 长期运输成本模型

某一时期,运输市场中某些车型的比重较高,对这些主流车型进行统计分析也较为方便。这似乎意味着运输车辆的短期平均成本曲线是相互离散的。但实际上,不同轮轴类型的主流车型之间还存在着有许多非主流车型,即使是某一轮轴类型的车辆之间也存在着众多差别(例如轴距、车厢板高度的差异等),这些均会导致车辆装载能力以及运输成本曲线的差异。车主既可以通过改装原有车辆来增加装载能力,也可以通过更换更大型的车辆来增加装载能力,以便根据市场情况来调整生产规模并追求平均运输成本较低的运营状态。

为了体现车辆运输成本曲线与车辆装载能力的

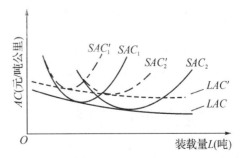

图6-10　长期平均运输成本示意图

关系,可以引入长期运输成本的概念。根据经济学基本原理,车辆在不同装载能力(L,吨)下的最小平均运输成本曲线即长期平均运输成本曲线(LAC),即,LAC是不同车型短期平均运输成本曲线的包络线(图6-10)。

同时,从公路货运行业内外部影响因素的发展来看,各车型短期平均成本曲线是在不断变化的,这会导致整个公路货运行业的成本水平发生变化。如图6-10所示,如果由于某种外部因素使得车辆的短期平均成本曲线由SAC_i变为SAC'_i,那么行业的长期平均运输成本曲线也将由LAC_i变为LAC'_i。假定LAC服从某一简单函数关系,那么,就无需对市场中所有车型的短期成本曲线进行研究,转而可以通过统计学方法选用合适的函数形式,对主流车型的最小平均运输成本进行数值拟合以获得某一时期公路货运车辆的长期单位运输成本曲线。安徽省2007年公路卡车长期成本曲线的拟合结果为:

$$LAC = 2.5146 L^{-0.6468} \tag{6-7}$$

概念复习

机会成本	隐含成本	影子价格
总成本	固定成本	可变成本
沉没成本	边际成本	增量成本
平均成本	平均固定成本	平均可变成本
长期成本	短期成本	联合成本
共同成本	出行时间成本	

思考题

1. 举例说明什么是运输活动中的机会成本。
2. 试针对各种不同运输方式分别划分它们的固定成本和可变成本。
3. 试说明运输成本分析中总成本、平均成本和边际成本的关系。
4. 试说明运输成本分析中边际成本和增量成本的关系。
5. 试分析运输活动中短期成本及长期成本的关系。
6. 试分析运输活动中联合成本及共同成本的含义。
7. 为何铁路运输成本和公共交通的运输成本难以计算?
8. 公路整车运输与零担运输在成本结构上有何差别?
9. 试解释为什么汽车公司有时会以低于平均成本的价格出售汽车。

7 载运工具的经济特性

学习目标

理解载运工具经济装载量的概念；理解载运工具选择的供求因素；理解载运工具经济寿命的概念。

7.1 载运工具的经济装载量

运输业的产品是旅客与货物的位移，然而除了管道以外，运输服务却是以在线路上运行的载运工具（车、船、飞机、列车等）为单位进行组织的。载运工具的成本和供给特性在不同运输方式之间甚至同一运输方式内部都是有差别的。那么，面对货运需求者（包含了货物的生产者与消费者）选择的货运批量和运输方式，货运供给者应该如何选择载运工具的类型呢？对购置或租用的载运工具又该如何利用呢？由于这些问题及其影响因素之间存在着相互反馈关系，因此很难简单地做出回答。出于简化问题的考虑，我们分别探讨以上三个问题。

7.1.1 载运工具的经济装载量模型

在载运工具的类型已定（载运工具已购置或租用）的情况下，运输业者选择装运多少的目的是为了使提供运输服务的利润最大化。根据经济学的基本原理，供给者应当将产量置于边际收益等于边际成本处。对于某一运程来说，产量就是载运工具的装载量乘以运输距离。因此，运输供给者应当将装载量定在运输的边际收益等于边际成本时的水平上，我们将此时的装载量定义为"经济装载量"。

假定对于某一运程，运距不可调整，市场运价 P 也固定不变，我们用图7-1来说明装载量选择的问题。图中，横坐标为载运工具的装载量。AFC曲线代表载运工具这一运程的平均固定成本。固定成本是与装载量无关的费用，例如车辆的时间折旧、固定税费、司乘工资等等。随着载运工具装载量的增加，平均每一吨货物或每一位旅客所分摊到的固定成本呈逐渐下降的趋势。AVC曲线代表载运工具这一运程的平均变动成本，主要包括燃料消耗、物理折旧、维修费用以及其他一些变动开支。它是一条先下降然后逐渐上升的曲线。AVC 曲线后期逐渐上升的一个原因是，随着装载量的增加，车船的使用强度渐渐超过其原有的设计标准，载运工具的平均燃料消耗和平均维修费用会大大提高。AFC 曲线与 AVC 曲线的叠加是载运工具这一运程的平均成本曲线 ATC。而市场运价 P 与边际成本曲线 MC 的交点对应的装载量 L^* 即为载运工具这一运程的经济装载量。要注意市场运价 P 有可能高于，也有可能低于平均成本 ATC。

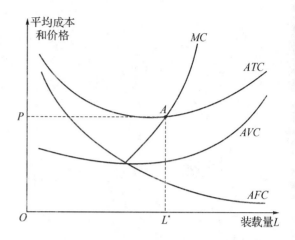

图 7-1　载运工具经济装载量示意图

从经济的观点来看，如果装载量达不到经济装载量，载运工具的运输能力出现闲置，这当然是不经济的；而如果载运工具的装载量超过了经济装载量，又会导致对载运工具的过度使用，在经济上也是无效率的行为。据此，运输供给者应当选择经济装载量为某一运程的最佳装载量，因为这样可以获得这次运输服务的最大利润。

7.1.2　载运工具经济装载量的影响因素

1）载运工具类型的影响

不同类型的载运工具，其成本曲线的形式不同，经济装载量也千差万别（见本章 7.2 节）。即使对于同一类型的载运工具来说，由于货运需求的多样性与复杂性，加之每一台车辆、每一架飞机或每一艘船的具体状况（如车龄或改装情况）与使用环境也不尽相同，其某一运程的经济装载量也存在差别。以公路货运车辆为例，如图 7-2 所示，我国某一地区干线公路上行驶的 2 轴卡车很多，但它们装运的货物重量却并不相同。但从统计学的角度看，某一车型车辆的装载量往往呈现出一定的分布特征。图中，装载量为 13 吨的卡车出行的频率最高，这表明大部分的车主会选择使用 2 轴卡车去装运 13 吨左右的货物。

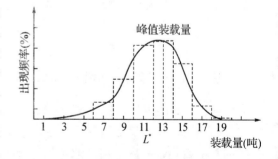

图 7-2　2 轴卡车装载量分布示意图

2）货运需求地区不平衡性的影响

以上考虑的是单程运输时的情况，众所周知，载运工具的运输存在"返程问题"。

由于货运需求的地区不平衡性,会引起载运工具在满载方向与回程方向经济装载量的区别。仍然以2轴卡车为例,如果返程时运输需求较小,无法达到去时的经济装载量,那么,车主也可能同意提供运输服务,因为回程是无法避免的。如图7-3所示,在装载量分布图上,表现为存在两个装载量峰值:一个为重载方向的装载量峰值,另一个为返程方向的装载量峰值。

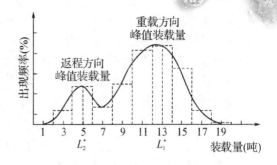

图7-3 考虑回程的2轴卡车装载量分布示意图

3)固定税费的影响

如果固定税费水平提高,等效于增加了车辆的固定运输成本,此时图7-1中的平均固定成本曲线 AFC 将变得更为陡峭,从而导致平均成本曲线 ATC 的最低点向右移,即车辆的经济装载量增加了。这也是我国超载运输治理中,有时会出现"越治越超"(即处罚越多,超载越多)的原因。因为如果对超载车的处罚与其装载量无关,对于车主来说处罚仅相当于固定税费,他/她有动力通过装运更多的货物来分摊掉这些处罚的成本。

4)生产要素价格的影响

如果某一生产要素(燃油、轮胎、车辆配件等)的价格出现变动,情况就比较复杂了。简单地讲,如果生产要素的消耗相对于装载量缺乏弹性,例如司机工资通常不会随着装载量的变动出现较大浮动,那么这类生产要素价格更接近于固定成本,其价格水平的上升会导致车辆的经济装载量有所增加。而如果生产要素的消耗相对于装载量富有弹性,那么这类生产要素价格水平的上升会导致车辆的经济装载量有所降低。但总体上看,生产要素价格的变动对车辆的经济装载量影响不大。

案 例

公路超载超限运输解析

引自:李旭宏、杭文、何杰等,《世界银行安徽公路项目Ⅱ——车辆超载课题研究》,东南大学,安徽省交通厅,2006年6月

超载超限的定义

"超载"一词来源于国务院《道路交通管理条例》与《中华人民共和国道路交通安全法》,是指公路运输车辆长、宽、高超过限值或载质量超过行驶证上核定载质量(标记吨位)时的运输行为。由于现行的公路养路费和路桥通行费等税费征收一般均是以车辆行驶证上的核定载质量作为计费依据,业者为了降低成本,往往采取单方面或与车辆生产厂家联合少报标记吨位的手法来逃漏税费,即大吨小标行为。

"超限"一词来源于全国人大常委会《公路法》第50条规定"超过公路、公路桥梁、公路隧道或者汽车渡船的限载、限高、限宽、限长的车辆,不得在有限定标准的公

路、公路桥梁、公路隧道内行驶……"。根据交通部令（2000 年第 2 号）《超限运输车辆行驶公路管理规定》和 2004 年颁布的《公路工程技术标准》，公路的设计标准轴载均为 100 KN（10 吨）。超限运输车辆需经公路管理机构批准，方可在公路上行驶。

超载标准的技术参数是根据车辆的装载能力来确定的，例如载质量不满 1 000 公斤的小型汽车装载 1 200 公斤就是超载；超限标准的技术参数是根据公路的设计技术标准来确定的，不同等级的公路（含桥梁）其设计的限载标准是不同的。虽然两者在货物装载中均有超重、超高、超宽、超长的表述，但超载既有货物装载，又有客运超载；而超限只在货物运输中有，客运中没有超限的规定。超载而不超限的车辆虽然不会对路面和桥梁造成破坏，但是它会使车辆性能降低而引发交通事故并造成国家税费的流失；超限而不超载的车辆，对道路和桥梁基础设施的破坏是巨大的。由于超限的标准是以"轴载质量、总质量"来判定，超载的标准是以每一辆车的行驶证上标定的"总质量、核定载质量"来判定。不超载的车有可能超限，不超限的车有可能超载，实际管理中存在标准上的冲突。

安徽省公路超载超限情况

2004—2006 年安徽省干线公路的调查统计发现，公路超载超限运输现象十分普遍，80% 以上的装载货车超载，70% 以上的装载货车超限。如表 7-1 所示，3 轴以上货车的超载超限程度更为严重。

表 7-1　安徽省公路货运车辆装载情况

轴型分类	2 轴卡车	3 轴卡车	4 轴半挂车	5 轴半挂车	4 轴全挂车
超载比例（%）	55.5	73.3	64.2	95.0	79.3
超限比例（%）	43.7	69.8	57.5	95.0	73.4

案例分析

简单地讲，超限的问题在于车辆装货后的总重和轴重超过了公路部门限定的标准，而超载的问题在于车辆的实际装载量超过了运输业者自己申报的吨位值。前者是公路市场内部的矛盾，即公路基础设施的承受能力与载运工具装载的经济性之间的矛盾；而后者超出了运输市场的范畴，属于车主与政府管理部门（管制者）之间的矛盾。因此，表面上超载超限都是由于车主选择了过高的装载量，实际上的应对方法却需要有所区别。对于超限运输此类市场交易问题，可以通过市场的规范化促使交易的双方（车主与公路企业）协商解决；而对于超载运输问题，则需要提高政府对于车辆管理的水平，以避免车主的机会主义行为。当然，这些应对方法的前提是需要确定符合社会利益的目标。

案例讨论

1. 试从经济学的角度分析为什么公路货运车辆要超载超限？（注意区分超载和超限）
2. 如果政府严格限制公路货运车辆的装载量，会出现怎样的经济后果？

3. 有人提出,要从"源头"上控制超载,即对卡车生产企业进行管制,使其无法造出超载车,这种想法有没有依据?
4. 扩展一下,公路客运车辆的超载体现的是怎样的矛盾?

7.2 载运工具的运力结构

7.2.1 大型载运工具的经济性

载运工具小到可以只承载一个人或很少货物,但我们知道,对于某种运输方式来说,存在随着载运工具个体的增大以及载运能力的提高,单个载运工具的平均运输成本逐渐降低的经济现象,即"载运能力经济性"。例如,船舶建造成本增加与船舶吨位增加的关系服从所谓"2/3 定律",即船舶的建造成本大体与船舶的表面积成正比,而船舶的装载能力与船舶的体积成正比,从而导致船舶的表面积与其载重能力的增长关系接近 2∶3。因此,船舶的平均吨位建造成本似乎可以随着船舶越造越大而不断下降。而大型船舶的平均吨位运行成本则显示出更为明显的优势,其中的一个原因是,航行的人工成本取决于船舶设计时所确定的固定岗位多少而不是取决于船舶的吨位大小,船员的数量已经由于船舶自动化的实现而大大减少。当然也有些运行费用与船舶吨位大小的相关性更密切些,例如船舶的维护费用。流体力学也可以证实,如果保持船速不变,那么燃油消耗的增加要小于船舶吨位的增加。综上所述,由于与船舶吨位增加有关的建造成本、运行人工成本和燃油成本弹性值都小于 1,因此大型船舶的使用显然具有经济性,图 7-4 中那条不断下降的平均运输成本曲线表明了这种情况。

然而,与船舶运行有关的另一种成本——船舶的停泊成本却呈现出不同的变化趋势。船舶越大,其在港口停靠以便进行装卸所需要的时间也越长(载重量增加 1 倍,装卸时间至少增加 30%),虽然集装箱化已经使装卸效率取得巨大进展,但船舶的港口停靠时间仍然十分可观。一般海船每年停靠港口所耗费的时间要长于其在海上航行的时间,即便是集装箱轮,每年也有 20%~30% 的时间是在港时间。船舶的在港时间延长,就会减少其每年的航行次数,又会减少其实际载运货物的数量。另一方面,船舶过大也会增加港口一次集中或疏散足量货物的难度,而如果由于港口堆场面积和装卸设备的不配套,则可能进一步加剧问题。因此,平均港口成本会由于船舶载重过大而上升,船舶的平均完全成本应该是平均船舶成本与平均港口成本之和。在图 7-4 中,最佳的设计载重量是 Q^*,它是综合考虑大型船建造及运行成本优势与

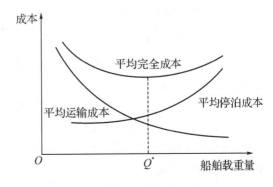

图 7-4 某一航线上最优船型的确定

港口劣势的平衡点。在最近的几十年中,由于货物装卸技术的创新,特别是集装箱化的普及,已经使港口成本曲线明显下降,同时使平均完全成本曲线不断右移,因此新船也得以越造越大。

对于卡车来说,也有类似的规律。沿用一下第 6 章的表 6-6,安徽省公路运输常见车型的平均运输成本与平均装载量的关系如表 7-2 所示。可以发现,随着车轴数量的增加与车体的增大,卡车的平均运输成本逐渐降低。近年来,随着车辆制造技术的进步,卡车的运输能力已经大为增加,平均运输成本也降低到了令人惊讶的程度。

表 7-2 不同车型卡车的平均运输成本

车型	平均装载量(吨)	平均运输成本(元/吨公里)
2 轴轻卡	3.38	0.768
2 轴卡车	9.85	0.349
3 轴卡车	16.29	0.266
4 轴半挂联结车	21.15	0.256

需要说明的是,即使卡车的大型化可以降低平均运输成本,也不会导致所有的车主都购置大型卡车。因为这里存在一个能力充分利用的问题,也就是说必须尽可能提高卡车的实载率,否则卡车越大浪费越严重,这也成为公路运输业降低成本或提高效率的一个关键。卡车实载率的保障显然是有难度的,如第 3 章所述,货运需求存在地区不平衡性,在某些运输方向上相对较小的运输需求可能永远也无法提供所有车辆实现另一运输方向上的经济装载量。其次,货运需求的分散性和货运信息的不对称也导致了车主很难获得运输市场上的有效信息,使其难以找到合适的消费者。此外,对于货运需求者来说,追求较大的装载量固然可以降低平均运输成本,但也有可能导致运输服务的其他方面出现问题,例如更复杂的装卸搬运、更多的货损货差、更高的储存成本等。因此,对于大小不一的载运工具的需求都会存在。最后,小型载运工具的拥有成本更低,对车主的收入水平要求更低,在运输市场不景气时车主的承受能力也相对更高。

7.2.2 实载率与运输组织

既然大型载运工具和小型载运工具都有存在的必要,那么,运输市场中保持怎样的运力结构(各类型载运工具的比例)才合适呢?当然,这是一个运输市场中千千万万供给者与需求者的群体选择问题,并不存在所谓的"最优运力结构"。实际上,由于运输需求和供给的时空差异,加上供需双方之间交易信息的不完全,运输需求与供给的完全均衡很难实现。我们只能尽力去缓解供需冲突,减少效率损失。例如,我们可以通过载运工具的中转运输来充分利用大型载运工具的成本优势与小型载运工具的灵活性,这便属于运输组织的范畴。

现有载运工具运输能力的充分利用应该是在短期成本曲线上讨论问题,不适于用

7 载运工具的经济特性

规模经济理论来分析,因为规模经济是说生产的长期平均单位成本逐渐降低。那么怎样解释网络经济与提高载运工具实载率的关系呢?这一点其实结合范围经济的概念就比较容易理解了。我们假定直达运输的产品是同一性的,那么在网络上经过中转的运输则肯定包括了不同的运输产品;如果同一性的运输产品数量足够大,运输业就会组织直达运输,因为那样效率更高;如果同一性的运输产品数量不够大,那么提高实载率的要求就会促使运输企业利用网络形成中转式运输结构,以便充分利用设备的能力;而一旦经过中转,载运工具上显然就会包括起讫地点不同的运输对象;中转结构的范围越大,网络上不同起讫地点的运输对象也就会越多;所以,运输业在很多情况下是在用多产品的范围经济去满足提高设备实载率的要求。使用的载运工具越大,支持其有效运营的运输网络往往也越大,运输业者利用网络经济的优势提高载运工具实载率,是运输业规模经济和范围经济密不可分的一个突出例证。

铁路运输中要尽量组织直达列车,而航空业似乎更重视充分利用轴辐结构进行中转,这看起来好像矛盾,其实解释也只要来自类似的思考方法,这里的关键在于是否有或如何实现足够的列车与航班实载率。实载率过低的就要利用中转结构去提高,但由于中转会带来运送时间及其他方面效率的降低,因此只要实载率状况允许运输业者就会尽可能组织直达运输。需要说明的是,运输服务的基本组织形式除了点点直达与轴辐中转,还包括沿途上下和分段编解两种结构,其中后者一般仅在铁路货运中可以看到。

补充:航空运输网络类型的选择

引自:荣朝和,《西方运输经济学》,经济科学出版社,2002年第一版

这里用一个航空运输的例子来说明运输业中网络经济与运输成本的关系。在我们的例子中有两组城市,其中一组(包括 A、B、C 和 D)都在左边的地区,而另一组(包括 E、F、G 和 H)都在右边的地区(见图 7-5)。假设所有城市之间的客运联系都是通过航空运输,而且为了简化问题,还假设本例中所有旅客的出行都是跨地区的,也就是说,左边地区的旅客都要到右边地区的城市去,而右边地区的旅客都要到左边地区的城市去,没有目的地在本地区的旅行。城市之间的旅客流量大体是由各城市人口数量决定的,表 7-3 列出了每天总的旅客人数和每一对城市之间的旅客人数。由于在假设中两个方向的运量相同,所以我们下面的计算只考虑从左边地区到右边地区的客流。此外,航空公司有两种飞机可用于航班飞行,一种是 150 座的大飞机,其平均每客座公里的运输成本是 0.1 美元,另一种是 20 座的小飞机,其平均每客座公里的运输成本是 0.2 美元。平均每客座公里的运输成本无论飞机是否满员都是需要支出的。此外,每位旅客每次飞行还另有 5 美元的机场费用。实际的航空成本当然比这要复杂得多,但我们的计算中假定只发生这两种费用。

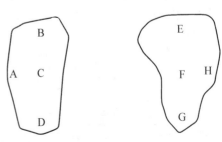

图 7-5 两个地区城市的分布

航空公司可以有两种不同的运输组织方式:"点点直达"方式和"轴辐中转"方式。如果采取点点直达方式,就要在每一对有运量的城市之间直接开航班,其航线结构见图7-6,一共有16条航线。

采取点点直达方式的运输成本计算和分析可见表7-3。由于在两个区域的城市对之间都需要有直达航班,而有些城市对之间的运量较小或很小,因此要么使用载客率不高的大型飞机,要么只能使用经济性能不好的小型飞机。

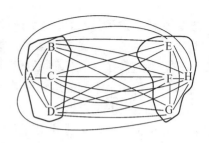

图7-6 "点点直达"方式航线结构

表7-3 采取"点点直达"方式的运输成本

城市对	旅客人数	直达里程(英里)	飞机数量及类型	运输成本(美元)
A-E	142	806	1大	12 803
A-F	63	800	1大	12 315
A-G	43	806	3小	9 890
A-H	114	900	1大	14 070
B-E	67	700	1大	10 835
B-F	28	707	2小	5 797
B-G	18	728	1小	3 002
B-H	50	806	3小	9 925
C-E	55	707	3小	8 760
C-F	24	700	2小	5 720
C-G	16	707	1小	2 908
C-H	43	800	3小	9 815
D-E	173	728	2大	22 705
D-F	80	707	1大	11 007
D-G	56	700	3小	8 680
D-H	141	806	1大	12 798
合计	1113		29(8大21小)	161 030
客座英里总数				1 240 797
人英里总数				859 063
平均人英里成本				0.187 美元
客座率				69.3%
平均每位旅客旅行距离				771.8 英里

7 载运工具的经济特性

运输业所具有的网络经济可以通过调整运营结构,特别是合并运量和共用固定设施与载运工具,达到降低成本、提高效率的作用。在本例中,相比之下轴辐中转方式的效率更高一些。假设航空公司把 C 和 F 作为中转枢纽机场,所有跨地区的旅客都要通过这两个枢纽机场进行中转,例如从 A 到 E 就必须要先后在 C 和 F 两次转机才能到达,这样中转枢纽机场之间的主要航线就像"轴",其他机场与枢纽积机场之间的次要航线就像"辐",共同组成如图 7-7 的"轴辐结构",采用该方式的运输成本计算和分析可见表 7-4。

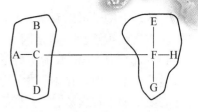

图 7-7 "轴辐中转"方式航线结构

表 7-4 采取"轴辐中转"方式的运输成本

发到及中转地点	旅客人数	飞行里程(英里)	飞机数量及类型	运输成本(美元)
A 出发	362	100	3 大	6 310
B 出发	163	100	1 大 1 小	2 715
D 出发	450	100	3 大	6 750
C-F	1 113	700	8 大	89 565
到达 E	437	100	1 大	6 685
到达 G	133	100	1 大	2 165
到达 H	348	100	3 大	6 240
合计	1113		23(22 大 1 小)	120 430
客座英里总数				1 052 000
人英里总数				968 400
平均人英里成本				0.124 美元
客座率				92.1%
平均每位旅客旅行距离				870.1 英里

与点点直达方式相比,由于合并了过去分别运送的旅客,因此轴辐中转方式的航线数量大大减少,只有 7 条,但每一条航线上航班数却大多增加了。从表 7-4 中可以看出,采用轴辐中转方式的运输成本总额为 120 430 美元,平均人英里成本为 0.124 美元,分别比点点直达方式下降了 25.2% 和 33.7%。轴辐中转方式的运输成本节约主要来自两个方面,一是更多地使用了经济性能较好的大型飞机,二是提高了飞机的载客率。目前每天单向的航班总数为 23,航班总数减少了,但其中使用大型飞机 22 架次,使用小型飞机只有 1 次。由于旅客集中,目前载客率达到 92.1%,比点点直达方式的 69.3% 提高了 22.8 个百分点。

从以上例子可以看出，绝大多数运输企业只要有可能有条件，就会尽可能使用轴辐中转方式组织运营。这是因为在运输网络上，允许运输企业把不同运输市场的客户集中到一起，利用经济效能更好的运输工具并同时提高客座率（或货运实载率），以便降低运营成本。但是在本例中，航空公司利用轴辐中转方式也存在着副作用，其中首先旅客需要增加中转次数，这一方面会增加旅客的在途时间和不便，另一方面也会增加每次5美元的机场费用；其次，虽然运输系统总的客座公里数减少，载客率上升，但旅客人公里数增加了（从859 063人英里增加到968 400人英里），平均每位旅客的旅行距离也延长了将近100英里（从771.8英里增加到870.1英里），延长了12.7%。说明大多数旅客的旅程被人为分割成几段，并因此要飞更长的距离和可能耗费更多的时间。但从总的效果看，由于运营成本的节约幅度较大，因此采用轴辐中转方式比采用点点直达方式还是具有更高的效率。此外，小型飞机在运量小的短航线上还是存在一定的经济性，读者可以对本例轴辐中转的方案进行若干调整，在若干短航线上用小型飞机替代部分大型飞机，还可以得到一定成本节约。

需要指出的是，在航空业采用轴辐中转方式并不是任何情况下都比采用点点直达方式能有效率。在我们的例子中，轴辐中转方式一是用经济性能较好的大型飞机减少了航班数，二是提高了飞机的客座率，也就是说它更有效地利用了网络中的资源；但它同时也造成中转次数和飞行距离增加的负面影响。如果各个城市的旅客运输需求都增加到点点直达方式也同样能够十分有效地利用大型飞机，那么轴辐中转的优势就会消失，而直达方式可能会更可取。实际上，网络的密度经济是普遍存在的，点点直达和轴辐中转两种运输组织方式都可以利用，而利用的程度取决于各自发挥网络资源效率的水平。图7-8是点点直达和轴辐中转两种民航组织方式的成本曲线示意图，从图中可以看出，每一种运营组织方式都有自己合理的适用范围，轴辐中转方式比较适合运输量较小的阶段，而点点直达方式到运量较大时更有效率。

尽管我们上面的例子举的是民航业，但网络经济或密度经济的原理适用于各种运输方式。例如，大型铁路网可以把各个支线的运量集合到干线上，组成长大客货列车，节约铁路运输的人力和其他资源；公路零担货运公司也可以利用自己的网络把小批货物集中成整车运输，产生密度经济；而公路整车货运往往只能利用大型车辆的能力。无论哪一种运输方式，如何尽可能充分利用网络经济都有很多值得研究的课题。

利用一般的成本理论或曲线来进行运输成本的分析具有一定难度，其主要原因之一是，运输企业往

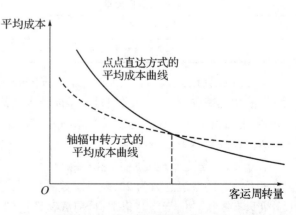

图 7-8 两种民航组织方式的成本曲线

往是在一个运输网络内运营,它们经常要把不同质的运输产品或服务合并到共同的固定设施或载运工具中去,也就是说,同时提供多种运输产品或服务的运输企业很难找到一种合适的方法准确地计算每一产品或服务的成本。运输经济分析不得不常常使用吨公里或人公里这些内涵差别很大的统计指标。运输成本分析中还必须注意吨公里或人公里这些统计数字是如何产生的。如果统计量的增加是由于运输需求增加引起的,当然情况比较简单,但在我们上面所举的例子中,由于航空公司运输组织方式的改变使得旅客人公里总数增加了12.7%,而真正的运输产品—旅客所要求的空间位移并根本没有变化。因此用吨公里或人公里这些统计数字去代替运输产品或服务的数量,有时候是不可靠的。

7.3 载运工具的经济寿命

7.3.1 载运工具的经济寿命模型

经济寿命理论

同人类一样,载运工具也有自己的生存期限,不过长短差别很大。第一次产业革命时问世的蒸汽机车,现在还未完全退出历史舞台;而今天市场上一些人们趋之若鹜的小轿车,可能几年后便不复流行。我们把载运工具从投入市场开始到被市场淘汰为止所经历的时间,称为载运工具的寿命周期。那么,对于运输供给者的某一辆车、一架飞机或者一艘船来说,其寿命周期有多长呢?关于载运工具的寿命有多种分析方法,最常见的"三分法"将载运工具的寿命分为自然寿命、技术寿命和经济寿命三种类型:

①自然寿命

载运工具的价值一般来说都会随着其使用时间或行驶距离的增加而减少,自然寿命是指载运工具从开始使用直至报废所经历的时间。这些有形损耗是由于使用和自然力的影响而引起的,因此载运工具自然寿命的长短与载运工具的质量、使用条件、使用强度和使用维修技术密切相关。

②技术寿命

由于载运工具生产制造工艺技术的发展,使原有载运工具的无形损耗加剧,有些载运工具甚至在它们的物理报废状态到来之前就已经在技术上应该被淘汰了。从载运工具开始使用到因技术性能落后而被淘汰所经历的时间,称为载运工具的技术寿命。

③经济寿命

根据经济效益确定的载运工具寿命,称为经济寿命。虽然依靠维修可以延长载运工具的自然寿命,但随着役龄的增加,技术状况不断恶化,维修费、燃油费等运营费用不断增加。载运工具使用的经济效益将逐渐恶化,以至于从经济上考虑需要做出淘汰。

移动性载运工具可以比较容易地从一个地方的运输市场转移到另外一个地方的运输市场。假定所有运输市场上同一种载运工具的售价都是一样的,那我们可以很方便地用图 7-9 来说明这方面的投资问题。图中的横坐标为车船使用天数（注意横坐标并非"时间"）。图中 AFC 曲线代表载运工具的平均购置成本，这应该是一种资本成本，与市场的利息率有关。由于车船或车船队的购置费用是相对固定的，因此随着这些载运工具使用天数的增加，平均每车（船）日所分摊到的单位固定成本应该逐渐下降。AVC 曲线代表载运工具的平均变动成本，主要包括维修费用和物理折旧费，它是一条先水平然后逐渐上升的曲线。AVC 曲线后

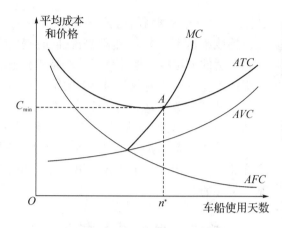

图 7-9　载运工具经济寿命示意图

期逐渐上升的一个原因是，随着车船使用强度的增加，其燃料消耗和维修费用会大大提高；另一个可能原因是，如果车船的使用强度超过其原有的设计标准，那么它的使用寿命就会缩短，因此必须加速折旧。AFC 曲线与 AVC 曲线的叠加是载运工具的平均完全成本曲线 ATC。易见，ATC 存在极小值点 A 对应的平均完全成本为 C_{min}。在完全竞争市场中，A 点对应的车船使用天数 n^* 即为其经济寿命。从经济性的观点考虑，当载运工具的使用达到某一年限（经济寿命）后，继续使用会导致年均运输成本的增加，在经济上将是无效率的行为。据此，经济寿命理论认为，应以载运工具的经济寿命为其最佳更新时机。

由于比较简单、易于理解，经济寿命模型得到了广泛的运用。但由于使用需要精确地估算相应成本项随载运工具役龄的变动情况，极大地限制了模型的使用范围；同时，一些外部因素的变动（例如技术进步、生产要素价格的调整等）也增加了经济寿命估算的复杂性。

7.3.2　载运工具经济寿命的影响因素

1）拥有载运工具的机会成本

有一些费用与拥有载运工具的投资有关，这种成本的变化主要是由资本市场决定的。例如，一家航空公司为扩充其机队使用了 100 亿元的银行贷款，在 10% 的年利率下它为此每年需支付 10 亿元的利息；如果它改为使用租赁飞机，就需要支付租赁费。即使该航空公司是使用自有资金购买这些飞机，它也仍旧需要考虑投资成本，因为它失去了这些资金在银行获得利息的机会（资金的机会成本）。此外，几乎所有运输方式的需求都存在周期性的变化，这也反映在对相应运输工具的需要量上。例如，在每年夏季的用电高峰期，对铁路运煤车的需求就特别大；又如当世界石油需求增加的时候，对油轮的需要量也会激增。因此，资本市场的变化和运输需求的变动都会影响拥有载运工具的机会成本。载运工具每一运程的机会成本应该是由当时对这种运输工具的市场供

求状况决定的,人们可以从载运工具拥有者在那时出租其资产的收费或载运工具二手转让市场的价格水平中了解到这种机会成本。当然,考虑到政府可能对拥有载运工具征收一定的税费,例如我国的车辆购置税、上海等城市的车辆牌照拍卖费等等,政府的税费政策也会对拥有载运工具的机会成本产生直接影响。

现在我们来分析一些具体的因素对载运工具经济寿命的影响。

①载运工具的售价

如果载运工具的售价(由于制造成本的上涨而)增加,即载运工具的初始拥有成本增加,图7-9中的AFC曲线将变得更为陡峭,从而使得A点右移。在其他条件不变的情况下,载运工具的经济寿命将有所提高。

②技术进步

技术进步对载运工具经济寿命的影响较为复杂。如果载运工具的价值耗损快于其物理磨损,那么这种与使用程度无关的资产价值的下降(又称"折旧")就属于固定成本。如果载运工具的损耗主要是依据其行使的里程或起降次数来衡量,那么其折旧就偏向于变动成本。对于前者,技术进步会导致图7-9中的AFC曲线变得更为平缓,因而会致使载运工具的经济寿命将有所下降。而对于后者,技术进步则会导致图7-9中的AVC曲线变得更为平缓,因而反倒会使载运工具的经济寿命将有所提高。可见,经济寿命的概念已经纳入了对自然寿命和技术寿命的考虑。

2)载运工具使用的机会成本

载运工具使用/运营成本中最主要的内容包括载运工具的燃料消耗、维修费用、物理折旧、运营税费和司乘人员的工资。如果从机会成本的角度来考察,那么所消耗燃料的价值应该是这些燃料从驱动载运工具转而用于其他用途所能获得的收益,人员费用则应该是这些行车司乘人员转而从事其他非运输工作(如制造业)所能得到的收入。

①固定税费

载运工具运营的固定税费表示在图7-9中是一条水平线,不会随着车船使用天数的变动而改变,因此对载运工具的经济寿命没有直接影响。但是,这些固定税费的变动会导致载运工具装载量的变动,因而会间接地影响载运工具的经济寿命。例如,当公路税费提高后,在其他条件不变的情况下,卡车的装载量可能出现进一步的增加,从而导致图7-9中的AVC曲线变得更为陡峭,因而会使载运工具的经济寿命有所缩短。

②生产要素价格

燃料、司乘人员工资等生产要素价格的增加,相当于提高了车辆平均变动成本。在其他条件不变的情况下,图7-9中的AVC曲线将变得更高或更为陡峭,因而会缩短载运工具的经济寿命。

③市场的经济状况

如果市场的经济状况趋于乐观,即市场变得日益景气,一方面会提高载运工具拥有的机会成本,导致图7-9中的AFC曲线将变得更为陡峭,从而增加载运工具的经济寿命。另一方面,市场的日益景气又相当于提高了生产要素的机会成本,从而导致图7-9

中的 AVC 曲线将变得更为陡峭,从而缩短载运工具的经济寿命。因此,市场的经济状况对载运工具经济寿命的影响不能一概而论。

3) 市场价格与载运工具的经济寿命

如果运输市场并不是一个完全竞争市场,根据微观经济学原理,运载工具拥有者提供车(船)服务日的数量是由价格线 P 与边际成本 MC 曲线的交点决定的,即在价格 P 水平上最优的车(船)服务日数量为 n^*。在 n^* 数量上,价格水平高于平均完全成本的部分 BA 是边际利润,面积 $PABC$ 是运载工具拥有者提供该数量服务所获得的超过总成本的经济利润。

如图 7-10 所示,有利可图的拥有者如果判断这种情况会继续下去,就会投资扩大他的车船队规模,以便增加盈利。但如果车船供求市场上的需求减少导致价格较低,如图 7-11 所示,在 P' 的位置,载运工具拥有者就不能获得经济利润。尽管他的收入可以弥补平均变动成本,但却不能补偿购置设备的资本成本,面积 $P'ABC$ 是其亏损的数额。在这种情况下,拥有者一般不再是要考虑如何扩大他的车船队,而是要报废旧车船或者出售一部分现有的载运工具以平衡收支了。但也有可能的是,载运工具拥有者在少量亏损的局面中维持经营,因为其收入还可以弥补变动费用,他也许愿意等待市场转好时再弥补损失。

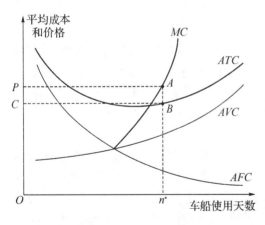

图 7-10　盈利的载运工具投资

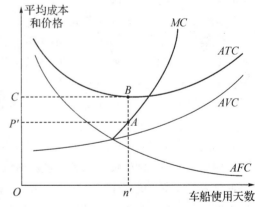

图 7-11　亏损的载运工具投资

然而,投资分析切忌过于简单化,原因之一是运输投资往往都要涉及相当长的时间范围。在载运工具中汽车的使用寿命是最短的,一般也有 5～10 年的寿命,而飞机的使用期限有些竟达到了 50 年,固定设施的寿命则更长。除非载运工具拥有者愿意或能够经常通过二手市场购入和卖出,否则购置决策通常都会根据设备的预计使用寿命而做出。例如,定造新船的时候一般都估计其使用期为 20 年,但很多船的实际使用寿命都大大超过了。远洋船舶的使用寿命长,市场又有很大的不确定性,这使得所拥有船舶或船队的价值经常发生变化,而且可能大大偏离起初时的购买价值。例如当某类国际海运需求旺盛时,对相应船舶的竞价就会高出,而当需求下降时,过多的运力又会使船舶使用的机会成本贬损。因此,拥有远洋船舶的机会成本相对于船舶的折旧费更加重要,它是由对船舶的需求状况决定的。与之相似的是,飞机的设计寿命一般在 20～30 年之间,但有不少老型飞机在超过该期限之后仍在使用,由于安全方面的原因,对飞机的超期使用是有争议的,欧洲国家在这方面的限制比较严格一些。

案 例

小汽车的经济寿命

引自:佚名,《多种因素影响车辆折旧》,华商报,2005 年 9 月 29 日

新车上路之后就开始了正常的资产折旧。一般来说,汽车使用的年限和磨损程度(或者说行驶里程)都很容易被理解,如果仅仅按照这种折旧率测算二手车的价值,就如同代入公式的数学运算。但是实际情况则要复杂得多。影响二手车折旧的主要因素超过 16 项,其中很多项都是属于直接折旧之外的间接折旧,这些因素有时候比直接因素还要重要,甚至是关键性的折旧因素。

汽车品牌影响大

名牌产品的影响力是巨大的,尤其是汽车这种长期使用的高价值商品,品牌效应对于二手车折旧有着比较大的影响力。但是这不是一成不变的因素,品牌影响力的转化对于二手车的间接折旧影响也开始变化。举例来说,奇瑞汽车最初默默无闻,市场认知程度非常低,所以同样情况下的折旧率要高出合资厂家产品 1/3,消费者出售车辆的损失比较明显。但是随着这几年的发展,奇瑞汽车的产品保值程度逐渐提高,尤其是低价位的车型,诸如 QQ 等,间接贬值影响已经下降到正常水平。现在很多汽车厂家都在计划建立自己的品牌二手车,牢固自己的品牌在消费者心中的形象,培养忠诚度。提高自身品牌二手车的保值率,减少客户间接损失,都将对这个计划产生深远的积极影响,如果要长远推动本品牌稳固市场占有率,减少车辆间接贬值很重要。

降价最具杀伤力

新车降价对于二手车的间接折旧很好理解,同品牌或者其他品牌同类型同价格空间的车型降价同样会影响二手车的价格。2003—2004 年最为明显,新车每降价 5%,二手车辆就间接折旧 3%～5% 左右;使用 5 年以上的车型,如果新车一次降价超过 10%,那么这些旧车也将出现 2% 以上的间接折旧;而使用 10 年以上的老车,受到低价位车型价格的影响则较大,如果低价位车型价格下调,就会有一些客户选择新车而不是使用了 10 年的旧车,造成旧车价格受到影响。

政策影响作用强

政策对于二手车的价格影响力也丝毫没有随着经济的发展而减弱,小排量车型限制、环保标准提高、暂住证放宽等,这些都会造成客户群体的增减和供需车型的变化,有时候政策的影响力甚至上升到决定性因素,造成二手车的大幅度贬值或者增值。比如

汽油价格居高不下,将会影响小排量二手车价格的上涨。

零配件和维修的影响

二手车属于汽车流通的中间环节,受有关上下游产业的影响。如果某品牌零配件价格高出竞争对手20%以上,那么这款二手车的价格就会比对手至少要低10%;某种车型维修不方便,费用高,那么二手车的需求量就会减少,供大于求造成价格下降。

案例讨论

1. 试借助图形分析汽车品牌、新车价格、汽油价格等因素的变动对小汽车经济寿命的影响。
2. 一些国营客运公司提出采用加快折旧的办法,在较短的时间里完成购车资本的价值循环,你认为这种思想是否有依据?

概念复习

经济装载量	装载量分布	载运能力经济性
自然寿命	技术寿命	经济寿命

思考题

1. 怎样确定载运工具的经济装载量?
2. 哪些因素会影响载运工具的经济装载量?
3. 试分析大型载运工具的经济性与不经济性。
4. 试分析大型航空公司运营组织结构发生变化的原因。
5. 什么是载运工具的经济寿命?经济寿命与自然寿命和技术寿命有何联系?
6. 分析资本市场和运输市场是怎样分别影响载运工具拥有成本的。
7. 调查某一种载运工具的租赁或转让市场价格,并分析其与载运工具拥有成本的关系。
8. 调查并对比你所在城市的私人小汽车的运输成本与计程出租车的运输成本。

8 运输基础设施的经济特性

学习目标

理解运输基础设施的机会成本与投资的沉没性；理解运输基础设施成本的难以归依性；掌握运输基础设施的公共物品属性与多维商品属性；熟悉运输基础设施的互补性、替代性以及一定程度上的规模经济性；理解运输基础设施投资的不确定性；了解运输基础设施投资中社会公益性的概念。

8.1 运输基础设施的成本特性

8.1.1 机会成本难以把握

运输基础设施是指那些不能移动的运输设施，如铁道、车站、港口、河道与机场等。我们知道支出并不一定就等于经济成本（或机会成本），运输基础设施的经济成本应该是被用于该设施的资源在被其他次优方式使用时的价值。最理想的情况是政府在建设或提供运输基础设施服务时为所使用的土地支付了相应的市场价格，并按自由市场上的价格购买原材料和施工设备，并支付使用劳动力的工资，那么费用支出就与机会成本十分相近。

如果是政府对运输基础设施所占用的公有土地不付费，这会造成运输基础设施成本的低估。例如，机场建设的债务合同一般都会在25～30年之内付清，这之后机场当局就不需要继续为其土地和建筑物付费，这样，机场所使用的土地价值往往就不能正确地计算到机场的经济成本中去。如果考虑到通货膨胀等因素，土地和建筑物的成本实际上是在上升的，因此老机场显然会比新机场享有更低的成本优势。目前尚没有对机场经济成本实际低估程度的研究成果，但由于机场一般占用的都是区位很好的地点，这些土地如果转做工业或商业用地均能取得优厚的收益，因此机场土地的机会成本应该是远远高于其在会计账户上的价值。

而从另一方面看，不能移动的运输基础设施只是与特定地理位置的运输市场相关，在运输基础设施领域的投资一般只能增加特定地理位置或区域的运输能力,而并不能同时增加整个运输系统的运输能力。因而在运输基础设施方面的投资大部分是沉淀性的,其机会成本又往往被高估。直到目前为止,还没有特别明显的证据能够帮助我们轻易地判明究竟是低估还是高估了某运输基础设施的机会成本。

举例:内河航道的机会成本

对于内河航道而言,其机会成本就是这些航道资源不被用于航运时的可能价值。而不管有没有驳船在水面上行驶,河水总是在流淌着,一般而言人们并不能够从河流停航得到更多利益,除非可以由于停航找到更好地利用河流的方式,或者由于停航而节省费用开支。一类明显的费用可以由于停航而节约下来,就是内河或运河航道的疏浚费用,此外还有航道上船闸的运营费用(当然这可以通过收取船舶过闸费进行补偿)。其他可节约的费用包括政府的航运补贴和部分水上救助开支,北方航道季节性的破冰费用也可获得节省。有一些由于内河航运引起的外部成本也许有必要在这里说明,例如在某些情况下,河道的水位由于航运而必须保持比其自然水位要更高,因此附近的土地所有者就常常抱怨由于水位过高而对土地的侵蚀;拖轮在浅水区的行驶会导致水质浑浊,航行在有些情况下也会影响水上休闲活动和商业捕鱼活动;有些观察家还宣称为有利于航行而进行的河流渠化工程会加剧大洪水的危害;为使航道水深保持平稳的渠化工程也无疑会对河里原本的野生动植物的生存产生某些不利影响……所有这些外部成本都没有包括在标准的航运成本计算中。

8.1.2 固定资产投资巨大

1998年以来,我国的高速公路年均通车里程超过4 000公里,年均完成投资1 400亿元,平均每公里造价高达3 500万人民币,投资数额十分巨大。表8-1是1995年美国各种公路支出的分类汇总。从表中数据可以看出,在总数920多亿美元的支出中,有近半数属于资本支出,用于新建、改建或重建工程。公路总支出的另外一半则用于公路的维护(约26.4%)、公路交警与安全(约8.6%)和管理费用(约9%)等。但投资巨大并不意味着固定基础设施在运输总成本中的比重就很高。例如,如果把用于公路固定设施的费用与公路运输的其他费用进行对比,则每年用于道路的费用要少于用于燃油和用于车辆的费用,它只占全部公路运输费用的10%左右。

表8-1 美国1995年的公路费用

项目	支出(亿美元)	百分比(%)
1.资本支出	430.97	46.6
2.维护支出	244.55	26.4
3.管理费用	83.32	9.0
4.公路交警与安全费用	79.77	8.6

续表 8-1

项目	支出（亿美元）	百分比（%）
5.其他支出	86.43	9.3
总计	925.04	100.0

资料来源：美国公路统计，1995年，表HF-10

空中交通管制系统和用于飞机起降以及登机、转运服务的机场设施加在一起，就使得航空业在对固定设施的依赖方面比原先人们所预料的要大。但由于这些固定设施大多是由政府提供的，所以航空公司的固定设施成本比重与公路运输相似，并不算高。

普通的双线电气化铁路造价（包括配套设施），一公里的造价要几百万至上千万，工程环境较为艰难的线路造价会高很多，例如青藏铁路平均每公里造价在1 000万元左右，2008年开工建设的兰渝铁路每公里造价约为1亿元，而全长1 318公里的京沪高铁总投资规模高达2 209亿元，折合约1.68亿元/公里。参考美国的经验，铁路在固定设施方面的费用开支大约是总运营成本的17%，这高于公路运输，因此与公路相比铁路是固定设施成本更为密集的运输方式。

水运涉及两种固定设施，即改善的航道与港口设施。海运业一般只使用港口设施，而内河水运则同时与航道改善的关系十分密切。美国每年在航道与港口的工程及维护方面花费的固定设施成本在内河航运的总收入中占到60%，在包括内河与沿海航运的总收入中占30%。如果这样看，水运将是固定设施成本比例最高的运输方式之一。然而，由于政府在这方面的开支带有补贴性质，航运公司并不需要全部支付这些固定设施成本，因此实际情况是轮船公司的固定设施成本比航空公司还要低些。相比之下，深吃水船舶对港口设施的要求更多些，有资料表明港口费用约占远洋海运总成本的15%，约占沿海船舶运输总成本的12%。总起来看，水运的固定设施成本比重低于铁路，但高于公路和航空运输。

⚠ **注意：固定基础设施比重低并不意味着行业进入门槛就低**

航空业由于其比较低的固定设施成本和机场公营，似乎是一个比较容易进入的行业，但实际上进入难度比预想的要大，这其中的重要原因就是在机场设施租用方面，航空公司与机场之间的长期合同关系。航空公司与机场之间的关系不是零星和即时的市场交易，航空公司要与机场当局签订长期契约，以便近似固定地租用机场的登机手续办理柜台、登机门和候机场地。已有的航空公司无疑希望占有机场中最好的位置，并且希望在机场的扩建计划中为其航班取得更有利的竞争优势。而在一些能力比较紧张的机场，高峰期会出现跑道和登机门拥挤的状况，已有的航空公司在某种程度上也可能不希望扩大机场能力，以避免出现新增加的竞争者。现有航空公司在占据有利位置和影响机场当局的决策等方面，都增加了新航空公司的进入难度。

8.1.3 成本难以归依

1) 运输基础设施成本的归依

运输基础设施成本分析的另外一个难点是运输费用的难以归依性(non-assignable):无论是运输的边际成本分析还是增量成本分析都会产生一个问题,就是有些运输费用的发生无法归依到某一位具体旅客或某一批具体货物的运输上。下面我们以公路成本为例看看哪些成本可以归依,哪些成本是难以归依的。

2) 与载运工具有关的公路成本

公路基础设施成本中的三项主要内容,即资本支出、维护支出和安全费用,都与交通量的变化及交通组成有一定关系。如果一条公路的交通量不大,而且主要是供小汽车使用,那么该公路的设计与建设同交通量大而且有重型载货卡车通行的公路相比差别就很大。美国国家公路与运输协会(AASHTO)曾经对公路路面铺设厚度、公路的预期使用寿命与汽车轴重等因素之间的关系进行过分析测定,结果有充分证据认定不同车种如小汽车、公共汽车、载重卡车和其他车辆的轴重对公路造成的影响有很大差别,结论是在一定的公路使用寿命要求下,车辆轴重越大,路面的铺设厚度应该越大。该协会的研究确定,车辆轴重与路面损坏之间的关系是指数关系,因此通行重型载重卡车的公路比主要通行小汽车的公路需要铺设更厚的路面。路面的宽度则是随通行车辆的混合程度变化,为适应宽型车辆如载货卡车和公共汽车,公路路面就需要比较宽。根据美国运输部(DOT)的结论,为适应载货卡车而加厚和加宽的公路路面费用,约占到新铺设路面成本的50%。公路桥梁需要一个最低的结构强度以支撑其自身重量,当然除此之外桥梁还需要增加结构强度用以支撑通过其上的车辆。允许重型载货卡车和公共汽车通行的桥梁的设计强度,无疑要大于仅允许小汽车通行的桥梁,而前者的建筑费用显然也要高于后者。研究结论是,公路桥梁建筑成本的40%是由于适应载货卡车通行而发生的。最后,公路的等级还与路上车辆的刹车特别是爬坡所需要的性能有关。为了保证车辆能够平稳行驶,公路的坡度就不能过大,而坡度的设计又在很大程度上取决于车辆的马力与其自重及载重的关系,因此载货卡车在这方面又对公路的设计与建筑提出了更加昂贵的要求。美国运输部认为,公路在坡度方面成本的20%是为了适应载货卡车通行而发生的。由于公路的建筑成本是沉淀性的,一旦公路的设计和建筑考虑了重型车辆的使用标准,那么尽管后来的实际混合交通量中可能并没有那样大比例的重型车辆,它也无法再对已经发生的设计和建筑成本产生节约作用。

3) 与载运工具无直接关系的公路成本

虽然公路上的交通量和车辆结构对公路的影响可能是最为关键的,但有些路面的损坏与交通量没有直接关系,例如气候原因也会发生作用。而且,路面铺设的厚度与质量显然也有很大关系,路面质量越高、路面越厚,车辆行驶所造成的影响越小,当然,公路建设费用会由此提高。此外,公路的维护和修整工作也很关键,公路维修如果被不合理地推迟,路面的损坏速度就会增加,而且一些成本就会转移到公路的使用者身上,因为路况较差的公路会造成车辆行驶速度降低、油耗增加以及额外的车辆修理费用,因此,某些车辆(如超限车辆)对其他车辆可能造成的不良影响程度,在某种程度上也取决于公路部门对路面的维护水平和修复速度。

4) 与载运工具无关的公路成本

此外,还有些公路费用与交通量的大小或交通结构几乎无关,例如路面厚度有其最低限度标准,有些公路维修工作是即使没有车辆通行也要进行的,桥梁有其自身的承重强度要求,公路上的信息指示标志也不随车辆的载重而变化等等。这些大约占到全部公路费用开支的一半,从运输量的角度看它们是难以归依的,或者简单地说,只要保留这条公路,即使不允许任何车辆通过,这些费用开支也无法节省下来。一般而言,在公路的费用开支与不同车辆的分类之间具有非线性和难以归依的关系,而所有可以归依到具体运输量上面的费用开支之和,肯定要小于公路部门的总成本。而且,是非线性的成本关系引起了这种不可归依的费用开支。运输领域中最有趣而且最重要的经济问题中,就包括如何在固定设施的运营中处理这些不可归依的成本。

8.2 运输基础设施的商品特性

8.2.1 公共物品属性

1) 公共物品的定义

公共物品(public good)是指公共使用或消费的物品或服务。与之相对的概念是私人物品(private goods)。公共物品与私人物品的区别主要不在于生产的方式上或资金来源上,而主要在于消费方式的不同。确认公共物品的标准有两个,即"非排他性"和"非竞争性"。

- 非排他性

非排他性,是指某人在消费一种公共物品时,不能排除其他人消费这一物品(不论他们是否付费);而且,即使你不愿意消费这一产品,也没有办法排斥。例如,你走上一条公路上时,你无法排除其他人也走这条公路,如你不愿意公路上的路灯光照,但只要你走上这条有路灯的公路,就必然受到照射。非排他性还有一层含义,是指虽然有些物品在技术上也可以排斥其他人消费,但这样做成本很高,是不经济的,或者是与公众的共同利益相违背的,因而是不允许的。

- 非竞争性

非竞争性,是指某人对公共物品的消费并不会影响别人同时消费该产品及其从中获得的效用,每个消费者的消费都不影响其他消费者的消费数量和质量,受益对象之间不存在利益冲突;同时,增加一个公共消费者,公共物品的供给者并不增加成本,即在给定的生产水平下,为另一个消费者提供这一物品所带来的边际成本为零。例如,国防保护了所有公民,其费用以及每一公民从中获得的好处不会因为多生一个小孩或出国一个人而发生变化。

2）公共物品的分类

由此,公共物品又可以分为三类:第一类是纯公共物品,即同时具有非排他性和非竞争性;第二类公共物品的特点是消费上具有非竞争性,但是却可以较轻易地做到排他,有学者将这类物品形象地称为俱乐部物品（club goods）;第三类公共物品与俱乐部物品刚好相反,即在消费上具有竞争性,但是却无法有效地排他,有学者将这类物品称为共同资源物品或公共池塘资源物品。俱乐部物品和共同资源物品通称为"准公共物品",即不同时具备非排他性和非竞争性。公共物品的分类以及准公共物品"拥挤性"特点为我们探讨公共服务产品的多重性提供了理论依据。需要指出地是,公共物品是经济性概念,尤其是准公共物品;同时,它也是一个制度性概念,特别是纯公共物品,它和政治的关系极为紧密,只有当个人让一定权力给国家时公共物品的提供才成为可能。经济和制度共同决定了政府与市场之间的关系,而政府与市场之间的关系才最终决定了公共物品的边界。

3）公共物品的产生原因

运输基础设施一般具有"拥挤性"的特点,即当消费者的数目增加到某一个值后,就会出现边际成本为正的情况,而不是像纯公共物品,增加一个消费者,边际成本为零。达到"拥挤点"后,每增加一个消费者,将减少原有消费者的效用。如此看来,很多所谓的公共基础设施,也具有准公共物品的特性。那么,如何解释我们身边存在的大量"免费公路"呢?

由于这些公路自身的价值往往并不高,而检测和度量道路使使用者对这些公路使用的交易成本却较高,以至于界定这些公路产权的代价甚至会高于公路产品的供给成本,因此人们选择了免费提供这些公路的产权安排。例如,虽然美国的私有机构在19世纪早期就修建了8 000多英里的收费公路,但早期的很多收费道路都面临着使用者逃费的问题,以至于造成了私人收费公路的财务崩溃与公路收费体系的瓦解。这种情况对于我国大部分的乡村公路仍然成立。但对于高等级公路而言,由于逐渐降低的度量和监察成本与相对高昂的公路成本相比逐渐变得可以承受（换句话说,界定高等级公路的产权从经济上看是值得的）,从而出现了收取道路通行费这样的公路产品交易方式,公路产权得到了一定程度的界定。

补充：产权界定的成本

个人对资产的产权（property right）由消费这些资产、从这些资产中取得收入和让渡这些资产的权利或权力构成。运用资产取得收入和让渡资产需要通过交换;交换是产权的相互转让。人们对资产的权利（包括他们自己和他人的）不是永久不变的,它们是人们自己直接努力加以保护、他人企图夺取和政府予以保护程度的函数。因此,产权不是绝对的,而是能够通过个人的行动改变的。有时,由于产权界定的成本可能会非常高,以至于产权的所有者不得不放弃了部分甚至所有的权利。产权经济学（property rights economics）在论述商品的产权问题时认为,全面测量各种商品的成本很高,有时度量一种商品的某一个价值维度的费用会如此之高以至于使度量费用超过了商品交换的收益,在这样的情况下,如果交易的商品是一种综合商品,那么,该商品某些价值维度的权力将不得不被放弃。

新制度经济学的创始人罗纳德·科斯（Ronald H. Coase）在其成名作《社会成本问题》一文中用一个案例（见第14章第14.3节）说明了一个观点:产权的明晰程度决定经济效率。他举例说,牛群损害了农夫种的庄稼,这里的问题不是简单的赔偿,而首先要解决的是权力的界定问题,也就是权利应该属于哪一方,只有权力界定清楚了接着才能解决损害问题。如果权利在养牛人那边,牛群有权损坏庄稼,那么养牛人干吗要赔偿呢？这时如果农夫要继续种植庄稼,就只能与养牛者商量,支付给养牛者一笔费用,或者自己出钱修一道篱笆墙,这样对资源的配置效率没有影响,影响的只是收入流在不同产权主体间的分配。后来有人将科斯的这些观点进行了归纳:只要产权界定是清晰的,无论产权的归属如何,当事人都可以通过谈判实现资源的最优配置。这就是所谓的科斯定理。

科斯倡导的产权越清晰越有效率的观点至少隐含着一个前提,产权界定本身是不要支付成本的,如果把产权界定的成本考虑进去,界定清楚的产权就不一定是最有效率的。现在我们假定,权利究竟在哪一方,不能由养牛者说了算,也不是由农夫说了算,而必须由一个中介机构（第三者）来仲裁,如果界定产权的费用超过了产权本身的价值,那么这种清晰界定的产权就有可能导致无效率。现在我们假定,由农夫提起诉讼,法院判决权利在农夫一边,养牛人应向农夫进行赔偿。赔偿费是500元,农夫为打官司花去的费用是600元,那么农夫就不会要求进行权利界定,而是任牛群继续糟蹋庄稼,或者自己不声不响的修筑一道篱笆墙。这就是说,这种清晰界定的产权对当事人来说是无效率的。不仅如此,就是从资源的社会配置角度分析,也同样会导致无效率,这里为打官司花去的费用实际上就是社会资源的净损失,与此同时,两个当事人原有的信任资源得到了消耗,这会增加当事人今后的摩擦成本。这就是说,在清晰界定的产权情况下,不是无权者向有权者支付赔偿费,而是有权者向无权者行贿,权利将再一次受到损害。这就是为什么当人们的权利受到侵害时,许多人不是诉诸法律,就是采取私了,私了不成干脆就放弃权利的原因所在。

案　例

农民的"道路权"怎样保护？——析论乡间道路的非排他性

参考《经济日报》2004年5月20日李明今、王若竹文

2004年,宁夏回族自治区曾出现过"乡间道路收费"的纠纷。贺兰县四十里店村的部分农民分散居住于109国道的东西两旁。前几年自治区交通部门在109国道上修建了一座公路收费站,位置正好在村中间。农民的拖拉机从农田里拉蔬菜回家,或者从村

南到村北,都必须经过这个收费站,每次经过都必须交过路费。

为减轻农民负担,四十里店村村委会拿钱在国道西边数百米处另修了一条简易路,专供村民的车在本村行走时绕开收费站。农民方便了,却又出现了新问题:公路上南来北往的大卡车、客运车,为了逃避交费,竟然也从农民修的自用道路上绕行。它们压坏了水渠涵洞的水泥管,碰掉了水泥桥的护栏板。对此,农民们非常气愤。于是有人想出了过路收费以补偿损失的办法,每过一车,收费1元或2元。有司机不愿交钱,还向政府举报。有关部门根据国家关于道路设置收费站的规定,强令四十里店村关闭了那个收费站。

案例分析

近年来,很多地方的农民都自己投资、出工修路。随着农村道路的增加,全国各地也出现了一些货运汽车为了躲避公路收费而绕行农村道路,损害农民道路的事件。类似四十里店村的情况在其他县、乡同样存在。那么,怎么看待农民的"道路权益"?该不该保护农民的这项利益?根据我国现行的法律法规,农民拥有"道路权"——修建、使用权,他们可以在自己的土地上修建公路,并使自己的权益不受他人侵害。但是,只有经过国家部门批准的部门才有权上路收费,农民即使是在自己修建的道路上也无权上路收费。由交通部门堵住绕行逃费汽车的做法,在现行的法律法规中是明确规定不允许的。换句话说,保护农民的"道路权"既不能由公路或道路等管理部门去设卡堵截,也不允许农民或其他任何人自行上路收费。

那么,农民如何才能保护自己的"道路权"?有人说,由于农民在自己修建的道路上所通行的绝大部分是农用车辆,因此,可以考虑在干线道路道口设桩或设立护栏,通过限宽限高等办法禁止大货车通过,以减少对农民自建道路的损坏,同时不影响自用的小型农用车辆的通行,这种方式既不违反国家的法律法规,又起到了保护农民"道路权"的作用。这似乎是一个好办法,但在操作上仍会有些障碍。比如,道口的桩或护栏可能会遭到破坏,农民自己的大货车将难以通行等。还有人建议,村民的大货车可以跟收费站协商,争取一定的优惠甚至免费通行。问题是,收费站会同意吗?如果同意,怎么区分村民的大货车与外地大货车呢?会不会有外地大货车向村民"购买"通行证呢?

案例讨论

1. "有人不愿交钱,还向政府举报。"试分析为什么有的司机不愿意交钱?
2. 假定收费站的设置与收费标准都是合法的,为何村民不愿意在收费站交纳过路费?
3. 为何村委会不肯或无法做到与收费站协商,对村民车辆的通行给予优惠或免费?
4. 从经济学的角度,贺兰县四十里店村的问题有哪些解决办法?村民和收费站双方可能出现怎样的行为?(提示,在地方政府不干预的假设下,何种情况下村民会选择设桩或设立护栏,何种情况下村民会选择封闭简易路,何种情况下村民会选择放任外地车辆通行简易路?)

8.2.2 多维商品属性

1）运输基础设施的多维商品属性

我们知道,一种商品或服务拥有众多的属性或质量维度,不同商品包含着不同数目的属性。随着生产中分工的发展和技术进步,商品的质量属性也日益复杂。运输基础设施产品也不例外,以公路基础设施为例,除了较为明显的公路长度、宽度、坡度等属性外,路面强度、路面抗滑性等也日益成为重要的公路属性。因此,公路是一组包含多个质量维度的商品。

在新古典经济学的完全信息世界里,商品的所有方面都可以被无成本地度量和索价,因此标准的经济理论往往忽视了质量的多维性问题。通常把商品当做只具有一种属性的同质实体的做法,容易得出这样的结论:商品要么被拥有,要么不被拥有,不存在任何所有权的中间状态,这种把经济权利等同于法律权利的观点似乎是有根据的。但是,权利从财产获益能力的意义上来说,很大程度上是一个经济价值,而不是法律概念的问题。人们可以界定产权,可以按照对自己最有利的原则决定把产权界定到什么程度,在此意义上可以说,产权总能得到最好的界定。然而,放宽基本微观模型完全信息假设的后果之一就是使我们开始注意到大部分商品的质量多维性(对于公路产品来说,除了直观的由路面宽度、车道数等表征的车辆通行能力之外,还具有其他一些重要的质量维度,例如由路面厚度与路基、路面强度等指标表征的道路承载能力;由道路线型、坡度与标志标线的状况表征公路行驶的安全性,等等)。

2）多维商品属性的产权界定

由于商品属性很复杂,其水平随商品不同而各异,测定每种属性都要付出成本,因此不能全面或完全精确。面对变化多端的情况,获得全面信息的困难有多大,界定产权的困难也就有多大。同时,对产权的界定要消耗资源,完全界定的成本是非常高的,因此产权从来不可能得到充分的界定,而是更多的处于部分界定的中间状态。对于既定商品的不同属性的权利,或者对于一笔交易的不同属性的权利,并不全是同等地加以明确界定的。

这样,由于产权界定的困难,商品的一些属性归某所有者所有,其使用效率可能会很高;但这并不能保证,当该商品的另外一些属性也归其所有时,其使用效率必然也很高,即各种属性均归同一所有者所有不一定最有效率。虽然法律一般并不禁止所有者在其商品的每一属性上收取边际费用,但实际上,如果商品的初始所有者只转让商品的一部分属性而保留其余部分,那么来自交换的净得益往往会出现增加。因此,有时人们会把某一商品的各种属性的所有权分解开,分配给不同的所有者,采取这种形式的交换导致单一商品的分割的产权:两个或两个以上所有者可以拥有同一商品的不同属性。就某些属性来说,如果所有者认为他们部分权利的行使成本太高(收取边际费用的成本包括度量或测量和监督的成本),而收益低于成本,甚至会选择将它们置入公共领域,这使得商品的一些属性成为公共财产(从产权经济学的视角来看,并非人们没有意识到这些资产的产权,而是由于高昂的交易成本,使得人们不愿去其界定产权,于是这些财产就被留在了公共领域)。

> **补充:阿克洛夫"柠檬市场"**

通常,直接度量一种商品或服务的质量属性显然比度量它的价格来的代价高昂。按照新制度经济学的说法,正是因为度量质量属性所要的成本有差异,才出现了各种各样的市场习惯做法,这些做法是用来降低度量成本并使商品最终成本最小化的。

我们可以将商品分为两类——搜寻型商品和经验型商品:人们在选购之前可通过检验而获得商品质量的叫做搜寻型商品;而纯粹经验型商品只能通过人们使用后才可度量出其品质。在现实中,一位顾客能通过搜寻或经验而度量出大多数商品的品质属性,但了解品质的较好方法取决于不同度量手段的比较成本。如果商品品质不断变化,买卖双方度量商品品质就很费成本。而买者和卖者的相对度量成本,是解释组织市场的一个重要因素。经验型商品的概念揭示,如果卖者不能从其声誉投资行为中得到好处,他就缺乏足够的动力向市场提供高质量的经验型商品,因而低劣商品会把高质量商品驱逐出市场。这就是阿克洛夫著名的"柠檬市场"的含义,我们可以用一个简单的模型来说明。

假设商品 X 的品质有一个范围,如图 8-1 所示,在自由进入的竞争产业中,一个生产低质量商品 X 的企业,其长期均衡产出点定在平均单位成本最小的地方(假定这是一个规模最优的企业),即图中的 Q_0 产出水平,X 的相应均衡价格是 P_0。相似地,生产高质量商品 X 的厂商,其均衡产出是 Q_1,面临的外生市场价格为 P_1。

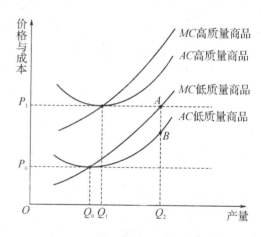

图 8-1 经验型商品的"柠檬市场"

一旦引入度量品质的成本,这些古典学派的答案就站不住脚了。一位买者在选购这样的商品之前,要费很多成本去打听此商品的质量状况,而此商品的品质属性必须通过使用才能获得。同时,假设卖者可以不费成本来控制 X 的质量,也就是说,在卖者和买者之间的信息分配是不对称的,这会引起道德风险。一个假冒高质量商品的生产者,他实现利润最大化的产出水平是 Q_2,而且他会以价格 P_1 出售产品来获得净利润 $Q_2(A-B)$。但是,以次充好只能在短期内行得通,买者通过体验发现自己受蒙骗了,从这时起,买方会拒绝向任何 X 商品支付 P_1 价格,高质量的商品自然就得从市场上消失了。

为了避免上述情况发生,有关生产者和消费者必须设计出一套契约安排和市场习惯做法来保证此类商品能够正常地在市场上进行交易。例如,卖者可以在交易前进行专门的投资（由不可收回的投资做抵押的承诺）。"如果消费者计算出最初企业的投资大于企业在短期内可能骗取的获利,则企业在未来产品销售中估计会有一个较高的价格,这个价格足以阻止企业行骗"。因为,如果企业行骗,原先起担保作用的资本就会失去价值。这类投资支出甚至不必给消费者带来什么直接效用,例如对经验型商品的广告宣传,对于理性顾客最要紧的不是广告如何宣传了商品质量,而在于广告如何宣传了厂商对于某种商品进行不可收回投资的情况。完成此类投资可以有效地限制投机生产者进入市场,阻止他们出卖假冒商品来分割高质量商品所具有的准租金的企图。当然,也可以用非市场方法来保证高品质商品的供给,如纵向一体化或由政府进行管制或利用法院来加强质量监督,本书的后续章节将详述这些方法。

8.2.3 互补性与替代性

运输基础设施最基本的组成单元是线路和节点,当节点之间存在着不同的线路时,这些线路和节点就构成了一个网络。运输基础设施网络的相互连接和合作是其网络经济性的基础,同时也决定了网络中各节点的竞争地位。

运输网络整体效率的提高有赖于网络中各个主体的合作,线路的"互补性"是指前后相继的线路通过节点连接起来,将大大增加各个节点空间交往的机会。网络可以通过允许供给者享受密度经济和范围经济产生成本的节约。许多航空公司的轴辐式航线网络就是这样的例子。同样,从使用者的角度看,较大的网络通常能提供较多的选择,例如,连接进入一个大的电信系统比属于一个小的通常更加受益。铁路的网络经济性是指当铁路线路成网及路网密度增加时,由于扩大运输需求范围、调剂各线路负荷从而提高整个路网的利用效率。例如,当两条互不相连的线路端线连成一体时,将大大增加两线路之间的过境运量,提高整个路网的利用效率。

运输基础设施网络的"替代性"是指当两个节点被不同的线路或网络连接时,不同线网可以开展竞争,其间的差异性带来了一定程度多样性,将增加消费者选择的余地并有利于提高消费者的福利。因此,任何单一网络的管理和调整必须考虑溢向其他竞争或补充网络的相互作用效应。网络间的相互作用效应意味着对任何一个网络中的连线和节点绩效的干预都可能影响该网络的其他元素。例如,给某一个特别的公共汽车线路进行补贴不仅可以对与其竞争的铁路服务产生影响而且还有可能通过改变旅行行为冲击其他的公共汽车服务。

补充：搭便车问题

搭便车问题（free rider problem）是指经济中某个体消费的资源超出他的公允份额,或承担的生产成本少于他应承担的公允份额,简言之就是获得利益而逃避付费的行为。搭便车问题常出现在公共物品的消费上,一些人需要某种公共产品,但事先宣称自己并无需要,在别人付出代价去取得后,他们就可不劳而获的享受成果。

例如,通往某一小区的道路长期得不到修缮,一到雨天就污水横流、遍地泥泞,而过往的居民虽然叫苦不迭,却没有行动,也不去反映。好在有一人为此事长期坚持上访,直到问题最终得以解决。如果大家宁可长期忍受行走的不便,都不去反映或者不设法通过各种渠道要求解决道路修缮问题,那么这种状况将会持续下去。但是如果只有一个人坚持为公众利益奔走,那么为此努力所付出的所有交易成本将由其个人独自承担,一旦该努力最终宣告失败,此人不会得到任何收益,并且已经付出相当大的成本,甚至有可能再增添由此挫折而引致的心理成本。如果通过此努力最终使得道路得以修缮,这个结局固然让人释然。但我们可以设想一下,在没有人(除非是良心发现或者目睹和了解上访人努力的艰辛过程)发起组织或予以提醒的情况下,大家都乐得不付任何代价地获得利益(搭了便车),而不会考虑补偿那位上访者的长期辛苦努力及其经济成本。由此发展下去,自愿不计成本而为公众利益奔走努力的人将极为罕见,因为他们没有得到任何激励或回报,却可能独自面对很大的风险。

假设有很多人参与为此事而努力的行为,那么前述交易成本就会被众人所分摊,同时通过许多个人共同努力所形成的"合力"效应也明显超出个人的单薄力量。当然,要获得许多人的支持和共同努力,最初也必然需要有一个发起人去游说和组织大家。问题是,人们不愿意在结果不确定的情况下付出个人的努力,而宁愿长期忍受。只有一些勇敢者相信自己的努力不会徒劳的,在无法动员他人参与的情况下,宁愿个人承担全部交易成本,如此事获得成功,他所获得的收益可能仅仅是经济补偿之外的成就感或者赢得大家尊敬与信任的满足感。由此看来,不争者并非对自己的私事不争,而是对公事不争,因此他们深知其中所要付出的代价,这便是"搭便车"行为的成因。

案 例

大桥的收费合理吗?

引自:《杭州湾大桥收费员释疑:收费分3段总共130元》,今日早报,2008.5.3

2008年5月2日,杭州湾大桥迎来了通车的第一天,来往车辆络绎不绝。从4月30日23时58分试运营通车到昨天下午4时,大桥通过大小客车49 581辆。"不是说过桥费是80元的,怎么要130元了?"一名游客对陡然增加的费用大惑不解,一个劲地询问怎么回事。收费员耐心地解释:"80元仅为跨海大桥的过路费用。入口和出口与大桥都还有一段路程,这段路程也是要收费的。"因抱有观光心态过桥的人不在少数,致使大桥南面西塘口和北面庵东口的车流量大大增加。"车流量比平时多了几十倍,给收费站增加了负担。大家又对费用不了解,不停地问这问那,甚至有人拒绝付钱,这给我们的工作带来了极大不便。"收费员无奈地说。那么,过桥费到底是按照什么标准收取的呢?"整个过桥费从入口开始算。入口到

上桥、大桥、下桥到出口,总共三段路,都是要收费的。"浙江省公路管理局高速公路收费结算中心的范先生向记者说明,"其中入口至上桥和下桥到出口的两个路段的费用,按照省物价局制定的 0.4 元每公里收取。也就是说,要穿越跨海大桥,需要付三段过路费:大桥本身的 80 元,加上出入口到大桥的两段路费。"

对此,有网友评论到:杭州湾大桥通车第一天,就有很多车主拒交费用的事件,有一则新闻进行了解释,说杭州湾大桥收费分 3 段总共 130 元(即上文)。这个解释并不合理:庵东进口到大桥这段引线加上海盐出口到大桥这 2 段路加起来最多 10 公里,这 10 公里要收 50 元? 5 元每公里?另网友说:直接说 130 元好了,去大桥肯定要上桥下桥,又不能直接飞到桥上。

案例讨论

1. 为何杭州湾大桥的通行费要分三次收取?
2. 三段过路费的收取是否合理?是否经济?
3. 这一案例体现了公路基础设施供给中怎样的经济特点?

8.2.4 规模经济性与规模不经济

第 5 章已提到,运输基础设施的规模经济是十分显著的。然而,我们不应忽视某些伴随而来的规模不经济。以高速公路为例,双向 6 车道高速公路比双向 4 车道高速公路的成本大约高出 30%,而通行能力却可以提高 50% 以上。因此,高速公路在车道数量方面具有规模经济。但是这种规模经济必须与高速公路的辐射范围加以平衡,因为随着高速公路车道数的增加(相同总投资下意味着高速公路里程的减少),车辆抵离高速公路(上、下高速)的平均距离将变得越来越远,这将导致车辆在高速公路两头的开支比重增大。因此,一条高速公路的规模大小应该同时考虑并权衡车道数量的规模经济和抵离路程的规模不经济。

再以机场为例,一个四条跑道的机场比两个两跑道的机场更经济,因此机场在跑道数量方面具有规模经济。但是这种规模经济必须与航站楼的规模加以平衡,因为随着航站楼的扩大,乘客抵离数量大幅增加使得找寻和通过登机门变得越来越困难和麻烦,这将导致大型机场在其航站服务楼方面的开支比重较大,而跑道的维护费用相对其建设费用来却较小。所以,一个机场的规模大小应该同时考虑并权衡跑道数量的规模经济和航站楼的规模不经济。

再说说管道运输,有些教科书比较简单地下结论说管道运输具有规模经济,但我们在这里还是应该把管道运输的规模经济概念分析清楚。在某条管道的径路上增加油气运输量的途径有多种:一是在原有管道上靠增加现有泵站的压力提高管道内油气的流动速度,这需要泵站耗费更多的燃油或电力;二是在原有管道沿线增建更多的泵站,也是用于提高油气的流动速度;三是沿原有管道增建一条新的小口径管道;四是根据油气需求的状况重新铺设一条大口径管道,取代原有的小口径管道。我们可以在图 8-2 中看到用不同途径增加管道油气运输量的成本曲线,其中曲线 A 代表在原有管道上靠增加现有泵站的压力提高管道内油气的流动速度，由于在一定范围以外再提高油气流动速度需要耗费更多的燃油或电力，因此单位运输成本上升很快，但在运输量增加不太大（小于 q_1）的情况下还是合理的；曲线 B 代表在原有管道沿线增建更多的泵站和其他设备，可以看出在运输量超过 q_1 以后曲线 B 所代表的单位运输成本具有一定优势；曲线 C 代表或沿原有管道增建一条新的小口径管道，或重新铺设一条大口径管道取代原有小口径管道的运输成本变化情况，可以看出在运量小于 q_2 时 C 所代表的规模并不经济，但当运输量超过 q_2 以后曲线 C 所代表的单位运输成本已明显低于另外两条曲线，经济上是合理的。因此管道运输的线路运输密度经济是有一定条件的，应该根据具体的油气需求数量铺设相应口径的管道以达到单位运输成本最低的目的，而在需求数量足够大的情况下，建设大口径管道的单位运输成本具有明显优势。

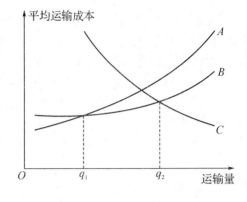

图 8-2　管道运输成本示意图

补充：网络外部性

当一种产品对用户的价值随着采用相同的产品、或可兼容产品的用户增加而增大时，就出现了网络外部性（network externality）。网络外部性也称网络效应或需求方规模经济、需求方的范围经济（与生产方面的规模经济相对应），是指产品价值随着购买这种产品及其兼容产品的消费者的数量增加而不断增加，即新用户的加入可以给产品的其他用户带来正的外部收益。例如电信系统，当人们都不使用电话时，安装电话是没有价值的，而电话越普及，安装电话的价值就越高。网络传媒、航空运输、金融等行业普遍存在网络效应。

例如，对于公路零担运输来说，一个城市不可能（不经济）与所有的城市都建立直接的零担运输联系。但是由于零担运输的网络经济效应，通过中转运输，可以使某一城市与其他所有的城市建立间接联系，承担中转任务的城市将成为一个轴心。随着空间范围的扩大，会形成大小不同的轴心，从而使零担运输市场呈现出层次性的特点。在更大的市场上，这种网络联系越多，从网络某一节点到其他任一节点的便利性也会越大。随着市场需求量的迅速增长，网络节点间的分工协作对效率提高的作用也就越大。而网络经济效应的存在，主要是因为每一个网络节点可以增加其他网络节点的联络通道，提高人流、物流、信息流的输送能力和效率。因此，随着通达城市的增加，可以提高零担运输的便捷性，促进市场容量以递增的速度增长，从而使整个产业的总成本得到节约，这就是网络经济效应或网络经济性。同时，由于在这些市场中，产品的用户规模直接决定了产品价值，用户规模越大，产品的价值越高。因此，企业有更强的动机通过兼并等方式扩大用户规模以获得竞争优势。这在一定程度上可以解释当今零担运输公司在保持自身独立性的前提下,加强相互协作,建立战略联盟的发展趋势。

8.3 运输基础设施供给的特性

8.3.1 投资收益的不确定性

1) 投资收益的折现

当人们打算投资于运输基础设施的时候,应该使用的评价方法也是把其未来收益的折现值与投资的机会成本进行比较。这是因为运输基础设施的投资期限一般很长,而未来的钱与现在投入的钱是不能直接比较的(考虑到资金的价值,未来的钱会"贬值")。因此,我们需要将投资项目在日后所获得的收益折算成目前价值,并与投资额进行比较,当收益折现值在计算期限内的总和大于投资额时投资决策方可接受。折现值(present discounted value,PDV)是将投资项目今后各个年度的收益现金流根据某一折现率折合成当前的现金价值。折现率(discount factor),亦称贴现率,是指将未来有限期预期收益折算成现值的比率。未来第 i 年收益折现值的计算公式是:

$$PDV(i) = I(i)/(1+r)^i \qquad (8-1)$$

式中:$PDV(i)$ 是第 i 年收益的折现值,r 是折现率,$I(i)$ 是第 i 年的当年收益。

式 8-2 是项目在整个使用周期内总收益折现值的计算公式。

$$PDV = \sum I(i)/(1+r)^i \qquad (8-2)$$

如果假定项目收益和银行利率都是不变的,而且收益期限可以无限长,那么收益折现值合计的计算公式就可以简化为 $PDV = I/r$。

除了折现值这种比较简易同时相对可靠的方法以外,对投资项目的评价还可以使用内部收益率(internal rate of return)的方法。在使用期无限长的前提下,一项投资的年均收益额与投资总额相比所得到的比值,在数量上等于该项投资的内部收益率。将计算得到的内部收益率与银行利息率对比,就可以得到对投资效益的评价。如果投资的内部收益率低于银行利率,说明投资是不成功的,因为这笔钱还不如存入银行。

2) 投资收益的不确定性

但是做这类投资决策应该比投资移动载运设备时更为小心和谨慎,不但因为固定设施的投资数额和沉没成本高,而且固定设施的建设周期和使用周期都较长,因此未来的投资成本和项目收益也都具有更多的不确定性。

全长 50 公里的英吉利海峡隧道可以作为表述私人企业投资固定运输设施的一个案例,该项目完全是由私人公司投融资并进行建设的。该海峡隧道是设计用来开行往返于英法之间的铁路客货列车,包括用特殊车辆装载小汽车和货运卡车的铁路列车,在 1994 年该隧道开通之前,英吉利海峡上的跨海交通主要是由轮渡承担的。海峡隧道的开通使得英法两国之间的运输能力明显增强,而且能够提供比轮渡更快和更可靠的服务。然而隧道工程的代价也是十分昂贵的,在该隧道正式开通运营之前,海峡隧道公司已经积累了 120 亿美元的债务。怎样能够有把握地把这么大数量的一笔钱用得是地方呢? 为了回答这个问题,必须对投资的未来利润进行预测。从成本方面看,人们需要预测工程本身的造价、相关机车车辆的购置费用和开通以后的运营费用。从需求角度看,则需要预测通过海峡隧道的交通流,还得分析具有吸引力的收费水平。由于海峡隧道是新开工程,缺乏已有的经验数据,因此投资者必须在做出决策之前仔细认真地分析预测所有的相关指标,包括建设费用、车辆购置费用、运营费用、交通量、运价水平以及利率和投资的内部收益率等等,任何判断错误都可能导致决策错误。而英吉利海峡隧道工程确实提供了很多值得借鉴的教训。

首先是工程造价大大高于起初时的预算。很多参与该项目的投资者和银行财团都曾数度失去信心,甚至提出了工程是否应该中途废止的问题。当然海峡隧道最后还是建成了,但在建成时其每天所应支付的债务利息就高达 300 万美元。也就是说,海峡隧道每天的运营收入除了支付运营支出,还至少应该多出 300 万美元用于支付利息,这成了十分巨大的财务负担。运营支出本身也估计得不准确,一些运营中的问题没有事前得到预见,甚至原本计划好与隧道同时完工的由隧道英国入口至伦敦的高速铁路线,根本就没有按计划施工。实际交通量与预测有较大差距,而且收费水平也远远达不到原先的设计值。此外,由于轮渡公司不愿轻易退出市场,因此采取了激烈的竞争措施,包括大幅度降低轮渡票价,结果海峡隧道的收费标准也只得随之下降。

3) 投资收益不确定性的后果

海峡隧道公司的运营收入可以抵补其运营支出,然而它每天运营的纯收入却远远达不到 300 万美元,这使得它无法偿还自己的建设费用,并几乎导致公司破产。但是公司破产并不意味着海峡隧道也要关闭,这其中的原因在于运输基础设施的投入在很大程度上是沉没成本,隧道继续运营的决策可以不去考虑那些已经沉没了的建设费用。只要运营收入继续超过其直接的运营支出,海峡隧道公司在商业上就是有价值的。使用隧道的旅客也许根本体验不到隧道公司破产,受损的只是那些当年投资兴建海底隧道的股票所有者和银行财团,他们要承担财产严重缩水的损失。

可见,运输固定设施投资的沉淀成本特性有两个后果。一是这种投资的风险很大。银行一般不愿向建设固定运输设施贷款,而宁愿贷款给购买载运工具,原因当然是那些可移动的载运工具可以根据需要转移到其他需要的地方去,即便投资项目失败资金也不至于完全沉没。二是使用固定设施的机会成本很小。我们可以从很多铁路公司可以长期在低于其完全成本的运价水平上生存下来而弄懂这一点。英吉利海峡隧道公司完全可以支撑到与其竞争的轮渡公司,最后因为没有能力更新渡轮而歇业,因为我们从前面已经了解到,铁路的变动运营成本比重是较低的,大大低于轮渡的变动成本比重;或者支撑到渡海交通量上升到与运输能力相当,因而可以提高收费水平的时候。

8.3.2 投资的社会公益性

1）运输基础设施投资的目标

由于私人投资运输项目的风险过大，因此运输基础设施领域的投资很多都是由政府机构通过公共财政进行建设的。公共投资与私人投资的项目评价方法不同，因为公共投资主要应用在私人不愿或不能进行投资的领域。与私人投资的财务评价以盈利性为主要依据不同，公共投资的经济评价用社会净福利作为基本标准。私营公司的利润是用收入（revenues）减去成本，而社会净福利则是用效益（benefits）减去费用，社会净福利不一定要求得到全部效益的货币补偿。

2）消费者剩余与社会净福利

运输项目社会经济评价与企业财务评价不同的另一个问题是，有些竞争性运输方式的运价不等于它的完全边际成本。例如，运输竞争者接受政府的运营补贴，或者并不为自己所引起的环境污染支付补偿，在这种情况下，没有得到补贴和没有造成污染的运输方式实际上社会效益更大（或实际成本更低），但其运价却可能不占优势。如果不考虑税收，那么消费者的支付与运输企业的收益应该是一致的。运输企业的盈利计算与公共机构的成本—收益分析（cost-benefit analysis）存在的主要差别，一是成本—收益分析要考虑外部性，二是成本—收益分析要考虑消费者剩余。

消费者剩余（consumer surplus）又称为消费者的净收益，是指买者的支付意愿减去买者的实际支付量。在图8-3中，消费者剩余是p^*AB所包围的面积。消费者剩余衡量了买者自己感觉到所获得的额外利益，当然，这在实际中很难进行精确的测算。需要说明的是，即消费者的意愿支付如果实际上并没有真正发生，那么在企业财务评价中是不能被算作收益的，而在成本—收益分析中无论意愿支付发生与否，都应该算作效益。这一差别确实很重要，例如在价格管制的情况下，如果私人企业认为运价水平不足以补偿其投资和运营成本，它就不会为那些潜在而无法获得的收益而投资，但这对于公共机构而言该项目却可能是可行的。

社会净福利（social welfare）是投资项目的社会效益与社会成本之间的差额，或者更准确一些说，是社会效益的折现值与社会成本折现值之间的差额。社会效益分为消费者支付和消费者剩余两部分，消费者支付在图8-3中是Op^*Aq^*所包围的面积，而社会效益则是Oq^*AB所包围的面积。在大多数运输项目中，社会成本的计算是固定设施的建设与维护费用，此外还应该加上外部成本。显然，一个运输项目如果从社会角度看是合理的，那么它的社会净福利应该增加。如果利用图形把社会净福利定义为图8-3中需求曲线下方的总面积减去相应的总成本，那么

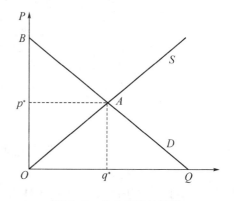

图8-3 社会福利的计算

可以得出等式：

$$社会净福利 = 社会效益 - 社会成本$$
$$= （消费者剩余 + 消费者支付）- 社会成本$$
$$= （消费者剩余 + 企业收入）- 社会成本 \quad (8-3)$$

如果不存在外部性，则社会成本＝企业成本，因此又可以得到等式：

$$社会净福利 = （消费者剩余 + 企业收入）- 企业成本$$
$$= 消费者剩余 + 企业利润 \quad (8-4)$$

3）运输基础设施的社会净福利

一个运输基础设施项目社会效益是消费者对该项目支付意愿的总和（消费者剩余＋企业收入）。但是这种效益很容易被夸大估计，原因是有些效益常被多次计算。例如，一条新公路的修建可以使货物的运输更加快捷，但如果在计算效益的时候既在货运业那里算上一笔，然后又在货物的发货人和最终消费者那里再各算上一笔，那么这种效益显然就被重复计算了。为避免公共设施效益的重复计算，一般要规定这种效益只对该设施的直接使用者进行计算，而不再计算间接使用者。

式8-2也强调了成本—收益分析并不在乎谁得到了效益或者谁负担了费用，只要社会净福利是正值就可以。例如某一投资项目可以带来较大的消费者剩余，并使它的社会净福利为正值，那么尽管该项目可能使投资者或经营者亏损，也应该建设。当然从另一方面说，根据同样的道理，假如某一项目没有多少消费者剩余，但却可以带来巨大的生产者剩余（即利润），那么也应该建设。例如，美国五大湖航道一直要维持大型矿石船通航的深度，其实每年并没有多少用户需要使用那样深的航道，而政府始终承担着航道疏浚费用，原因就在于有关钢铁公司因此所获得的效益大于公共财政的负担，结果这种做法就一直延续下来。

公共投资于运输项目产生的一个问题是，那些使用该设施获得效益的用户可能并不必须为此而支付全部成本，因此往往引起对项目或设施的需要过大，但公共财政的能力总是有限的，结果就必须由政府根据成本—收益分析做出兴建某些设施而不兴建另一些设施的决策。有很多时候这种决策机制并不成功，于是就出现一些设施投资过量，而另一些必要的设施却未能及时兴建。假如使用公共运输设施获利的人能够自愿根据获利的多少而支付使用费，可能就不会出现上述问题了，但由于经济学中"搭便车"动机的普遍存在，很难避免这些现象。与此同时，地方政府往往会争相在本地上项目以便吸引更多的上级政府投资，而项目本身实际上可能并不能通过成本—收益分析。

案 例

贷款修路、收费还贷错了吗？

——论公路设施的负债经营

引自《南方周末》2001年5月25日报道

曾被称为"亚洲第一桥"的洛溪大桥横跨珠江两岸，是广州到番禺的重要通道。

8 运输基础设施的经济特性

1984年洛溪大桥修建前,从番禺到广州要经过两个渡口,不到15公里的路程,至少要花3～4个小时。1988年,洛溪大桥建成通车,并设立收费站收取过桥费以偿还贷款。

1999年3月,广州市人大代表王则楚向番禺市政府提出了洛溪大桥收费何时结束的询问。得到的答复是,洛溪大桥自身的贷款早就还清,但8个配套工程的贷款尚未还清。2000年4月,王则楚又提出洛溪大桥收费何时结束的问题。番禺市的答复是,洛溪大桥的收费要求延长到2028年,但没有还贷计划。2001年3月,王则楚等代表第三次提出洛溪大桥收费何时了的询问,番禺市政府书面答复说,洛溪大桥是原番禺县政府在1984年集资1亿元兴建的。从1991年到1998年,又为洛溪大桥兴建了8个配套工程,总投资达78 763万元(含洛溪大桥1亿元),资金来源除中央和广东省各级政府拨款1 569万元外,其余均为银行贷款,洛溪大桥自建成通车后,前期一直亏本运作。1997年开始还贷,截至2000年6月,共还贷35 858万元,但收回全部投资本息还需7年。

正当人们议论洛溪大桥的收费时,全国政协副主席霍英东说,洛溪大桥是他捐建的,他从未从洛溪大桥收费中拿过1分钱,未来也不会要1分钱。他捐了1 000万港币的物资,由于结合优惠政策经营得法,使1 000万港币增值为7 000万元人民币。7 000万元人民币在当时完全足够修建洛溪大桥,不知道洛溪大桥何来的贷款?此言一出,媒体哗然,看来洛溪大桥问题丛生。

案例分析

事实上,洛溪大桥现象只是路桥收费领域中众多问题之"冰山一角"。各地路桥收费中比较普遍的问题是:设站过密、大部分收费项目没有办理竣工决算就擅自批准经营或转让收费权、没有联网收费、还清本息即撤收费站的规定未能落实,有些收费站成为政府的"小钱柜"。基于这些问题,有人对"贷款修路、收费还贷"的做法持否定态度。

完全否定的观点当然是不正确的。以广东为例,广东省在改革开放前都是靠财政拨款建设公路的,当时用于公路建设的政府投资每年只有600万元。为迅速改变公路条件,1981年广东省交通厅决定借钱修路,然后通过收费偿还。当时向澳门一公司借了1.5亿港元,然后自筹8 000万人民币来修路,并从1984年1月1日起在广东线、广州线六个路口设站收费。客观地说,正因为"贷款修路、收费还贷",广东的路桥面貌才有可能焕然一新。也就是说,原先把路桥看成纯公共产品,共同消费、政府提供;后来把路桥看成俱乐部产品,允许民间资本介入,交费才能消费。实践证明,引入市场机制建设路桥,总体来说是成功的。

但是,在把精力集中在"贷款修路"的同时,却忽视了"收费还贷"的管理和监督,以致出现洛溪大桥这样的问题。当时只要省计委立项,然后物价局根据省计委的批文就可批设收费站,没有一个部门具体负责收费站的管理,直到1996年8月,省政府才明确规定交通厅作为收费公路的行业管理单位。此后，交通厅对收费站进行了大规模的清理，并发现许多工程的竣工决算没有办理。没有办理工程的竣工决算，就无法确定项目的还贷基数。项目没有还贷基数，则意味着这些项目用了多少钱、收了多少钱、还了多少钱、还剩多少债等问题都无法明确。因此，当初的路桥收费方面的管理是比较乱的。

收费还贷管理中最突出的问题是缺乏监督，没有将资金全额用于还贷，造成贷款长期未能还清，致使多年来路桥收费站只增不撤，车辆缴费负担越来越重。主要表现：一是对收费项目的实际投资总额、债务状况、收费还贷进度等缺乏有效监督，导致虚报投资、虚列债务，随意挪用收费资金；二是一些收费站以扩宽、延长、改道等工程项目为由，增加工程投资，故意延长收费年限；三是一些地方或单位以若干项目"捆绑"一起收费还贷为由，不愿撤销还贷已清的收费站。

对于路桥收费站的撤销问题，应该多角度地分析。从消费者的角度看，如果路桥收费站的收费已还完贷款，则应该撤销。但从政府的角度看，它要统筹兼顾，如洛溪大桥，如不考虑8个配套工程，收费已足以还贷，也就该撤销了。但是与洛溪大桥平行新建的番禺大桥的还贷怎么办？洛溪大桥收费站撤销，那么跑番禺大桥的车都会过洛溪大桥。结果可能是洛溪大桥整天塞车，桥面负荷太大；而番禺大桥则桥面宽阔、车辆稀少，收费难以还贷。

可见，"贷款修路、收费还贷"的做法这得肯定。但是，必须对现行路桥收费管理进行改革。如全面清理整顿路桥收费站，建立和健全路桥收费站收费还贷档案，建立路桥收费站停止收费提前公示制度，对收费站设置过密的地区试行统筹设站、统筹收费还贷的办法，严格路桥收费标准的管理，加快"一卡通"电子收费系统的建设。

案例讨论

1. 洛溪大桥的案例体现了公路基础设施哪些方面的特征？
2. "在把精力集中在'贷款修路'的同时，却忽视了'收费还贷'的管理和监督。"这种"忽视"有没有积极的经济效果？
3. 以洛溪大桥（以及平行的番禺大桥）为例，如何才能体现公路基础设施投资的社会公益性？

概念复习

难以归依性	公共物品	非竞争性
非排他性	准公共物品	产权
搭便车问题	网络外部性	消费者剩余
社会净福利	折现值	折现率

8 运输基础设施的经济特性

思考题

1. 举例说明为什么运输基础设施的投资大多是沉淀成本。
2. 用可替代性的强弱分析各类运输基础设施的机会成本。
3. 对于机场来说,哪些成本是难以归依的?
4. 试分别分析公路、车站、机场、码头等运输基础设施是否属于公共物品,如果是,属于哪一类公共物品?
5. 试分别分析高速公路和低等级公路作为商品具有哪些质量属性,其中哪些属性由于产权界定的困难不易交易?
6. 试分析公路网络的互补性与替代性。
7. 简述机场跑道和候机楼规模经济之间的关系。
8. 若某一停车场的年收益为10万元,运营期为10年,折现率为10%,该项目的收益折现值为多少?
9. 试列举某一运输基础设施的社会净福利包含哪些内容?

9 运输的外部性

学习目标

理解外部性的概念;掌握最优环境改善水平的概念;理解运输外部性的分类;了解运输外部成本的类型及其测算方法;熟悉交通拥挤概念、经济成本与经济价值。

9.1 外部性概述

9.1.1 外部性的概念

1) 外部性的界定

在经济学中,有关外部性的定义很多,"外部经济"、"外部效应"、"外部影响"、"外在性"、"外溢效应"等概念是各个时期"外部性"的不同称谓。从形式上说,当一个经济主体的行为对另一经济主体的福利产生了效果,而这种效果并没有从货币上或市场交易中反映出来,就产生了外部性。因此,从与市场的关系来看,外部性(externality)是未被市场交易包括在内的额外成本及收益统称(若外部性被纳入市场交易,我们称之被"内部化"了)。外部性必须满足四个条件:①外部性不能单纯是某种物质影响,而必须是某种福利影响的效应;②产生外部性的主体必须是个人或集团人群,或处于人的控制之下的事物,受影响的一方也必须是人或人所拥有的事物;③外部性造成的福利影响,无论是利益还是损失,都是不支付代价的;④外部性通常是一种经济活动的副作用,带有偶然性和附随性,而不是一种经济活动的主导的和有意识造成的影响。

2) 外部性的分类

实际上,在经济学100多年的研究历程中,关于外部性的概念不但没有统一反而存在散化的趋势,人们的观点也同样存在很大的差异。有的以外部性是否为正将其分为"外部效益"(或"社会效益")与"外部成本"(或"社会成本");有的以经济实体(企业或物品供给者)和个体为界划分内部性(内部经济)和外部性(外部经济);有以群体(代际)为界划分内部性和外部性的;有以系统(以一项买卖交易活动的双方为一个系统)或交易活动为界划分内部性和外部性的；还有的以外部性产生原因为研究对象将外部性界定为制度外部性作为制度变迁和政府干预的解释工具。不过，以上各派大多倾向以"市场"为界划分内部性和外部性，即能够通过市场机制或价格机制内部化的都属于内部性，这部分外部性又可称为经济外部性，而不能够通过市场机制和价格机制内部化的是真正的外部性，即技术外部性。可见，外部性与内部性的界限是多样化的，物理界限(以"账户"为界)和观念界限(以"市场机制"为界)混合存在，从而导致外部性边界也是不确定的。许多学者在分析外部性时同时采用两种以上的划分依据，这是造成外部性研究观点纷争且往往争论无果的主要原因之一。

3) 经济外部性和技术外部性

这两种外部性的表面区别是：当技术外部性出现在生产(或消费)中时，它们必须表现在生产(或效用)函数中，而经济外部性就不是这样。比如说，当一家企业的成本受其他厂商在生产要素买卖中的行为所引起价格变动的影响时，就产生了经济外部性效应。举个能有助于说明这一问题的例子。一条新高速公路可能阻塞或破坏一个地区居民以前享受的美景，这一直接进入居民效用函数的事实就意味着它是技术的外部性。如果这条新高速公路还把当地修车厂经营的业务转移到高速公路服务站，那么修车厂主收入的减少就是一种经济外部性，因为这一后果是间接的，也就是通过两个企业所收取的价格的变化引起的。

由于这两种外部性通常是同时发生的，加之这两者的区别似乎很小，因此常被人们忽略。但实际上，他们之间存在很重要的区别。技术外部性是真实的资源成本(即"真正的外部性")，如果决策时要确保得到最佳效率，就应该仔细考虑资源成本。总体来说，经济外部性不涉及资源成本(因此又被称为"假外部性")，但它们通常具有重要的分配意义(例如在高速公路一例中，招致服务站得益而修车厂受损失)。存在与项目有关的经济外部性这一事实，并不会减少总的净收益，但却表明在整个经济中存在调节，这种调节影响谁得收益谁受损失，因此在评估公共运输投资时，区别技术外部性和经济外部性具有重要意义，因为人们关心的除投资总水平外，还要关心成本和收益的发生方式。

4) 纯拥挤与纯污染

传统的福利经济学根据所涉及对象的不同类型来区分各种各样的外部性类别，有学者提出了一种简单的两分法，在运输领域内它可能比某些复杂的分类方法更加有用：

纯污染——"损人利己"。一些使用者确实滥用生活环境而成为污染者；而另一些人成为这种滥用的相对被动的受害者。例如，对于喷气式飞机发出噪音，机场附近的家庭主妇们不得不忍受它。

纯拥挤——"损人不利己"。如果公路交通是拥挤的典型例子，那么与之相关的人与人之间的主要分配事实就是，所有的使用者都以完全相同的方式使用生活环境(公共物品)。每个人都在破坏他人和自己的服务质量，对自己和他人破坏的比率对所有使用者来说大致相同。全体使用者由于他们自己施加的相互作用而均匀地遭受损失。

⚠ **注意**：在讨论外部性时，"内外部"的界定非常重要

例如，拥挤的公路上某一驾车者的加入，对其他驾车者的延误影响确实是外部性的。但对公路上所有的驾车者这个"俱乐部"来说，这种影响又是内部的。这里，以某一驾车者为界还是以所有的驾车者为界会影响我们对外部性的判断。

9.1.2 外部性产生的原因

很多空气污染属于外部性，因为市场机制无法对污染者提供适当的限制。厂商们既不会自愿地减少有毒化学物质的排放，也不会改变将有毒的废物排向社会的行为。那么，为什么像污染这样的外部性会导致经济的无效率呢？假定有一个位于城市里的繁忙的公交始末站——车辆怠速与频繁进出会制造大量的噪声与尾气，办公楼因此需要安装隔音门窗并定期粉刷，同时工作人员的医疗费用也会增加。尽管如此，损害的主要影响对车站来说还是"外部的"，它影响的是整个周边的地区：给植被和建筑物都带来问题，导致附近居民备受噪声困扰，甚至患上多种呼吸道疾病等一系列问题。

作为一家健全的以利润最大化为目标的企业，公交公司必须决定车辆应该排放多少污染物。若对车辆的污染状况置之不理，则它的工作人员、车辆和办公楼都将遭殃。另一方面，如果对进出车辆所排放的每 1 单位废气和每 1 单位噪声都加以清除的话，则需要付出沉重的代价——公交车换装使用天然气甚至电力驱动的发动机之类。完全彻底的净化费用肯定太大，足以让公交公司无法在竞争市场上生存。于是该公司的经理会选择一个均衡水平以减少污染。在该水平，公交始末站从多净化 1 单位污染或"污染减少 1 单位"（私人的边际收益）中所获得的效益，正好等于多"减少 1 单位污染"所增加的成本（净化的边际成本）。在这个水平上，公司的私人边际收益正好等于净化污物的私人边际成本。如图 9-1 所示，当公交公司只从私人成本收益角度考虑问题并以最小成本进行发电时，它就会排出 ($B-A$) 单位的污染物，而只净化 A 单位的污染物。现假定一组环境学家和经济学家要检测整个周边地区而不仅是一个公交始末站的污染影响。在检测总的影响时，观察家们发现，控制污染的社会边际收益（包括增进健康和提高邻近地区的资产价值）是上述私人边际收益的 10 倍。为什么公交公司不将附加的社会收益统计入账呢？因为那对公司来说是外部的，对利润毫无影响。

我们现在了解了污染和其他外部性如何导致了经济无效率的产生；在没有管制的地方，企业会采用使净化污染的私人边际收益等于净化污染的私人边际成本的方法，来决定利润最大化条件下的污染水平。当污染外溢出去的影响很严重时，私人均衡水平势必缺乏效率，从而导致很高程度的污染和很低水平的净化行为。

9 运输的外部性

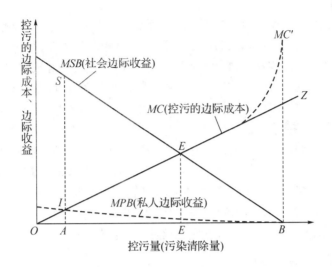

图 9-1 最优的环境改善水平

注：当社会边际收益（MSB）与私人边际收益（MPB）两曲线分叉时，市场的非管制均衡点在 I，I 点的控污量，或者说污染清除量非常小。有效的控污量应该是在 E 点，在该点的 MSB 等于 MC。

9.1.3 符合社会效率要求的污染

在私人控污决策缺乏效率的条件下，能否找出更好的解决办法呢？是否应该彻底禁止污染呢？是否应让受害者与制造污染者谈判或对污染者起诉呢？是否存在一种可操作的解决办法呢？通常，经济学家们通过平衡社会成本和收益的办法来确定符合社会效率标准的污染水平。更精确地说，效率是指控污的社会边际收益等于控污的社会边际成本。在这个水平上，减少1单位的污染所增加的国民健康和财产的边际收益正好等于相应的减少1单位污染的边际成本。那么有效的污染水平该怎样确定呢？经济学家提供了一种方法叫做成本—收益分析，效率水平由一种行为的边际成本和边际收益的均衡来决定。当边际成本等于边际收益的时候，经济行为的结果是最有效率的。同时，成本—收益分析说明了为什么"无风险"或"零排放"政策通常是很浪费的。将污染降低到零将会使控污成本上升为一个天文数字，而减少最后几克的污染物所带来的边际收益却少得可怜。而在有些情况下，要达到持续零排放几乎是不可能的。换句话类比一下，按照零风险原则，机场、公交始末站就应当关闭，所有的汽车交通也应当被禁止。现实中通常的情况是，经济效率要求达成一个折中方案，即产业的额外产出的价值正好同额外污染的损失相均衡。

我们继续通过图 9-1 来说明这些观点。图中，纵轴表示减少车辆有害气体排放（控污）的边际成本和边际收益，横轴表示清除有害气体的排放量（控污量）。这里的技巧在于记住因为控污是一种"益品"，因此它在横轴上是正值。具有正斜率的 MC 是控污的边际成本曲线，具有负斜率的曲线是减少污染的边际收益曲线。上面的 MSB 线是减少污染的社会边际收益线,下面的 MPB 线是净化污染的私人边际收益线。没有管制的市场均衡点为 I,因为在 I 点私人边际成本和收益是相等的。在这一点,只有 A 单位的污染被控制。此时控污的社会边际收益远大于控污的社会边际成本,这表明没有管制的市场是缺乏效率的。在 E 点实现了有效率的污染水平,在该点,控污的社会边际收益 MSB 等于边际成本 MC,对额外的污染控制来说没有净收益。相对于无管制的情形,区域 ISE 代表了有效控污后的净收益。最后,让我们考虑将每一点污染都排除的情形。这可以被称之为零风险哲学,在这里,它要求控制 B 单位的污染。社会边际收益为零且无污染的点在 B 点,因为最后 1 单位不造成损害,而边际成本相对较高的点在 Z 点。在某些情况下,如在 MC' 虚线上,零污染的成本可能是天文数字。此时,我们可以看到零风险方案的净成本(社会净福利的损失)为区域 EZB。这个例子说明经济学家为什么对零污染持怀疑态度,因为这可能导致整个经济的破产。

⚠ **注意:外部性的控制目标**

理想地,应把外部性控制到这样的程度,即进一步降低外部性的成本将超过边际社会收益。因此,污染应该降低到这样的程度,即消除污染的社会成本能够被减少污染所带来的社会效益所抵消。相应的,污染"危害"指的是超出最优控污水平以上的那部分,而不是指零污染水平或者人们感觉"纯净"的环境改善水平。

9.2 运输的外部性

由于研究目的的不同,对于运输的外部性有着不同的分类。如根据外部性的不同性质,可以分为运输外部经济和运输外部不经济;根据不同的运输方式,可以分为铁路运输外部性、公路运输外部性和航空运输外部性等;根据具体的内容,可以分为环境污染(如大气污染、水污染、噪声污染等)、交通拥挤、交通事故等;根据运输外部性产生的不同原因,可以分为运输活动产生的外部性、运输基础设施存在而产生的外部性等。由于视角与界定范围的差异,在讨论运输的外部性时存在着很多争议。

1)运输基础设施产生的外部性

运输设施供给的外部性可以分为正外部性和负外部性,正外部性通常也是政府作为运输设施供给者的主要原因:①运输设施通常用于公共服务,例如基本的社会沟通、军事目的以及其他社会目的;②运输设施有利于促进边远和不发达地区的发展,有利于平衡地区间的收入分配;③可以通过系统的运输网络规划实现国家开发利用能源的目的。而运输设施供给的负外部性则包括:①土壤和水污染,土地表面风化;②生物圈、生态多样化和自然栖息地受到干扰;③人类沟通被隔离;④视觉障碍。

对于上述观点的主要争论集中于正外部性,认为当供给者身份不同时其能否作为外部性是存在差异的:如果供给者是政府,那么上述三个方面的正外部性是政府决策该运输项目必须考虑的内部效益,也是该运输项目得以建设的主要需求源,特别是其已经在该运输项目费用效益分析时计算在内了,如果仍然将其算做外部性则属于重复计算。但是如果

9 运输的外部性

运输基础设施的供给者是私人,那么问题就不一样了,因为私人仅仅考虑该项目所能带给他的私人收益和私人成本,而上述正外部性并不能纳入该私人供给者账户,因此是外部性。

2）运输活动产生的外部性

运输设施使用的外部性也包括正外部性和负外部性。关于运输设施使用的正外部性存在两类截然不同的观点：一种认为人们选择该种运输方式的原因是可通达性提高和成本降低（时间节约等），这些可以在费用效益分析中考虑,因此运输设施使用不存在正外部性。另一种相反的观点则是比较宽泛的,将运输设施产生的新的消费和新型物流组织均计入其正的外部性。最近又有观点认为,运输设施使用的正外部性是显著的,可以分为金钱正外部性和技术正外部性。金钱正外部性是指因运输成本降低导致的：劳动力市场扩大、产品市场扩大、智力投资、想象力和自信、开发领土、支付效益以及降低医院成本等；而技术正外部性主要是指由于运输设施提供了便捷快速的运送病人的条件而使病人减少的痛苦和伤残程度。

运输设施使用的负外部性主要有四个层面：

一是交通拥挤所带来的额外时间和运营成本,即拥挤成本。关于拥挤成本是否是运输设施使用的负外部性,持不同划分界限观点的人给出的答案是不同的：如果以供给者"账户"为界,则交通拥挤成本一部分由供给者承担,一部分由使用者承担,前者无疑是"账户"内的,不构成外部性,而后者则是"账户"以外的,可以算做负外部性；如果以运输产品交易系统为界,在不考虑拥挤带来的大气污染等因素的前提下,拥挤成本分别由交易活动的双方（供给者和使用者）分担,虽然分担比例因运输产品交易契约安排的不同而有所差异,但仅是系统内的现金流转移,属于系统内部性。关于拥挤成本属于内部性的观点由以"市场机制或价格机制"为界限划分外部性的派别重新解释为,过度拥挤的运输设施并不是公共物品,而是俱乐部物品,其已经具备了私人物品的主要特征。因此,其配置可以通过市场法则组织,无论是谁（政府或私人）供给运输设施,都可以根据拥挤程度和支付意愿征收不同的使用费,这样拥挤外部性就消失了。

二是运输设施供给中没有涵盖的费用,即纳税人与使用者的现金流错位。这种观点的主要立论依据是,运输设施通常是由政府供给,政府资金来自于纳税人,因此,纳税人是真正的供给者。但是使用运输设施的人群仅是纳税人中的一部分,甚至一些没有履行纳税义务的人,这样使用者无意中将一部分使用费用转嫁给了那些没有参与运输活动的纳税人,即第三群体,使他们无意中受到影响,这种现金流的错位部分就构成负外部性。但是新的相反的观点认为,运输设施投资决策是由纳税人的代表——国家做出的,存在这种错位可以事先预料；或者如果运输设施建设的基本目的不是经济性的而是为了改善社会条件,那么这部分费用应该被看做是公众的自愿负担,而不是外部影响,即不是负外部性。

三是与运输活动相关的环境影响,包括噪声、大气污染、气候变化、邻里之间交流割断、水和土壤污染以及运输设施运营带来的不舒适感和损害等。

四是交通事故造成的人力资源损失,这里的运输负外部性即事故成本主要表现为交通事故造成人员伤亡的损失,其具体计算公式为：事故成本＝人员伤亡损失额-意外伤害保险偿付额等。

9.3 运输外部成本的评估与量化

9.3.1 外部成本计量的复杂性

很少有人会怀疑未受污染的环境对人类来说很重要,有效的管制通常都要求管制者能够确定外部性影响的货币价值。例如,如果污染排放费能根据社会边际成本和社会边际收益来确定,则我们显然就必须计算出污染的社会危害。如果受影响的是市场物品和服务的话,则危害的测量相应地也就会比较直接;如果新建一条马路需要拆掉某些人的房子,则我们也可以计算出替代住所的市场价值。

但是,计量非市场部分的价值确实是一个难题,运输外部性研究的主要问题就源于许多损失无法在市场上标价。困难首先在于其影响的角度和范围可能是非常多非常大的。许多运输外部成本都是直接对周围产生影响的,例如拥挤、噪声、振动和引起人们呼吸和视觉障碍的排放物等,但也有一些外部影响会在较长时间以后才反映出来,例如污染物对人体的其他有害影响、某些污染物对当地植物或建筑物的损害等。在国家级或跨地区的层次上,一些污染物包括引起酸雨的氮氧化物和硫等气体,对水体的污染等,会在相当大的范围内扩散,危害远离污染排放地点的林地和湖泊,但这种作用一般需要一定的时间和累积,往往不是立即就出现的。特别是大量二氧化碳的排放会引起温室效应,改变全球气候,加快荒漠化和海平面的上升,氟利昂等有害物质的过度使用则破坏大气中的臭氧层,这些都是更为长期和更大范围的影响。运输外部成本这种在多时空层次上的多样化影响,使得对这些影响的评估和币值计算变得十分复杂,而且必然增大了有关政策制定的难度。目前运输外部性的评估方法一般只局限于在较低的区域级层次上使用,对于跨地区或国家级层次的评价或计算,这些方法已经很难适应。

运输外部性币值计量的另一个重大难点是,物理性的外部影响与其货币估价之间的联系在很多情况下并不是直接的,例如计算汽车排放氮氧化物(NO_x)对林业造成的影响,就要从测量特定时间和特定地域的 NO_x 排放量开始,到测定这些 NO_x 对一定时期内环境所造成的影响,再到测定有关地区内林木因此而遭受的损害程度,最后才是对林木损失价值的估计。在很多情况下,人们对其中每一种联系的理解都有很多模糊不清之处,因此有时要衡量某一外部性的物理或生化影响本身都很困难,更不用说对其进行价值估计了。在这方面如果再把很多外部性通常具有显著的非线性特征,以及在很多变化或影响过程中会出现的关节点和临界阈值,即从渐变转为突变考虑进去,问题就更复杂了。

9.3.2 运输外部成本计量的方法

尽管存在着这些困难,计量运输活动造成的环境、拥挤或事故成本的方法,近年来还是取得了一定进展,有人把有关的方法大体分成了如下几类:

1）判例法

之所以用历史判例来从某些方面估价环境的价值,主要理由是应在长时期内保持一致性。这方面的判例是对造成环境损害进行赔偿的法律裁决。这种方法虽然表面上具有吸引力,但却具有严重的局限性。

虽然已有运输供应商,尤其是船运公司赔偿有害污染物泄漏的例子,但法律裁决主要应用于对交通事故中的伤亡的估价。这是因为判例只存在于已确立权利的地方,而这些权利很少扩展到环境方面。即便没有这个实际限制,这种方法的用处也受到多数法律体系性质的限制。法律通常适用于事故中的受害者(包括死者亲属)在他们余生中受照顾的需要。因此,在环境破坏造成死亡的地方,人们不考虑死者的"成本"。同样,对动植物的损害一般不在依法裁决赔偿之列。

2）规避成本法

运输对环境的许多不利后果可以通过隔离加以减轻,此类隔离或规避的成本可用作对环境价值的评估。双层玻璃窗能减少噪音干扰,安装空调可以减少空气污染的不利影响,为运输基础设施和车辆采用更安全的工程设计标准能降低事故风险。估计环境破坏成本的一种广为应用的方法是使该成本与规避成本相等。

主要问题在于难以从与其他利益有关的笼统支出中分离出为环境原因做出的特定支出,前者如安装双层玻璃(例如减少取暖费用等)或安装空调器(如降低温度)等。隔离噪音也只能是部分地隔离,当人在花园或窗户打开时就不能提供保护了。例如,从安全角度来看,航空业提供了非常安全的产品,但要支付巨大成本。就其所挽救的潜在生命而言,每一条生命的隐含价值要比在公路上挽救一条生命高很多,在公路运输中,人均安全支出要低很多。

3）显示性偏好法/享乐价格法

在某些情况下,环境资源的消费者通过自身的行为,含蓄地显示他们对环境资源的估价。他们牺牲一些金钱利益作为交换来限制资源环境的使用或者获得一些环境利益。典型的例子就是人们愿意多付钱而住到远离喧嚣的机场、公路的地方,或者出高价住远离繁忙街道的旅馆房间。因此,交通、震动、噪声和其他污染超过一定水平,就会使暴露在其影响下的有关住房等不动产价值遭受贬损,该方法就是根据住房等市场价格与环境质量方面的联系,推断交通污染所引起的环境成本。

4）旅行成本法

新的运输基础设施会破坏以往无偿提供的休闲、娱乐场所,如公园、钓鱼台等。因而人们去这类场所享受自然乐趣,要花费可以计量的旅行成本,包括时间和金钱。可以利用这种信息来对此类设施的价值有所了解。

这一方法的主要用途是评估特定类型环境影响的价值,但在含多个环境因素和人们愿意对各种因素逐个评价就不大适用了。

5）表述性偏好法

既定偏好法(在环境著作中称为偶然事件评价法)不是通过观察实际交换情况来给

环境成本定值,而是力求从个人在遇到特殊情况时所做的交换中引出信息。使用的最广泛的方法是问卷调查法,即询问有关的一组人,如果发生预先明确的运输造成的环境破坏,他们需要什么补偿以保持现有的福利水平,或者他们愿意付出多少代价来阻止破坏的发生。问题设置在惯例范围内(以便利于表明设计哪些筹资方法),而且为了提供市场框架,询问者首先提出一个起始"标价"来开始调查,由答题者对此做出回答。所提问题必须细致地表述,以确保假设的交换清楚明了,并尽量使这种方法可能带来的问题减到最少。

这些评估方法各有自己的长处,也都存在着局限性。很难对所有不同的外部性影响都只使用同一种价值评估手段,因此可能会对不同的外部成本利用不同的定量计算方法,或者可能需要利用一种以上的评估方法。甚至对同一种外部成本,不同的分析人员或在不同的国家所使用的评估方法也不同,计算结论于是也存在很大差别。这里面当然也就产生了问题,就是以不同方式计算出来的运输外部性定量分析结果有时候很难进行简单的比较,也无法相加求和。例如,是否能把从规避研究得出的噪音污染价值和从既定偏好得出的空气污染价值相比较?所以,很多时候会引起人们对其真实程度的怀疑,并影响到其在实际中的应用。

举例来说,在阿拉斯加的威廉王子海峡,埃克森公司的瓦尔代兹号油轮的泄露污染了海滩,危害了野生动植物。海獭的生命究竟值多少钱?更有争议的还是人的生命,社会应当为减少空气污染所造成的疾病或缩短生命的影响支付多少美元呢?经济学家们已经找出了许多种方法,以计量无法直接用市场价格来显示的危害的价值。对于那些环境问题直接危害当事人的情形,计价是很容易的。被污染的河流湖泊会损害在那里钓鱼和游泳的人,失去娱乐机会的价值可以通过计算它的机会成本(人们愿意为类似的娱乐支付的价格)来衡量。但是海獭的价值是多少呢?大多数人从未见过海獭,就像从未见过威廉王子海峡一样。但他们还是愿意对这些自然资源的价值进行估量。有些环境经济学家用或发价值(contingent valuation)的概念来形容人们愿为假定的情形所支付的价格,例如,保护某些自然资源不受伤害。在瓦尔代兹号油轮泄露事件中,美国各地的人都接受了调查,用以发现未曾到过威廉王子海峡的人是如何评估保护和保存其原始环境的价值的。调查和评估的结论是,那场事故的成本为30亿美元。或发价值的方法有缺陷。批评者指出,由于人们被要求评判的是他们不懂或未经历过的事情,因此结论是不可靠的。这就如同问人们愿为月球上生产的绿奶酪付多少钱一样的荒谬。批评者还指出,由于人们无需真的掏钱,而且当他们说愿意为一个有价值的东西付很多假想的钱时往往感觉良好,因而他们的估价往往是出奇的高,但是可信度却并不很强。

资料:北京市外部成本估算的方法及结果

引自:邓欣,黄有光,《中国道路交通外部成本估计——北京案例研究》,重庆大学学报(社会科学版),2008年第14卷第1期

1)与机动车相关的空气污染成本

估算主要采用表述性偏好法(评估人们愿意支付多少金钱以减少疾病和死亡的风险)

9 运输的外部性

和判例法(用因疾病或死亡而减少的收入或产出,加上人们直接付出的费用作为衡量疾病和死亡的成本)。研究表明,假定 60% 的居民受到大气污染的影响,而机动车对 PM_{10} 的贡献率为 30%,那么,机动车排放的污染物在 2000 年杀死了 1 876 位北京居民,高于当年死于交通事故的人数(1 470 人)。机动车造成的污染还额外造成 3 751 人因呼吸道疾病住院,以及 19 068 例慢性支气管炎。按照表述性偏好法和判例法计算的与道路交通相关的大气污染造成的成本分别为 9.73 亿和 2.1 亿美元。综合来看,2000 年,按照愿付价格法和人力资本法计算与道路交通有关的大气污染成本分别相当于北京当年 GDP 的 3.26% 和 0.7%。

2)与机动车相关的噪音污染成本

用于估计噪音污染成本的方法也有两种:显示性偏好法/享乐价格法和规避成本法。表 9-1 显示,按照享乐价格法计算得出的 2000 年北京市城区和近郊的交通噪音成本合计达 1.84 亿美元,或占 GDP 的 0.615%,其中城区的份额高达 70%,这主要是由于大部分居民住房在城区。自 2000 年 7 月起,北京市政府规定新建住房必须安装双层玻璃。尽管双层玻璃还有保暖的作用,但无疑防止噪音侵扰是一个相当重要的功能。如表 9-2 所示,按照规避成本法估算出的 2000 年北京市城区和近郊的交通噪音成本合计达 0.91 亿美元,占当年 GDP 的 0.31%,大约是享乐价格法估算的数额的一半。

表 9-1 2000 年北京城区和近郊交通噪音成本——享乐价格法

	居民住房面积 (百万 m²)	总噪音成本 (百万元)	交通噪音成本 (百万元)	交通噪音成本 (百万美元)	占 GDP 的比重 (%)
城区	17.63	1 463	439	53	0.177
近郊	66.56	3 616	1 085	131	0.438
合计	84.19	5 079	1 524	184	0.615

表 9-2 2000 年北京城区和近郊交通噪音成本——规避成本法

	居民住房面积 (万 m²)	双层玻璃面积 (万 m²)	双层玻璃成本 (百万元)	噪音份额 (百万元)	交通份额 (百万元)	占 GDP 的比重 (%)
城区	1 763	88.1	881	529	159	0.06
近郊	6 656	332.8	3 328	1 997	599	0.24
远郊	6 777	338.9	3 389	2 033	610	0.25
合计	15 196	759.8	7 598	4 559	1 368	0.55

3)机动车所造成的拥挤成本

拥挤降低了引擎的效率,增加汽油消耗量和有害物质排放,增加人们的旅行时间以及公司的送货成本。由于增加有害物质排放的影响已经在大气污染成本估算中加以考虑,额外的车的损耗及汽油消耗量已由个人承担,因此,主要考虑的是由拥挤造成的时间损失。根据世界银行的指南,与工作有关的旅行的时间价值是旅行者小时工资的

1.33 倍,而与工作无关的旅行的时间价值是旅行者每小时家庭收入的 0.3 倍(成人)或 0.15 倍(儿童)。货运车及公交车旅行者的时间价值则是运输工具损耗、乘客和司机的时间损失之和。表 9-3 显示 2000 年北京市道路交通的拥挤成本。因私家车、公交车和其他机动车引起的拥挤成本基本相当,分别为 9 200 万美元、9 700 万美元和 8 100 万美元,合计相当于 2000 年北京市 GDP 的 0.91%。

表 9-3　2000 年北京市道路交通拥塞成本

交通工具	私家车	公交车	其他机动车
数量(10 000)	43.48	1.48	59.16
年旅行人次(10 000)	31 305.6	352 643.7	60 343.2
高峰期年旅行人次(10 000)	15 522.36	117 547.9	10 560.06
平均每次旅行的时间损失(小时)	0.6	0.381	0.6
时间价值(美元/小时)	0.984	0.289	1.282
占 GDP 的比重(%)	0.31	0.33	0.27
高峰期车拥塞成本(美元/车)	211	6563	137
占总拥塞成本的比重(%)	33.95	35.97	30.08

4)交通事故成本

交通事故成本包括人身伤亡的成本、财产损失及其他相关的社会成本,如个人及亲友的精神损失、警察成本及非个人承担的医疗成本等。当然,并非所有交通事故成本都是外部成本:司机和交通运输公司通常会购买保险来支付某些事故的成本,这些由保险支付的成本已经内部化了。尽管如此,由于有不少车主根本没有任何形式的保险;此外,保险也无法覆盖所有事故成本,因而仍有相当一部分事故成本并未被市场内部化。表 9-4 显示:根据表述性偏好和判例法,2000 年北京道路交通事故的伤亡成本分别为 2 176 亿美元和 4 100 万美元,分别相当于北京当年 GDP 的 0.926% 和 0.138%。其中死亡成本占主要地位,占总成本的 90% 以上。这也可能是因为仅造成轻伤的事故没有报告,而是在当事人之间"私了"了。当然交通事故死者当中,有不少是由保险覆盖。但目前保险支付的费用可能仅仅数万或十余万人民币,不到所估算生命价值的 10%,因此仍然可以说死亡成本的绝大部分是外部成本。

表 9-4　2000 年北京市道路交通伤亡成本

	人数	价值(美元)		成本(百万美元)		占 GDP 的份额(%)	
		表述性偏好法	判例法	表述性偏好法	判例法	表述性偏好法	判例法
死亡	1 470	175 000	26 083	257.3	38.3	0.861	0.128
受伤	10 963	1 750	261	19.2	2.9	0.064 2	0.009 6
合计				276.4	41.2	0.925 6	0.138 0

5）与机动车相关的外部总成本

综上所述，2000年北京市道路交通外部成本占GDP的份额介于1.745%～5.296%之间。若根据这上下值的平均值（3.52%）估计，北京每辆机动车每年的平均外部成本为人民币8 349元。其中，因空气污染造成的损失为人民币4 700元。

表9-5　2000年北京市道路交通外部成本总览

项目	成本（百万美元）		占GDP的份额（%）	
	高限	低限	高限	低限
空气污染	973.7	209.8	3.260	0.702
噪音	184	122	0.616	0.409
拥塞	148	148	0.496	0.496
交通事故	276	41.2	0.924	0.138
总计	1581.7	521	5.296	1.745

注：*仅包括城区和近郊数据

9.4　交通拥挤概述

9.4.1　交通拥挤的概念

1）什么是交通拥挤

从研究的角度来看，交通运输造成了某些严重的拥挤问题，也提供了有效的分析基础。本书的第一篇已提到，对运输的需求并非长期固定不变的，大城市里，上下班的人定点定时往返，形成有规律的交通高峰，而去乡间和通往海外目的地的假日路线上有季节性的需求高峰。交通基础设施虽然从长期来看其能力有弹性，但在任意给定的时期内，其容量是有限制的。例如，人们不能扩大或缩小机场终点的规模以适应需求的季节性波动。当某种交通工具的使用者由于基础设施容量有限而开始妨碍其他使用者时，就产生了拥挤的外部性。此外，交通拥挤不仅给公路使用者造成时间和燃料浪费（纯拥挤成本），而且由拥挤带来的停车和启动进一步恶化了空气并产生其他形式的污染。由于公路交通拥挤往往集中在人们工作和生活的地区，所以地方形式的污染问题尤为突出。当然，如果不使交通工具在大部分时间闲置不用的话，一定程度的拥挤是不可避免的，问题在于多大程度上的拥挤是合适的。因为人们能接受一定程度的拥挤，但厌恶过度拥挤，还由于过度拥挤造成时间浪费和各种不便，于是产生最佳拥挤程度的某种隐含概念。

以道路拥挤为例，使用速度—流量关系这一交通工程学的概念可以为我们的分析提供帮助。假如选定一条直的单行道，考虑在一段时间内以不同速度沿该车道行驶的车流量，那么车速与流量的关系将如图9-2所示。流量取决于进入公路的车辆数和车速。当进入车辆很少时,车辆的交通阻力几乎为零,可以高速行驶,车速可能只受车辆性能和法定速度限制的约束;随着试图驶入该公路的车辆增多,它们之间产生相互影响,彼此都放慢速度;当更多的车辆驶入公路,车速下降,但在某一点之前,流量将继续增加,因为增加的车辆数的作用超过了平均车速的降低,这是正常的车流情况;当增加的车辆不能再抵消降低车速的那一点,公路达到了最大流量。这就是公路的"工程容量",它与公路的"经济容量"

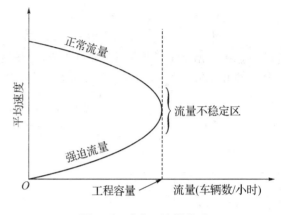

图 9-2　速度—流量关系

不同,后者是指扩大容量的成本被所能带来的效益超过之时的流量。

由于缺乏确切的信息,会使驾车者继续试图驶入流量超过最大容量的公路并引起车速的进一步下降,结果使速度—流量曲线折回,这种车流水平称为强迫流量。虽然存在能提高决策质量的"向经验学习"的阶段,但实际上,如果没有任何干扰和管制,在交通高峰时间,流量将停留在不稳定区周围。对很多国际大城市的抽样研究表明,这一不稳定区在车速约为 18 公里/小时时出现。

2)为什么会出现交通拥挤

从个人决策的角度,交通拥挤难以避免,而且,交通拥挤一旦形成,便很难自发地改善。为了简单起见,我们以一个就业集中在市中心的状似同心圆的城市为例,来回顾一下交通拥挤产生的过程。该市中心被一圈居民区所包围,假定这种土地利用模式是固定的,现在可以确定以下三个阶段:

- 阶段Ⅰ:所有的人都只有一种运输方式可以利用,即乘坐公共运输工具去上班,每人花费 10 分钟。
- 阶段Ⅱ:其中某人(A)购买了一辆小汽车,驾车上班只花了 5 分钟,这一行动对其他人并无影响(即不存在外部性),其他人仍乘坐公交花 10 分钟上班。
- 阶段Ⅲ:越来越多的通勤者看到了 A 享受的好处,开始购买并利用小汽车,结果造成了交通拥挤(因为小汽车对道路时空资源的占用远高于公交车),使开小汽车去上班所花费的时间上升为 15 分钟;并且,由于小汽车引发的拥堵,导致公交车的速度降低,因此乘公交上下班者要忍受 25 分钟的旅程。长此以往,由于公共交通在技术上的落后性质(在发生下列情况后:旅客减少——票价提高或/和更差的服务——旅客更少等等),这项服务可能无以为继。结果每个人就只好在要么买小汽车,要么骑自行车去上班这两者之间做出选择。由此而出现"囚徒困境"式的情况:每一个人宁愿恢复到原来的情况,而不愿这种新的不合意的平衡,但是靠个人的行动显然难以做到这一点。

补充:博弈论经典案例——囚徒困境

警方逮捕甲、乙两名嫌疑犯,但没有足够证据指控二人入罪。于是警方分开囚禁嫌疑犯,分别和二人见面,并向双方提供以下相同的选择:

- 若一人认罪并作证检控对方(相关术语称"背叛"对方),而对方保持沉默,此人将即时获释,沉默者将判监 10 年。
- 若二人都保持沉默(相关术语称互相"合作"),则二人同样判监半年。
- 若二人都互相检举(互相"背叛"),则二人同样判监 2 年。

用表格概述如下:

表 9-6 囚徒博弈的支付矩阵

	甲沉默(合作)	甲认罪(背叛)
乙沉默(合作)	二人同服刑半年 甲即时获释	乙服刑 10 年
乙认罪(背叛)	甲服刑 10 年	乙即时获释 二人同服刑 2 年

如同博弈论的其他例证,囚徒困境假定每个参与者(即"囚徒")都是利己的,即都寻求最大自身利益,而不关心另一参与者的利益。参与者某一策略所得利益,如果在任何情况下都比其他策略要低的话,此策略称为"严格劣势",理性的参与者绝不会选择。另外,没有任何其他力量干预个人决策,参与者可完全按照自己意愿选择策略。囚徒到底应该选择哪一项策略,才能将自己个人的刑期缩至最短?两名囚徒由于隔绝监禁,并不知道对方选择;而即使他们能交谈,还是未必能够尽信对方不会反口。就个人的理性选择而言,检举背叛对方所得刑期,总比沉默要来得低。试设想困境中两名理性囚徒会如何做出选择:

- 若对方沉默,背叛会让我获释,所以会选择背叛。
- 若对方背叛指控我,我也要指控对方才能得到较低的刑期,所以也是会选择背叛。

二人面对的情况一样,所以二人的理性思考都会得出相同的结论——选择背叛。背叛是两种策略之中的支配性策略。因此,这场博弈中唯一可能达到的纳什均衡,就是双方参与者都背叛对方,结果二人同样服刑 2 年。这场博弈的纳什均衡,显然不是顾及团体利益的帕累托最优解决方案。以全体利益而言,如果两个参与者都合作保持沉默,两人都只会被判刑半年,总体利益更高,结果也比两人背叛对方、判刑 2 年的情况较佳。但根据以上假设,二人均为理性的个人,且只追求自己个人利益。均衡状况会是两个囚徒都选择背叛,结果二人判决均比合作为高,总体利益较合作为低。这就是"困境"所在。推广到道路交通领域,为数众多的出行者购买小汽车并加入到拥挤的车流中来,也是一种多人博弈的均衡结果。尽管这样的结果可能对每位驾车者来说并不是最优的,但却是无法避免的。

9.4.2 拥挤的经济成本

车速—流量关系的实际形式以及任何一条公路的工程容量取决于许多因素。公路的一些最为重要特征,如宽度、车道数目等,可以看做长期影响因素;短期因素包括交通管理形式和现行的控制系统,如信号灯、环岛等;最后,车辆的类型和交通组成也会影响容量。在短期供给较为固定的情况下,我们来分析一下拥挤的经济成本。

我们用图9-3来表示驾车人基于普遍化成本的出行选择。其中,MPC代表在每一交通流量水平下拥挤的边际私人成本(包括了驾车人承担的货币成本和他/她所感受到的自身的时间成本),MSC曲线代表在每一交通流量水平下拥挤的边际社会成本(MSC与MPC的区别在于前者还包括了驾车人对其他公路使用者的外部影响)。当道路车流量超过某一点,如图中的E,每个驾车人的边际社会成本不但包括其边际私人成本,而且包括由于交通拥挤所导致的道路使用者之间的相互影响。当交通量大于F_e时,MPC曲线与MSC曲线的差都是该流量下拥挤的经济成本(外部成本)。如同我们从上文看到的,从社会的角度看,最优流量是在MSC和需求相等处(F_0)。然而,由于公路使用者或者不知道或者不愿意知道他施加给其他公路使用者的外部成本和拥挤成本,他们仅根据MPC选择是否出行,实际流量往往在F_a处,从而造成了"过度"的拥挤(F_a-F_0)。

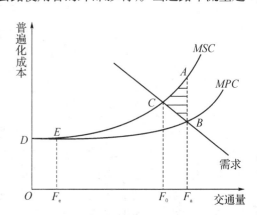

图9-3 过度交通拥挤造成的无谓损失

从政策角度看,对与过度拥挤相关的实际成本有所了解很重要。从社会观点看,实际流量F_a过大了,因为第F_a个驾车者只享有F_aB的利益,但强加的成分为F_aA。超出最优水平F_0的外加交通量可以看成是F_0CAF_a产生的成本,但享有F_0CAF_a的利益——显然,无谓的福利损失为ABC。低于F_0的交通流量也是次优的,因为得自驾车旅行的潜在消费者剩余收益没有被充分利用。当然,这确实意味着,即使在最优交通流量上,也仍存在拥挤成本,即MPC、MSC曲线之间直到交通流量F_0所围成的区域。但公路使用者享有的利益可将其抵消而有余。

9.4.3 拥挤的经济价值

拥挤,或更确切地说过度拥挤,意味着"无谓的"福利损失和降低运输系统经济效率。可是近年来,有人一直在就这一福利损失是否被拥挤的其他有利后果所补偿的问题进行辩论。拥挤的有利后果在标准的、静态边际成本式分析中,并不是一眼就可以看出来的。辩论主要集中在三方面,一些人把注意力集中在拥挤对社会中不同群体的分配效应问题上,另一些人关注较为直接的效率问题,还有一些人考虑其他形式的成本。

1）具有分配作用

交通拥挤带来的主要成本通常是指时间成本（虽然还可以考虑燃料和普遍化成本的其他组成部分）。排队等待使用交通设施以及行驶速度的减慢都浪费了使用者的时间。减少需求和增加供应的措施以及引入市场价格以优化拥挤程度，都造成了财政或福利的损失。虽然根据十分简单的效率标准来看，这些损失必然低于由此节省的拥挤成本，但仍然要由某些人来承担。赞成保留高度拥挤将其作为一种分配稀缺的交通设施的手段的那些人认为，因为从短期看来，时间是均匀的分配给每个人的——也就是每人每天有 24 小时——所以它是比许多供选择手段更为公平的方法。如果旅行者确实想外出，他应该情愿（并且能够）等待，但如果征收较高的防止拥挤的费用，预算的限制可能使他不能旅行。

2）可以增进效率

我们转向第二个赞同由拥挤来分配的温和论点之前，先讨论一下效率问题。有人把拥挤看成是分配某些种类的便利设施的辅助手段，是对其他机制（通常是货币价格机制）的补充而不是与之竞争的。据说在一些情况下，拥挤造成的无谓损失可以被其他形式的利益所超过。例如，在某些情况下，聚集在拥挤的机场候机的人们会有成效的利用花费在排队上的时间，而在另一些情况下，由次优过分拥挤造成的无谓损失可能低于为达到交通设施最优利用而产生的管理成本和其他成本。更一般地说，这种论点以为，由于交通使用者并不是一样的，因而不同的使用者人群对时间的估价是不同的，所以同时具有时间分配的设施和财政分配的设施的系统很可能是最优的。如果与从零售业到汽车制造业等其他形式的经济行为进行类比，则可以看出分配是要花费金钱和时间的。例如，在本地的小店里，人们可以得到快捷的、单独的服务，但价格很可能比在较远处的大型超市要高，在超级市场，付款时排队是正常的。这种方法一般使用在某些运输形式中，例如，在许多国家，收费的高速公路和不收费的低速主干公路是并行的。人们也常能在昂贵但便于达到的航班和常常需要排队或等候起飞的廉价加班飞机之间进行选择。在给定的收入分配条件下，这种种增加的选择机会必然使福利增加，增加的福利反过来可以抵消由运输系统的拥挤部分造成的无谓损失，至少可以抵消一部分损失。实际上，消费者直接的时间机会成本不同导致出现了产品的差异。

3）过高的交易成本

最后，当同时考虑其他形式的成本时，高水平的拥挤本身也有可能是最优的（即使由它造成的无谓损失，以及上述两个论点都无法应用）。例如，从过度拥挤移动到最优拥挤水平所需的交易成本，很可能比消除无谓损失所带来的传统意义上的福利还高。消除像过度拥挤这类外部性需要付出的交易成本有三大类：降低外部性的单位成本、最初的一次总付组织成本以及贯彻行动的信息／实施成本。在几乎所有情况下，要消除过度拥挤，都会牵涉上述这些种类的一种或几种成本，而且在许多情况下，这种交易成本可能极高。一个相关的问题是，为交通使用者实际降低拥挤程度使其达到最优水平，可能意味着将其他形式的外部成本（通常是噪音和空气污染）带给社区中更为广大的非交通使用者。例如：提高对使用过度的主要机场的着陆费，可能把交通量转移到其他地方，并使环境成本落在原先未充分使用的其他机场附近的居民身上。如果运输的需求使环境成本的负担集中在社会中相对少的人群身上，在这种情况下，人们可能感到，运输基础设施的利用要比如果降低拥挤程度但导致需求在地理上的扩散更可接受。如果最初拥挤集中在相对不敏感地区，情况就更是如此，因为降低拥挤程度将增大居民区或其他敏感地区所遭受的环境侵扰。

概念复习

外部性　　　　　　经济外部性　　　　　　技术外部性
纯污染　　　　　　纯拥挤　　　　　　　　判例法
规避成本法　　　　显示性偏好法　　　　　表述性偏好法
旅行成本法　　　　或发价值　　　　　　　拥挤的经济成本
工程容量　　　　　经济容量

思考题

1. 什么是外部性？
2. 为什么外部效益很容易被人们自发地内部化，而外部成本却不容易？
3. 什么是符合社会效率要求的污染水平？
4. 运输的外部性主要表现在哪些方面？
5. 运输外部成本的计量方法有哪些？试运用其中的一些方法评估一下你身边某一具体的运输外部性问题。
6. 什么是交通拥挤？工程上的交通拥挤与经济上的交通拥挤有何联系？
7. 交通拥挤是怎么出现的？交通拥挤能否自发的消除？
8. 什么是交通拥挤的经济成本与经济价值？
9. 根据东南大学交通学院2006年完成的《世界银行安徽公路项目Ⅱ——车辆超载课题研究》，由于超载超限，车辆运输成本下降了38%～61%，但与此同时：致使路面多发生一次性早期损坏严重，每年造成公路部门经济损失达数十亿元；超载率每增加100%，道路稳态自由流速度便下降3%～13%，大量超载货车增加了整个路段车流的通行时间，加重了交通延误，使道路通行效率降低；直接和间接引发的交通事故大约占交通事故数的10%左右，成为交通事故特别是恶性交通事故发生的主要原因之一；导致部分路段的环境污染物严重超标；致使车辆行驶性能恶化，主要受力零件的平均使用寿命降低50%～70%，车辆制动系、转向系使用可靠性显著下降，维修成本增加；导致养路费损失达到61.1%，导致道路通行费流失比重约 37.6%。试回答：

①超载运输影响的"内部"和"外部"如何界定？

②上述受影响方面中哪些属于超载运输的外部成本？哪些不属于？这些判断与"内外部"的界定是否有关？

③是否存在最优的超载控制水平？如何定义？

④我们可以通过哪些方法来测算超载运输的外部成本？

10 运输企业

学习目标

理解企业的性质；了解运输企业的狭义与广义定义；了解公路企业和车辆运输企业的产权形式；理解这两种类型企业纵向一体化与横向一体化的机理和影响因素。

10.1 运输企业概述

1）企业的概念

企业（enterprise），一般是指在社会化大生产条件下，从事生产、流通与服务等经济活动的营利性组织。企业的概念反映了两层意思，一是经营性，即根据投入产出进行经济核算，获得超出投入的资金和财物的盈余，企业的经营的目的一般是追求营利性；二是反映企业是具有一定经营性质的实体。由此可见，企业基本上是属于一个经济概念，而不是法律概念。

20世纪前半期，新古典理论把竞争性企业看做一个统一实体甚至仅仅是一个生产函数。而新制度经济学在分析企业的性质时，则主要强调两个方面：一是，一个企业涉及了与要素投入者之间的一系列长期契约关系；二是，企业用要素市场代替了产品市场并往往典型地用等级关系（hierarchical）代替了市场交换关系。

新制度经济学（new institutional economics）认为，当市场上的所有个体之间的交易成本大于他们组成一个组织所产生的交易成本时，企业就出现了。他表现为若干单个的市场个体组成一个合适的比较稳定的联盟。这些个体之间以比较详尽的契约来维护彼此的关系，以企业内的交易取代市场交易以便降低交易成本并且共同应对外部的风险，并且以一个整体的概念同外部进行联系，其实这就是一个企业。同时，理解企业的均衡规模的关键是，分析使用价格机制的成本（市场交易成本）和使用企业的成本（企业内的交易成本）。因为，当前者大于后者时，企业将倾向于在内部组织交易，其规模将增大；反之，企业将倾向于通过市场组织交易，其规模将缩小。

狭义的运输企业：是指以营利为目的，使用载运工具提供旅客或货物运输服务的企业。例如公路运输公司、航空公司、船运公司等等。广义的运输企业：是指以营利为目的，提供基础设施服务、运输组织服务或使用载运工具提供旅客或货物运输服务的企业。除了上述运输企业，还包括机场经营公司、公路经营公司、码头经营公司等等。本章将以公路企业和车辆运输企业为例，讨论运输企业的产权形式、契约特征以及纵向／横向一体化等经济问题。

2）企业的性质

科斯在分析企业的性质时，从劳资关系入手，认为雇主—雇员关系是一种长期的、权威的契约关系，并认为企业可以通过"权威"配置资源来节约交易成本。阿尔钦与德姆塞茨虽然不同意科斯的企业比普通市场拥有更为优越的诸如命令、强制等权利，但赞同企业的本质是一种合约结构，提出企业所进行的是一种合作生产，在此过程中，客观上存在计量合作成员边际贡献的困难，由此必然产生具有外部性的机会主义行为。为此，他从降低交易成本和提高企业运营效率的角度，提出企业物质资本所有者必须组成一个专门从事监督合作成员行为的团体，并认为要提高这个团体的监督效率，则该团体必须拥有剩余索取权。资本、产权的社会化与有价证券等金融工具的发明，产生了公司制的企业制度结构。公司尤其是股份公司的出现，使企业产生了所有权与控制权的分离问题并由此而产生了代理问题。

在两权分离理论的基础上，德姆塞茨等人建立的代理经济学，从信息不对称的契约关系角度上，探讨了企业委托人和代理人之间如何进行企业所有权及风险配置，以及如何通过设计有效的绩效报酬来激励管理者从而使各代理人（主要是经理人）尽心工作。他们将代理理论、产权理论和金融理论的各种要素结合起来，构建了企业所有权理论。他们从企业的价值最大化规模、潜在控制和系统管理等角度分析了企业所有权的决定因素，探讨了公司证券所有权与控制权相分离具有较强生命力的原因。

交易成本理论的一个重要的突破是格罗斯曼、哈特、摩尔的"不完全合同理论"。这一理论认为，产权安排的重要性来自于合同的不完全性。因为在制定合同时，人们不可能事先预料到未来所有可能出现的情况。即使预料到了，也由于成本太高而不能执行。所以对于合同中没有预料到的情况拥有决策控制的权力，就是所谓的"剩余控制权"。控制权只能通过对物质资产的控制才能实现，故其企业所有权又定义为物质资产控制权。生于控制权的配置反过来又影响事先的投资激励：无剩余控制权的一方由于担心事后的损失而会降低投资意愿。因此，控制权的分配和效率有密不可分的联系。

虽然目前对企业的准确定义仍没有定论，但正如张五常所说的，我们如何定义企业并不影响经济分析的目的，我们的关心点应该在于各种替代性契约形式的逻辑和不同经济契约所产生的经济结果。

10.2 运输企业的产权形式

10.2.1 公路企业的产权形式

1）什么是公路企业

公路企业，是负责在长期内供给和管理具有一定质量属性的公路产品的经济组织，公路企业包括了由政府管理部门掌控的"政治性企业"。本书第 8 章曾提到，公路基础设施网络的主要经济特性之一是相互依赖性，公路网络效率的提高有赖于网络中各个主体（公路企业）的密切合作；同时，公路线路、桥梁等资产具有较高的沉没成本和较强的资产专用性。因此，公路企业之间所签订的契约一般都属于长期的关系性契约。同时，由于公路的准公共物品特性和公路企业的垄断能力，公路企业通常是政府管制的重点对象。从组织的角度讲，公路企业的组织边界也应该包括企业与政府的边界和企业与市场的边界两个方面。

研究公路产业这样的网络型产业，似乎必然要涉及"管制问题"，政府的经济管制对公路企业的边界起到了重要的作用。我们可以将管制视为"管理性契约"。管理性契约主要确定的是企业与政府之间的契约关系，这种契约关系可以从三个方面来分析：第一，它确定了企业和政府的边界。市场经济条件下，公路企业从政企合一的组织形式向商业化经营的组织形式的转变，要求企业与政府之间的关系由政府直接经营转化为契约关系，从而确定企业与政府之间的边界。第二，政府对公路企业的管制尤其是对其服务价格与服务质量的管制有可能对企业的激励产生重要的影响，从而改变公路企业的组织边界。第三，一些国家的反垄断法直接干预和限制了公路企业的组织边界。在市场经济条件下，公路企业的改革和重组需要确定政企分开和实行商业化经营的目标，从而使公路企业与政府的关系从行政隶属关系逐渐转化为一种经济契约关系，这已成为社会的共识。但是，究竟是什么因素或力量在推动着这种转变呢？仅仅是为了顺应社会性制度变革的大趋势么？换一个角度，如果将政府也视为一个"超级企业"，上述公路企业与政府关系的转变也可被认为是公路企业产权形式（所有制形式）的转变。

公路曾被认为是典型的处于公共部门（public sector）的经济商品。但是，一种资产处于公共部门的现象并不意味着它一定是被置于公共领域的。事实上，公共道路特别是高等级公路实际上常常并不是被作为公共财产（公共财产或共同财产主要来源于普通税费，即全社会成员均需交纳的税费，而不是使用者税费）来管理的。除了对一些交通工具的诸如安全性和重量、尺寸的特征进行限制外，道路利用者需要支付各种使用者费用和税收，例如车辆购置税、公路养路费、路桥通行费等等。这里就牵涉到公路的"产权"问题。

2）公路企业的产权

产权（property right）是一个社会所实施的选择一种经济品的使用的权利。一个产权的基本内容包括行动团体对资源的使用权与转让权,以及收入的享用权。它的权能是否完整,主要可以从所有者对它具有的排他性和可转让性来衡量。如果权利所有者对它所拥有的权利有排他的使用权、收入的独享权和自由的转让权,就称它所拥有的产权是完整的。如果这些方面的权能受到限制或禁止,就称为产权的残缺。经济学家们往往把所有权状况分为两类:全部拥有和不拥有,后者也被称为"共同财产"——即对其利用没有任何限制的财产。就目前的做法来看,处于政府控制之下的财产有时被称为"共同"财产,或者被看做处于"公共领域"中。但是,把这些财产看做是无主财产是不恰当的。路产从所有者角度可分为两类:私人路产与公共路产。私人路产的所有权属企业;公共路产的所有权属国家,代理国家行使路产所有权的是交通主管部门下的公路管理机构。

一般的观点认为,公路的供给可以采用国有产权、共有产权(集体产权)和私有产权三种形式,其实质是将产权界定给了不同的行动团体——国家、共同体或特定的人。为了便于表述,本章将这三种产权形式进一步简化为国有(公有)与私有两种产权形式,对应的公路形式分别为"免费公路"和收费公路。这样分类的理由是,如果将中央政府视为一个"超级企业"的管理者,则可以将地方政府的行为类比为私人行为,将地方政府间的交易类比为市场交易。这样分类的好处是可以清晰地展现公路产权制度变迁的主要原因在于"提供公路产品供给的有效激励"。

3)公路的国有产权

新制度经济学认为,历史上,有三个方面的因素会导致像公路这样的重要资源成为一种公共财产:

• 高额的排他性费用

相对于公路自身的价值,检测和度量道路使用者对公路使用的交易成本非常高昂,以至于界定这些公路产权的代价甚至超过了供给公路产品的收益,因此人们选择了免费提供这些公路的产权安排。

• 对于分享型排他性权利行使的高额的内部治理费用

政府之所以在拥有所有权的条件下能够容忍像公路这样有价值的资源的租值耗散现象,原因之一也许是内部治理成本可能高得使任何规模的公路都不可能产生。

• 政府自身的限制

政治上对于公平/平等的考虑也许使这种强制开放资源的状况持久存在;缺乏运输业者的支持或许也是产生这一现象的原因;最后一个因素,是对于公路管理缺乏制度经验,这或许源于知识的不足。一直到20世纪90年代,我国的许多公路经济学家在研究公路运输中的制度性问题时,都没有想到应用交易成本和产权理论,众多"庇古经济学教导出来的经济学家只知道用征税和补贴来减少私人与社会边际成本的差异"。逐渐地,经济学家们开始注意到不同的经济规则下的激励和强制成本的差异,而且发现,制度创新可以降低建立对于公路资源排他性权利所需要的交易成本。

当公路为公有时,每个人都具有使用公路的权利。这种形式的所有制未能将任何人实施他的共有权利时所带来的成本集中于他身上,因此无法控制对公路的"过度使用",带来效率上的损失。可以想象的是,如果谈判成本和监察成本为零,每个拥有这些权利的共同体成员"可能"都会同意降低在公路上的生产率。但很明显,谈判成本可能因许多人很难达成一个共同满意的协议而很高;即便所有人之间的协议能够达成,我们还必须考虑监察协议的成本,这些成本可能也很高。而且,在这一体制下不能将后代的全部预期收益和预期成本由现在的使用者来承担。因此,公路的公有产权导致了极大的"外部性",较高的谈判和监察成本使得"使用财产需向他人付费"的体制无效,国家转而采用统一征收税费的方式(例如车购税、养路费)补偿公路成本并按照一定的组织体制(类似于企业内部的组织)将资金投入至各路段,其中的问题在于存在较高的"转移损失"(转移损失包括征税的直接成本、由于征税而降低的工作激励、征税过程中的腐败,等等)。

　　从企业组织形式的角度看,在国有产权下,公路产品是由"政治性企业"(政治性企业,用以泛指由地方或全国性的政治单位拥有的组织,这些组织雇佣劳动力和购买原料投入品生产商品)供给的。虽然各种政治性企业的契约本质有很大差别,由此带来的成本和奖罚结构的差异意味着会有不同的经济结果,但是,它们有一个共同点,即,虽然人民大众是它们的最终集体拥有者;但其权利却是由国家(或共同体)所选择的代理人来行使。作为权利的使用者,由于该代理人对资源的使用与转让,以及最后成果的分配都不具有充分的权能,就使它对经济绩效和其他成员的监督的激励减低。而国家(或共同体)要对这些代理者进行充分监察的费用又极其高昂,再加上行使权力的实体往往为了追求其政治利益而偏离(社会)利润/福利最大化动机,它在选择其代理人时也具有从政治利益而非经济利益考虑的倾向,因而国有产权导致了很大的效率损失。进一步看,单个公民通常没有对政治性企业剩余收入的直接索取权(虽然剩余收入是正或负通过降低或提高税率能间接影响它们),除了脱离政治单位,它也不能转让它对企业的权利(和义务)。很多学者对政治性企业和私营企业的经济结果进行了比较研究,结果发现政治性企业的生产率一般要低于私营企业。政治性企业的管理部门不仅对削减成本的积极性不高,而且不如私营企业那样对能使企业价值最大化的价格战略大量投资,在某些情况下,假定不考虑质量因素,高成本确实能成为一个独立追求的目标。例如,当本地经营的一个项目得到国家资金的支持时,当地政府通过加大成本的办法多用国家的钱并不是没有道理,至少这样可以增加就业和扩大当地收入。

　　我们也应该注意到,许多政治性企业通常具有其明确的目标——以低于成本价的价格出售(公路)产品(的使用权)。对此种行为有几种解释:在纯粹的公共物品案例中,将商品的排他性权利转让给私人单位的施行成本太高,以至于不可能按每单位进行营销,因此,纯粹的公有产品生产通常由税收作为财政后盾;另一种理由是,掌握着政府的领导人希望看到某种物品具有较高的消费价值,这种产品俗称殊价商品,该产品的消费价值比该产品被拿到自由市场拍卖赢利时的享用水平更高。不过情况也未必一定,政治性企业也常获利,有时甚至是巨额利润。但无论某个政治性企业的经营结果如何,单个选民一般没有多大控制其代理人的力量。他要么离开该社区,要么试图通过政治程序影响企业的经营。但两种选择办法的成本(出走和集体行动)相对于得利一般都很高。

既然政治性企业多半会成为高成本生产商,为何政府还要决定在那些私人经营一样好的行业建立政治性企业呢?答案并不唯一:对政治性企业的嗜好是一种可行的解释;第二种解释是由于公众和其代表无法获得有关政治性企业相对成本劣势的可靠信息;第三种可能性是政治性企业已经被有意无意地看做转移财富的一种机制;第四,虽然从技术上讲,政府完全可以通过契约方式让私营企业生产公共物品,然后再由政府买来向社会提供,但在实践中,当所指的产品或产出很难衡量,或者当安排给私人生产可能对国家产生危险后果时,便很难做出这种抉择。

4)公路的私有产权

当前,在融资、建设、经营和维护等方面来进行的公路企业的私有化(民营化)似乎已经成为了世界各国公路运输系统的发展趋势。一般认为,民营化主要有两个基本动机:一是认为私人部门的效率高于公共部门;二是认为私人部门代表了新的融资渠道。(当然,公共部门也可以通过以预期收益为支撑的贷款等方式进入资本市场,然而,公共部门大多具有一定的债务限额,超过此额度融资极为困难。另外,由于公众对税收的反感,公共部门也难以通过征收新税种来融资。)

从已有的经验来看,公共投资兴建公路的结果似乎就是供求失衡,供给能力不足导致拥挤是公共道路低效率的主要表现之一。导致低效率的第二个原因是在公路投资项目上的资源分配不当,公有机构投资的公路,方案接受与否更多地取决于政治因素,而不是经济条件。虽然私人投资也常常失败,但不同之处在于私有公路不会要求用户为那些他们还未使用的项目付费,也不会出现已经交纳了几十年的税收,却要面对那些永远不会建成的公路的局面。私人公路的最大优势在于,如果私人(或地方政府)拥有公路(或某一路段),当他作出一项行动决策时,由于他具有排斥其他人的权利,他将考虑未来某时的收益和成本倾向,并选择他认为能使他的公路权利的现期价值最大化的方式,来做出使用资源的安排。同时,为获取收益所产生的成本也只能由他个人来承担,因此,在国有产权下的许多外部性就在私有产权下被内在化了,从而产生了更有效地利用资源的激励。这就促使私有公路的经营者提供更有效率、更可行的服务。

5)公路产权选择的意义

但是,由于公路的网络经济性,各路段与其他路段乃至整个公路网之间存在着一定的相互影响,虽然原则上一条公路可以分成若干路段,各段自主经营,通过市场契约来连接相邻区段的业务。但是由于各路段都已投入了专用资产,而且公路各区段的联系和业务往来又极为频繁,巨大的沉没成本诱导出各个公路所有者之间的机会主义问题。加上对一段/条公路拥有私有权利的所有者并不具有对另一私有公路的权利,如果不存在谈判,一段/条公路的所有者在经济地运营他的公路时,就不会具有考虑由此对其他公路所产生效应的直接激励,这就产生了另一种巨大的"外部性"。因此,公路的所有者为了将所有剩余的外部性内在化,他们之间会进行谈判,有两种市场选择可供考虑(当然是处于一定的政治约束下):一种是试图在所有者之间达成一个合约协议(通过市场或中间组织如联营、卡特尔等),以直接应对处于争议中的外部效应;另一种选择是横向一体化,由一些所有者将其他人的公路买过来,从而改变所拥有的公路规模(极端的情况是国家所有,这当然可能带来很多人不愿意见到的"垄断问题"。虽然,相对于市场范围,如果规模经济很大,实行垄断就是有效率的,但是,公众往往对垄断一词是深恶痛绝的)。

从经济学意义来讲,一种产权结构是否有效率,主要看它是否能为在它支配下的人们提供将外部性较大地内在化的激励。在分析了不同所有制形式对公路企业交易成本的影响之后,就不难理解公路产权的转变了。近三十年来,以收费公路这种公路供给形式的逐渐推广为主要特征,我国公路产权制度改革目的是通过制度变迁,增加对公路供给(特别是高等级公路供给)的有效激励,以便解决我国经济快速发展中的交通事业瓶颈问题(融资问题)并提高公路质量与服务水平,同时获得拉动内需、提供就业机会等社会效益。

补充:资产专用性

资产专用性(asset specificity)是指"资产在没有价值损失的前提下能够被不同的使用者用于不同投资场合的能力"。与之相连的一个概念是专用性资产,专用性资产是指用于特定用途后被锁定很难再移作他用性质的资产,若改作他用则价值会降低,甚至可能变成毫无价值的资产。专用性资产可分为四类:

- 专用场地(site specificity)。例如,紧密相邻的货场可以节省存货和运输成本。这种专用资产主要是要求(企业的)所有权要统一,这样才能使前后相继的生产阶段尽量相互靠近。因为所使用的资产无法移动,也就是说,它们的建设成本以及/或者搬迁成本太高。因此,一旦这类资产建成投产,就要求各生产阶段互买互卖,以便有效地发挥其生产能力。
- 专用实物资产(physical specificity)。例如为生产零部件所需的专用模具。如果资产可以移动,其专用性又取决于其物理特征,那么,把这些资产(如各种专用设备)的所有权集中在一个企业,就可以由整个企业作为统一的买方,到市场上竞价采购。如果合同难以执行,买方还可以撤回这些购买要约并另找卖主,这就避免了"锁定"问题。这样,出现问题以后再通过竞争来解决也是来得及的,因此就不需要建立内部组织。
- 专用人力资产(human asset specificity)。人力资产的专用性增大,就预示着应该用共同的所有权把连续生产的各个阶段统一起来。
- 特定用途资产(dedicated assets)。它表示为提高通用(而不是专用)生产能力而进行的分期投资所形成的资产。

以公路基础设施为例,由于公路的投资主要集中于线路、桥梁、隧道等固定设施,这些设施的投资较大,使用寿命较长,投资一经完成则不能移动,也很难被用于其他用途,当某一公路路段被废弃后,残值往往很低。因此,公路资产具有高度的专用性,主要包括:①地理区位专用性,例如公路线路、桥隧等资产一经投入即无法轻易挪动;②物质资产专用性,例如公路的路面、路基等结构在物理性能上的专门适用特性;③人力资本专用性,公路部门的员工拥有特殊的知识技能,一旦离开公路部门,可能导致自己人力资本的巨大损失。需要说明的是,高等级公路的资产专用性要大大高于普通公路的资产专用性。

10.2.2 车辆运输企业的组织形式

将新制度经济学用于公路货运行业的分析较少,一些研究表明:内部采购和长期契约可以用来减轻由于使用专用性的拖车(即那种几乎没有可替代品的拖车)而引起的敲竹杠问题;在公司司机(即雇员)和所有者——货运商(即车主)之间的契约风险主要来自三个方面:需要及时协调货车运行(零担货运的需要高于整车货运);使用具有专用性的驾驶——培训特征的货车(即市场应用范围狭窄的货车);货运商对声誉资本的投资(假定这种投资能产生影响货运商与司机关系的契约风险);车辆运输企业的纵向一体化决策是受制度环境影响的,主要由于制度限制,一些国家的企业并未对技术变化(如新的通讯技术和"及时"配送)做出反应来提高纵向一体化程度,此时取消制度限制要比采取奖励措施更能提高公路货运业的纵向一体化程度。

在产权文献中,企业的分类通常是按照表明对剩余收入支配权的契约安排划分的。企业剩余收入是支付完契约规定的要素固定收益后剩留下来的总额。在公路货运业这样的竞争性行业中,运输企业通常会采取下述三类竞争性组织类型:

1)个体所有制

或称业主所有制,指的是在经营单位内,剩余索取者和最终决策者同为一个人的企业体制。该经济组织形式的优势在于其不存在共同所有权问题,也不存在由所有权和控制权相分离引起的代理人问题。但该形式的不足之处在于业主所有制会遇到投资视野问题。一般来说,如果所有者从投资中获得净收入流的时间与他渴望的消费过程之间存在冲突,就会产生投资视野问题(当收益回收期大大超过投资者的预期时,这个问题可能会更为突出)和投资分散化问题(当业主们不得不把自己大部分人力和财力投向他们的企业时,过分依赖单一的业主人力资本、依赖于内部融资,会出现很高的风险)。由于外部融资存在着极高的交易成本,所以该体制受到业主自身财富多少的约束。个体所有制不适合那些通过规模经济来获得优势的经营活动,但其相对优势却能体现在那些需要特别审慎且规模较小的经营活动中。

2)合伙制企业

通过汇集几个人的资源减轻了企业所面临的财务约束,而且合伙者还获得某些生产规模上的优势。一旦各所有者能向企业投入较小份额的资产,合伙制就为人们提供了机会,以降低承担风险的成本。另外,企业产品多样化也可降低承担风险的成本。但是合伙制没有摆脱共同所有权的问题。

3）不公开招股公司

其股份持有者通常是内部人员或与所有者—管理者有特殊关系的人，由此可以部分地消除与所有权、控制权分离有关的代理问题。但这种组织形式不能使当事人要么专于承担风险，要么专于企业管理，因此企业不能从分工中享有完全的利益。另外，如果所有者—管理者人数增加，共同产权问题仍不可避免。同时，由于剩余分享契约限制了股份的转卖，不公开招股公司的股票既不在金融市场上评估，也不流通买卖，个人股东想放弃所有权就需耗费很高的交易成本，这样会影响投资决策。

向业主所有制企业、合伙制企业和不公开招股公司投资，并不像常见的那样以市场规则为基础：在小规模生产和服务性活动中出现的业主所有制、合伙制和不公开招股公司，采用了一种更直接的方法来控制决策过程中的代理问题。在这些组织中，剩余索取者被内在地或明确地限定为决策者，这种限定避免了控制代理问题的成本（这种代理问题出现在决策者和剩余索取者之间），但是代价却是这类组织承担剩余风险的能力不足，还存在着投资不足的倾向。结果，上述三种类型的企业都基本上不再遵循市场决定价值的规则。所以，只要人们把剩余索取人限定为决策者本人，而节约的代理成本高于投资受到限制和承担剩余风险不力而引致的成本，则这类组织就可以生存下去。目前，我国公路货运的运输货物仍是以建材、农、矿产品为主，其较低的货物价值对运输企业承担剩余风险的要求并不高，因而上述企业类型占据了我国公路货运业的主导地位也就不足为奇了。

10.3 运输企业的一体化

10.3.1 公路企业的纵向一体化

1）纵向一体化的概念

公路企业的纵向一体化（vertical integration），是指在公路产品的供给流程中，从上游的公路建设，到下游的公路运营、管理乃至维修、养护均在同一公路企业内部完成，可以将其类比于普通商品的制造、销售和售后服务等过程的整合。

2）选择市场还是内部组织

新制度经济学认为，与内部组织（如企业）相比，市场的主要优势在于：第一，市场比内部组织能更有效地产生强大的激励并限制官僚主义的无能；第二，有时，市场有通盘解决需求的长处，由此实现规模经济或范围经济。虽然市场有着如此多的优点，但现实中（高等级）公路产品的供给，却通常是由纵向一体化程度较高的公路企业来完成的。这是因为，对于公路这类不确定性较高的专用性资产，内部组织更易于建立不同的治理手段，例如签订长期合同或实行纵向一体化，为公路供给者提供购置长期资产所必需的激励。

高等级公路无疑具有非常强的资产专用性（如果市场规模很大，那么专用技术投资的成本是可以收回的;如果市场规模很小,则另当别论了。因此对于交通量较小的低等级公路或乡村道路,我们往往只能看到通用型设备及一般的生产工艺,但对于高等级公路,新设备、新技术、新工艺的运用是屡见不鲜的),进行这样的专项投资,从技术上说固然能节省成本,但由此形成的资产已无法改变用途(或者说如果改变用途,残值非常低),如果初始交易夭折或没有到期就提前结束,该投资在另一最佳用途上或由其他人使用时的机会成本要低得多,这将造成战略上的危机。在这种情况下,就要看参与这场交易的交易者是否珍惜继续保持这种关系。如果交易双方关系的持久性是有价值的,那么,为支持这类交易,各种契约和保护措施(例如组织)就会出现。因此,我们看到了公路投融资、建设、养护以及运营管理过程中一系列纷繁复杂的合同条款及组织形式。

我们的社会是技术发达的社会,复杂的技术当然要有复杂的组织来为之服务,这一点无可争议。但认为一体化程度高些就一定比低些要好,或仅强调"物理要求或技术要求"的观点,则落入了"技术决定论"的误区。该理论认为纵向一体化是自然技术秩序不成问题的结果,是为了解决技术方面的问题才导致纵向一体化。实际上,应把公路企业的内部组织倾向看做在一定的制度环境下,市场与等级制相互较量的结果,而不是技术特点所决定的,其纵向一体化的主要目的在于节省交易成本(兼具有一定的战略目的)。决定纵向一体化的主要因素是低交易频率、较高不确定性条件下的资产专用性;至于技术,虽然是限定可能的组织形式边界的因素之一,但在此,却属次要的因素。当然,纵向一体化并非没有缺陷,只要资产专用性的程度不高,内部组织会受到激励失效和官僚主义无能的严重困扰,内部组织的治理成本就可能高于市场组织的治理成本;在一体化状态下要保持强激励机制(强激励机制,是指握有剩余索取权),会产生严重的副效应,经济代理人的行为就会影响到总收入以及(或者)总成本的水平;纵向一体化会造成资产使用的损失、会计造假账的问题以及创新问题等。

10.3.2 公路企业的横向一体化

1)横向一体化的概念

公路企业的横向一体化(horizontal integration),是指公路线路前后相继的公路企业或拥有平行线路的公路企业之间进行一体化的行为。由于缺乏有效的度量手段,人们通常会这样推断:一定时期内如果企业规模扩大了,就可以说其纵向一体化的程度提高了。但是,企业规模的这种扩大往往是平面扩张即横向一体化的结果,也就是说企业所服务的市场在扩大,但企业的行为结构并未改变,或者说并未实行多角化经营。

2)自然公路单元的技术特征

为了便于分析,假定初始条件下,公路网(不包括完全免费路段)被划分成众多尽可能小的"自然公路单元",这些公路单元分别为不同的私人所有(即具有排他性)。参照威廉姆森的观点,"自然的"公路单元,即技术上不可分的实体,大约只是数十公里甚至数公里的公路路段。当交通运输量不复杂,并且短距离运输量居多时,公路"公司"雇佣数十名工人、一个经理和若干功能活动的管理者就足够了。各个"自然"公路单元之间（主要是相继单元和相平行单元之间）通过市场进行"交易"，交易的内容是公路产品供给的协调性。简单地讲，相继公路的服务水平与其收费水平应相一致，以保证运输车辆在运输的整个过程中（可能会通过数个公路单元）得到效费比相近的服务；相平行公路的服务水平与其收费水平可以保证运输车辆能够"有效率"的分流到各个的公路单元上。需要注意地是，由于公路服务水平的渐变性与慢变性，上述交易的频率一般是较低的。如果路网的服务水平与收费水平能够完全准确地与运输车辆的需求相一致并能够在瞬间（毫无成本地）进行调整，同时各"自然"公路单元的所有者能够"绝对理性"地进行"信守诺言"的自由竞争，那么，事先就可以设计（计划）出一套完善的合同，各公路单元的所有者按照合同行事，就足以保证整个路网的运营效率。于是，"公路工程技术标准"、"公路收费标准"、"路面养护技术规范"等一系列法规、标准、规范、规定应运而生。从新制度经济学的视角来看，这些法规、标准、规范、规定之所以被设计出来，不仅是为了保护公路路产、降低信息成本，也是为了提供一种正式的制度或契约，协调各个公路企业之间的市场交易，以保证整个公路网络的服务质量与效率。

3）公路企业间的机会主义问题

但实际上，由于存在极高的"不确定性"，由于影响因素众多，运输需求的变化是非常快而难以长期预测的；同时，公路一旦建成，在较长的一段时间内其服务能力是无法增加的（不过的确可以降低）。因此，试图以供给慢变的公路去适应快变的运输需求是极其困难的，人们无法在最初就预见到将来可能发生的、需要他们去适应的所有问题；会出现很多意外事件，在客观环境使之变成现实之前无法完全确定怎样应对才算适当；而且自主的交易各方均具有"有限理性"与"机会主义"，在待定索取权明确以前，有可能争执不休，且往往难以区分孰是孰非。这样的理想合同不可能被精确地设计出来；加之各公路单元的投资均具有一定的资产专用性，交易各方试图维持长期交易的愿望（由于专用性投资"木已成舟"，其机会成本非常低，因此很难改变用途；即使能把这些资产转让出去，在转让前对这些资产进行评估时，会遇到非同寻常的问题。因此，交易者会产生把合同贯彻到底的强烈愿望。对于这类极为特殊的交易来说，主要原则就是尽力去维持这种合同关系）几乎无法在古典式合同法的环境下实现。在我国，现实中的例证不胜枚举，许多公路/路段在建成后（或数年之内）的通行的货车仍寥寥无几，而另外一些公路/路段却很快就表现出难以承受的拥堵，其中的原因有的是因为运输需求发生了未曾预料的变化，有的则在公路立项之初就由于决策失误埋下了失败的种子；某些公路/路段利用相继路段较高的服务质量（和车辆无法绕行的地理优势），刻意抬高自己的收费标准或降低自己的服务水平（例如无视路面的破损，延迟进行维修养护），利用"搭便车"行为造成了一定的"支付转移"；某些低等级公路路段利用与高等级公路路段相接的地理优势收取过高的车辆通行费。

可见，由于公路的网络性，在公路网络中的任何两个主体之间签订的契约均有可能会对网络中的其他主体的利益产生重大影响，而公路网络整体效率的提高却要求路网中各组织的密切协作。因此，在我国的公路（特别是高等级公路）越来越多的由地方政府而非原先的中央政府负责供给的情况下（原因参见上文对公路产权的分析），为了减少不确定性和机会主义的影响，保证公路网供给这种重要的专用资产交易的连续性，需要引入市场之外的治理形式。此时，交易者面临着两种新的选择：横向一体化；依托一定的仲裁，进行三方治理。

4）我国公路企业的横向一体化选择

综上所述，在公路产业中，相对于有效率的经济单位来说，有效率的技术单位是非常小的，组织的因素而非技术因素才是大型公路系统产生的主要原因。由于公路的资产专用性和需求的不确定性，我国公路产权制度改革的目的是增加公路的供给量，其途径主要是公路产权的分散化以增加有效激励。其结果是公路企业规模的减小，伴随而来的是较突出的机会主义问题（我国20世纪90年代盛行的公路"三乱"问题就是较好的例证）。对于不同的公路形式，相关的（市场以外的）治理主要有：

- 对于高等级公路特别是高速公路来说，由于其资产专用性较强，加之其服务的范围较广，第三方治理易受到沿途地方政府利益不同的困扰，因而横向一体化是较常见的治理结构，但横向一体化的程度受到行政区划（主要是省界）的严格限制。
- 对于普通公路来说，由于其价值较低，资产专用性不强，三方治理是常见的结构，其中，第三方"仲裁者"一般是由各公路交易方所在的地方政府或高一级政府来扮演的。

补充：治理结构（governance structures）

现实中除了那些早已为人们熟悉的标准市场交易外，还存在大量人们不熟悉的交易方式，例如：企业内部交易、特许经营或纵向一体化、合同或契约等非市场化交易。对于这些大量存在的准市场化交易活动，传统经济理论认为它们不是市场经济中的典型交易方式，而是"市场失灵"或"垄断"带来的弊端。对此，很多新制度经济学家均持否定态度，他们将市场经济中的各种交易方式还原为"合同"或"治理结构"。在交易成本理论中，"合同"、"交易方式"和"治理结构"并无本质区别。治理结构可划分为四类：

- 市场治理：此结构进行标准的市场交易；
- 多方治理：通过签订合同和引入中介，如建筑合同中的技术机构、会计审核、法律顾问等，保证交易的完成；
- 双方治理：没有第三方介入，交易双方通过签订长期交易合同来维持交易；
- 统一治理：即交易活动在一个统一的组织中按照事先的计划安排来完成。

这四种交易都有存在的必要性，并不能说哪种结构更合理。但具体交易究竟选择哪种治理结构来完成，取决于三个因素：不确定性、交易频率和资产专用性程度。不确定性是因为交易者的有限理性和机会主义倾向所致；交易频率指一定时期内的交易次数，分为偶然和经常两种情况；资产的专用性程度则分为非专用的、中等专用的和高度专用的三种；若排除不确定性，治理结构的选择就取决于资产专用性程度和交易频率。

表 10-1 资产专用性、交易频率与治理结构选择的关系

交易频率	资产的专用性		
	非专用	中等专用	高度专用
偶然的	标准的市场治理	三方治理	三方治理或统一治理
经常的	标准的市场治理	双方治理	统一治理

10.3.3 车辆运输企业的纵向一体化

1）公路货运市场与车辆市场的特征

对于非专用的交易，包括偶然的合同与经常性的合同，主要应使用市场治理结构。这是因为双方只需根据自己的经验即可决定是否继续保持这种交易关系，或者无须付出多少转让费用即可改变购买及供给。此时，具体确定交易双方身份的问题已无关紧要，因为合同正式条款已规定了交易的实质性内容，并且也符合法律原则。市场的作用主要在于保护双方免受对方投机之害。公路（整车）货运市场和货车市场的情况均是如此，由于货主与车主以及车主与上游要素供给商在交易时所投入的资产一般均不具有专用性，因此，通常并不需要签订长期的协议，只需"随行就市"地签订短期（甚至一次性的）的运输合同即可。

需要注意地是，那种仅根据车辆制造业是运输服务的上游供给方之一就断定车辆超限的源头在于车辆生产和改装的观点是片面的。技术流程并不能代表复杂系统中支配性关系的方向，特别是对于公路货运这种竞争性的"衍生性需求"行业来说，情况可能恰恰相反，是货主的需求支配着运输业者乃至车辆制造商的生产，而车辆制造商是不具备这样的市场力量的。另外，如果说整车生产制造业存在一定的规模经济并导致了具有垄断特征的市场格局，那么车辆维修/改装业则无疑是分散性的竞争行业，对这样的行业进行严格的产品质量规制（限定车辆改装的技术标准）将是十分困难的。

2）车辆运输企业的规模经济

下面将讨论的重点回归到车辆运输企业的纵向一体化上来。由于公路整车货运业不存在明显的规模经济，在这个行业中，引导组织实施纵向一体化的不是规模经济或密度经济，而是与专用性资产有关的敲竹杠问题。对欧洲公路货运业的传统分析也表明，这是一个非常分散的行业，存在很大比例的小企业和只有一辆货车的所有者——货运商。一些对此行业的研究将这种分散视为问题，认为当企业如此之小时很难获得规模经济和密度经济。在我国，这种观点实际上导致了一些鼓励纵向一体化的政策和措施的出台与实施。

不难理解，在寻找并与顾客（货主）签约以及为使车辆和司机的使用达到最优而对运输进行协调时，规模经济和密度经济无疑是重要的。先进的计算机网络可以改进协调能力；高运输密度使直达的路线以及高集中度的运输流成为可能，这会产生密度经济和网络经济，可以降低返程车辆的空驶率；货运商的品牌和商誉成为他们与顾客和供应

商关系中昂贵和有价值的契约保护机制,建立和维护商誉即需要在宣传(广告)上进行投资,又要培训和监督工人,这些活动都受制于规模经济。

3)准一体化

但是,规模经济和密度经济并不必须要求传统的纵向一体化,它们可以通过一定的契约形式在市场中实现。事实上,在"分散的"货运行业中,我们可以发现处于极端的纵向一体化和市场形式之间的混合的治理结构,这种形式可以获得一定的规模经济而不丧失纵向一体化的激励作用。在一些高级组织中(如零担货运,LTL),绝大多数所有者——货运商都是纵向"准一体化"的。"准一体化"结构可以获得和纵向一体化的企业相同程度的规模经济和密度经济。在这两种情形下,一般都由组织出面寻找货主,协调货运,并提供与顾客的关系中所需要的安全保护措施(我国的部分准一体化货运企业甚至仅提供管制所要求的"运营资质")。但两者有非常关键的区别:纵向一体化的企业自己拥有货车、并使用公司自己的司机(他们是公司的雇员)。相反,准纵向一体化的企业并不拥有自己的货车或使用公司司机。相反,他们与所有者——货运商订下转包/承包合同。如果对纵向一体化、准一体化和市场交易这三种公路货运业主要治理结构的相对绩效进行比较。可以发现,本质上,市场交易在解决道德风险问题(道德风险的产生是由于工作的分散性,工作的分散使司机的行为难以观察和证实)。对车辆及其辅助资源(汽油、零部件等)的监督比监督运输的成本要高得多,所以现实中经常采用的办法是分配给每个司机一辆车(当司机是雇员时)。通过这种方式,虽然货车的使用不充分,但是企业容易评估货车的使用情况,从而获得了较之于纵向一体化更高的效率++。而纵向一体化在解决敲竹杠问题时更胜一筹。敲竹杠问题出现在专用性资产的场合。这时,专用性资产的现有用途的价值比在其他所有可能的用途中的最高价值还要高,两者之间的差被称为准租(quasi-rent)。当准租存在被剥夺的可能性时就会产生敲竹杠问题。通过纵向一体化或契约保护措施,如正规的长期契约和声誉可以解决或减轻敲竹杠问题。因此,组织的具体安排取决于哪种契约风险更重要。

4)车辆运输企业纵向一体化的选择

假定公路货运包括两种路线:重型货车的长途路线和轻型货车的短途路线。对于我国的情况而言,所有者-货运商的直接市场交易(主要是个体单车)和准一体化(主要是挂靠车辆和承包车辆)无疑是行业中占支配地位的治理结构,这意味着在该行业中存在的主要问题是道德风险。但在长途路线中的准一体化程度与短途的配送路线是不一样的,在后一种情况下,组织的纵向一体化程度更高些。

与使用轻型车辆的短途运输相比,在长途运输路线中较高程度的准一体化是与较高的道德风险程度相一致的:在这里监督货车的使用比短途运输路线中不仅更重要而且更困难。之所以更重要,是因为长途路线中使用的货车更大更昂贵,燃油开支也较高。之所以更困难,是因为长途路线的司机具有更多的自行处理权,一个司机的自行处理权取决于他决定如何走完路线(车速、刹车次数等)以及列出机械故障以说明为何耽误的能力。司机自行处理权的程度是很重要的,因为燃油消耗、轮胎费用以及机械故障的风险——更一般地说,货车的折旧——取决于货车是如何驾驶的。

纵向一体化主要用于专用性资产非常重要的情况,以及上述监督成本较低的情况——短途提取与运送路线。更一般地,重要的专用性资产的存在,也解释了为什么准一体化在其他行业并不像在货运业中一样广泛地存在,即使在这些行业也存在因一些对使用敏感的机械设备的零部件而引起的道德风险行为。在某些情况下,工人需要进行非常专用的人力资本投资,或者他们所使用的资产是非常难以移动的(场所专用性)。此外,技术可分性——在工人和资产之间存在一对一的对应关系——并不总是存在,这种分离的条件使得道德风险问题比较容易解决,因为代理矛盾通过将工人变成他所使用资产的所有者而迎刃而解。

另外,制度环境(劳动管制与税收法规)对行业内组织也具有重要的影响。通过引入对雇佣关系的无效率的限制将增加纵向一体化的成本。首先,法规会提高解雇的成本并给予工会更多的权利,增强雇员从雇主那里剥夺其在(有形和无形)资产上的投资所形成的价值的能力;其次,工会的强大力量也降低了雇主和雇员自己决定工作时间和闲暇时间的能力;最后,最低工资管制限制了激励的强度。而税收法规也会通过改变不同治理结构的相对成本来影响组织决策。首先,高税收有助于分散化,原因是小企业,特别是自我雇佣的小企业比大企业更容易降低他们的税收负担(通过避税和逃税);而政府帮助大企业的制度安排却无助于分散化,因为不进行纵向一体化这些安排所提供的收益就无法得到(例如运营资质管制)。

综上所述,公路货运的经济、技术和契约特性使得独立经营的小规模运输企业成为了我国公路货运市场管制放松后的主导力量,人为的增大企业的"规模"并不能节省交易成本,反而会降低公路运输供给的效率。认为公路货运的规模化、集约化能够有效遏止超限运输行为的观点,如果说从管理科学的角度能站住脚,但在实际操作中却往往会由于效率不佳而困难重重。

案 例

路桥区的公交车何以由乱而治?
——析论公共企业民营化

引自:朱柏铭,《公共经济学案例》,浙江大学出版社,2004年11月第一版

2003年秋天,中国日用消费品博览会在浙江省台州市路桥区举行。参加博览会的客人们在乘坐公交车时发现,公交车上干净整洁,司机和售票员都穿统一的蓝色制服。开车时,售票员连着用普通话、当地方言、英语和哑语介绍沿线

的站点和票价。可是在三年前,路桥的公交车连起码的正常运营都难以做到。人们形容那时的路桥公交:车辆档次低,上阵父子兵,乘客强拉上,服务全不管。那么,路桥区的公交车由乱而治,奥妙何在?

案例分析

路桥区从小镇演变为一个新兴城市,一开始并没有什么城市公交的概念。市场意识强烈的路桥人从来没有想过政府办公交。1998年,政府大胆拿出公交线路的经营权向社会公开招标。4家公司中标后,经营8条线路,初步形成了路桥的城区公交网络。政府的初衷是,通过多家企业参与,形成竞争局面,使政府减负,百姓得利。然而,事与愿违。中标的企业为了尽快盈利,把单车承包给了个人,收取承包费。虽然有规定的线路,可车辆串线、改线、抢客的现象时有发生。线路差、客源少的车擅自串到其他公司经营的线路上;拉客现象严重的时候,车主们甚至把一对夫妻硬生生拆开,坐上了不同的车子;车辆多用老旧的19座中巴,司乘人员不是父子就是夫妻。这些事实让政府部门认识到,公用事业牵涉到民众的切身利益,不能把它完全推向市场。

2002年,路桥区政府发现,在城市公交这个领域,多家企业经营无法产生规模经济效应,过度市场化导致企业以降低服务水平为代价换取微薄的利润。于是,区政府淘汰了一家资质较差的企业,以股份制的形式对其他3家企业进行了重组,成立了路桥城区公交联合有限公司,由它统一经营公交线路。这样,政府就能通过这一股份制公司,调控公交运营市场。联合公司是混合所有制的企业,国有的路桥汽运公司、集体所有制的方林集团下属公司和私营的鑫泰汽运公司占有大体相等的股份。路桥城区公交联合有限公司拥有城市公交线路6条,城乡公交线路3条,总长度55.6公里。百余量营运车辆完成客运量1 200万人次。企业相继投入了1 500万元更新车辆,街头跑的公交车全是单价价值30万元的大巴。公司淘汰原来素质较差的司乘人员,向全国招聘员工。通过职业学校培训,员工掌握了礼仪等基本的服务技能,服务水平上了档次。企业协助政府职能部门再次规划公交线路,布局更加合理,还对老人、残疾人实行乘车优惠。由于统一经营,杜绝了"恶性竞争",联合公司已经盈利。

从理论上说,城市公交服务是一种俱乐部产品,可以由政府提供,也可以由私人提供,还可以由私人和政府共同提供。路桥公交"由乱而治"的过程说明:公交服务应由私人与政府共同提供。以前,许多城市的公交服务完全由政府提供,公交公司存在明显的X—低效率。X—低效率是指缺乏追求成本最小化的动机造成的资源浪费现象,如人浮于事、办事拖拉等现象。路桥区曾经试行完全由私人提供,效果也不太好。因为,搞分散经营,政府监管的难度更大。公交企业在经营过程中不顾社会效益,政府部门也无可奈何,造成被动的局面。在2002年的公交体制改革中,政府适度限制介入的市场主体数量,成立了统一经营的股份制公司;同时在经营权授权时设定了多种条件,如车辆档次、票价、服务人员水准、车辆保洁程度等。在经营过程中,政府又不断通过检查、考核等办法加强监管,督促企业把社会效益放到首位。实践证明,公交服务由私人和政府共同提供,才能使消费者满意。

案例讨论

1. 为什么中标的企业并不自己运营，而是把单车承包给了个人？
2. 为什么私人承包后"车辆多用老旧的19座中巴，司乘人员不是父子就是夫妻"？
3. 私人承包后会出现怎样的经营问题？这与老百姓的公交出行需求有着哪些矛盾？
4. 如果政府要求公交公司在偏僻的郊区也必须安排足够的车辆，会不会影响公交公司的经营？如何兼顾企业效率与社会效益？

概念复习

企业	公路企业	资产专用性
纵向一体化	横向一体化	准一体化

思考题

1. 什么是运输企业？运输企业的作用是什么？
2. 我国不同等级公路的企业产权形式是怎样的？为什么会这样？
3. 我国不同类型公路运输企业的产权形式是怎样的？为什么会这样？
4. 试预测我国公路企业横向一体化的发展趋势。
5. 一些地方提出要鼓励发展规模化、集约化的大型运输企业，试从经济上分析这种做法的可行性及其经济效果。
6. 试预测我国公路运输企业纵向一体化的发展趋势。

第三篇 运输市场

所有行业都是表演行业。

——简·卡尔岑

11 运输服务的定价

学习目标

理解定价的原理；熟悉边际成本定价的概念；理解高峰定价的原理；理解固定设施成本的分摊方法；了解互不补贴定价法、增量成本定价法、拉姆齐定价法和成本加成定价的原理；熟悉价格歧视的基本原理。

11.1 定价原理

1) 定价的作用与目标

定价（pricing），是一种资源配置的方法。不存在所谓"正确的"价格，只有可以实现预期目标的优化定价策略。例如，为达到利润最大化的优化价格，可能不同于使福利最大化或是保证最高的销售收入所需要的价格。在某些场合，制定价格并非为了试图把什么东西最大化或最小化，而只是为了去实现较低水平的目标（安全、最小市场份额等等）。进一步说，定价可能是为了实现运输供应商在福利方面的某些目标（这是私营运输企业的情况）；但在另外一些情况下，定价可能是为了增进消费者的福利（这是某些国营运输企业的情况）。其中的区别是很细微的，甚至许多企业认为运用定价机制去达到它们的目标也将自动地与顾客的利益相符合。因此，讨论实际定价政策的一个首要问题是确定"目标"到底是什么。例如对于港口定价问题，"欧洲"的定价理论与"英国"的定价方法之间曾存在较大的差异，前者旨在寸进港口后面内陆的经济增长，而后者试图确保港口能收回自身的成本，如有可能还要盈利，不顾对较广大的地方经济的影响。但无论是哪一种目标，企业理论都假定供给者意在使自己的福利最大化，无论是把福利定义为利润还是较高层次的追求。

2) 企业定价的标准状况

利润最大化是私营企业传统的动机。这种情况下的世纪价格水平取决于市场中竞争的程度。在竞争相当激烈的地方，没有单独一个企业可以操纵价格水平，价格水平取决于整个市场中供给与需求的相互作用。在这一完全竞争的环境中，任何运输供应商不可能长期获得超额利润,因为这种利润的刺激将使新的企业进入市场并增加供应总量。因此,从长期来看,价格将与每个供应者的边际和平均成本相等。

相反,一个真正的垄断供应商不担心新的进入者增加运输服务的总供给,并且可以自由地制定价格或者规定他所准备提供的服务水平。对垄断者的有效约束是需求的抵消力量,它可以组织产出和价格的联合决定。然而,鉴于假定没有竞争以及垄断者享有的自由程度,几乎可以肯定,利润最大化的价格将导致收费超过边际成本和平均成本(唯一的例外是完全弹性市场需求曲线情况的出现,但几乎不可能出现这种情况)。这就是为什么政府总是趋向于管理具有垄断特征的铁路、港口和其他运输企业的原因之一了。

可是,对标准状况的这种简单描述,确实掩盖了一些运输市场的某些独特性。因为实际供应单位——运输工具——是活动的,所以运输市场有可能看起来基本上是竞争的,但各个供应商制定价格时,却好像是垄断者,或似乎至少能发挥某种垄断力量(不受管制的市内出租汽车市场就是这方面的一个例子)。

11.2 边际成本定价与效率原则

1)经济效率原则

对运价进行评价的标准首先应该是经济效率原则,一个好的运价结构必定是鼓励运输消费者和生产者有效利用其所得到的资源。如果一家公路运输公司的运营活动导致了过多的车辆空驶,那肯定存在着无效率;如果车辆的维修工作实际只需要 40 个修理工,但公司却雇用了 50 个,那肯定也浪费了资源。经济效率原则的重要性在于,它可以使人们在给定土地、劳动力和资本等资源数量下取得最大的社会福利。运输活动中的经济效率原则不只适用于减少空车行驶,它也涉及社会经济生活中应该生产哪些产品和服务,以及这些产品或服务的供求水平是否合理。这并不奇怪,频繁发生的交通堵塞就是造成导致人力与资本严重浪费的明显例子,而交通堵塞就产生于对拥挤道路的过度需求。如果人与车辆不是在阻塞的道路上一再耽搁,这些人和耗费掉的资源完全可以在其他领域或用途中产生出更大的社会福利来。显然,在道路上的堵塞和在企业中使用过多的人力对于社会福利造成的损失,从性质上看没有本质区别,它们都产生于资源的无效率使用。

而很多经济活动中的无效率都与价格水平的不适当有关。价格是同时引导消费者和供给者的最有效信号:过低的价格会导致某些产品或服务的需求过于旺盛,但生产者却没有兴趣增加供给;而过高的价格又会引起生产者在缺少足够社会需求的产品或服务上投入过多资源。此原理在运输市场是完全适用的,因为身在其中的运输服务消费者与供给者也是根据运输价格做出自己的判断,是价格在引导它们做出正确或者错误的选择,运价决定了运输市场上运输服务的种类与数量,也决定了需求者的满足程度。

效率原则认为,对某一特殊产品或服务愿意支付最高价格的人可以享有消费的优先权。例如,从 A 地飞往 B 地的航班起飞前只剩下最后一个座位,但是还有两位乘客,其中甲愿意为获得该座位支付 500 元,乙只愿意支付 200 元,在这种情况下航空公司显然应该把该座位卖给甲某,因为如果卖给乙的结果是与白白扔掉 300 元一样的。读者从此例中可能已经发现,经济效率原则强调消费者个人偏好的重要性。而大家都知道消费者的支付意愿与其收入水平有关,那么这一标准会不会因为有偏袒富有人群之嫌,因而引起人们的不满呢?经济学家认为社会生活中确实存在收入分配的不平等,但导致这一现象的原因是多方面的,因此也不能仅仅依靠某一个部门例如运输业的价格制定去扭转这种情况。在市场经济中,是价格决定生产哪些产品或服务和由谁来消费这些产品或服务,因此要运输业偏离经济效率原则而遵循与其他部门或行业完全不同的价格制定标准,显然是不合理的。社会分配不平等问题的解决应该通过税收对工资、租金、利息和利润等进行调节,而不是依靠扭曲运输价格去解决;否则,不但手段和工具用错了,无效率的引入还会导致在运输业和社会生活中产生一系列新问题。

2)效率与机会成本

为了实现资源的有效利用,价格应该等于所提供产品或服务的机会成本,这一原理是普遍适用的,对于运输价格也是如此,无论是进行短期还是长期分析。只有运价等于提供运输位移的机会成本时,社会为该位移所付出的资源数量才是最合理的,否则不是过多就是过少。例如,重型卡车行驶时对道路的损坏较大,因此就应该对它们收取较大的费用,不这样那些卡车对道路的使用和损害就会更大,而社会为维修道路所支付的代价也会超过重型卡车本身由于使用道路所获得的收益。又如,小汽车从 A 地到 B 地的机会成本是 10 元,但是如果驾车者仅需要支付 5 元,那么驾车者们就会得到有关资源稀缺与否的错误信息,即他们的驾车成本只有 5 元,但实际上被占用的社会资源却价值 10 元。在该两地之间的车流中,有些驾车者其实愿意为他们的出行支付 10 元,如果剥夺他们的这一出行机会,损失会更大;而另一些驾车者的支付意愿可能是在 5～10 元之间,如果需要支付 10 元全额,他们就会放弃这次出行,但现在只需付 5 元,所以他们还是开车上路了。后一部分驾车者实际上浪费了社会资源,因为他们的出行决策是在 5 元的价格上做出的,如果价格正确,这些人就可能不出行或会选择其他交通方式,而社会资源就会节省,道路上的拥挤程度也不会那么厉害。

从运价与载运工具拥有成本的关系看,运价的效率表现在它对市场配置稀缺资源起着重要作用。例如我们假定一架大型客机上每个座位每天的机会成本是 1 000 元,因为客机的拥有者如果出租该客机,租用者差不多要为每个机座日支付 1 000 元。在客机拥有者自己营运的情况下,每天每个机座的收入如果可以平均达到 1 000 元,那么它的定价应该是合理而有效率的。但如果有另一家航空公司愿意以高于每个机座日 1 000 元的租金租用该客机,那么出租飞机应该更为合理,因为另一公司肯定发现了愿意支付更高价格的乘客群,或者说是遇到了超过每机座日 1 000 元的收入机会。价格对载运工具拥有者的保有和维护行为有着相当的影响。当市场上的运价较高以至于导致载运工具的租赁价格也较高时,这些拥有者一般就会加紧对自己的机队或车队进行维修,以保证尽可能充足地向市场提供载运工具；而当运价和租赁价格都较低时,维修工作一般也要减少,甚至机队或车队的规模都可能萎缩。以机会成本为基础的价格会使载运工具拥有者在决定维修费用和机队或车队的规模时做出正确的权衡。

因此,使运输活动经济效率最大化的定价原则之一是：

$$运价 = 运输活动的机会成本 \quad (11\text{-}1)$$

3）边际成本定价

换一种说法,价格应该等于做出每一次位移或出行决策的短期边际成本,即式 11-2。因为做出每一次位移或出行决策的机会成本被称为短期边际成本,其之所以称为短期,是因为在做出决策之前目前的运输基础设施已经建成,或者车辆已经配置好了。

$$运价 = 短期边际成本 \quad (11\text{-}2)$$

式 11-2 只提供了使社会福利最大化的一个必要,另一个条件是对接受某项运输服务的所有客户而言：

$$总的支付意愿 \geq 所用资源的机会成本 \quad (11\text{-}3)$$

从前面的章节我们已经知道,对于某项运输服务,所有客户总的支付意愿与提供该服务所用资源的机会成本之差,应该是社会剩余（或社会净福利,即消费者剩余与生产者剩余之和）。因此,上式所表明的社会福利最大化的第二个条件是要求提供某项运输服务的社会剩余不能为负值。换句话说,该条件是决定从社会总的角度看,哪些运输产品或服务（设施、航线等等）应该予以建设或保留,哪些则应该放弃。

上述社会福利最大化的两个条件应该同时得到满足,也就是说,在某项运输服务的运价等于短期边际成本的同时,对其的总支付意愿也要大于或等于所用资源的机会成本。但我们在前面已经知道,当需要考虑时间因素的时候,未来的收益与成本都应该进行折现以保证可比性。因此上述第二个条件的更一般表示为：

$$总支付意愿的折现值 \geq 所用资源机会成本的折现值 \quad (11\text{-}4)$$

如果条件不能满足,运输服务的提供可能就是不合理的了。图 11-1 是上述效率最大化的定价原则的图示。图中那条向右下倾斜的运输需求曲线 D 和提供运输服务的短期边际成本曲线 MC 相交于 C 点,它所决定的有效价格和有效供求数量分别为 p^* 和 q^*。对该运输服务的总意愿支付是需求曲线以下的部分,在图上表示 $OBCq^*$ 所包围的面积。提供该服务的边际成本总额实际应该由两部分组成,但其中只有一部分能在图中显示出来,即边际成本曲线以下被

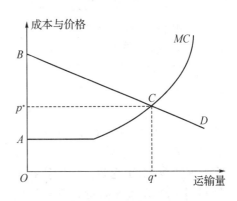

图 11-1 有效率的运价制定

$OACq^*$ 所包围的面积,该面积没有包括运输的固定成本。固定成本显然也应该考虑到效率原则中来,因此它也应该加到面积 $OACq^*$ 之上以便用总成本进行分析。

11.3 现实中的定价方法

11.3.1 高峰定价

1) 高峰问题

大多数运输形式,无论是货运还是客运,对其服务的需求都有高峰,而且这种高峰是有规律的。这种运输需求在时间和空间上的不平衡性导致了运输服务定价的困难。城市公共交通在每个工作日的早晨和傍晚的繁忙时刻经历需求高峰,城市货物运输也有需求高峰以适应顾客的要求和经营习惯;一年之中,空运、公路运输和铁路运输在夏季的几个月和春节等公共节假日期间经历假日交通需求高峰;而在一周之内,周末和工作日之间的需求水平有明显的差异;在更长的时期里,随着世界经济繁荣和衰落的交替,船运需求也出现周期性的变化。从空间的角度来看,运输业者往往需要载运工具在完成运输任务后回到起始时的位置,而实际的运输业务却往往只是单程的,货物一般绝不会再由原车载回;旅客一般倒是需要返回其旅行的原起始地,但却存在一个时间差,于是上下班通勤往返的时段客流的主要方向可能相反,此类运输需求在方向上的不平衡会引起如何在满载方向与回程方向分配运输成本的问题也需要解决。

在所有这些情况下,困难在于如何确定一种价格模式,以保证运输基础设施得到最优的利用,并为未来的投资政策提供指导,以及保证所有的相关成本均得到补偿。问题的本质是相对于需求而言,供给在时间和空间上不可分的问题,是特殊形式的联合生产问题。此类问题在其他经济部门也存在,但是运输服务无法被储存起来以使需求变化与平稳而均匀的生产相一致,调节只能通过价格进行。

2) 高峰定价法

我们在这里以甲乙两港口之间的集装箱海运为例,假定甲到乙是主要货运方向,货物是计算机零部件,而乙到甲的返程货物主要是废旧纸,分析过程可见图 11-2。图中横轴表示两地之间集装箱航班的数量,纵轴是每个航程的运价;D_{main} 和 D_{back} 分别是主要运输方向和返程方向的运输需求曲线,由于返程方向的货物可以利用主要运输方向货物卸空后的集装箱和轮船舱位,因此可以把这两

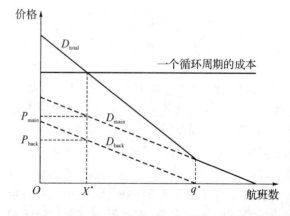

图 11-2 某航线主要货运方向与返程供求均衡示意图

条需求曲线在纵方向上叠加成为对集装箱轮循环往返的总运输需求曲线 D_{total};图中还有一条表示一个循环周期船舶租金加运营费用的水平直线,这条船舶使用的机会成本曲线也可以看做甲乙两地之间的运输供给曲线。在前面我们已经知道,形成载运工具一次循环的两个运程是联合产品,因为满载方向的运输不可避免会引起船舶回程的需要。图中总需求曲线上有一个拐点,该点对应着回程方向运价为零时的运输需求量,即 q^*;当航班数量少于 q^* 时,两个运输方向都有为正值的运价水平。而船舶租用费水平由船舶租赁市场上的需求与供给状况决定。

在图 11-2 中,航行次数的均衡数量是 X^*,它是由甲到乙主要运输方向上的运价水平 P_{main} 和乙到甲返程方向上的运价水平 P_{back} 共同决定的。在这一均衡水平的运价和航行次数使有关各方的利益都得到满足,即主要运输方向的客户需求在他们愿意接受的运价上得到满足,回程方向的客户需求也是在他们可以接受的运价上得到满足。在竞争性的航运市场上,市场力量会自动地使主要运输方向的运费水平高于返程方向。这是有效率的运价。因为如果返程方向上的运价水平被拉到与主要方向相同,就会出现空返增加、运力浪费的情况。当然在现实中返程运量不足的情况也是很常见的,我们用图 11-3 继续进行分析。该图与图 11-2 的区别是返程运量很小,该方向运输需求小到回程方向运价为零时其运输需求量 q^* 仍小于航班的均衡数量 X^*。在图 11-3 中我们看到运输量不平衡,返程船只多数不能满载,有些甚至只能空返。这种情况一旦出现,那么船只一个循环的全程成本都需要由主要运输方向来承担,而不管回程方向是否搭载了部分货物。这种定价方法被称作"重载方向定价"或高峰(方向)定价法。

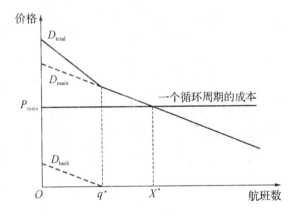

图 11-3　返程需求不足情况下的均衡示意图

"高峰定价法"(peak-load pricing)的基本原理是,供给者成本的主要部分应当由需求最大的消费者来承担,即高峰时期或地区的用户应当支付运输费用的大部分,而非高峰用户只要求支付变动成本。由于多个承运人会竞相压低运价以承揽那些数量有限的回程货物,因此回程运价只能定得很低,这时候对航运公司来说运价再低也比空返更合算。人们还可以举出城市轨道交通每天都会有两次运输高峰期的例子,其运量在方向上也明显地出现不平衡,早上是从市郊住宅区到市中心工作的客流,下午则是从市中心返回市郊住宅区的客流,一些城市的轨道客运公司就自然地让重车方向的乘客票价能够同时抵偿重空车两个方向的成本。又如,计程出租车对某些前往偏远地点(也可能是所有地点)的乘客也会加收回程车费。

11.3.2 固定基础设施成本的分摊

1)边际成本定价的问题

对于公路这样的运输基础设施来说,有效率的边际成本定价(收费)是要做到让驾车人意识到其出行的社会边际成本(详见本书第 14 章 2.2 节"拥挤收费"),而不是他所引起的道路当局的开支。此时,道路当局通过征收拥挤费得到的收入有可能弥补道路开支,但也可能弥补不了。例如,只有当道路通过能力不足而发生拥挤的时候才需要征收拥挤费,而当道路通过能力大于车流量因此没有拥挤现象时,是不需要征收拥挤费的。因此,这里面确实存在着矛盾:如果根据可以制定较高拥挤收费的标准扩建或者新建了道路,而工程竣工的结果却是拥挤现象消失,那么原来收费的企图就达不到(或者必须降低收费),原本合理的投资基础也就改变了。现行的公路财务体制与实行拥挤收费的原则有很大差距,某些路段、桥梁或隧道被允许收费,一般都是为偿还其建设资金,一旦建设资金偿还完毕,收费就被取消了。在这种体制下,往往车辆越少收费越高,车辆越多收费反而越低,这与实行拥挤收费的有效定价原则正好背道而驰。另外,公路当局的其他财政来源如车辆牌照费和燃油税,也都不是根据发生拥挤的时间和路段去确定的。这里的问题就在于,根据定义,边际成本定价法是不考虑固定成本的,因而,边际成本定价法无法弥补固定设施的成本。

在补偿道路投资或分摊固定设施成本与提高效率这两个目的之间能否建立起合理的联系呢?结论是可以的,这里先就一个理想假设条件下的情况进行说明(见图 11-4)。

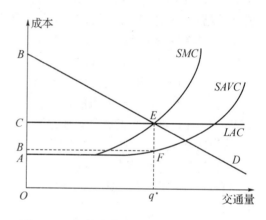

图 11-4 拥挤收费恰好弥补道路开支的情况

该图的假设条件包括:道路能力的增加是连续而不是突变的,对未来交通量的预测十分准确,而且能够做到道路能力的增加与交通量的增加完全匹配(存在一定程度的拥挤,因此可以收费)。图中 SAVC 和 SMC 分别代表该道路上行车的短期平均变动成本和边际成本曲线,LAC 则代表长期平均成本曲线,该水平的长期平均成本曲线表示在该时期内道路的扩建都是恰到好处,不会出现能力过剩。需求曲线 D 正好在最有效的通过能力上与 LAC 交叉,而每一次短期边际成本曲线 SMC 也同时通过交点 E。由于存在拥挤现象,因此道路的拥挤费标准应该定在 BC(或 FE)的水平上,而这恰恰也正好是平均固定设施成本(在这里代表道路投资)的数值,于是出现了正好用征收的拥挤费弥补道路投资的结果。

2)运输基础设施定价的作用

在现实中,对于已有但经营不好的固定设施是否值得维持继续运营,私营公司往往容易过快地做出放弃的决定,而政府则反之,往往容易过迟地做出放弃的决定。对于政府兴办的基础设施,如果某些潜在使用者了解到他们不必付出足额的私人代价,就会热情地支持该项目的兴建,而政府则可能在利益集团或舆论的导向下,就很有可能把原本通不过有效定价标准的固定设施项目付诸实施,并长期营运下去。在图11-5中,是否应该继续固定运输设施运营的经济决定,应该是对比经营者的收益 Op^*Eq^* 与消费者剩余 p^*BE 之和是否大于维持该设施的机会成本,而私营公司考虑的往往却是其收益 Op^*Eq^* 是否大于其

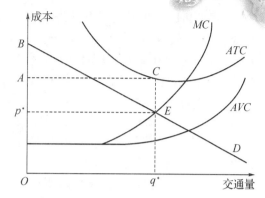

图11-5 固定设施是否应该废弃的分析

经营成本 $OACq^*$。如果像图上表示的收益小于成本,私营公司就可能会要求放弃经营(当然由于现时的收益仍旧大于变动成本,因此也有可能在短期内维持经营)。

  私营企业的经营决策在很多时候是以财务成本而不是以机会成本为基础的,这中间的主要差别是是否考虑沉淀成本。这也是可以理解的,因为经营者在开始时往往是靠贷款开办运输业务的,固定设施形成以后即使已经成为沉淀成本,但贷款还是要偿还的。这样,在运输基础设施建成后的决策评估中就有了两个不同的成本标准,一个是不包括沉淀成本的机会成本标准,另一个是包括沉淀成本的财务成本标准。我们在前面也谈到过,由于运输投资的沉淀特性,因此私人资本往往不愿意投资于这一领域。相对应地,政府由于不是仅仅以经营收入为基础来做出经营是否有利的判断,因此往往不愿轻易做出放弃已有基础设施的决策。

  因此,对运输设施的使用制定有效价格,是要使使用者的支出与其造成的边际成本一致起来,它会导致对运输设施的最有效利用。在十分理想的情况下,对超量使用者征收的拥挤费正好可以用来弥补道路拥有者的道路成本,然而由于运输设施所需要的投资数量巨大、回收周期长和运输能力增加的非连续性或突变性等原因,用这种办法来回收运输设施投资是相当困难的。例如某一使用寿命为75年的运输设施,在开始使用的25年中预计根本不会出现拥挤状况,那么所设计的有效拥挤收费就要在设施建成的25年以后才开始征收。因此,为了"鼓励这方面的投资",显然就需要使用其他不是仅仅按照效率原则设计的收费办法了。此外我们在前面也谈到过,很多运输设施投资的财务评价指标并不好,但由于其外部效应的存在,却可以获得很好的社会经济评价结果,像有利于环境保护、开发落后地区、具有国防意义等,这就使得运输设施的建设不会仅仅遵循经济上有效的原则。由于这些原因的存在,有效率的定价并不能保证所有运输设施的投资都获得补偿,因此需要政府也有必要的资金投入。这里要说明的是,尽管有政府参与的必要,我们还是需要研究如何利用资本市场为运输基础设施筹集基金,具体来说就是研究固定设施成本如何在不同运输使用者之间进行合理分摊。

  3)运输基础设施成本的分摊

  几乎所有的运输基础设施都是由很多使用者共同利用的:卡车和小汽车共同使用

公路，客机和货机共同使用机场，客运列车和货运列车共同使用铁路，而货运列车上又装载着不同货主的货物等等，为运输固定设施制定价格常常被认为就是其成本的分摊问题。那么每一个或每一组使用者应该分摊到多少固定设施成本呢？"均摊法"和"高峰定价法"是两种传统的分摊方法。

"均摊法"是一种最简单的平均计算方法，像把全年用于公路的所有开支总额除以上路的车辆总数。例如，某条贷款收费公路的年还贷金额加上运营成本为2 000万元，全年通行的各种机动车总数为200万辆，则平均每辆车的固定设施成本为10元。有人认为这种方法简单明了，也容易理解。但是，不同的人在使用均摊法的时候却可能得出不同的结论，这一下子就使得原本似乎很准确的计算变得不那么可信了。例如，第一个人是用上面说的车辆总数作除数，第二个人认为用轴数作除数更合理些，因为轴数多的大型车辆应该承担更多道路成本，于是5轴的卡车就需要承担相当于小汽车2.5倍的道路成本；第三个人则可能认为车轮数更有代表性，于是18个车轮的重型卡车就要承担相当于小汽车4.5倍的道路成本；还有第四个人，他认为车的吨位应该更说明问题，那么总重50吨的卡车相对于2吨的小汽车就应该承担几十倍的道路成本。而事情还不算完，因为实际上卡车每年平均的行驶里程是小汽车的2倍，如果考虑这一因素，分别用车公里、轴公里、轮公里或总重公里等指标作为除数，结果就会更加复杂。那么哪一个更加可信呢？均摊法无法告诉我们结论。

使用均摊法定价还会引起效率上的问题。例如如果以车数作为定价的基础，重型卡车与轻型卡车的付费一样，那么就会导致重型车的使用更多，并使得道路的损坏更加严重，道路成本增加更快。对某一项运输固定设施而言，例如前面分析过的运河，如果大小船只的收费一样，就可能使感到吃亏或难以承担该价格的小型船舶逐渐退出对该设施的使用，结果固定设施成本就会全部转移到大船身上，而当它们也感到承担不起的时候，该运河的使用者就会越来越少。对另一些运输设施，用均摊法又可能导致定价过低，结果引起该设施的过度使用或不断加剧拥挤现象。总之，简单使用均摊法定价不能鼓励有效率地利用运输基础设施。

前面已经提到的"高峰定价法"是另一种用于不同使用者共同利用基础设施的成本分摊方法。在这里，高峰定价粗略地说就是对一天的不同时段制定不同的价格，它的基础是由于交通量在不同时段上存在着很大差别，拥挤时段要根据明显上升的边际成本收取拥挤费。在不拥挤的时间，驾车的边际成本与平均变动成本相等，因此不收费。从图11-6我们可以看到，在不拥挤时段驾车人只承担OA水平的自我驾车成本，不必为固定设施付费。而一旦

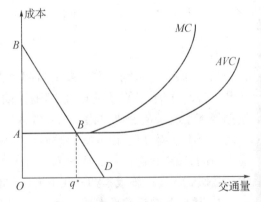

图11-6　没有拥挤时不收拥挤费的情况

11 运输服务的定价

需求曲线右移到分别与 MC 和 AVC 有不同的交点，就应该开始收费了。

但是需要注意的是，对在交通高峰期收取拥挤费的高峰定价法的使用也得比较谨慎，因为如果要依靠这种办法全部分摊运输基础设施成本，它所要求的适用条件是非常严格的，很少有能够完全满足条件的情况。因此，如果某些条件不满足，例如运输设施一直处于不拥挤状态，那么增加车辆对道路和其他驾车人所引起的边际成本就很小或者没有，也就不需要收费，结果固定设施的投资成本就根本无法收回。于是，运输经济学家还必须讨论运输设施成本分摊的其他方法，比如像每一类使用者付费时都不会产生对其他类别使用者提供实际补贴的"互不补贴定价"方法。

11.3.3 互不补贴定价

1）互不补贴定价的原理

互不补贴定价（subsidy-free pricing）源于这样一个原则，即某一运输设施的所有使用者作为一个整体，应该补偿该设施的全部成本。如果做不到这一点，那么肯定就会出现由其他人对他们提供补贴的情况。因此，从道理上讲，所有公路的使用者就应该支付公路的机会成本，而所有铁路的使用者也就应该支付铁路的机会成本等等，依此类推。

但当一个使用者的整体恰好支付了运输设施的全部机会成本时，在该群体内部也会存在一部分人比另一部分人支付的更多些的情况，也就是说在群体内部存在着一部分人补贴另一部分人的现象。但在这里我们只把注意力集中在使用者的类别或群体上。一种价格结构如果做到了使任何一个使用者群体都不能通过取消其他使用者而使自己对运输系统的利用状况变得更好，那么就可以被叫做互不补贴定价。换一个说法则是，如果一个使用者群体需要支付的固定设施成本可以由于取消其他使用者群体而降低，那么前者就是对后者实施了交叉补贴。也就是说，互不补贴的价格结构可以做到使每一个使用者群体都最少能够支付由他们所引起的运输系统的增量成本。本书在前面已经提到过增量成本，这是与边际成本存在一定区别的概念。虽然都是由于增加产量或服务引起的成本，但边际成本主要是指增加的最后那一个产量或使用者所引起的成本，一般情况下仅包括变动成本，而增量成本更像是指最后增加的那一批产量或一个使用者群体所引起的成本，在通常情况下增量成本还需要包括固定成本，因此增量成本比边际成本更接近于提供一种或一组新的服务所需要的全部成本。

互不补贴定价的概念是在使用者群体的基础上扩大了前述有效率定价的原则。我们还记得，有效定价需要满足的条件一是价格等于使用者的边际成本，二是总支付意愿（已经支付的价格加上消费者剩余）要大于或等于所用资源的机会成本（包括固定设施成本）。互不补贴定价把这些标准扩大到多个使用者形成的群体和多项服务，要求总收入大或等于总成本。这种概念扩大对于运输业来说是很重要的，因为运输业在通常情况下都是共用设施的，如果所有被观察的使用者群体都支付了他们所引起的增量成本，那么此时的价格就可以认为是互不补贴价格。对于私营运输公司来说，因为公司经营的目的是为了盈利，因此是否满足互不补贴定价的标准比较容易判断，如果出现亏损,只要分析中止哪些服务就能够扭转亏损,即比较可能的成本节约和收益损失就可以了。但对于政府经营的企业则会存在一些问题,因为政府在很多情况下并不是或并不应该以利润最大化为目标,特别是在提供基础设施方面,所以公营企业的价格并不一定都满足互不补贴定价的原则。还应该说明,实行互不补贴定价仍然存在着不公平的现象。这是因为作为一个群体的使用者偿付了他们引起的增量成本,但该群体中的个体之间还是存在差别,所以很难完全避免使用者个体的支付与其真正引起的成本消耗并不一一对应,还是存在某种程度上的交叉补贴。

2）互不补贴定价的困难

互不补贴定价原则所决定的固定设施成本分摊方法,大大减少了由于多个使用者共同使用基础设施所导致成本计算的不确定性和任意性。比起有效率原则的定价,互不补贴定价原理的适用条件放宽了一些,但它也还是只能适应长期成本与短期成本的区别不是十分清晰,固定成本与沉淀成本的区别也不是十分清晰的那些情况,它对交通量与运输基础设施能力可及时随价格变化而协调也有比较严格的要求。然而在现实生活中,对交通量的预测往往并不能做到很准确,运输能力及交通量的反应也往往显得迟钝,因此仍旧需要像对收取拥挤费用一样,对互不补贴定价原则的使用也允许有偏差。

对于现实不可能像以上理论所要求的瞬间完成市场调整的情况,例如高速公路上行驶重型卡车的例子。由于现有的高速公路当初可能并不是为这些大型车辆设计和修筑的,因此这些重型卡车对道路路面造成了很大的破坏,因此很多人主张对重型卡车征收较高的通行费用。但如果当时设计和修筑高速公路时能够把路面的厚度增加几英寸,路面的损坏就不会像现在这样严重,较高的重型卡车通行费只不过是一种惩罚性或补救性的短期措施。而从长期来看,对道路今后的维修和建设计划是要根据目前的交通量来制定的,那么由于过高惩罚性收费导致的车流量扭曲又可能会进一步引起投资判断的失误,因此短期均衡也许会引起长期的低效率。

交通设施确实应该根据预期的交通流量进行设计和建设,通行重型卡车的道路必须路面较宽较厚,路上的桥隧也必须更加坚固,通行深水船舶的航道则必须达到相应的深度等等。根据互不补贴定价原理,引起这些更大固定设施成本的交通工具,像重型卡车和深水船舶就有责任补偿相应的额外成本。如果一种运输方式仍旧处在扩张时期,即仍旧需要新建或扩建设施,而新的设施标准可以根据目前交通流量的信息指标加以确定,那么每一类交通量显然就应该为自己所引起的增量成本负责,这些增量成本不仅包括现有设施的维修费,也应该包括新的投资。但还是有很多情况是反方向的,运输设施建设时制定的标准对于现有交通量来说过高或过大,运输设施的能力得不到充分利用,例如目前一些高速公路的车流量已经很小,显然也不能制定很高的收费让公路的使用者去补偿当初为满足大量车流而修建高速公路的投资。根据西方国家的经验,互不补贴定价方法在像公路这样仍在高速发展的运输领域有更好的应用效果。

11.3.4 次优定价

1）次优定价的原理

互不补贴定价法在不同使用者群体之间确定了费用分摊的上下限标准，这些标准往往不是针对使用者个人，而是针对使用者群体的。此外，互不补贴定价法常常也不能把成本全部分摊完毕，因而仍旧不能完全解决固定设施成本的回收问题。我们知道，任何偏离边际成本的定价都会导致资源配置的低效率，如果目标是高效率，就需要有一种"次优"的定价方法。为了克服固定成本分摊的武断性并尽可能地增进社会福利，有学者提出了"次优定价法"（second-best pricing），又称"拉姆奇定价法"（Ramsey pricing）。

该方法是指在最优（最有效或福利最大化）定价无法实行的情况下，采取次优方式分摊固定设施成本，具体地说，是利用不同使用者群体的需求价格弹性差别作为分摊固定成本的基础。根据拉姆奇定价法，每一个使用者群体都要支付一部分固定成本，其中需求弹性最小（也就是其他选择可能最少）的使用者群体承担的比重相对最大。该理论的解释是，任何偏离边际成本的定价（此时已无法避免）都会引起运输设施使用中的无效率，对于那些需求弹性较大的使用者，价格上升引起的退出使用的无效率也会较大，而为了尽可能地减少这种无效率，就只好对需求弹性较小的使用者提高价格。拉姆奇定价法的计算公式如下：

$$\frac{P_i - C_i}{P_i} = \frac{\lambda}{e_i} \quad (11\text{-}5)$$

式中：P_i 是对使用者 i 群体收取的单位运价，C_i 是对使用者 i 群体引起的边际运输成本，e_i 是对使用者 i 群体的需求弹性，λ 则是对所有使用者群体都相同的常数，其数值由所需要的收入目标决定。

算例：公务舱与经济舱的定价

已知飞机上公务舱与经济舱乘客的出行需求对票价的弹性不同，设前者的需求价格弹性为 -0.1，后者的需求价格弹性为 -1.0。前者每人的边际运输成本均为 100 美元，后者的边际运输成本为 50 美元/每人，每次航行共同成本为 2 700 美元。如果价格等于边际成本时前者的运输量是 20 位，而后者为 200 位，试问如何定价以分担/补偿共同成本最合理？

解：

$$\frac{P_1 - 100}{100} = \frac{-1.0}{-0.1} \times \frac{P_2 - 50}{50} \quad (11\text{-}6)$$

$$(P_1 - 100) \times 20 \times \left[1 - 0.1 \times \frac{P_1 - 100}{100}\right] + (P_2 - 50) \times 200 \times \left[1 - 1 \times \frac{P_2 - 50}{50}\right] = 2\,700 \quad (11\text{-}7)$$

根据拉姆奇定价原理，公务舱乘客的需求价格弹性是经济舱乘客的 1/10，因此前者票价偏离边际成本的程度应该是后者的 10 倍。所以当把公务舱的票价提高 1 倍，即为200美元时,其运输量减少到18人,可以为共同成本贡献1 800美元收入;而当把经济舱的票价提高10%,即55美元时,其运输量减少到180人,可为共同成本贡献900美元。此时2 700美元共同成本均得到补偿,而且对消费者需求影响最小。

2)次优定价的优势

一些学者认为拉姆奇定价法只能应用于剩余固定设施成本的分摊,也就是说,应该先利用互不补贴定价将固定设施成本的主要部分在不同使用者群体之间进行分摊,分摊不完的部分再使用拉姆奇定价法。其实,拉姆奇定价法运用的领域很广。例如,许多非营利性企业从税收或慈善机构的捐款中接受补贴。在这种有补贴的企业里(例如地铁公司),拉姆奇定价法仍然有用。即使有补贴,把价格定在边际成本上也不一定能使企业补偿其总成本,但通过使用拉姆奇定价法,经理们就既能补偿一定数量的固定成本,又能使对资源配置的消极影响最小化。此外,拉姆奇定价法有时候遭到批评是因为对那些替代品最少的产品或服务(即需求弹性最小的产品)在定价时偏离边际成本最远,因而面对的价格最高。尽管这一情况属实,但除了使用拉姆奇定价法外,的确没有更好的其他方法了。

补充:多种定价方法的综合运用

用效率定价、互不补贴定价和次优定价在不同使用者之间分摊固定设施成本的原理实际上还可以应用在更多的领域,例如对那些提供给多个使用者同时又会产生不可归依成本的飞机、船只或车辆,也不可避免地存在着成本分摊的问题。成本的不可归依性问题在运输业的正常经营中常常发生在边际成本还处在小于平均成本的阶段上。例如,从甲地至乙地的100座客机在起飞之前10分钟仅仅乘坐了50位乘客,那么增加一位新乘客的边际成本应该是很小的:燃油成本几乎不会变化,装运行李可能多花一点时间,乘客登机和离机的时间会稍长一点,空姐的服务量会增加一点,空中用餐的人多了一个……仅此而已。如果按照效率定价的原理让价格等于边际成本,这最后一位乘客的票价就应该特别便宜,但如果第52、53、54、…每一位这样增加的乘客都只支付边际成本,航空公司还能通过航班的经营赚钱吗?这个问题实际上与运输基础设施在拥挤发生以前的情况一样,都是由于运输能力增加的突变性所导致的,就像公路或铁路的新建和改建会引起运输能力成倍增加,飞机等载运设备能力的增加也不是连续变化的。如果飞机机座可以一个一个地增加,那航空公司就基本上可以通过合理安排飞机做到没有空位,而每一位乘客引起的边际成本也会比较接近,但这很难做到。

一般认为,飞机上乘客边际成本的变化存在着一个关键点,在这一点之前的边际成本相当小,而一旦到达这一点,即机舱满员,再增加一位乘客的边际成本就会立刻上升到只有他自己一人占用一架飞机的水平,然后边际成本又继续下降,直到这架飞机也达到满员。于是,如果按照边际成本的效率定价法售票,那么第101、201和301位乘客就非常倒霉,因为在他们前一位乘客只需要付100元票价的时候,他们却可能要支付一万元。这也会成为1%概率的抽奖游戏,但谁抽到谁倒霉。实际上这种分析并不完全正确。就像计算道路上汽车的边际成本应该把其对其他驾车人造成的成本考虑进去一样，飞机上乘客的边际成本也有类似问题。在航班的客座率接近100%的时候，首先越来越拥挤的机舱使人开始觉得不舒服，不但上下飞机所需要的时间越来越长，使用机上卫生设施所需等待的时间也会越来越长。其次，载客率越接近100%，乘客买不到自己最满意时间航班的机票的可能性也越大，因而只能修改旅行计划，改乘其他时间的飞机。因此航空公司需要估计每个时段的客流量，计划并公布航班时间，尽管航班数越密集其客座率就可能越低，航空公司也不敢按照100%的客座率去安排航班，因为这可能使较多乘客感到自己的最满意时间无法满足，更可能导致作为竞争者的其他航空公司乘机利用市场机会。图11-7是不同航班运输成本变化的示意图，图中曲线分别是第一架和第二架100座客机的平均成本和边际成本曲线，而且假定只使用这种类型的飞机。图中边际成本曲线在客座率到达100%以前就开始上升，意味着机内由于拥挤而出现的旅行质量下降和旅客时机延误的损失。

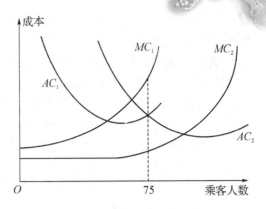

图11-7　航班成本变化示意图

在第一架飞机的乘客达到75人时航空公司投入了第二架飞机，边际成本也出现了不连续地从 MC_1 下降到 MC_2，反映了由于多航班带来的机内服务质量改善和时机延误损失的减少。从平均成本曲线也可以看出，在乘客数小于75人时，使用一架飞机的平均成本较低，而在超过75位乘客时使用两架飞机的平均成本较低。以上关于飞行成本分摊的原理对其他运输方式也是适用的，公路零担货运就是另一个很好的例子。尽管零担货运公司希望尽可能提高其车辆的实载率，但没有一个公司敢于把100%的车辆实载率作为安排运输计划的依据，因为这会延误很多客户的时间，也会导致市场份额损失。最佳的车辆实载率应该是由需求曲线和边际成本曲线共同决定，而合理的价格也需要通过在客户成本、总边际成本以及最佳实载率之间的平衡中取得。

与道路拥挤费的收取类似，飞机票价的制定也应该不仅体现乘客个人的边际成本，而且也要包括他给其他乘客带来的边际成本。因此互不补贴定价法和拉姆奇定价法在这里也可以发挥作用。例如，有部分乘客因为某种原因必须乘坐早9点的航班，为此他们愿意支付比较高的票价，虽然这种票价比边际成本高很多，但从互不补贴定价原则看他们是导致安排该航班的主要使用者，因此承担较高票价是合理的。此外，这些乘客的需求价格弹性较小，因此从拉姆奇定价原则看较高票价也合理。

11.3.5　全部成本和增量成本定价

1）全部成本定价法

对基础设施经营者来说，诸如信息指示标志之类的费用属于共同成本（common

costs）。由于这些设施对每一类用户都是需要的,任何分摊这些共同成本的方法都是武断的。事实上,分摊共同成本的概念本身就是自相矛盾。它要分摊的成本,在概念上早已确定是不能归属于任一种具体产品或服务的。尽管存在这一问题,许多运输基础设施经营者仍在广泛使用全部成本定价法（fully distributed cost pricing）。这一方法要向企业的每种产品或服务分摊共同成本。这样,每种产品的定价必须能补偿被分摊的共同成本加上直接与提供这种产品或服务有关的成本。正如前面提到的,任何对共同成本的分摊都是武断的。但这种定价方法的真正问题在于,分摊方案的选择会对价格的确定有重要影响,从而也影响到企业所提供的产品或服务的需求量。向一种产品分摊共同成本较少的方案,会导致低定价;而分摊较多的方案,则会导致高定价。

2）增量成本定价法

虽然运输企业必须补偿它的共同成本,但并不是每种运输服务的价格都必须高到足以补偿被武断分摊的共同成本。有时,正确定价要求的是,价格至少要能补偿生产每种产品的增量成本。增量成本是指额外增加的成本,如果不生产产品,这种成本就不会发生。只要产品的价格超过它的增量成本,企业提供这种服务就能增加总利润。因此,应当根据对增量成本的评价来做决策。

我们用一个例子来说明全部成本定价法和增量成本定价法（incremental cost pricing）之间的差异。假定铁路上有一条路线在南京和上海之间运送乘客,经理们正在考虑是否要在镇江设一个中间站。铁轨、机车和车厢都是现成的,增加的费用主要是运送额外乘客的能源耗费和在镇江建站的费用。假定在南京和镇江之间,因与长途汽车竞争,铁路收费不能超过一定限度。具体说,铁路经理们认为收费标准不能超过 30 元。那么,该不该提供这一新服务？管理部门中有一名成员断言应当根据全部成本来做决策,并认为不应提供从南京到镇江之间的服务,除非运营收入能补偿其直接成本加上分摊的共同成本。对铁路当局来说,主要的共同成本是两个城市之间的铁轨、机车和车厢的费用。铁路当局根据共同成本分摊法确定至少应收费 40 元。这样,把全部成本作为定价标准,就不应提供这种服务,因为它收费高于汽车运费。管理部门的另一名成员则建议用增量成本来评估这项服务并定价。此人的分析认为,由于铁轨早已铺好和火车早已在南京和上海之间运营,从南京运送一名乘客到镇江的额外支出只有 15 元。这意味着可以提供这一服务,而价格则应定在 15 元到 30 元之间。显然,应当根据增量分析法来进行这项决策。在镇江设站对铁路当局和顾客来说都是有好处的。如果票价定得高于 15 元,企业就能增加总利润,南京到镇江之间的旅客也会得益,因为有了一种新的旅行方式;即使从南京到上海的顾客也能受益。尽管从南京到镇江的票价没有高到足以补偿全部被分摊的共同成本,但只要价格高于 15 元,就能对共同成本提供一定贡献。

可见,当存在共同成本时,并不是企业所有的产品和服务都能按其增量成本定价,从总体上看,价格必须定得高到足以补偿企业的共同成本,但上面的例子说明,并不需要每种产品和服务的定价都足以补偿企业的共同成本：只要新产品和服务的价格超过它的增量成本,生产这种产品就能增加总利润。正确选择增量成本或全部成本定价法在实际工作中很重要。常常是,有些定价者因坚持每一价格都要求补偿全部成本而导致错误的选择。显然,为了使利润最大,正确的方法应当是根据增量成本来做决策。

11.3.6 差别定价

1) 差别定价的原理

差别定价,也可称为价格歧视(Discrimination Pricing),指的是一家企业在出售一样的产品或服务时,对不同的顾客索取不同的价格的现象,有时候差别定价是指对成本不同的产品制度统一的价格,更多的差别价格是指成本基本相同而价格不同,其目的都是为了增加企业的总利润。实施差别定价需要满足三个条件:首先,企业对价格至少有一定的控制能力(垄断能力),而不是只能被动地接受既定的市场价格。其次,企业能够根据价格弹性的不同把企业的产品市场划分为几个不同的市场,即企业必须能够分清应该向谁索取高价,向谁只能索取低价。最后,企业的市场必须是能分割的,即企业必须能够阻止可以支付高价的顾客以低价购买商品。满足这三个条件,企业就能实施价格歧视,并从中谋取到更大的利益。

2) 差别定价的分类

差别定价可采取许多形式,但通常分为三类,它们的共同点是允许企业攫取统一定价本来能给予消费者的部分消费者剩余。

一度差别价格是指为每单位产品或服务索取最高可能的价格。一度差别价格是差别价格最极端的形式,也是企业最能赢利的一种定价方法。由于每个单位的产品或服务都被索取了最高价格,因此,所有的消费者剩余都被攫取了。一度差别价格并不常见,因为它要求卖者十分了解市场需求曲线。比较接近的可能是某些城市私车牌照拍卖制度,管理部门要求每一个可能的买者进行投标,凡超过最低标价的投标都被接受,投标人就有义务按投标的报价购买车牌。通过这一过程,就有可能向每个准车主索取他愿意支付的最高价格。

二度差别价格是一度差别价格的不完全形式,它不是为每单位产品或服务制定不同价格,而是根据单个消费者购买的数量大小来定价,每个购买相同数量的消费者支付的价格相同。二度差别价格主要用于产品和服务的消费量可以进行测度的情况,例如一些铁路旅客票价的单位里程运价随乘车总里程的不同而发生变化,乘车总里程越长,单位里程的旅客票价越便宜。某些城市公交采用月票制和季票制,通常季票比月票更"划算",因为这样可以鼓励消费者购买更多的产品。

三度差别价格最为常见,它要求按需求价格弹性的不同来划分顾客或市场。这种划分可以根据市场的不同地理位置来定,也可以根据用户的特征来定。与拉姆齐定价法很相似,三度差别价格也是对需求弹性较小的顾客或市场制定价高的价格,而对需求弹性较大的顾客或市场制定较低的价格。例如,航空业通过对商务出行和旅游出行的乘客提供不同价格的机票来分割市场,这使得它们无需牺牲收入就可以为航班吸引到足够的乘客。

3) 服务质量歧视

有时候,价格歧视不仅会体现在成本或价格上,在服务质量上也会有极大的区别。

一家公司常常会降低其顶级产品或服务的级别来生产性能较差的产品或提供质量较差的服务,这样它就可以以较低的价格出售这些产品从而赢得低端的市场。例如,通过加入特殊的芯片,IBM公司让其激光打印机的速度从每分钟200页降低到每分钟10页,从而可以用较低的价格出售这种产品,同时并不会影响到顶级产品的销售。又如,火车硬座和软座的服务质量差别很大,主要目的未必是降低硬座的运营成本,更可能是阻止软卧客户购买硬座票。"这伤害了穷人,但并不是因为想伤害穷人,而只是为了吓走富人。"

4) 差别定价的效率

那么,差别定价或价格歧视的经济效率在哪里?令人惊讶的是,它们常常会提高经济福利。为理解这一点,回顾一下垄断者通过提高价格和降低销量来增加利润。他们这样做会赢得急需其产品或服务的顾客,同时也会失去那些犹豫不决的顾客。通过区分愿意支付高价的顾客(向他们收取高价)和只愿意支付低价的顾客(他们可能愿意以较低的价格获得低级的产品),分别制定不同的价格,垄断者就可以同时提高利润和消费者的满意度。

补充:差别价格和航空公司

寻找最低的飞机票价可能是一件使人眼花缭乱的事。任何一天,都可找到上万种不同的票价。就拿有150个座位的飞机在美国两个城市之间的飞行来说,一个座位可以有30种不同的票价也不是少见的。有时候这些价格差别至少部分反应服务质量上的差别。例如,头等舱乘客有很多的伸腿空间和更丰盛的餐食。但另一些时候,同样的旅行经历却付出了不同的价格。2007年夏天,从上海到北京,"正常的"普通舱票价为1 000元,但航空公司的促销票价有时候只有400元。一上飞机,服务水平是完全相同的:一样狭窄的座位、一样乏味的餐食和一样不方便的洗手间。

许多年来,航空公司用所谓收入管理来增加他们的利润。这一做法包括差别定价市场营销两个方面。差别定价就是根据不同顾客的不同价格弹性来定价。一般来说,公务乘客的价格弹性较小,因为他们必须满足供应商和顾客对具体时间和地点的要求。通常这种旅行一接到通知马上就要动身。航空公司利用这种情况向他们要高价,不要求他们必须提前购买。相比之下,假期旅行者可以在许多目的地之间进行选择(包括不坐飞机旅行)并在很久前就预先做好计划。由于这些自由旅行者自行做主的旅行需求对价格变化很敏感,航空公司就对有些机票定低价,条件是:如果乘客能提前7天到30天买票的话。

收入管理策略的市场营销部分是确定有多少低价作为可供出售。虽然要求航空公司至少留出一些作为按促销价出售,但在确定每个航班上应准确分配多少、仍有很大决策余地。经常客满的航班不应有很多低价座位,而对那些经常负荷不足的航班,航空公司应当多提供一些这样的作为以吸引更多乘客。确定最有利的票价组合是航空公司的一项复杂而又经常性的工作。计算机根据最新的资料,被用来不断评价和改变票价的最优组合。一名潜在的顾客有可能在星期二打电话给旅行社,被告知某个航班没有促销票价;但另一名顾客在星期三打电话给旅行社却买到了同一航班的低价票。

虽然航空公司确定票价的做法很像差别价格，但这里也考虑其他因素。许多低价票规定有许多限制。如要求必须提前买票，要求往返票在星期六必须到这地过夜，并且不能退票。正常的二等舱票价就没有这些限制。因此，有人认为这些票代表了不同的服务水平，正常票的较高票价反映这种票能给顾客更多的方便。

11.3.7 成本加成定价

1) 成本加成定价的原理

在传统上，经济理论假设企业谋求利润最大，而这一目标是通过把产量定在边际收入等于边际成本和根据需求曲线确定价格来实现的。但在实践中许多运输企业使用的却是成本加成定价法（cost-plus pricing）。这一方法是指，所定的价格应能够涵盖取得或生产产品的成本，再加上足以使企业按目标回报率获得的利润。

成本加成定价法包括两个步骤。首选，必须确定购买或生产产品或服务的成本。我们要计算的是平均成本，即

$$AC = AVC + AFC = TVC/Q + TFC/Q \tag{11-6}$$

其中：AC 是平均总成本；AVC 是平均变动成本；AFC 是平均固定成本，TVC 是总变动成本；TFC 是总固定成本；Q 是产量。

使用上述公式在计算时存在一个问题：计算价格时要用到产量，但产量又是由价格决定的。为了避免这一问题可以用一个假定的产量，一般情况下，这一产量可以根据企业生产能力的一定百分比来定。例如，多年来通用汽车公司使用成本加成定价法时，常根据销售额是生产能力的 80% 的假设来计算平均成本。

成本加成定价法的第二步是确定成本加成。如果要赚得的总利润为 X 元，或者利润率为 r，则价格可定为：

$$P = AVC + AFC + X/Q \tag{11-7}$$

$$即：P = (AVC + AFC)(1+r) \tag{11-8}$$

2) 成本加成定价的优势

成本加成定价法具有一些受人欢迎的优点：首先，它有利于价格稳定。这是人们所需要的，因为价格变动会很费钱，而且可能引发竞争者做出对自己不利的反应；其次，成本加成定价法的计算公式很简单，所需要的信息比边际收入等于边际成本定价法要少，因而用起来很方便；最后，成本加成定价法能够为价格变动提供"正当的"理由。

但是，成本加成定价法也在许多方面受到了批评。一个所谓的问题是，它是根据成本计算出来的，并没有考虑需求。这一缺点因所用的成本数据可能有误而加重，因为成本加成定价法使用的是历史或会计数据而不是增量或机会成本。另外，乍一看，成本加成定价法似乎与以利润最大化为假设的经济理论并不一致。而成本加成定价法的广泛使用也会给人一种感觉，似乎根据边际收入等于边际成本的决策规制来做的分析基本上没多大实际用处。但实际上，这些矛盾只是表面上的。我们有理由认为使用成本加

成定价法只是企业追求长期利润最大化目标的一个手段，而且可以证明成本加成定价法和根据边际收入好坏决定边际成本定价有密切的联系，虽然两者并不等同。

为了比较这两者，我们首先来看成本。尽管成本加成定价法根据的是平均成本而不是边际成本。但长期边际成本与平均成本往往差别不大，特别是在普通公路货运这样的行业中。因此，可以把根据平均成本定价看成是用边际成本定价的合理的近似。下一步的比较是看目标回报率，业者是怎样决定加成应该是 10% 还是 20% 呢？一般来说，决策应以对需求弹性和竞争条件的估计为基础。如果需求弹性较大，竞争很激烈，加成就较小。

如果成本加成是根据需求条件来确定的，成本加成定价法就与利润最大化不一定不一致。这可以用公式来说明，边际收入是总收入对运输量的导数，因此：

$$MR = \frac{d(TR)}{d(Q)} = \frac{d(PQ)}{d(Q)} = P + \frac{dP}{dQ}Q \tag{11-9}$$

$P + \frac{dP}{dQ}Q$ 可重写为 $P\left(1 + \frac{dP}{dQ}\frac{Q}{P}\right)$，注意，$\frac{dP}{dQ}\frac{Q}{P}$ 就是 $1/E_p$，这里 E_p 是需求的价格弹性，于是：

$$MR = P\left(1 + \frac{1}{E_p}\right) \tag{11-10}$$

利润最大化要求 $MR = MC$。为了使问题简化，我们假定 $MC = AC$，因此，利润最大化价格就是下列方程的解：

$$P\left(1 + \frac{1}{E_p}\right) = AC$$

解 P 得：

$$P = AC\left(\frac{E_p}{E_p + 1}\right) \tag{11-11}$$

式（11-11）可解释为成本加成定价的公式，即价格是根据平均成本上的加成来定的。这个加成即 $E_p/(E_p+1)$，是需求价格弹性的函数。当需求变得更有弹性，加成就会变得更小。例如，如果 $E_p = -1.5$，其加成为 3.0；但如果 $E_p = -4.0$，加成只是平均成本的 1.33 倍。

可见，成本加成定价法不过是运输业者们追求最大利润的一个手段。多数业者只能获得有限的需求和成本信息，而要获得能准确估计边际收入和边际成本所需的信息是很费钱的，甚至是不可能的。因此，成本加成定价法可能是谋求最大利润的最现实的一种方法。

案 例

出租车市场的价格

引自：谈萧，《出租车不打表中的民间法问题》，中国法律信息网，2007.8.17

11 运输服务的定价

在中国，出租车价格管制是普遍存在的。不过在中国农村、许多县城乃至一些大城市大量存在的"摩的"，是没有价格管制的。在武汉，曾经有一种被称为"麻木"的三轮摩托车"的士"，运营10余年，遍布大街小巷，极大地方便了武汉市民的出行——但后来被政府以危害交通安全的名义取缔，也是没有价格管制的。据我的观察，这种穷人打的"摩的"，虽然普遍没有价格管制，但的确运营得非常好。如果从自由市场理论出发，这种价格管制可能是没有必要的。但从信息经济学出发，理由是由于消费者在与出租车经营者谈判时处于信息弱势，需要借助政府这个代理机构（agency）来与出租车经营者谈判确定价格。当然，这个价格也是谈判确定的，必须符合供求定律。如果政府强制规定不符合市场供求机制的价格，是很难得到执行的，或者说，出租车经营者在政府定价低于市场价时，也会通过各种途径与政府（消费者的代表）重新协商价格，使其回归到正常的市场价格。所以严格地说，这应该不算是一种价格管制，只不过是政府代替消费者来同经营者谈判确定价格而已。如果个别消费者和经营者不认同这种价格，他们完全可以谈判确定不同于政府定价的价格。但是，绝大多数城市政府都规定了出租车的固定价格，并且出租车经营者如果不执行这种价格，还会遭到行政处罚。当然，如果这当中经营者存在欺诈，处罚是没有问题的，但是如果消费者愿意出高价并成交，而事后经营者因此受到行政处罚，从经济学上看，是比较难以理解的。

从现实的情况来看，这种价格法的执行情况怎么样呢？在我们生活的城市中，出租车不打表、不执行价格上的国家制定法而执行市场价格的情况仍然比较普遍。

我最近的一次关于出租车经营者不执行价格法的经历是××××年6月底去山东济南在机场上的遭遇。下飞机后，我直奔出租车打车点，第一、二辆出租车司机问我去哪里，我说去山东大学（在市区），司机马上说：我这是新车，价格比一般车要贵。我想新车旧车都一样，就在机场出租车管理员的指引下上了排在第三辆的旧车（其实和前面的车新旧没有多大差别）。上了车之后，司机问完我到哪里之后，就开始抱怨，后来经仔细询问才知道，我是被机场管理员强行派给他的。因为在机场候乘客，他们要向机场交一笔管理费，加上机场候乘客成交一单生意的时间比较长，从市区到机场来往往是放空车过来，所以同样的里程，机场一笔生意的成本远比在市区做一笔生意的成本要高。经过计算，到机场候乘客的司机载短途乘客的成本远高于其按打表价格计算的收益，所以他们通常情愿不载客在机场等上好几个小时，就是为了载上一个去济南郊县或者青岛等地的乘客，以实现其利润。如果不是害怕被投诉以及机场管理员的强制安排，他们是不愿意载我这样的短途乘客的。另外一个相关记忆是前几天看《现代金报》的一个报道，说的是在宁波机场出租车司机普遍不愿意打表，而直接与乘客商谈价格，比如到宁波大学，打表大概50元左右，但是司机一般要收60元（我就坐了一次这个价格的），到市区30元左右，一般要收40元。如果乘客不愿意多付，他们也不愿意载。原因和济南的情况一样，因为司机到机场往往空车过去，等候一单生意的时间比较长，如果按打表价格，他们做一单生意就赔一单。对于这个现象，乘客们有抱怨和不满的（一位司机曾告诉我宁波大学的一位老师曾在多付了10块钱后又投诉他——然后他还以此为例说我们当老师的人都比较难缠,搞得我很不好意思),出租车管理部门则在报纸上发表意见说:不管怎样,出租车经营者一定要打表,执行政府定价,否则将予以惩处。

这是两个司机报价高于政府定价且一般来讲乘客也愿意接受的例子。还有一个例子是在宁波天一广场的浦发银行公交车站处,每天晚上10点多钟公交车大多收班以后,就有一大排出租车在此打出到镇海只需20元的价格招揽乘客(好像是20元,我没坐过),这显然是大大低于打表价格的,打表价格怎么也得40元。我想司机肯定不会做赔本的生意,这种价格肯定经过他们周密计算是有利可图的。那么在这种情况下,出租车司机也没有执行价格法。回想以前我在武汉生活的时候,出租车不打表的现象非常普遍。也许因为气候的原因,武汉人的性格非常直爽,性子急,嗓门大,直来直去,甚至因此一度被人认为武汉人比较蛮横。但是,出租车不打表,在武汉基本上是可以接受的。而且,大多数情况是,不打表的价格比打表的价格要低。如果你是外地人,去武汉一定要深谙讨价还价之道,一般的商品你都要在报价的基础上打一个对折来还价,否则你会吃大亏。出租车价格,由于有投诉机制,砍价的幅度比较小,但对于外地人来讲,如果你不愿意打表,一定要懂得和司机砍价。武汉的出租车市场十分发达,我觉得是一个充分竞争的市场,只要你会砍价,你会得到对你来讲最有利的价格。

案例分析

从经济学角度看,出租车不打表,通过市场供求和谈判机制以及竞争机制确定价格,是没有任何问题的。而且,只要这个市场是充分竞争的,由供求和竞争机制确定的价格,一般的情况下会比打表价格(政府定价)要低,因为政府定价也会在一般的情况下考虑到经营者利润,这个利润比例被固定下来,比如是5%,但是通过供求和竞争机制发现的价格,可能在这个利润率上有所减少,比如司机为了薄利多销,可能一单生意愿意只盈利2.5%,那么市场价格就要低于政府定价。在前面的机场出租车价格困境例子中,也不是政府定价保护了消费者的权利,恰恰是那些自由市场的谈判机制保护了消费者的权利,因为如果没有人愿意不按打表价格(按高于打表的价格)打车,那么,在一个时段上看,司机就会认为这个市场没有需求,没有需求,就不会有出租车供应。这样一来,此后即使有乘客愿意以打表价格甚至更高的价格来打车时,也没有车可打。因为既然在政府定价机制给定并得到强制执行的情况下,司机都会判断机场市场无利可图,自然就只做市区市场或其他市场的生意。这样,在经营者丧失一部分市场的同时,消费者也得不到服务,所谓的消费者权利也就无从谈起。

以上的分析都是建立在经济学上的。从法学来看,出租车价格管制,这是国家法规定的,是国家法通过集体理性建构的秩序(当然如果还要从经济学上看的话,如前所述,我宁愿将其解释为政府作为一个代理机构参与价格谈判,只不过是市场机制的一种替代,当这个替代不符合市场法则时,就应该更改)。而出租车不打表,由交易双方协商形成一定时段内也比较容易看得见的市场价格,则是一种民间法下的秩序。这个民间法秩序肯定会和国家法秩序相冲突。你到底是相信国家的集体理性,还是相信民间的个人理性,是你判断在这个冲突中偏向何方的一个基点。在国家法缺失的情况下,我们需要民间法秩序,也就是法经济学上讲的可供选择的治理模式。在国家法过度的情况下,我们也需要民间法秩序,因为从经济学的计算上看,在资源配置上,国家法基于集体理性的建构远没有民间法基于个人理性的计算有效率,尤其在市场领域,更是如此。

案例讨论

1. 出租车打表采用的是什么定价方法?政府为什么要强制出租车打表?
2. 出租车不打表采用的是什么定价方法?与打表相比各有何利弊?
3. 2008 年 1 月,我国南方遭遇了一场 50 年一遇的暴雪天气,对运输的影响很大。公交部分停运或改线,很多出租车趁机不打表涨价。以南京为例,原定 9 元的起步价动辄被抬高到三十、五十,有的地段甚至要坐满 4 个人司机才发车,打车费还按人头收。你怎么看待这种恶劣天气出租车涨价的行为?

概念复习

定价	经济效率原则	边际成本定价
重载方向定价	高峰定价	均摊法
互不补贴定价	次优定价	全部成本定价
增量成本定价	差别定价	一度差别价格
二度差别价格	三度差别价格	成本加成定价法

思考题

1. 运价的制定有什么意义?
2. 经济学为什么在解释选择的时候强调尊重人们的偏好,这与效率原则有什么关系?
3. 简述运输活动效率最大化的两个条件,并分析它们之间的关系。
4. 试述"高峰定价法"的基本原理并举例说明。
5. 说明固定运输设施成本用"均摊法"和"高峰定价法"分配所带来的问题。
6. 试述"互不补贴定价法"的基本原理并举例说明。
7. 试述"次优定价法/拉姆奇定价法"的基本原理并举例说明。
8. 有两种货物需要运输,它们每吨的边际成本均为 5 元,共同成本为 300 元。设甲货物的需求价格弹性为 -0.1,乙货物的需求价格弹性为 -1.0。如果价格等于边际成本时两种货物的运输量都是 100 吨,问如何分担共同成本最合理?
9. 试述"成本加成定价法"的基本原理并举例说明。

12 运输市场结构

学习目标

了解运输市场的概念和分类；理解企业与市场的区别与联系；了解运输市场的类型；理解几类运输市场的结构以及这些市场中的规模经济性。

12.1 运输市场的概念

1）市场的概念

市场(market)，是买者和卖者相互作用并共同决定商品和劳务的价格和交易的机制。市场看上去只是一群杂乱无章的卖者和买者，但却总是有适量的产品被生产出来运送到合适的地点。这似乎是一个奇迹，然而，市场体系既不是混乱也不是奇迹，它是一个具有自身内在逻辑的体系。在市场中，是价格在协调生产者和消费者的决策。

2）运输市场的概念

运输市场(transportation market)有狭义和广义之分。狭义的运输市场是指为完成旅客和货物的空间位移而提供客位或吨位的场所，即运输需求方(旅客和货主)、运输供给方(运输业者)及运输代理者共同进行运输交易的机制。广义的运输市场则包括运输活动各方在交易中所产生的经济活动和经济关系的总和，即不仅包括运输营业场地、运输代理机构等各种提供客位和吨位的场所，也包括运输产品的生产者和消费者之间、运输能力供给和运输需求之间、运输部门和其他部门之间的经济关系，还包括运输市场结构、运输市场机制、运输市场调节和管理以及企业在运输市场的经营等。

当然，运输市场是一个相当复杂的概念，运输经济分析应该避免比较笼统地谈论一般的所谓运输市场，例如"铁路运输市场"、"公路运输市场"、"某两地之间的运输市场"、"西南地区运输市场"或"城市运输市场"等，而是更加注意根据所提出的具体问题，区别各种基于特定运输对象(不同种类的货物或旅客)、有特定运输目的和特定始发和到达地点的运输服务，并根据可搜集到的可靠数据资料进行分析。因此，目前有些运输经济学家主张"运输市场是一组其产出和价格均可计算的运输服务"这样的提法，也就是说，每一个具体运输市场上的产出应该是同质的,即其起讫地点和运输方向、所运货物或对象都是一致的,与其他运输市场上的需求及供给不应混为一谈。这是有一定道理的。

12.2 运输市场的类型

按照不同的标准,运输市场可以有多种分类方式。例如,按运输方式,可分为公路运输市场、航空运输市场、水路运输市场;按运输距离的远近,可分为短途、中途和长途运输市场;按运输市场的空间范围,可分为地方运输市场、跨区运输市场和国际运输市场;按运输市场与城乡的关系,可分为市内运输市场、城间运输市场、农村运输市场和城乡运输市场等。更一般的分类是按运输市场的竞争性,分为完全竞争、垄断市场、寡头市场和垄断竞争市场。(本节为选修内容,如果已熟悉微观经济学中市场结构的相关内容,可直接讨论本节中的案例。)

12.2.1 完全竞争市场

完全竞争市场(fully competitive market)是一个理想化的市场,在这样的市场中,有许多规模较小但进出市场自由的企业,每一个企业都生产完全相同的产品,每一个企业的规模都太小,以至于无法影响到市场的价格;而且,市场交易活动自由,没有人为限制,市场的所有参与者(企业和消费者)均拥有充分的信息。在完全竞争市场中,市场完全由"看不见的手"——价格——进行调节,政府对市场不作任何干预,只起维护社会安定和抵御外来侵略的作用,承担的只是"守夜人"的角色。如图 12-1 所示,为了描述一个完全竞争企业的行为,我们首先来看一看整个行业的需求曲线(DD 曲线)与单个竞争企业所面临的需求曲线(dd 曲线)。由于一个竞争行业是由许多相对于市场而言很小的企业组成,一个企业的需求曲线只是整个行业需求曲线的一个微小部分,以至于从一个完全竞争者的视角来看,该企业的需求曲线 dd 看上去是完全水平的或弹性是无穷大的。

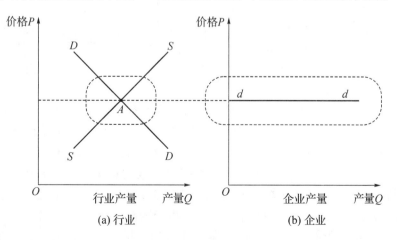

图 12-1 完全竞争市场的供需曲线

给定一个完全竞争企业的成本和需求,以及要获得最大利润的愿望,它将如何决定它所愿意供给的数量呢？经济学的答案是,在完全竞争条件下企业的供给原则为,当企业将其产量确定在边际成本等于价格的水平上时,就实现了利润的最大化,即:

$$边际成本 MC = 价格 P \qquad (12-1)$$

用图形来说,这就意味着企业的边际成本曲线也是它的供给曲线。于是,我们可以根据企业的边际成本曲线来寻找最佳产量水平：最大利润的产量发生在价格线与边际成本曲线相交的点上。如果企业的产量大于或者小于上述最优产量,企业将不可避免的出现亏损。换个角度讲,在利润最大化的产量上,完全竞争企业得到了零利润这个最好的结果,总收入正好等于总成本。需要注意地是,这里讲的利润是经济利润,包括所有的机会成本(包括劳动和资本的机会成本)。因此,零利润并不意味着白白提供了运输服务。如图12-2 所示,零利润点(zero-profit point)表示在这一价格水平上企业得到零利润;在零利润点上,价格也刚好等于平均成本,因此收入正好弥补成本。

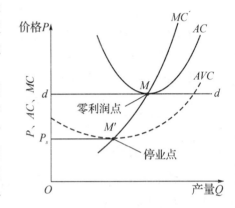

图 12-2 零利润点与停业点

停业原则(shutdown rule)：企业在收入刚好抵补它的可变成本或者损失正好等于固定成本时,停业点就会出现。当价格低于该水平时,致使收入无法抵补它的可变成本时,企业就会停业以使其利润最大化(即损失最小化)。关于企业停业点的分析得出了一个似乎出人意料的结论：即使追求利润最大化的企业亏损,它也可能在短期内继续经营。尤其是对于大量负债,从而拥有较高的固定成本的运输企业(例如航空公司)来说,这一情况是成立的。因为,只要亏损小于固定成本,他们继续经营就是实现利润最大化和损失最小化。

长期的零利润均衡：当一个行业的供给是由具有完全相同成本曲线的竞争企业所提供,而且这些企业又可以自由地进入或退出该行业时,长期均衡的条件就是,对于每一个完全相同的企业来说,价格等于边际成本,又等于最低长期平均成本点(这也是成本加成定价法的理论基础)。

完全竞争市场只是西方经济学家在研究市场经济理论过程中的一种理论假设,在现实生活中,完全竞争市场所需的前提条件很难成立。尽管完全竞争市场在现实经济生活中几乎是不存在的(公路普通货运市场、海上租船运输市场具有接近于完全竞争市场的特征),但是,研究完全竞争市场类型仍有其积极的意义。分析研究完全竞争市场形式,有利于建立完全竞争市场类型的一般理论,当人们熟悉掌握了完全竞争市场类型的理论及其特征以后,就可以用其指导自己的市场决策。例如,生产者就可以在出现类似情况时(例如作为价格的接受者时)做出正确的产量和价格决策。更重要的是分析研究完全竞争市场类型理论,可以为我们分析研究其他市场类型提供借鉴。例如,在对有关垄断市场、垄断竞争市场和寡头垄断市场中竞争与效率问题进行比较研究的过程中完全竞争市场类型理论可以作为一个衡量标准起到借鉴作用。

12.2.2 完全垄断市场

不完全竞争可以达到怎样不完全的程度呢?极端的情况是垄断(monopoly):单一的卖者是它所在行业的唯一生产者,同时,没有任何一个行业能够生产出相似的替代品。

完全的垄断在今天是罕见的。实际上,许多典型的垄断案例仅仅存在于那些受到政府保护的产业。例如,如果一家制药企业研制出一种获得专利的神奇药品,并在若干年内保持自己对这种药物的垄断权。垄断的另一重要的例子是获得当地公用事业的特许经营权,例如一家自来水公司。尽管如此,即使是一个垄断者,它也必须经常注意那些潜在的竞争者。上面所说的那家制药企业会发现竞争者很可能正在生产类似的药品;数年前还处在垄断地位的电话公司,现在必须考虑移动电话给他们带来的冲击。于是,在长期内,没有一个垄断者能确保自己免受竞争的冲击。

假设某企业发现它自己处于行业中完全垄断的地位,如果他希望取得最大利润,那么,他应该收取多高的价格呢?他的产量应该是多少呢?为了回答这些问题,我们来看表 12-1。我们知道,将价格 p 与数量 q 相乘,可以计算出在每一销售水平上的总收益(total revenue,TR)。在这一线性需求曲线的例子中,总收益最初随着产量的增加而上升,因为在这条需求曲线的富有弹性的上部区域,出售较多的 q 所需要降低的 P 是不大的。但是,当我们达到需求曲线的中点时,TR 就达到它的最大值。此时,$q = 5$,$P = 100$ 元,$TR = 500$ 元。超过此点,q 的增加便将该企业带入需求缺乏弹性的区域。由于价格下降 1% 引起销售量的增加不到 1%,因此,总收益随着价格的下降而下降。这表明,TR 是一条穹形曲线,它从零上升到最高点,然后又下降到接近于零的水平。

需要注意地是,每 1 单位的价格可以称为平均收益(average revenue,AR),正如我们用 TC 除以 q 而得到 AC 一样,$TR/q = P = AR$。现在引入一个新的概念,边际收益(marginal revenue,MR),其定义是:当销售增加 1 单位时,由此而引起的收益的变化。MR 可以为正,也可以为负。表 12-1 中第 4 列给出了边际收益的数值。MR 是由两个相邻产量的总收益相减而来的。

表 12-1 总收益和边际收益

数量 q	价格 $P = AR = TR/q$ (元)	总收益 $TR = P \times q$ (元)	边际收益 MR (元)
0	200	0	+180
1	180	180	+140

续表 12-1

数量 q	价格 $P = AR = TR/q$ （元）	总收益 $TR = P \times q$ （元）	边际收益 MR （元）
2	160	320	+100
3	140	420	+60
4	120	480	+20
5	100	500	−20
6	80	480	−60
7	60	420	−100
8	40	320	−140
9	20	180	−180
10	0	0	

现在，我们准备寻找垄断者最大利润的均衡点。如果一个垄断者面临着一条既定的需求曲线，并且他希望使总利润最大，那么，他应该如何行动呢？根据定义，总利润＝总收益－总成本；用符号表示，$TP = TR - TC$。TP 最大化的等价条件是式子的一阶导数为零，根据定义，即 $MR = MC$。于是，当产量达到该企业的边际收益等于他的边际成本的水平时，企业利润达到最大；同时，需求曲线上对应于此产量的价格为利润最大化的价格。换句话讲，完全垄断条件下的运输生产者可以决定其最佳产量和价格（例如本书第 11 章提及的差别定价法），以获取最大的垄断利润。由于垄断者面对的是一条向下倾斜的需求曲线，这就意味着 $P > MR$，企业获得了垄断利润。因此，一个追求利润最大化的垄断者会将产量水平减少到低于在完全竞争产业中所决定的水平。

完全垄断市场具有促进资源效率提高的可能性，也具有刺激创新的作用。但是，完全垄断市场会造成市场竞争和生产效率的损失、会造

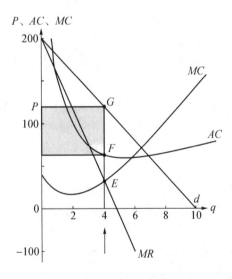

图 12-3 总量／边际曲线与最大化利润的均衡

注：在 E 点，MC 与 MR 相交，可以得到最大化利润的均衡位置。对 E 点的任何背离都会损失一些利润。价格是在 E 点以上的 G 点；由于 P 在 AC 的上方，因此，最大利润为正值，矩形阴影的面积衡量了总利润。

成社会产量的损失以及消费者利益的损失。

同样要指出的是,完全垄断市场也是一种极端的市场类型,这种市场类型只是一种理论的抽象,在现实经济实践中几乎是不可能存在的。因为在现实经济实践中大多数垄断企业总是要受到政府或政府代理机构各个方面的干预和调节,而不可能任意由垄断企业去完全垄断市场。当然,如果政府对垄断企业不进行干预,或者干预不力,垄断企业垄断市场、损害社会和消费者利益的可能性也是随时可能出现的。即使完全垄断市场在现实经济实践中几乎是不存在的,研究完全垄断市场还是具有积极意义。例如,研究完全垄断市场可以促使我们了解完全垄断市场条件下出现的各种经济关系,从而有利于我们运用这种理论来研究现实市场类型条件下市场主体行为如何最佳化;研究完全垄断市场理论还可以使我们明确政府对垄断行为进行干预、调节的必要性,以及政府干预、调节活动对市场正常运行及对市场主体利益的协调所起的重要作用等。

案 例

火车站也有设租的机会吗
——论垄断地位与设租行为

摘自:金雪军,《公共经济学案例》,浙江大学出版社,2004年11月第一版,P50

某地火车站为广开财源,改善职工福利,想出了一个"靠山吃山"的办法。他们由车站职工以股份制形式创办了一个后勤服务公司,由该公司出面与一些单位签订代售火车票合同,并确定合作分利的标准。于是,火车站以支持后勤服务公司发展等名义,源源不断地向该公司提供票源,公司则按合同将车票送往代售单位,并与代售单位分享代售手续费。结果出现了一系列怪现象:火车站售票窗口买不到紧俏区间的车票以及卧铺车票,代售点却大量存在;紧俏车票在代售点的手续费时高时低,最高的是车票价格的50%;旅客为购买所需车票,到处打电话到代售点咨询。后勤服务公司则凭借代售车票合同,坐享其成,得到丰厚的回报。

案例分析

如果从方便旅客购票的角度出发,在一些交通便捷的地段多设几个售票点,以便缓解旅客为购票而来回奔波之苦,这是火车站改进作风、为民办事的实际举措。问题是,火车站将紧俏车票交由代售点出票的目的是为了提高职工收入:一边是旅客在火车站售票窗口买不到票,加上信息不对称因素,旅客不知道哪些代售点有自己需要的车票,只得花费更多的人力、财力到处打听;一边是后勤服务公司及其职工从中分得丰厚的"购票手续费"。

从公共经济学角度看,这是一种利用垄断地位而设租的行为。在垄断条件下,生产要素难以有序流动和有效配置,而垄断者获得了一种对资源分配的特权。铁路属于国有垄断企业,卖票是火车站的"专利",车票的分配权在很大程度上就掌握在车站工作人员手中。在没有政府规制或规制有缺陷的情况下,他们有权处置车票,从而为人们寻租留下空间。本案例中，由后勤服务公司出面，使得火车站的设租行为更具隐蔽性。

其实，这种做法与当年的"官倒"有着惊人的相似之处。"官倒"是利用价格双轨制等方式自行安排资源以大发不义之财；如今的"代售"却将车票的销售权引入了市场机制，通过多设的环节更隐蔽地获取非正当收入。其本质都是利用权力或垄断地位对资源的配置，都是设租行为的真实写照。

案例讨论

1. 是否应取消案例中后勤服务公司之类的设租机构？
2. 是否可以将车票销售业务从车站分离出来，例如，专门组建几个票务公司竞争销售火车票？

12.2.3 寡头垄断市场

寡头（oligopoly）或寡头垄断市场是介于垄断竞争与完全垄断之间的一种比较现实的混合市场，是指少数几个企业控制整个市场的生产和销售的市场结构，这几个企业被称为寡头企业。寡头企业在现实生活中是普遍存在的，例如国际上民用航空工业与民用航空运输业已纷纷进入寡头垄断时代，干线飞机市场波音和空中客车两家"楚汉相争"，支线飞机市场加拿大庞巴迪、巴西飞机公司和德国道尼尔"三国鼎立"的格局基本确立。中国国内的航空运输市场基本上被中国航空集团公司、中国东方航空集团公司和中国南方航空集团公司三巨头分割。这些都是典型的寡头市场。寡头的重要特征是每个企业都可以影响市场价格。在航空业，仅仅一家航空公司降低票价的决定，就会引起它的所有竞争者降低票价，引发一场价格大战。

当寡头能够互相勾结，使他们的共同利润达到最大时，考虑到他们之间的相互依赖性，他们就会以垄断者的价格和产量来赢得垄断者的利润。虽然许多寡头会对于获得如此高的利润感到渴望，但在现实生活中，存在许多阻碍他们有效勾结的因素：第一，勾结可能是非法的；第二，企业可能通过对所选择的顾客降低价格以增加其市场份额来"欺骗"协议中的其他成员（在价格保密、产品有差别、企业数目较多或技术变化迅速的市场上，秘密降价的可能性更大）；第三，随着国际贸易的不断深入，许多企业不仅要应付国内竞争，还要迎接国外企业的激烈挑战。例如，经验表明，很难找到一个一直持续到今天的成功的卡特尔的例子，不管是公开的还是秘密的。

另外，值得注意的是，垄断虽然是竞争的矛盾对立面，但它的存在并没有消灭竞争，尤其是寡头垄断改变的只是竞争形式，而非竞争本身。另外，如果从国际范围、某一国来看，寡头垄断反而会使竞争大大加剧，激烈的竞争足以使寡头垄断企业尽可能地努力进行研究和开发，尽可能提高效率，尽可能降低产品的价格。而不是像传统的经济学理论认为的垄断破坏和降低有效的市场竞争，阻碍经济和技术的发展。我们可以看到航空运输业的残酷竞争，在一条特定的航线上往往只有两三家航空公司，但在它们之间，仍然是过一段时间就要发生一场票价大战。那么，我们如何把寡头间的对抗（rivalry）和完全竞争（competition）区分开来呢？对抗包含了许多提高利润和占有市场的行为。

它包括利用广告向外移动需求曲线（即刺激需求）、降低价格吸引业务，以及通过研究提高产品质量或研制新的产品。完全竞争并不意味着对抗，而只是表示行业中没有一个企业能影响市场价格。同时，寡头垄断的形成可以避免无序竞争，减少资源浪费；寡头垄断也可以避免完全垄断的"唯我独尊"，使行业发展具有竞争的动力和潜力。因此，如果说寡头垄断企业在缺乏竞争的环境中，一般不会自觉地追求高效率，从而导致实际效率往往与最大可能效率之间存在巨大偏差，高效率只是寡头垄断企业自身天然优势带来的一种可能性的话，那么寡头垄断企业并非真正独占市场，这一点就使寡头垄断企业不得不追求高效率，从而使其高效率具有现实性。

补充：OPEC 与航空业的寡头勾结

石油输出国组织（简称 OPEC）就是一个长期勾结失败的例子。OPEC 作为一个国际组织，规定了成员国的石油产量。它的目的是为石油生产者确保公平和稳定的石油价格，向石油输入国提供有效的、经济的和有规律的石油供给，并保证石油行业的资本回报率。批评者认为该组织是一个真正勾结在一起，旨在最大化产油国利润的垄断组织。

在 1973—1975 年间，OPEC 可谓家喻户晓，当时它导致了石油产量的急剧下降和石油价格的飞涨。一个成功的卡特尔显然能够要求其成员国限制生产以维持高价，并坚持执行集体的规定。尽管如此，每隔几年一些 OPEC 的成员国就总是出现无视既定配额而增加生产的情况，从而导致价格竞争战的爆发。最为壮观的是 1986 年，沙特阿拉伯竟然将其石油价格从每桶 28 美元降低到 10 美元以下。在这些相互仇恨（甚至像伊拉克、伊朗、科威特那样，不仅打价格战，而且还真的大动干戈）的成员之间，要维持一个国际卡特尔协议当然非常困难。

OPEC 所面临的另一个问题是它规定的是生产配额，而不是价格。这就会导致在需求不确定和价格缺乏弹性条件下的油价的剧烈变动。例如，在 1999—2000 年间，OPEC 过高地估计了石油需求，使得石油价格下降到每桶 10 美元。OPEC 马上又缩减了石油配额，但是，由于石油需求的迅速回升超过了预期，于是石油价格猛升，到 2000 年初跃升至每桶 30 美元以上，从而引起了 OPEC 成员国之间的又一场争论。

另一个屡次勾结而又不断失败的市场是航空业。这个产业可以说是相互勾结的天然候选人。主要的航空公司的数量屈指可数，而且在许多航线上只有一两个竞争者。但是，美国和其他航空公司虽然在 20 世纪 80 年代中期取得了很大的成功，但到 90 年代早期却亏损了 100 多亿美元。显然，如果存在勾结，则一个行业很难长期保持盈利。事实上，只有几乎垄断了通往一个城市的所有航线，才真有可能抬高价格。

卡特尔从它诞生的那一刻起就开始走向崩溃。一方面，在价格制定和产量分配上各个成员的影响力不同，可能会带来不公。更为普遍的现象是卡特尔内部成员的欺骗性。因为一般卡特尔会通过限制产量把价格维持在一个较高的水平，其中的个别成员看到有利可图，会私下背弃相互之间的协议去扩大产量。如果其他成员没有发觉，他就可以获得高额利润。一旦其他成员发现他的这种行为，也会加入其中以扩大产量来获取更大利润。市场总供给会因此不断扩大而造成价格下降,卡特尔也就随之瓦解。卡特尔瓦解的原因在其内部成员的"逐利性"以及监管机制的软弱无力。

案 例

雷克航空公司的经历

转引自:斯蒂格利茨,《经济学的小品和案例》,中国人民大学出版社,1998年,P79

1977年,一个冒失的英国人弗雷迪·雷克闯进航空运输市场,开办了一家名为"雷克"的航空公司。他经营的是从伦敦飞往纽约的航班,票价是135美元,这远远低于当时该航线上382美元的最低票价。毫无疑问,雷克公司生意火爆,到1981年它的营业额已经达到5亿美元,简直让它的对手们(其中主要是一些世界知名的老牌公司)气急败坏。但好景不长,雷克公司于1982年破产,退出了航空运输市场。

发生了什么事?其实原因很简单,包括泛美、环球、英航和其他一些大公司在内的竞争对手们采取了联合行动,一致大幅度降低票价,直降到比雷克的票价还低,结果导致这家新公司支持不下去。这些大公司还达成协议,运用各自的影响力量阻止各金融机构向雷克贷款,使其无法筹措可以抗争的宝贵资金,进一步加速破产进程。而一旦雷克消失了,这些公司的票价就马上回到原来的高水平。

雷克其后依据美国反垄断法状告这些公司联手实施价格垄断,为了排挤一个不愿接受"行规"的新公司,竟然采用毁灭性价格来达到目的。1985年8月,被告各公司以800万美元的条件同雷克达成庭外和解,雷克随即撤回起诉。1986年3月,泛美、环球和英航三大公司一致同意设立一项总值为3 000万美元的基金,用于补偿在雷克公司破产后几年中,以较高票价搭乘这几家公司航班跨越大西洋的20万名旅客的损失。

达成和解和现金补偿不等于认罪,因为没有正式的官方判定说雷克公司是被价格串谋驱逐出航空市场的。但这个案例已经充分表明,像跨大西洋航线这样的运输市场,如果任何人企图加入进去并分得一杯羹,就必须充分估计到其中的险峻并认真考虑可能面临的破产危险。

12.2.4 垄断竞争市场

最后一种不完全竞争的类型是垄断竞争(monopolistic competition)。垄断竞争在三个方面类似于完全竞争:有许多买者和卖者,进入和退出某一产业是自由的,各企业都把其他企业的价格视为既定。二者之间的差别在于:在完全竞争的条件下,产品是完全相同的;而在垄断竞争的条件下,由不同企业销售的产品是有差别的。

差别产品(differentiated products)在重要的特征上表现不同。例如,去商店要花一定的时间,而到达不同的商店所需时间的差异会影响我们的购买决策。用经济语言说,购买物品的总机会成本(包括时间成本)依赖于我们与商店之间的距离。因为去当地商店购买的机会成本要低一些,所以人们倾向于就近购买很多商品。地理位置给产品带来的差别是零售贸易形成垄断竞争的重要原因。此外,质量差异已经称为产品差别中越来越重要的因素。产品质量的差异也许是产品的真实品质上的,也许是外观设计上的,也许仅仅是品牌认知的原因,使得消费者认为各个生产者提供的产品是有差异的。不管这种差异是否真的存在,在现实中消费者在面对商品时确实存在着某种偏好。例如,我们很多人可能都有这样的经验,长途旅行时都愿意乘坐国营的车辆,而不愿乘坐个体车辆,尽管二者在价格上可能并无差异。消费者的这种偏好导致在有些地方甚至出现了个体车辆冒充国营车辆、或者挂靠到某一国营运输企业却不接受任何管理的情况。因此,在这样的市场中,广告宣传、营销策划等活动不再是可有可无,价格也不再是决定市场竞争力的唯一因素。

  为便于分析,我们应记住这样一个重要的观点,即产品存在差别意味着每个销售者相对于完全竞争市场来说在某种程度上都有提高或降低价格的自由,即产品的差别使得每个卖者所面临的需求曲线向下倾斜。从短期来看,企业可以通过一定的价格策略使价格高于边际成本,来争取更大的市场份额或更大的利润率。但从长期来看,随着具有新差别产品的企业的进入,这种不完全竞争行业的长期利润率为零。垄断竞争市场的长期均衡,实际上就是生产者自身不断调整规模以适应由于其他生产者的进入或退出而被打破的短期均衡的过程。

  一些批评家相信,垄断竞争天生是低效率的,尽管它的长期利润也是零。另一些人提出垄断竞争会导致过多新产品的出现,而如果消除这些"不必要"的产品差别,就会降低成本从而降低价格。这些批评垄断竞争的论断有它们不可忽视的吸引力,有时候,我们的确很难解释为什么十字路口的四个角上会各有一个加油站。不过,有一个逻辑性很强的观点可以用于解释社会经济的多样性。通过减少垄断竞争者的人数,你或许能够降低价格。但是,你也可能会因此降低消费者的最终福利,因为人们再也不能得到如此多样化的物品了。某些集中的计划经济国家试图对于少量差别产品实现标准化,结果导致了消费者的高度不满就是最好的例证。人们有时宁愿为自由选择而支付较高的代价。

12.2.5 不完全竞争的实质与代价

  如果一个企业能够明显地影响其产品的市场价格,那么,该企业就是一个"不完全竞争者"。当个别卖者在一定程度上具有控制某一行业的产品价格的能力时,该行业就处于不完全竞争(imperfect competition)之中。当然,不完全竞争并非指某一企业对其产品的价格具有绝对的控制力,毕竟制定出的价格还需要消费者买账。另外,决定价格的自由度在不同的行业之间也有差异。

  为什么某些产业表现出接近于完全竞争,而另一些产业则为少数大企业所控制?多数不完全竞争的例子可以归于这样两条主要的原因。第一,当大规模生产出规模效益并降低成本时,一个产业中的竞争者就会越来越少。在这些条件下,大企业就可以比小企业以更低的成本进行生产，而小企业只能以低于成本的价格销售，因而无法生存。第二，当出现"进入壁垒"，即新的企业很难加入某一行业时，也有可能出现不完全竞争。在某些情况下，政府的一些限制竞争者数量的法律或规章，也会产生这些壁垒。在其他情况下，新企业也可能因为进入市场的成本太高而被拒之门外。让我们来考察不完全竞争的两种根源。

1）成本和市场的不完全性

了解一个产业的技术与成本结构，有助于我们分析该产业需要多少个企业来支撑，各自的规模需要有多大。这里关键的是要了解这个产业是否存在规模经济。如果存在规模经济，企业就可以通过提高产量来降低成本，至少产量可以提高到一定的程度。这就意味着较大的企业在成本上比小企业具有一定的优势。当规模经济发生重要作用时，一个或几个企业就可以将产量提高到一定程度，以至于能够在整个产业的总产量中占据重要的比例。于是这个产业就成为一个不完全竞争市场。也许是单个垄断者主宰整个行业；更有可能的则是有几个大的企业控制市场的大部分份额；或者会存在许多企业，它们各自的产品存在一定的差异。不管是哪种结果，我们都能发现它们终究逃不出不完全竞争的范畴，更不会出现完全竞争中企业仅仅是作为价格的接受者的情况。

为了进一步了解成本对市场结构的决定作用，我们来看一个有利于完全竞争的例子。由图 12-4（a）可见一个产业的平均成本的最低点出现在产量相对低的水平上的情况。一旦企业想扩大生产超越该点，它就会发现成本会很快地随之上升。因此，这个产业就可以支撑完全竞争所需要的有效经营的为数众多的企业了。图 12-4（a）体现的是出于完全竞争状态的农场产业的成本曲线。

现在我们来看图 12-4（b），它显示的是在某一产业中，企业享受了一定产量水平的规模经济；但在某一点之后，规模经济已经全部实现，平均成本开始上升。但是，应该注意，AC 曲线上升得太慢，以致不能避免完全竞争遭到破坏。该行业的总需求曲线 DD 所提供的市场，只能确保为数较少的企业共存，并且在平均成本的最低点进行生产。这种成本结构就会导致寡头。美国大多数制造业——包括钢铁、汽车、水泥以及石油业的需求和成本结构都与图 12-4（b）中的情况十分相似。

最后一个重要的例子是自然垄断。自然垄断（natural monopoly）是指行业中只有一家企业能够有效率地进行生产。当技术在产量满足全部需求的范围内表现出规模经济时，这种情况就会出现。图 12-4（c）显示了自然垄断的需求曲线。技术始终增长并达到一定的规模，因此平均成本和边际成本就会永远呈下降的趋势。随着产量的提高，企业可以不断地降低价格，且保持一定的利润，因为这时它的平均成本是下降的。成千上万个完全竞争者要想和平地共处是很不可能的，因为一个大企业具有远远高于小企业的效率。

一些自然垄断的例子是电话、电力、天然气和自来水以及铁路、公路和电力运输等公用事业。一个最重要的自然垄断是"网络产业"。然而，技术上的进步会削弱自然垄断，现在美国大多数人都可以享受两种无线电话服务，它们使用无线电波，而不是固定线路。其他产业领域内也有这种趋势,竞争者纷纷侵入自然垄断并用激烈的对抗来威胁自然垄断,并可能最终把他们转变成寡头格局,电力和有线电视的例子足可以说明这一点。

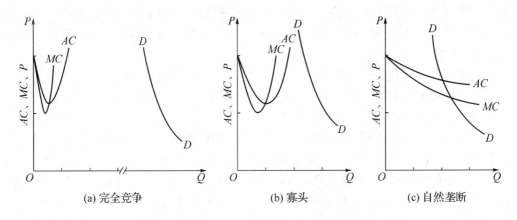

图 12-4　市场结构取决于相对成本与需求因素

注:在图(a)完全竞争的情况下,相对于单一企业的效率规模而言,产业的总需求 DD 相当巨大,许多完全竞争者可以在此共存。在图(b)中,相对于产业的总需求 DD 来说,成本在较高的产量水平上才开始上升,为数众多的完全竞争者已不可能共存,寡头将会出现。当成本像图(c)中自然垄断的情况那样,迅速且无限制地下降时,一个企业就能扩大规模来垄断整个行业。

2)进入壁垒

尽管成本差异是决定市场结构的最重要因素,但是,进入壁垒也能增加产业集中程度,有时甚至会成为主导因素。进入壁垒(barriers to entry)是新企业进入一个产业的各种阻碍因素。当进入壁垒很大时,这个产业的企业就很少。规模经济是进入壁垒的一种很普遍的类型,除此以外,法律限制、进入的高成本以及广告宣传也会形成进入壁垒。

法律限制——有时,政府会限制某些产业的竞争。重要的法律限制包括专利、关税与配额、准入限制或干脆实行国家垄断经营。例如,我国的国家铁路运输业就属于国家垄断行业,铁路运输服务的供给者依靠政府的特许经营,享有垄断利润;有时,铁路运输供给者也会同意限制自己的利润,以满足政府此时保护公众利益的目的;甚至在有些地方会承诺向所有的消费者提供运输服务,即使这种服务是亏损的。

进入的高成本——进入壁垒除了法规上的,还有经济上的。某些产业的进入成本是很高的。例如航空制造业,对新飞机的设计和检测的成本是如此之高,足以使潜在的进入者退却。某一领域的长期垄断还会形成市场中全体消费者对某一固定产品的消费习惯,例如知名的班车线路,新企业若进入时如果要打破这种习惯的话,财力和精力的投入或许是惊人的。

广告宣传——有时候企业也可以通过广告宣传来构筑对付潜在竞争者的进入壁垒。广告宣传可以提升产品的知名度并形成名牌效应。例如,百事可乐和可口可乐公司每年都要花费上亿美元做广告。这样一来,潜在的竞争者要进入可乐市场就必须花费很高的成本。

策略的相互作用——当在某一市场上仅仅有少数几个企业时,它们必然会认识到它们之间的相互依赖性。当每个企业的经营战略取决于它的竞争对手的行为时,就会出现策略互动,这属于博弈论研究的领域。

我们的分析已经表明,垄断者减少产量和提高价格,他们的产量低于应有的像在完全竞争行业中的那种水平。在不完全竞争的极端情况——垄断中这一点尤为明显。通过保持产品的稀缺性,垄断者将其降低价格提高到边际成本之上。因此,社会没有得到想要得到的产出水平(该水平应该取决于产品的边际成本对于消费者的边际价值)。在寡头垄断的场合,只要企业价格高于边际成本,其结果也是同样的。运用我们的消费者剩余工具,我们可以衡量垄断所造成的福利损失。经济学家用净损失(deadweight loss)这一术语来衡量由于缺乏效率所造成的经济危害;这一术语表示实际收入的损失,或由于垄断、税收、配额或其他破坏所引起的消费者剩余和生产者剩余的损失。

不完全竞争者通常所提出的一个主要的反击理由是,在现代经济中,大企业负担了绝大部分研究开发和创新的费用。这种说法不无道理,因为集中程度较高的产业为了在技术水平上超过竞争对手,每单位销售额中往往含有较高水平的研发费用。不过,个人和小企业也会创造出很多重大的技术突破。

补充:不完全竞争的干预策略

在讨论不完全竞争问题时,诺贝尔奖获得者弗里德曼曾说道:"在以下三种罪恶中只有一个选择:不受管制的私人垄断、受管制的私人垄断和政府操作。"接下来,我们来看看在市场经济中政府能够用于控制不完全竞争弊端的六种主要政策。前三种方法构成了西方发达国家针对大公司的现代政策的核心,后三种方法在像美国这样的现代市场经济中虽然都曾试用过,但目前很少真正采用。

①反对市场力量主要的方法是实施反托拉斯政策。即禁止某些企业行为(例如企业联合起来固定价格)或控制某些市场结构(例如纯粹垄断和高度集中的寡头)的法规。

②广泛运用于遏制反竞争弊端的重要方法是尽可能地鼓励竞争。即使在大公司之间,政府也有许多政策可以推进积极的竞争。这对减少不同层次企业的进入壁垒起着非常关键的作用。这意味着鼓励幼稚企业的发展,并将国外竞争引入国内市场。

③管制。经济管制允许专门的管理机构监督受管制的产业(例如交通运输业)的价格、产量以及企业的市场准入。与规定不能做什么的反托拉斯法不同,管制告诉企业

的是应该做什么以及如何给产品定价。实际上,这是没有政府所有权的政府控制。我们将在本书的最后一章集中讨论具体的运输管制问题。

④垄断的政府所有制在一些国家中得到了广泛运用。人们往往认为,在一些自然垄断行业,如自来水、煤气和电力行业,有效率的生产要求只有一个供给者。即使在这样的观念下,难题依然存在:是实施政府所有制还是对这些企业进行政府管制。很多市场经济国家选择了政府管制的方法,并且,近年来,许多政府对早先的公共企业产业实行了"私有化"。

⑤在战争时期曾使用过对大多数物品和劳务实施价格管制的政策,这种方法部分是用来抑制通货膨胀,部分是为了压低某些高度集中产业的产品价格。许多研究结果表明,这些管制政策是一种效率很差的工具:它们造成了多种破坏、并成为损害经济效率的托辞。20世纪70年代,在美国进行价格管制的最近经历中,当汽油的价格被定得太低时,曾出现购买汽油的人们排成了长队,也出现了牛肉、天然气和甚至像卫生纸等必需品的短缺。为了制止几个垄断者而把整个经济置于价格管制之下,就像是为了消灭几个害虫而毁坏整个花园一样地可笑。今天,除了医疗保健部门外,价格管制已很少使用。

⑥税收有时被用来减轻收入的分配效应。通过对垄断者征税,政府可以减少垄断利润,从而减轻某些社会所无法接受的垄断的影响。但是,如果税收根据平等的原则克服了垄断的缺点,那么,它也只是略微减少了对产量的扭曲。一笔正常的税收可以把利润全部抽走,但对产量却没有影响。如果税收提高了边际成本,那么,它可能把垄断者进一步推离有效率的产量水平,垄断企业甚至会更大幅度地提高价格和降低产量。

12.3 运输市场结构

产业组织结构和市场结构是经济学研究的重要领域,这方面的学术成果对企业边界的确定、对政府制定明确和有针对性的行业政策、建立合理和有效的管理体制都具有重要理论和实践意义。而作为网络型产业的运输业,其产业组织和市场结构又具有特殊的复杂性,不能不引起运输经济学更多关注。分析运输市场结构的目的,是要了解各种运输方式或企业是否存在规模经济、是否具有市场势力或市场操纵力(market power),能够凭借垄断价格获得超额利润。

12.3.1 上下一体化的运输经营者

铁路运输可能是被政府管制最严格的运输方式。如果不考虑管道运输的特殊情况,传统管理体制下的铁路是惟一实行上下一体化经营的运输方式:铁路公司既拥有线路等基础设施,又拥有移动的机车车辆,还负责提供直接的客货运输服务,这就使他们比任何其他运输方式在收取运价方面拥有更大的自主决断权力。正是由于这样的一种权力,使得铁路到现在可能还是受管制最多的运输方式,但是也很奇怪:在人们抱怨铁路垄断经营的同时,在这个行业的投资却得不到正常回报。这里显然有些误解,其实并不是所有拥有固定运输设施的经营者都具有攫取所有消费者剩余的能力的。

铁路对它的一部分使用者应该是具有市场支配力量的,即它有可能对这些使用者收取高于有效水平的价格,如果铁路运输成本的计算和分摊方法可以做到准确可靠,那么铁路公司是否真的滥用了这种市场力量就可以明确地判断出来。因此,铁路成本分析无论对于铁路使用者还是对于铁路公司都成了至关重要的问题。但运输经济学家恰恰在这个问题上很不自信,原因就是铁路运输成本的计算难度太高,而且计算数据的获取十分困难。

铁路所运输的货物中有一大部分属于本身价格较低的产品,它们承受运价的能力也不强,对运价的变动比较敏感。例如煤炭就是一种常由铁路运输的货物,由于该产品的市场竞争性很强,加之政府的价格管制,因此煤炭产品的供应商无法自己决定其市场价格而只能是价格的接受者。这样,如果铁路提高对煤炭的运输价格,供应商就可能无法用市场上的收入弥补运价的上涨。这与航空货运的对象多为较高价值货物,运价在货物本身价格中仅占很小比例,因而对运价上涨承受力较高不同,铁路的用户对运价的敏感性更大。一旦铁路运价的上调威胁到铁路用户的利益,他们就会转而求助于管制机构,要求对铁路运价进行限制。但由于铁路运价计算与分摊的复杂性,管制机构也无法判明铁路公司的运价是否真的不合理,而只能大致根据粗略的总体平均或其他类似方法估计,结果这样裁定出来的铁路运价往往既给铁路公司造成损害,也使更多铁路用户深受其苦。

在20世纪的最后10年,世界上很多国家的铁路开始实行把基础设施与客货运输服务分开进行管理的新模式。这种类型的管理模式在不同国家有不同的具体表现形式:有的把线路等基础设施仍留给国家负责建设和维护,客货运输则采取商业化经营的形式;有些国家又进一步把客货运营进行分割,形成了若干个能够开展一定内部竞争的运营公司;还有些国家甚至对铁路基础设施也采取了商业化经营的改革。因此,铁路行业的组织结构目前已经发生了很大变化,在很多国家至少它已经不再是那种传统意义上下一体化运输经营者的典型了。

补充:铁路运输成本与价格计算的困难

要分析铁路是否具有市场操纵力,首先是应该分析在铁路提供运输服务过程中每一位使用者所承担的成本。而我们已经知道,把列车成本分摊到其中的每一节车皮上与把飞机的飞行成本分摊到每一位旅客身上有些类似,也要把使用者成本计算进去。以货运为例,列车上多一节或少一节货车的运营机会成本是不同的,如果多一节货车,列车的牵引能耗就要增加,列车编解所需要的时间也要增加,这后者又很像拥挤成本,要附加到列车内所有其他的货车上。列车越长,由新增车辆所引起的拥挤成本也会越大,这种增加到其他使用者身上的边际拥挤成本理应要由新增的托运人承担。这种由新增车辆所引起的拥挤成本会一直增加,直到开行两列车比继续加长那一列车在经济上更为合理。铁路系统的效率要求每日开行的列车数做到总成本最小,并且托运人的装车数、其引起的机会成本和所收运费之间也必须取得平衡。而当按照拥挤成本收取到的运费不能弥补全部机会成本的情况发生时，互不补贴定价显然是有用的。我们在前面分析过，互不补贴定价原理要求，如果从系统中取消某一组使用者而不会引起系统固定成本的减少，那么系统的其余使用者就应该支付这些固定成本。尽管该原理也许不能告诉经营者对具体哪一位托运人应该收取多少费用，但却可以弄清作为一个群体的使用者应该分摊多少列车的运营成本。

  铁路线路在大多数场合都是由客货运共用的，线路成本计算的主要工作之一是要把总的线路成本分摊到每一张客票和每一批货运业务上。但由于线路成本的某一部分很少能够直接归结到某位旅客或某批货物上，因此类似于拥挤收费和互不补贴定价的原理也需要在这里使用。铁路是以列车为单位组织运输的，当一条线路上的列车超过一定数量，就要影响列车的运行速度，在单线铁路上这种情况特别明显。列车途中经常要在中间站等待避让，以便让其他列车通过，而且不但车次越多避让的次数越多，而且车速不一样也会引起拥挤现象加剧，因为有些车不但要避让迎面方向的列车，还要允许同方向的其他列车越行。因此像道路交通一样，铁路系统中的拥挤现象同样会引起列车运行速度降低。把铁路的单线改造成为复线可以大大提高列车的通过能力，但复线上也会由于列车数量的增加发生拥挤。单位运营成本在单线和复线上的变化趋势，与我们前面分析把飞机从一架增加到两架的情况是类似的。当线路是客货运共用时，就应该计算增加客运列车对货运列车的影响，反之也是一样；也就是说，在拥挤线路上无论是增开客运列车还是增开货运列车，都应该考虑由于它们引起的拥挤成本而增收拥挤费用。但是同样地，拥挤收费往往并不能弥补线路投资和维持运营的全部成本，因此互不补贴定价原理也需要用在铁路线路成本的分摊中。

  为了使价格能够做到不出现交叉补贴，就要使使用者或使用者群体做到要支付不少于自身接受服务所引起的机会成本，同时支付的总额又不超过系统单独提供该服务时的成本。我们在前面已经了解了怎样通过取消某一部分运输使用者的服务而计算出其应该分摊的成本数额，其中有些使用者去掉以后可以节约很多成本，因此他们就应该承担较高的价格，而另一些使用者被去掉并不会产生很多节约，他们的成本责任也就相应较小。对于客运列车来说，铁路线路的设计与铺设需要更多考虑其高速度和舒适性的要求，因此线路的曲线半径要大些，弯道外侧轨道超高要多些，线路也需要更平整些；而对于货运列车来说，对线路的要求往往是其钢轨的载重能力更大因而需要更坚固，因此钢轨的单位重量要更大些。但由于线路大多是客货运共用的，而且存在着成千上万的使用者，故互不补贴定价所要求的成本分摊依据——成本的可归依性，在线路的具体使用中就很不容易明确，这也造成了互不补贴定价原理在铁路定价实践中的难度。

趣闻：招手即停的火车

  广西柳州市有一条建于 1959 年的屯秋专用铁路线，全长 42 公里，由于客货运输逐年下降，收不抵支，于 1996 年停止营运。停运后，每年仍需支付 40 万元的维修养护费用,成为一条有支无收的亏损路线,停运也给沿线村庄的农民外出和农副产品外运带来不便。本着盘活铁路资产,方便人民群众生活的原则,柳州铁路局适应市场需要,决定恢复屯秋专用线的客运营业。恢复后的火车以轨道车为牵引动力,只挂一节车厢,采取固定停车和途中招手即停的办法,尽量满足旅客上下车要求。恢复通车时虽然正值农忙时节和农产品未成熟期,但每天往返的旅客仍可达 400 余人。"火车也能招手即停",不正是由市场带来的可喜变化吗？放开手,也许铁路会走得更好。

12.3.2 基本上不拥有固定设施的运输经营者

1）行业的可竞争性

我们在上面假定同时拥有运输基础设施和载运工具的铁路公司具备对使用者的市场操纵力量,与此相对应的是,像市内计程出租车、整车公路货运、航空包机和海运不定期航线等只利用可移动载运工具从事客货运营的运输业经营者,显然不具有这种市场力量。我们已经知道,只有当使用者支付的运价与其所引起的运输成本相等时,该运价才是有效率的。而私人交通往往由于没有承担使用稀缺道路或路面资源的足够费用,因此经常出现交通无效率的情况。我们在这里讨论的这些运输企业或运输业者与私人交通很相似,即它们的成本结构中固定设施成本比重很小,而且没有充分利用网络经济的机会,它们与私人交通的区别主要在于它们是为别人而不是为自己提供服务的。

从行业的可竞争性来看,与同时拥有运输基础设施和载运工具的铁路公司相比,整车公路货运企业这种只利用可移动载运工具从事货物运输的运输业经营者,显然不具前者对使用者的市场操纵力量。在不存在严格的市场进入管制,而且人们可以为货车找到比较规范的二手交易市场,只经营可移动载运工具的公路货运业者可以很方便地将这些载运工具转移到有市场需求的地方去,在一个地区或一条线路经营不好时,就可以较低的代价转移到另一个地区或另一条线路上去。类似这种沉没成本较低同时市场比较容易进入的行业,在经济学中被称为可竞争的行业。可竞争市场是指市场内可能只有一家或少数几家供给者,但这些厂商却很难利用垄断地位获取垄断利润,因为市场以外的"潜在"竞争者随时可能进入以分享这种利润。根据这种原理,原本市场结构要由规模经济与范围经济来决定的原则在可竞争的市场中已经不那么重要,而且在这里,市场价格就等于机会成本。因此,这些上下分离且只由移动载运工具经营者组成供给方的(整车)公路货运市场,应该属于可竞争的市场,运输业者不具有垄断力量,其市场价格就等于他们的运营机会成本。

2）"过度竞争"问题

然而,尽管这一类运输市场不具有垄断性,但在过去不短的时期里它们也受到管制,原因是可能存在毁灭性竞争（又称过度竞争,excessive competition）。原来的理论是,这种市场中的运输厂商有可能在价格战中把运价压得过低,结果导致最后市场上还是只剩下一家垄断者。一些对此行业的研究将这种分散视为问题,认为当企业如此之

12 运输市场结构

小时很难获得规模经济和密度经济。在我国,这种观点实际上导致了一些鼓励纵向一体化的政策和措施的出台与实施。虽然上述说法目前已经不怎么被接受了,但我们还是可以针对这些观点来对这类运输市场中可能出现的期间性过低运价水平做出解释和分析。

  在由移动载运工具经营者供给的运输市场上,运价决定于经营者的机会成本,而我们在第11章11.3节提到过运量在方向上可能是不平衡的,因此这也会影响到运价。如果出现运输需求在方向上的不平衡,那么在回程方向上就会有运输能力的过剩,任何希望揽到回程运量的经营者都可能接受较低的运价,只要该运价高于载运工具空返的成本加上少量增加的燃料费和保险费等,否则空返成本就要全部加在重载方向的成本上了。但如果运输需求在方向上比较平衡,那么两个方向的运价水平就会相差不多,分别与本方向的运输成本相对应。另外,经营载运工具的机会成本与运输总需求及其他一些因素显然也有很密切的关系。在经济衰退期间,由于运输总需求下降,所有车、船和飞机的运输能力可能都过剩了,因此使用这些载运工具的机会成本也下降,结果必然导致运价水平降低。这说明,载运工具市场上的供求是否平衡对我们正在分析的这类运输市场具有重要性。例如,当苏伊士运河由于战争原因关闭时,从中东沙特等产油国到欧美去的油轮需要绕行好望角,运输距离的延长使油轮的供应变得紧张,于是运价即使不考虑燃料和人工费用的增加都会由于油轮本身使用机会成本的提高而上升;而当苏伊士运河重新开放后,运价很快就回落了。又如,有关车辆限速规定的变化、航空事故引起某型号飞机停飞检查以及国际造船业过量生产等情况,都会通过有关载运工具供求关系的均衡点移动造成其使用机会成本和运价变化。

  在移动载运工具经营者生存的运输市场上,运价确有可能是不稳定的。在运输能力过剩的时期,经营者虽然可以使运价的收入等于其经营的机会成本(可变成本),但却可能保证不了通过经营收入偿还其债务(固定成本)。例如,一位私营公路卡车的车主为偿还当时购车所欠下的债务,平均每天需要向银行支付200元,但由于遇到经济衰退目前使用该车辆的机会成本只有100元,结果这位车主就赔钱了,他如果不从过去的积蓄中拿出钱来还贷,往往就得破产并把车子作为抵押物交还给银行。当然收回抵押物的银行也只能按照当前收入计算的折现值卖车,这就使银行可能要承担比拖车经营者更大的损失。因此,银行在这种情况下可能选择与负债人重新谈判还贷期限,而不是立即全部承担负债人的破产损失。载运工具的所有者是这类运输市场财务风险的主要承担人,而被雇来驾驶这些载运工具的人员虽然在经营不利时期也会有工资降低甚至失业的可能,但他们只是市场价格波动风险的间接承担者,他们没有更多的金钱损失。而一旦市场情况好转,由于运价攀升带来的利润也首先应该归载运工具的所有人,而不是归驾驶人员。当然,由于使用载运工具的机会成本又再次上升了,所以这些刚刚赚到的钱很可能又被用于投资购买新的设备去了。

  综上所述,没有什么理论可以用来保证人们在这类可竞争的运输市场上永远获得利润。相反地,在运输能力过剩时期让经营者亏损在经济学上讲倒是有效率的。但这一道理却并不是所有的人都能明白,甚至有些政策和法律的制定竟也与此背道而驰。总之从经济学上看,对于这些不拥有固定设施的运输服务经营者,不必担心他们具有过大的市场价格操纵力量。

案 例

公路货运市场是否存在恶性价格竞争

观点1:"山西超载'重'在煤炭"

摘自:韩文,《重拳治"超",山西"治"住了谁?》,中国经济周刊,2008年4月28日

在运管系统工作多年的山西省交通运输管理局李局长在接受《中国经济周刊》采访时说道:"山西公路运输所运煤炭主要来源于中小型煤矿,由于运输户大多是个体户,属分散经营,加之同行相互竞争激烈,从运输价格上来讲,不具备与货主进行价格谈判的实力。而货主使劲压价,客观上加剧了恶性竞争,致使个体运输户超载泛滥。"

据悉,煤炭大省山西每年产煤5亿多吨,多年来,晋煤外运一直以铁路为主,每年运量3.6亿吨,公路运量约1.3亿吨。而在3.6亿吨铁路运量中,有近2亿吨需通过公路运输倒到铁路站台,再加上山西本省每年约7 000万吨煤炭的公路运输量,公路运输当之无愧成为晋煤外运的中坚力量。山西省目前从事公路运输的车辆约有22万辆,运力相对过剩,而且大部分以户为单位,上规模的公司基本没有,因此整个行业的组织化与集约化程度极低,丧失了运价的"话语权"。"治理超载之前,吨公里的运价为0.25～0.30元,现在已涨到0.60～0.80元,合理的运价吨公里应保持在2～3元。""20世纪70年代,山西运价吨公里为0.20元,运输距离低于20公里的还要加50%的空驶费,其实短途运价是吨公里0.30元,长途运价才是0.20元,那时燃油价格每公升不过0.57元。另外,当时一台解放汽车1万多元,一个一级驾驶员(最高级别)的工资每月也就81元。与过去相比,如今的油价涨了近10倍、司机的工资最少涨了30倍、汽车售价涨幅也在10倍以上,再加上高速公路、等级收费公路的增加,运输成本也大幅增加,但运价却没有相应涨起来。"

观点2:恶性竞争阻碍行业发展

摘自李淼,《恶性竞争 运输行业很受伤》,青岛财经日报,2007年7月23日

记者近日从我市公路运输市场了解到,由于现在油价等运输成本一直居高不下,公路运输企业的运价一直在高位运行。运输成本在持续上涨的同时,运输价格却不升反降,这种恶性竞争直接导致企业利润率下降。据了解,在近年来我市货运市场的高速发展的同时,货运车辆数量也在猛增,运力与运量之间的矛盾日益明显,造成了公路运输企业之间竞相压价、抢运等不规范竞争现象时有发生。专家表示,这种运价竞争既扰乱了运输市场,也致使部分车主不得不延长工作时间来弥补低运价为企业带来的损失,随之而来的是改装车辆、偷漏养路费、超载超限等情况的发生。由于行业内部恶性竞争的加剧以及运输成本的居高不下,使公路运输的利润率大幅下滑。"现在公路运输车辆吨

公里的利润不到 0.20 元,而几年前的利润是现在的 5 倍。"一位从事公路运输的车主告诉记者。

案例分析

一般来说,企业的某些降价行为常常会引起同类企业推出与之类似但更加激烈的应对策略,容易导致企业间的反复博弈,当产业内的竞争态势超出了企业自身的承受能力时,就是恶性价格竞争(virulent price competition)。其通常的表现往往是产品的市场销售价格接近甚至低于产品平均成本水平。因此,所谓的"恶性价格竞争"就是指通过压低价格来实施的"恶性竞争",当然,并不是所有的降价行为都可以称为"恶性价格竞争"。

在解释公路运费下降的原因上,一张简图也许要比连篇累牍的文字更加有效。图 12-5 中,E 点代表运输价格较高的初始均衡点。现在,让我们看一看,随着时间的推移,公路运输业究竟发生了什么变化。从需求的角度看,我国很多地区公路运输的货物虽然较铁路运输价值更高,但仍是以煤炭、建材、粮食、矿石等缺乏弹性的货物为主。与经济总量的增加相比,需求曲线的移动是有限的。供给的情况又如何呢?尽管许多人错误地认为公路货运业是落后的产业,然而统计研究表明,该行业的生产率(每单位投入的产出)增长的步伐甚至比大多数其他产业要快得多。重大的技术进步包括:大功率发动机、高强度车架与轮胎的使用、车轴与车轮数量的增加、货运信息化

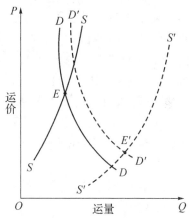

图 12-5　供给的扩张和需求缺乏弹性导致了公路运价的下降

(使用电话甚至因特网协助车辆配载)的进步等等,这些都使得公路卡车获得了日益显著的"载运能力经济性",从而极大地提高了生产率并大大增加了供给。如图所示,供给曲线从 SS 移动到 $S'S'$。在新的均衡点会发生什么变化呢? 供给的急剧增长超过了需求(注意,不是需求量)的有限增加,从而导致了竞争性很强的公路运价相对于经济中其他物品和劳务(例如燃油价格和公路税费)的下降趋势。这也许正是最近几十年来公路货运行业所发生的变化。当然,考虑到油价和公路税费较为明显的增长,加上货运需求的方向不平衡性以及随之而来的重载方向定价等现象,是很容易让人产生公路运价过低的错觉。

实际上,产生"恶性价格竞争"的原因在于:(1) 产权不明晰。尽管国有企业表面看来产权属于国家,是很明晰的。但是关键在于国家是一个很模糊的概念,究竟由谁来代表国家拥有对国有企业的控制权是一个很重要的问题。长期以来,我们把这个权利交给了各级政府领导人,一个重要的表现就是大型国有企业领导人的任命往往是由政府决定的。于是,政府把国有企业当做表现自己形象和检验自己工作能力的重要方面。因此,政府往往对自己手中的企业有一些出于自己意愿而非企业自身需要的要求。具

体而言往往就是市场份额的扩大、就业人数的增多等等,因为这些可以作为政绩进行宣传。而作为企业的领导人,由于是由政府任命的,企业在一定程度上经营的好与坏,与自己关系不大,即使企业倒闭了,也可以推给外部环境。决定自己命运的是政府,只要政府满意了,自己最多也就是换个单位。因此,满足政府的需要才是最重要的。同时,政府领导人的任期是有一定期限的,由于其行为的短期性,他的需要往往就是使企业在自己任期内的表现尽量能够作为自己的政绩向上级汇报和向社会宣传。因此就造成了某些国有企业盲目追求市场占有率和企业规模,从而使降价成为必然。(2)退出机制不完善。企业倒闭退出市场本是很普通的事情,因为有竞争就必然有淘汰。但在我国,对于一些国有企业,特别是上市的大型企业,在什么情况下可以退出市场都没有相关的规定。而由于我国税收体制的特点,国有大型企业的经营情况与所在地区的财政收入有重要的联系;而且,大型企业一旦倒闭,会给当地带来大量的下岗人员,从而对社会生活的许多方面造成压力。于是,地方政府常常会千方百计地阻止本地的国有企业退出市场,甚至投入大量资金和人力,试图通过更剧烈的竞争重新夺回市场,维持企业的生存(这样的行为当然是不经济的)。

显然,这些描述都与公路货运市场相去甚远。因此,想当然地根据运价的下降就认为公路货运行业存在恶性价格竞争是不恰当的。

案例讨论

1. 试根据基本理论并结合现实情况,分析公路普通货运业是否存在恶性价格竞争?
2. 随着运价的下降,如果需求缺乏弹性,试分析业者的收入趋于上升还是下降?这与"恶性竞争论"有没有联系?

12.3.3 拥有部分固定设施的运输经营者

1)行业的范围经济

在讨论过完全上下合一的运输经营者与不拥有固定设施的运输经营者,和他们分别在运输市场上所可能具有的市场势力或所必须面对的竞争压力之后,很自然地,人们会关心处在这两个极端之间那些具有部分上下分离特征的运输经营者,像零担公路货运、航空定期航班和海运集装箱定期航线等,它们的市场结构应该是怎样的。

对于完全上下分离的运输经营者,由于他们并不拥有固定基础设施,因此那些运输业者可以很方便地将他们的载运工具转移到任何有市场需求的地方去。但对于那些拥有一定但并不是全部固定基础设施的运输经营者,例如零担公路货运公司必须要有自己的货站或运转中心以便集散、配载和中转货物,尽管并不需要拥有和经营公路网,它们的服务与经营地域固定性相对更大一些,因为它们在其固定设施上的投资是不能移动的,这种较大的沉没性把它们一定程度上"拴"在了某些地区。在候机登机和飞机固定维护设施等方面投资较多的航空公司,以及在集装箱专用码头及设施方面投资较多的海运公司也有类似的情况,尽管它们也不需要同时拥有机场的跑道和空中指挥系统或整个港口。这些运输经营者也因此必须面对典型与固定设施有关的财务或经营问题：投资的沉没性、能力增长的突变性、服务对象的普遍性以及为有效利用固定设施而制定价格等等。

固定运输设施能力扩张的突变性产生了一种需要，即这些设施最好由多种客流或货流同时利用，否则设施的利用效率在大多数时间都可能会很低，除非存在着某一种数量很大的客流或货流，大到足以支持在某一个运输通道上实现直接的点点直达运输。这种由多种交通流共用固定设施所产生的经济性，与大型移动载运设备所具有的经济性相结合，就是运输业网络经济存在的基础。我们在讨论运输成本的时候已经了解到，能够把多个运输市场，即把多种客流或货流在其运营网络上较好地结合在一起的运输企业，往往可以比单纯提供点点直达服务的运输企业效率更高、成本更低。一般来说，只要其中转枢纽的处理能力足够，具有较大运营网络的运输企业就可以较高的频率为客户提供服务，也可以实现较高的运输设备实载率，而这常常是运输经营低成本高效益的必要条件。因此，这一类运输经营者可以较明显地利用运输业的规模经济和范围经济，例如通过扩大服务网络的幅员来提高自己的运输密度和设备利用率。

2）航空公司的市场势力

对于那些部分上下分离的运输经营者而言，他们提供的一般都是定期服务，而定期服务是最典型的公共运输服务，因为它的服务对象具有普遍性，包括各种类别的使用者。由于不同类别的使用者所引起的机会成本不一样，因此在价格的制定上也有可能通过这些机会成本的差别去制定，或者采用互不补贴定价原理。例如，航空乘客之间的差别之一是在对航班时间的要求上：公务旅行人员往往对他们旅程的时间安排很严格，甚至很多是临时就有需要，因而宁愿付出较高票价以满足他们在时间上的要求，而假期旅游者相对比较闲散，对时间的要求也不那么严。从理论上说，如果所有的乘客都对起飞时间不是那么苛求，能够调整到大家都接受的时间上，那么航空公司就可以取消定期航班，所有的航班都可以改成包机飞行，并且做到100%的实载率。很显然，这种全部包机飞行的运营成本肯定会大大低于目前固定航班的运营方式，而且实际上我们前面所主张的具有最适当频率、最合适机型和较高客座率的轴辐式航线系统，对全部是包机飞行的运营根本没有意义，因为这时候我们所有的乘客根本都不需要中转，所有的飞行也都可以使用最大和最有效率的机型。运营成本较高的定期航班是为满足那些时间要求严格的乘客才设计出来的，而这些乘客主要是公务旅行人员，他们愿意支付较高的票价。在这种情况下，如果定期航班所有乘客的票价相同，旅游者就会认为价格过高因而放弃旅行或选择其他运输方式，而没有足够的客座率，定期航班也无法维持。让定期航班能够实现的办法就是对这两类乘客实行不同的票价，公务旅行者付高价使用公务舱，一般乘客则持低价票使用经济舱，于是互不补贴定价原理在这里就有效地实行了。这种定价方法使经济舱乘客在提高飞机客座率的同时，又不致让公务旅行者买不到所需航班的机票，因为定期航班毕竟首先是要为这些时间价值较高的乘客提供方便的。

航空客运可能是做到了把市场划分最细的行业。例如，除了由于飞机上的舱位等级和高峰与淡季差别导致的票价差别,航空公司还根据乘客购票所提前的时间制定了不同的优惠比例,一般是提前得越多优惠也越多,飞机起飞前的剩余票当然可能更便宜;根据旅客是否有更改乘机日期的要求也有不同票价,不准备更改的可获最大优惠;可以服从航空公司中转安排的与不希望中转而直飞的相比,前者票价较低;此外,选择把回程日期放在周末的,也可获得较大优惠;等等,不一而足。所有这些看起来十分复杂的票价结构,都是为了使得固定航班的飞行具有最大的吸引力,以便航班上的载客率能够达到最高。当然,为了使任何时候的运营收入都能实现最大化,航空公司还会根据季节或其他情况对每一种票价所对应的机座数量进行及时调整,这样当每架飞机起飞时上面乘客的消费者剩余应该是已经最小化了。定期航班票价的复杂性是以不同乘客对时间要求的严格与否,和他们的旅行机会成本为基础的,但由于航空业并不属于可竞争程度很大的市场结构,因此不排除航空公司利用其所拥有的市场操纵力使票价高于相应机会成本的实际水平,以增加运营所得。

3)公路零担货运公司的市场势力

公路零担货运与大多数航空公司很相似,也提供定期服务,一般是地区性的业务保证第二天送到,长途货物则保证隔日或三天内送到。为了提供这种定期服务,零担运输公司显然每天都必须派出足够的车辆上路,而不论在任何一条线路上是否满载。显然,对于业务量较大的零担运输公司,车辆的实载率就会较高,运营成本就可能较低,它们甚至有能力把服务延伸到比较偏远的地区,以便为自己的经营网络收集到更多的货源;而对于较小规模的公司,它们在较低车辆实载率的地区维持经营就很困难。零担货运公司之间这种基于运营网络经济性的竞争,使得小型公司较难生存。例如,美国在1980年代实施放松管制以后,由于小公司所受到的保护被取消,结果很快出现了以兼并为特征的企业重组。目前在西方国家地区性市场上一般只有数量不多的公司在经营,能够提供全国或跨国性服务的零担公司更是只有少数几家。但现在还不清楚的是,公路零担运输的网络经济规模到底能有多大,也就是说不清楚其是否具有自然垄断的性质。

零担运输的客户不像航空客运可以分为公务旅行者和旅游者,然而由于货主托运批量大小的差异,零担运输公司可以通过公布运价表与折扣谈判相结合的方式实行区别运价,主要是给托运量大的货主提供优惠。但零担运输公司很难把一辆卡车的全程成本都转移到其中某一件或少数几件货物的运费中去,因此互不补贴定价在这里的使用受到很大限制。可以认为,公路零担运输公司主导市场的能力是比较小的,原因是货主往往有比较多的选择可能性,有些货主可以把货物累积到足以雇用整车服务,更多的货主甚至选择购买自备车辆自我服务,此外运输市场上还有很多货运代理商或经纪人可以为货主提供帮助,所以托运人被运输公司彻底俘获的机遇不多。这样,尽管公路零担运输正处在不断集中化的过程中,但由于存在外部竞争,因此似乎并没有特别多要求由政府严加控制的社会压力。

从前面的分析中我们知道,对不同使用者收取不同水平的运价,不能作为判别垄断或具有市场操纵能力的依据,那只不过是根据不同机会成本定价的结果。那么如何才能确认运输业者滥用了市场操纵力呢？在定期运输服务市场中，做出这种判断的最简单标准是经营者减少服务的频率。例如，提供定期航班的航空公司要靠提高飞机的客座率和机票价格来获取最大收益，如果它拥有市场操纵力，它只要减少航班的次数就可以同时达到既提高客座率又抬高价格的目的。服务频率同时也是运输质量的一个重要指标，服务频率高乘客选择航班的余地就大，等候时间也短，把服务频率降低就会使乘客失去这些方便，买不到机票或一旦误机时会更多地误事，因此乘客旅行的机会成本提高，而且前面也分析过飞机载客率过高给乘客带来的不便和不适。如果市场上是有竞争的，航空公司一般不敢使用这样的手段，因为这会给竞争者创造机会，失去自己的市场份额。所以在大多数情况下，判断航空客运市场存在市场操纵行为的标志就是：高的票价、高的飞机客座率和低的航班频率。在其他定期运输服务市场上，人们也很容易发现类似的现象。除了降低服务频率，航空公司还会采取其他一些操纵需求的策略来增加自己的赢利，就像前面分析过的麦基诺大桥公司一样。例如，航空公司都很注意建立自己的品牌，为此它们要花很多钱做广告，广告的作用是可以帮助培养一批具有"品牌忠诚"(brand loyalty)的乘客，使公司的需求曲线向右移动。培养和扩大忠诚乘客的另一个策略是实行所谓的"常旅客计划"(frequent flier program，即里程累积）。实行这种策略的航空公司会在乘客乘满若干里程该公司的航班后给予一张免费机票的奖励，而为了获得这种奖励，乘客就需要不断地选择这同一家公司的航班。那些建立了庞大的轴辐式运营体系的大航空公司更有利于实行"里程累积"，因为它们已经形成了覆盖国际与国内、干线与支线的网络，可以把乘客网在里面。这里还随之产生了另外一个委托——代理问题：对于公务旅行者来说，支付机票费的委托者是其所在的机构，委托者当然希望差旅费尽可能廉价；但作为代理人的出差者却希望选择提供"常旅客计划"最容易的航空公司，以便获得额外的免费机票，但那些需要付钱的机票却往往不是最便宜的。由于小的和新进入的航空公司在提供"常旅客计划"上没有优势，因此这实际上也增加了其他竞争者进入市场的难度。

4）国外的发展经验

在1970年代关于航空业管制与放松管制的争论中，航空公司的定期客运航班被认为与公路整车货运等具有类似的可竞争性，因为这种运输似乎比较容易实现按照飞行的边际运营成本制定价格，如果某航线的票价过高，潜在竞争者就会立即进入市场分享超额利润。然而，航空业放松管制的实践证明这种估计错了。分析错误的原因在于，固定航班市场上的任何新进入者都需要在地面设施及服务上有所投入，而这些数量可观的投入中相当一部分属于沉没成本，与完全可竞争市场理论所要求的条件不相符合。此外，由于航空业乘客中也存在着消费惯性，因此市场的新进入者发现他们必须投入巨额广告费，并且要靠低票价才可能为自己的新航班揽到客源。这些也不是任何一个小公司随意就可以做得到的。总之，固定航班的航空客运市场并不是想象中那样简单的可竞争性市场，有多项实证研究证实了这一点。

由于这类运输市场上的供给者数量不多，进入又不容易，因此这里运价的变化不会很大,而且经营者在价格制定上似乎是有默契的。在美国首都华盛顿与纽约之间的客运航班就提供了一个很好的例子。1990年前后在该航线上展开竞争性经营的只有两家公司,航班密集度达到每半小时一班,两家公司所提供的硬件和软件服务也几乎没有区别,结果这两家公司的票价也完全一样:周一至周五119美元,周末89美元。更有趣的是,当1990年国际石油价格猛涨时,两家公司都把自己的票价提高了10美元,而且不但提价的幅度相同,提价的日期和时间也完全一样。这就是寡头垄断市场结构中十分典型的价格机制,不需要势均力敌的竞争对手进行事前谈判或价格串谋,只需要一家公司先公布将要实行的价格调整计划,另一家公司就会跟上来。

虽然大多数航空公司都不会只经营惟一的航线,但它们经常是在某些航线上具有很强的竞争实力。航空公司在不同航线或运输市场上面对的运输需求千差万别,航线之间的运营成本结构也不一样,因此航空公司往往发现需要制定不同的价格战略以便去获取最大的收益,上述两家公司在华盛顿与纽约之间高密度航班上的竞争只是这类市场结构的一个例子。一般来说,一家公司与其他公司的竞争与勾结程度,取决于同一运输市场上经营者的数量、它们之间赢利水平的差别、对市场信息的掌握程度以及排除新进入者的能力等等,参与竞争者越多、成本结构和需求结构差别越大、对信息掌握得越差、进入越容易的市场,运输业者之间的竞争就会越激烈。由于现在航空客运服务早已是面对普通大众,绝大多数机票都是通过计算机联网出售,很多机票还需要多种代销渠道,因此尽管打折优惠名目繁多,但航空公司要想保守自己的价格秘密已经十分困难,这和另外一些运输市场特别是货运市场有较大区别,在那里货运公司可能并不准确了解竞争对手的实际运价。

案 例

公路运输市场的规模经济

1)道路运输市场经营主体规模现状

我国道路运输的经营主体呈多元化网络化发展态势经营主体数量稳步增长,业户规模不断扩大。到2004年底,我国道路运输经营业户共计5 052 474户,是1996年的1.8倍,年均增长率约为9%,其中达到交通部客运、货运五级资质标准以上的企业分别为5 074个和18 168个,高等级运输资质企业仍然较少。运输经营业户中,从事道路货物运输4 510 061户,所占比重为89.26%;从事道路旅客运输的377 404户、所占比重为7.5%;从事道路运输服务的75 055户,所占比重为1.49%;从事道路搬运装卸的14816户,所占比例为0.29%;从事汽车维修的3 490 736户,所占比重为6.91%。道路运输业户的规模上,道路旅客运输经营业户的规模变化较为明显,户均从业人数、户均客车数、户均客位数分别从1996年末的4.35人、2.27辆和36.75个增长到2004年末的11.14人、4.06辆和49.8个;而道路货物运输的经营业户规模变化相对较小,2004年末我国道路货运户均从业人数、户均车辆数、户均吨位数分别为1.98人、1.22辆和4.61

吨。我国道路运输经营主体规模状况见表12-2。

表12-2 我国道路运输经营主体规模的变化情况

年份	道路旅客运输			道路货物运输		
	户均从业人数（人）	户均客车数（辆）	户均客位数（个）	户均从业人数（人）	户均货车数（辆）	户均吨位数（个）
1996	4.35	2.27	36.75	2.69	1.60	6.25
1997	4.24	2.15	30.83	2.74	1.44	5.47
1998	4.33	2.26	30.06	2.55	1.43	5.24
1999	4.00	2.26	28.94	2.42	1.38	4.91
2000	4.42	2.41	30.09	2.30	1.35	4.64
2001	7.32	2.47	30.30	1.70	1.13	3.85
2002	7.39	3.03	37.36	2.09	1.20	4.11
2003	7.83	3.59	43.73	2.16	1.22	4.16
2004	11.14	4.06	49.80	1.98	1.22	4.61

资料来源：交通部道路运输统计资料汇编1996—2004

2）道路运输市场运输工具规模现状

我国道路运输工具数量不断增长。营运客车方面，截至2004年，全国道路营运载客汽车共计1 532 346辆，客位数18 795 074个，分别比1996年末增长109.61%和57.48%，其中，班线客车568 920辆，客位数12 627 800个，所占比重分别为37.12%和67.19%；旅游客车44 629辆，客位数1 393 746个，所占比重分别为2.91%和7.46%；出租客车823 374辆，客位数3 917 085个，所占比重分别为53.73%和20.84%。客车结构档次上，全国共有高级车129332辆，客位数2 896 978个，中级车359 622辆，客位数4 985 055个，中高级车辆数和客位数占营运客车总数的比重分别为31.91%和41.94%，营运客车的车辆档次以及安全性、舒适性、便捷性日益提高。营运货车方面，2004年末全国道路营运载货汽车共计5 523 062辆，总运载吨位为20 789 215吨，分别比1996年末增长42.57%和33.63%，其中普通载货汽车5 318 530辆，总吨位18 710 726吨，所占比重分别为96.30%和90%；专用载货汽车204 532辆，总吨位2 078 489吨，所占比重分别为3.7%和10%；货车结构档次上，大、中、小型货车数量和吨位占普通载货汽车的比重分别为33.6%、11.42%、54.98%和71.84%、9.82%、18.34%；重型货车的数量和吨位占普通载货汽车的比重分别为10.00%和35.68%，载货汽车重型化、厢式化、专业化日趋明显，专用车辆和重型货车的数量不断增加。近年来我国道路运输工具变化情况如表12-3所示。

表 12-3　我国道路运输工具的变化情况

年份	营运载客汽车		营运载货汽车	
	数量（万辆）	客位（万个）	数量（万辆）	吨位（万吨）
1996	72	116	310	1 207
1997	93	134	366	1 396
1998	109	144	391	1 435
1999	121	154	417	1 482
2000	130	162	440	1 516
2001	138	169	458	1 568
2002	141	174	471	1 618
2003	149	182	510	1 740
2004	153	187	552	2 079

资料来源：交通部道路运输统计资料汇编 1996—2004

案例分析

表面上看，长期以来我国公路货运企业的总体特征是"多、小、散、弱"，即经营主体多、企业规模小、运输组织松散、竞争力和抗风险能力弱。公路货运市场中存在很大比例的小型运输企业和只有一辆货车的个体业者，大中型货运企业也大部分由挂靠的个体运输车辆在运作，难以形成规模化的"龙头老大"。很多学者对这种效率"低下"的分布式运力供给（运输组织）形式提出了批评，指出公路货运市场的这种状况导致了普通运力过剩，导致公路运输组织效率低、平均运距低、空驶率高并激发了严重的恶性价格竞争。他们认为网络化、规模化、集约化才是道路运输生产高效率的必要条件，也是政府应当鼓励的唯一方向。有的研究者甚至据此认为运输市场的分散经营、货运企业的同质化竞争是车辆超限的主要原因之一。下面我们将看到，如果从公路货运运力供给的经济技术特征来分析，公路货运行业的分散化经营恰恰是一种在各种约束条件下效率较高的组织形式。

从行业的效率上来看，认为公路货运业应当实现规模化的依据主要是规模经济原理。在经济学中，规模经济意味着当固定成本可以分摊到较大的生产量时会产生的经济性，这里需要讨论的是运输企业的规模经济性。一般认为，大型货运企业（车队）的规模经济效应主要体现在下述方面：在寻找并与顾客（货主）签约以及为使车辆和司机的使用达到最优而对运输进行协调时，规模经济和密度经济是重要的。先进的计算机网络不仅可以给出成本和价格信息，还能计算出系统内运输能力以及找到后续货源的概率，通过这种网络可以改进协调能力。在相同的情况下，高运输密度使直达的路线以及高度集中度的运输流成为可能，这会产生"密度经济"和"网络经济"，可以使货物的分类、中转和行车路线组织可以更加有效,提高运输车辆的满载几率并降低返程车的空驶率。最后,货运商的品牌和商誉成为他们与顾客和供应商的关系中的昂贵的和有价值的契约保护机制。建立和维护商誉既需要在广告上进行投资,又要培训和监督工人,这些活动都受制于规模经济。

但要根据这些就断定公路货运业具有规模经济,仍然过于笼统。一个大型公路运输企业,如果是由于自身所具有的合并运量的能力导致了使用大型车辆和较高的实载率,那么它可以为所有客户提供低成本的服务,这显然是规模经济的特征;但如果它的较高载重吨位和满载率主要是由于其所在的地区正好拥有重质货物而且正好有大型发货人(如煤炭产地),那么它的低成本运输应该被看做是偶然现象。另外,在公路货运业中,引导组织实施纵向一体化的不是规模经济或密度经济,而是与工作分散性有关的道德风险问题以及与专用性资产有关的敲竹杠问题(详见本书第13章13.3节),这在缺乏"信任"的中国尤为明显。而且,规模经济和密度经济并不必然要求传统的纵向一体化,它们也可以通过其他契约形式来实现,我们称之为"准纵向一体化",例如依靠货运代理业组织货源、挂靠到货运企业以减少交易成本。

因此,我们要区别看待公路整车运输与公路零担运输。公路整车货运并不具有规模经济行业的典型特征,它的进入资本很低、沉没成本小、退出容易,一些很小的企业甚至个体车主都可能在其中很好地生存。在充分竞争条件下,整车普通货物运输行业会允许大量的厂商同时存在,形成竞争性市场结构。但零担运输的情况就很不一样,零担运输企业要有货场或中转站,要在发送与交付运量之间进行协调,还要对不同方向的运输进行平衡,因此零担运输企业必须设立市场营销部门,要做广告,必须使用昂贵的通信系统以便有效地追踪货物和车辆、进行必要的配载与到发协调。零担运输企业并不是一个单纯"点到点"的运输者,它靠的是一个网络,在这个网络上的运量越充足,其整体的利用水平也就越高。大型零担运输企业可以为客户提供相对频率更高的服务,也可以在更大的地理范围内不经过其他承运人直接送达货物,因而可以减少企业之间的交易成本。以美国1980年公路运输法的影响来看,随着过去在网络方面运输管制的放宽,公路零担运输业开始逐渐充分地实现其规模经济性;同时,尽管随着运输业者可以更灵活地调整自己的运输距离和使用更合适因而效率更高的车辆,但整车运输业并没有在企业规模的扩大上体现出明显的经济性。

案例讨论

1. 公路整车运输业和零担运输业的规模经济体现在哪些地方?
2. 公路整车运输业和零担运输业的规模不经济体现在哪些地方?
3. 试根据现实中的例子,分析政府管理部门如果违反市场规律去扩大公路运输企业的规模或提高载运工具的"档次",会出现哪些问题?

概念复习

市场	运输市场	完全竞争市场
零利润点	停业原则	垄断
总收益	平均收益	边际收益
寡头	垄断竞争	差别产品
不完全竞争	自然垄断	进入壁垒
市场势力		

思考题

1. 解释以下对话：

   A："在长期内,竞争的利润怎么能是零呢？谁愿意不赚钱干活呢？"

   B："竞争所消除的仅仅是超额利润。管理人员仍然得到了他们工作的薪金；所有者在竞争的长期均衡中得到了资本的正常收益——不多也不少。"

2. 解释为什么下面每句话都是错的。请写出正确的说法。

   a 在 $MC = P$ 时,垄断者达到利润最大化。

   b 价格弹性越大,垄断者的价格就比 MC 高出越多。

   c 垄断者会忽略边际原则。

   d 垄断者将使其销售量达到最大,他们将产生比完全竞争更多的产量,垄断价格也较低。

3. "想把垄断集团分为几个有效率的竞争单位的想法是过于天真的,因为垄断的基本原因是大规模生产时的成本递减规律。此外,如果只有少数企业,价格也可能接近于边际成本。"讨论这两句话。

4. 上下分离（或网运分离）的铁路与上下一体化的铁路相比,在市场势力上会发生哪些变化？

5. 试分析基本上不拥有固定设施的那些运输方式的可竞争性,并说明它们与上下一体化运输方式市场结构的区别。

6. 拥有部分固定设施的运输方式都有哪些？为什么它们需要组成较大的服务网络？

7. 调查你所在城市的公路货运市场,并分别对整车和零担货运的市场结构及其内部竞争状况进行分析。

8. 为什么可以把提供航运的频率作为帮助判断航空公司是否具有市场操纵力的标准之一？做出准确判断还需要借助哪些标准,为什么？

13 运输市场中的交易成本

学习目标

了解机会成本的概念与分类；理解交易成本的产生原因；了解运输市场中的风险和不确定性；熟悉运输市场中的道德风险、逆向选择、搭便车、敲竹杠等机会主义问题。

13.1 交易成本概述

13.1.1 交易成本的概念

交易成本又称交易费用，它是与一般的生产成本（production cost）——"人—自然界"关系成本——是相对应概念。所谓交易成本（transaction cost），就是在一定的社会关系中，人们自愿交往、彼此合作达成交易所支付的成本，也即"人—人"关系成本。正如在现实的物理世界中运动总是要有摩擦一样，在现实的经济世界中交易总是要有交易成本的。可以这么说，有人类的交易活动，就会有交易成本，它是人类社会生活中一个不可分割的组成部分。

13.1.2 交易成本的分类

由于交易成本泛指所有为促成交易发生而形成的成本，因此很难进行明确的界定与列举。但通常，我们可以将交易成本区分为事前与事后两大类（表13-1）。

表 13-1　交易成本的类型及其内涵

交易成本类型		交易成本的内涵
事前成本	1. 搜寻信息的成本	寻找最适合的交易的对象,查询所能提供的服务与产品所需要支付的成本
	2. 协商与决策成本	交易双方为达成交易所做之议价、协商、谈判并做出决策所产生的成本。由于交易双方的不信任及有限理性,常需耗费大量协商与谈判成本
	3. 契约成本	当交易双方达成协议准备进行交易时,通常会订定契约,并对契约内容进行磋商所产生的成本即为契约成本
事后成本	4. 监督成本	交易双方订定契约之后,为了预防对方由于投机主义产生违背契约的行为,故在订定契约之后,会在执行过程中相互监督所产生的成本即为监督成本
	5. 执行成本	契约订定之后,交易双方相互进行必要的检验以确定对方确实遵守契约,当对方违背契约时,强制对方履行契约的成本,即为执行成本
	6. 转换成本	当交易双方完成交易之后,可能持续进行交易。此时若有一方更换交易对象,所产生的成本即为转换成本

⚠ **注意:公路市场的交易成本**

如果试图通过收取道路通行费获得公路的建设维护资金,交易成本包括(但不限于):公路收费站的规划、建设、运营和监督成本,公路收费标准的制定成本,公路收费站造成的车辆排队延误(时间成本),对通行车辆(如超载货车)的监测、识别和监督成本,针对违规车辆的执法成本,等等。这些代价是十分高昂的,以至于大大影响了收取道路通行费这种交易方式的使用范围。请思考:如果采用其他的交易方式,例如收取养路费或燃油税,交易成本又包括哪些呢?

13.1.3　交易成本产生的原因

交易成本来自于人性因素与交易环境因素的交互影响,其产生的原因主要有:

- 风险与不确定性(risk and uncertainty):指交易过程中各种风险的发生概率。现实中充满不可预期性和各种变化,由于人类有限理性的限制,使得面对未来的情况时人们无法完全事先预测。加上交易过程买卖双方常发生交易信息不对称的情形,交易双方因此会将未来的不确定性及复杂性纳入契约中,通过契约来保障自身的利益。因此,交易不确定性的升高会导致监督成本、议价成本的提升,使交易成本增加。
- 有限理性(bounded rationality):指交易进行参与的人,因为身心、智能、情绪等限制,在追求效益极大化时所产生的限制约束。

- 机会主义(opportunism):是指人们对自我利益的考虑和追求,即人具有随机应变、投机取巧、为自己谋取更大利益的行为倾向。参与交易进行的各方为寻求自我利益而采取的欺诈手法,同时增加彼此不信任与怀疑,因而导致交易过程监督成本的增加。
- 信息不对称(information asymmetric):因为环境的不确定性和自利行为产生的机会主义,交易双方往往握有不同程度的信息,使得市场的先占者(first mover)拥有较多的有利信息而获益,并形成少数交易。
- 资产专用性(asset specificity):指交易所投资的资产本身不具市场流通性,或者契约一旦终止,投资于资产上的成本难以回收或转换使用用途,称之为资产的专属性。资产专用性可以分为五类:地点的专用性;有形资产用途的专用性;人力资产专用性;奉献性资产(指根据特定客户的紧急要求特意进行的投资)的专用性;品牌资产的专用性。
- 交易的频率(frequency of transaction):交易的频率越高,相对的管理成本与议价成本也升高。交易频率的升高使得企业会将该交易的经济活动内部化以节省交易成本。
- 气氛(atmosphere):指交易双方若互不信任,且又处于对立立场,无法营造一个令人满意的交易关系,将使得交易过程过于重视形式,徒增不必要的交易困难及成本。

13.2 风险与不确定性

在分析运输市场时,我们所假定的是成本和需求已知,并且每个企业都可以预见其他企业将会如何行动。但在现实生活中,商业活动都充满了风险与不确定性。理论上,所有的企业都会发现产品价格每月都在波动;劳动、土地、设备和燃料等投入品的价格常常有很高的不稳定性;竞争者的行为也很难提前预知。经济生活就是这样一些充满风险的交易。

面对风险,人们会采取何种态度呢?一般说来,人们更喜欢做有把握的事情,人们总是想要避开风险和不确定性。若一个人为损失一定量的收入而产生的痛苦大于他为得到同等数量的收入而产生的满足感,他就是一个风险规避(risk-averse)者。从消费者的角度,在同样的平均值条件下人们宁愿选择不确定性小的结果,由于这个原因,降低消费不确定性的活动能够导致经济福利的改善。

尽管风险规避者都会努力避免风险,但风险并不会因此而被消除。当有人在汽车事故中丧生,或者台风席卷了港口之时,某些人必然要因此而付出某种代价。市场机制通过风险分摊(risk spreading)来应付各种风险。这一过程就是将对一个人来说可能是很大的风险分摊给许多人,从而使每个人所承担的风险降到很小。

风险分摊的主要形式是一种方向相反的赌博形式——保险(insurance)。例如,在购买车辆自燃保险时,车主就好像是就其车辆自燃的可能性与保险公司打赌:如果车辆不自燃,则车主只需要付出一小笔保险费;而如果车辆真的有天自燃了,则保险公司必须按合同规定的价格赔偿车主的惨重损失。因此,我们看到,保险是将风险从风险规避者或风险较大者的一方,转移到风险偏好者或较容易承担风险的一方。

另一种分散风险的方式是经由资本市场来进行,这是因为,有形资本的资金所有权可以通过企业所有权这个媒介,将风险在很多的所有者之间进行分摊,并且能够提供比单个的所有者大得多的投资和承担大得多的风险。投资生产一种新型商业飞机就是这样的例子。这种飞机是全新设计的,包括研究与开发,可能需要为期10年、总额达到20亿美元的投资。然而,如此巨大的投入并不能确保这种飞机将会拥有足够的商业市场前景以补偿其投资。因此,几乎没有人愿意冒如此巨大的风险(即使他拥有这笔财富)进行这样的投资。市场经济可以通过公众拥有公司的办法来完成这一巨大的任务。像波音公司那样,成百上千万的人都拥有其股份,其中几乎没有一个人能拥有很大的份额。我们假设,将波音公司的股权平均分给1 000万人,那么,20亿美元的投资对于每个人来说只需承担200美元。于是,倘若该公司的股票收益有吸引力的话,则社会上恐怕会有许多人愿意来承担上述风险。

到目前为止,我们的分析都假设投资者和消费者对自己所面临的风险非常了解,并且投机和保险市场都能够有效率地运行。然而,由于逆向选择和道德风险之类的市场失灵问题,在现实中会出现很多人为的不确定性和风险。当这些因素存在时,市场可能会给出错误的信号,从而破坏激励机制,甚至有时还会瓦解市场机制。而且,如果考虑到这些因素,我们便进入了充满机会主义的真实世界。

13.3 有限理性与机会主义

13.3.1 "契约人"假说

社会科学中的所有理论都直接或间接地包含着对人的行为的假设。其中,古典经济学的"经济人"假说无疑是十分理想化的。新古典经济学中,经济人的理性日益膨胀,逐步偏离了斯密关于"经济人"理性阐述的范畴:理性行为被看做是旨在发现达到最大化的最佳方案的选择行为,并进一步要求选择符合一系列的"理性公理",特别是在数学化的一般均衡论和"主观期望效用理论"中,经济人获得了神一般的理性,而被戏称为"超级经济人"。正是由于此,与古典学派中相应的经济伦理观的不同,当代主流经济学中的伦理因素日益减少。特别是在经济学的数学化潮流中,经济人的非人化倾向已经成为主流。此刻,经济人的数学化形式使得经济学家的注意力离开交换契约中的个人行为,只去重视目的——工具的纯逻辑选择,甚至根本不把市场作为一种交换过程或制度看待,而把市场仅仅视为一种计算手段和机械结构。20世纪中后期,越来越多的经济学家开始主张放弃人是"理性的效用最大化者"的观点,以恢复"实际的人"的显著特点。其中，比较有影响的概念包括契约人、政治人、等级人等等。交易成本经济学认为，实际社会中的人都是"契约人"，他们无不处于交易之中，并用明的或暗的契约来治理他们的交易。契约人的行为特征不同于经济人的理性行为，具体表现为"有限理性"和"机会主义行为"。

13.3.2 有限理性

有限理性涉及人与环境的关系，是指人的行为"是有意识性的，但这种理性又是有限的"。有限理性包括两个方面的含义：一是环境是复杂的，在非个人交换形式中，人们面临的是一个复杂的、不确定的世界，而且交易越多，不确定性就越大，信息也越不完全；二是人对环境的认识能力和计算能力是有限的，人不可能无所不知。

在此，我们有必要讨论"有限理性"与"不完全信息"的关系。一种观点认为，所谓的有限理性可以归结为不完全信息，即只要愿意支付足够高的信息成本，人的理性就可以是无限的。但实际上，且不论信息的获取成本有时将非常高昂，真正的问题不在于是否有信息，而在于我们有限的大脑能够"加工"多少信息。这里存在一个信息悖论（information paradox），即信息的搜寻不可能达到最佳状态，因为人们在获得信息之前无法确定信息的价值；但是，一旦人们了解了信息的价值，事实上他/她已经无成本地获得了这一信息。此外，太多的信息与太少的信息可能同样是不理想的。

在现实世界中，信息不仅具有不完全的特征，而且还具有不对称的特征。所谓不对称，是指交易双方对交易品所拥有的信息量不对等。例如在汽车交易特别是二手车中，卖方可能要比买方对汽车有价值的特征知道得多。而且，人们可以通过向对方披露部分信息甚至欺骗等手段隐瞒信息获利。

 补充：有限理性模型

20世纪50年代之后，人们认识到建立在"经济人"假说之上的完全理性决策理论只是一种理想模式，不可能指导实际中的决策。赫伯特·西蒙提出了满意标准和有限理性标准，大大拓展了决策理论的研究领域，产生了新的理论——有限理性决策理论。有限理性模型又称西蒙模型或西蒙最满意模型。这是一个比较现实的模型，它认为人的理性是处于完全理性和完全非理性之间的一种有限理性。有限理性模型的主要观点如下：

决策者追求理性，但又不是最大限度地追求理性，他只要求有限理性。这是因为人的知识有限，决策者既不可能掌握全部信息，也无法认识决策的详尽规律。比如说，人的计算能力有限，即使借助计算机，也没有办法处理数量巨大的变量方程组；人的想象力和设计能力有限，不可能把所有备选方案全部列出；人的价值取向并非一成不变，且时常改变；人的目的往往是多元的，而且互相抵触，没有统一的标准。因此，作为决策者的个体，其有限理性限制他做出完全理性的决策，他只能尽力追求在他的能力范围内的有限理性。

决策者在决策中追求"满意"标准,而非最优标准。在决策过程中,决策者定下一个最基本的要求,然后考察现有的备选方案。如果有一个备选方案能较好地满足定下的最基本的要求,决策者就实现了满意标准,他就不愿意再去研究或寻找更好的备选方案了。这是因为一方面,人们往往不愿发挥继续研究的积极性,仅满足于已有的备选方案;另一方面,由于种种条件的约束,决策者本身也缺乏这方面的能力。在现实生活中,往往可以得到较满意的方案,而非最优的方案。

由于上述原因,决策者承认自己感觉到的世界只是纷繁复杂的真实世界的极端简化,他们满意的标准不是最大值,所以不必去确定所有可能的备选方案,由于感到真实世界是无法把握的,他们往往满足于用简单的方法,凭经验、习惯和惯例去办事。因此,导致的决策结果也各有不同。

13.3.3 机会主义

广义上人的机会主义行为倾向具有二重性,一方面,机会主义动机或行为往往与冒风险、寻找机遇、创新等现象有一定的联系,从这个意义上说机会主义的对立面是保持现状;另一方面,机会主义又会对他人造成一定的危害,如机会主义者有时把自己的成本或费用转嫁给他人,从而对他人造成侵害,从这个方面看,机会主义行为也是一种损人利己的行为。损人利己的行为又可以分为两类:一类是在追求私利的时候,"附带地"损害了他人的利益,如行驶车辆排出的废气污染了环境,这是我们将在后述章节专门讨论的外部性问题。另一类损人利己的行为则纯粹是人为的、故意的以损人为手段来为自己牟利,其典型的例子是偷窃和诈骗。而用经济学术语来定义,所谓人的机会主义倾向是指在非均衡市场上,人们追求收益内在、成本外化的逃避经济责任的行为。机会主义的具体表现主要有:

1)基于信息不对称的"道德风险"和"逆向选择"行为

完全信息是西方经济的基本微观假设之一,也即是说,一堆理论都是在完全信息(每个参与主体都拥有完全的信息,即做出的抉择包含了所有的信息)的假设基础之上的。而现实生活中,信息常常是不完全的(包括信息不确定和信息不对称两种情况),即实际生活中人们的抉择常常不能包含或者无法包含市场的全部信息。

所谓信息不对称(information asymmetric),是指市场交易的各方所拥有的信息不对等,买卖双方所掌握的商品或服务的价格、质量等信息不相同,即一方比另一方占有较多的相关信息,处于信息优势地位,而另一方则处于信息劣势地位。在各种交易市场上,都不同程度地存在着信息不对称问题。正常情况下,尽管存在信息不对称,但根据通常所拥有的市场信息也足以保证产品和服务的生产与销售有效进行;在另一些情况下,信息不对称却可能导致市场失灵。在信息不对称的情况下,人们可能有不完全如实地披露所有的信息及从事其他损人利己行为的倾向。信息不对称引起的机会主义行为倾向,可以分为事前机会主义行为和事后机会主义行为。

- 事前机会主义行为是指交易各方在签约时利用签约之前的信息不对称或隐蔽信

息，交易的一方掌握着交易的某些特性，而另一方却在此无法观察或试验，在交易完成后，此种信息不利因素即不复存在。在这种条件下，掌握私有信息的一方就会利用对方的信息弱势故意扭曲事实真相、迷惑他人和浑水摸鱼，为自己谋取利益。这又被称为"逆向选择"。例如，如果卡车的养路费只取决于车辆的登记吨位，车主就会购买装载能力较强而登记吨位较低（"大吨小标"）的车型甚至伪造行车证等等。

- 事后机会主义则是指即便在交易完成后，交易一方所具有的信息少于另一方的情况依然存在，交易方得以在签约之后利用信息不对称与信息优势，通过减少自己的要素投入或采取机会主义行为，违背合同、钻制度、政策及合同的空子，采取隐藏行动的方法以达到自我效用最大化而影响组织效率的道德因素，因为交易的一方因观察监督困难无法观察另一方的行为，或因成本太高根本无法监督对方的行为。这通常被称作"道德风险"。

基于信息问题的两种机会主义行为，都造成了效率的损失。一方想要识别另一方的隐蔽行动与隐蔽信息并不是不可能的，但需要在收集信息、进行检查和监督所需要的相应成本与所获得的相应收益之间进行权衡。这种对检查监督活动本身成本收益的计量说明组织与合作中的"逆向选择"与"道德风险"会或多或少地始终存在。

补充：逆向选择（adverse choice）

美国经济学家阿克洛夫于1970年提出了著名的"旧车市场模型"。在旧车市场上，买者和卖者之间对汽车质量信息的掌握是不对称的。卖者知道所售汽车的真实质量。一般情况下，潜在的买者要想确切地辨认出旧车市场上汽车质量的好坏是困难的。他最多只能通过外观、介绍及简单的现场试验等，来获取有关汽车质量的信息。然而，从这些信息中很难准确判断出车的质量。因为车的真实质量只有通过长时间的使用才能看出，但这在旧车市场上又是不可能的。在这种情况下，典型的买者只愿意根据平均质量支付价格。但这样一来，质量高于平均水平的卖者就会将他们的汽车撤出旧车市场，市场上只留下质量低的卖者。结果是，旧车市场上汽车的平均质量降低，买者愿意支付的价格进一步下降，更多的较高质量的汽车退出市场。在均衡的情况下，只有低质量的汽车成交，极端情况下甚至没有交易。这违背了市场竞争中优胜劣汰的选择法则。平常人们说选择，都是选择好的，而这里选择的却是差的，所以把这种现象叫做逆向选择。

补充：道德风险（moral hazard）

道德风险亦称道德危机，但并不等同于道德败坏。道德风险是上世纪80年代西方经济学家提出的一个经济哲学范畴的概念，即"从事经济活动的人在最大限度地增进自身效用的同时做出不利于他人的行动。"或者说是：当签约一方不完全承担风险后果时所采取的自身效用最大化的自私行为。在经济活动中，道德风险问题相当普遍。可以说，只要市场经济存在，道德风险就不可避免。

（下文引自蒲勇健，《经济学的"惊喜"》，经济学家茶座，第十六辑，2004.2.）

一位多年从事"信息经济学"教学的经济学家在课堂上常常提到，对于像汽车这类"耐久性资本品"，企业应该自购而不是租借。理由是，由于信息不对称，如果企业向外租借所需的耐久性资本品，作为借入方的企业可能会存在过度使用该资本品的"道德风险"。因为被过度使用的耐久性资本品本身不会说话，作为其所有者的出借人不能拿出资本品被多度使用的证据，所以出借人在出借时就会在租借合同中提出一个较高的租金，以弥补其可能因租借者过度使用资本品给出租者带来损害。例如，如果运输企业用租来的汽车搞运输，企业可能会让汽车不停地处于运行之中以最大化其使用价值，同时，运输企业也不大会在乎道路的行驶条件和汽车的保养维护。当然，出租车辆的企业不是傻子，他们在开始出租车辆时就会提出较高的价格（所谓较高的价格，是与由企业自购车辆使用时的运输成本相比较而言的），以弥补其可能受到的损失。于是，信息经济学预言，运输企业不会全部依赖于租车公司来经营其业务，而是主要靠自购车辆去完成业务流程。

但是，该经济学家的一位在京沪两地之间做"第三方物流"的朋友却告诉他，公司所需的车辆全部来自租借。为什么明知租车的价格贵得惊人，仍然要租车搞运输呢？这位朋友解释道，"租车是贵了一点，但若自购汽车配送物资，则驾驶员可能会过度消费公司资源。比如说，驾驶员难保会走最短的路径将物资送到目的地（但谎称走了较远的路）；驾驶员难保不会每天拿来一大摞道路桥梁收费发票让我给他们报销；驾驶员难保不会经常拿一些修车配胎发票（可能是假发票或存在其他猫腻）让我给报销……"关键就在这些个"难保"。因此，如果自购汽车，尽管企业因避免高价租车会带来一定的成本节约，但又会因驾驶员出现的"道德风险"而增加另一块成本。当这一部分增加的预期成本大于自购车带来的成本节约时，公司就会倾向于租车（含驾驶员）而不是自购车，从而将对驾驶员的监督问题转给租车公司。

2）基于集体行动的"搭便车"行为

集体行动的难题，即"搭便车"也是一种机会主义行为，本书第 8 章 8.2 节曾提到，搭便车指的是即使个人未支付费用，他也享受到了团体所提供的服务，在协作性交易当中表现为个人某种形式的"偷懒"却获得相同的报酬。当产出的物品带有集体物品或公共物品性质时，搭便车现象尤其严重。个人理性造成了集体或合作方的外部负效应，使集团利益的激励不足，导致行为人的激励弱化，却为搭便车者提供了偷懒的激励。

以红绿灯的设置为例，在一个拥挤的十字路口，由于没有红绿灯的控制，每辆车都急于通过路口，从而导致路口变得更加拥挤，每辆车都无法通过。设置一个红绿灯的成本为 5 万元/年，一年该路口通过 10 万辆汽车，每辆汽车由于能够顺利的通过路口而节约的成本为 10 元。由于节约的成本 100 万元大于 5 万元，设置红绿灯是有效率的。但市场会提供这个有效率的结果吗，可能性比较小。公共物品的非排他性使得通过市场交换获得公共产品的利益这种机制失灵。对于红绿灯提供者而言，他必须能够把那些不付钱而享受红绿灯的人排除在消费之外，否则他将无法弥补生产成本。而对于一个消费者而言，由于公共产品的非排他性，公共产品一旦生产出来，每一个消费者都可以不支付就获得消费的权力,每一个消费者都可以搭便车。消费者这种行为意味着生产公共产品的厂商很有可能得不到弥补生产成本的收益,在长期中,厂商不会提供这种物品,这使得公共物品很难由市场提供。

案 例

公路企业与公路管理部门的机会主义问题

——公路"三乱"

引自:胡良友等,《公路"三乱"抬头 物流怎能畅通》,中国贸易报,2005.11.24。

何谓公路"三乱"? 就是国务院纠风办、公安部、交通部有关规定,公路"三乱"是指在公路上乱设站卡、乱罚款、乱收费的行为。主要表现有:未经省人民政府批准擅自设立收费站、检查站,擅自改变合法站卡的位置或增高分站卡,非法上路查车;随意查车,逢车必查,双向拦车检查罚款;没有法定依据罚款,超标准罚款,重复罚款;滥收过境费,擅自提高过路(桥)费,罚款、收费不给或少给票据,使用不合法票据。

20 世纪的 80—90 年代"贷款修路桥,收费还贷款"的政策带来了投资热情,一定程度上促进了公路建设。由于管理没有跟上,对收费站点设置审批管理不严,造成收费站过多过密,导致了国道"三乱"现象的出现。修路建桥者为了还"贷款"从而造成收费站过多,行政机构上路执法、执罚也造成了关卡过多。一个时期,行政执法部门争相上路,查偷逃税款的上路、追假冒伪劣的上路、查走私香烟的上路、查矿产资源流失的也上路,好像什么问题都要上路才能解决,直接导致了路上关卡太多。

1994 年,由交通部、公安部、国务院纠风办,两部一办负责,全国各省(市区)参加的治理公路"三乱"工作拉开了帷幕。第一阶段的治理重点是国道、省道,主要解决"乱"的问题,目标是实现国道、省道基本无"三乱"。经过对 18 家上路执法检查的"大盖帽"进行清理后,只留下公安、交通、林业三部门可以设置车辆通行收费站、公路稽查部、治安检查站、木材检查站,其他单位和部门一律不得上路设卡、拦车、检查、收费和罚款。到 1998 年,全国治理公路"三乱"共撤销 1 万多站卡,处分 1 万多违规违纪人员、查处 1 万多起"三乱"案件,全国国道基本实现了无"三乱"。治理"三乱"的第二个阶段是向省道、所有公路和水路延伸,重点是规范路站和执法行为。对收费站建立了六公开:公开批准文件、主管部门、工作范围、收费单位、收费用途、收费标准。北京还在全国率先公开了收费期限。全国规范了收费票据,在一定程度上堵塞了乱收费的黑洞。治理公路"三乱"工作的第三个阶段,就是要使实现所有公路无"三乱"进程向更高的目标挺进,探索解决收费站点过多和执法处罚中存在的深层次问题。其中,"罚款养人"现象的存在,是导致公路"三乱"反弹的一个不容回避的问题。例如,一些部门行政事业经费不够,"皇粮不够杂粮补",用罚款来堵人员工资的缺口。此外,撤除到期的收费站也是公路"三乱"治理的一个新焦点。当前,很多地方对合法站卡的投资构成、还贷情况、管理费的提取使用、收费期限等的监管仍较为薄弱。某些收费站没有标明收费年限和收费标准公开的内容,收费站什么时候应停止收费,没有得到有力监控。

案例讨论
1. 试解释公路"三乱"的背后存在着哪些机会主义问题?
2. 撤除"到期"的收费站会带来怎样的经济后果?

3)基于资产专用性投资的"敲竹杠"行为

机会主义行为在共同投资的双方或多方之间也极为普遍。按资产市场转换的难易,可以将专用性维度分成三类:非专用、混合和特质(专用)。"专用性"是指耐用性实物资本或人力资本投入某一特定的交易关系从而被锁定的程度。一旦要打破既有关系或制度规则,专用性资产将付出巨大的转置和退出成本,产生"套住"效应。这个概念之所以重要,是因为一旦进行了专用性投资,交易双方都要在相当长时期内在双边交易关系下进行活动;不可交易的资产特征确定了投资方退出交易过程与契约关系的困难程度,对合约的另一方产生依赖,这无疑将弱化投资方在投资完成后的谈判地位而无法防止另一方的机会主义行为。如果交易中包含某种性质的专用性投资,事先的竞争将被事后的垄断或买方垄断所取代,从而导致另一方将专用性资产的"准租金"为己有的"机会主义"行为。如利用合约的不完全性,寻找种种借口"敲竹杠",使自己在交易中处于有利的位置。被对方"敲竹杠"风险的存在增加了专用性资产的交易费用,它影响当事人事后讨价还价的地位,从而影响事前的投资决策。资产专用性越高,市场交易的潜在风险即成本越大,纵向一体化的可能性就越大。遗憾的是,将市场交易转做企业交易,并不能完全消灭机会主义行为。

以公路基础设施为例,由于公路的投资主要集中于线路、桥梁、隧道等固定设施,这些设施的投资较大,使用寿命较长,投资一经完成则不能移动,也很难被用于其他用途,当某一公路路段被废弃后,残值往往很低。因此,公路资产具有高度的专用性,主要包括:①地理区位专用性,例如公路线路、桥隧等资产一经投入即无法轻易挪动;②物质资产专用性,例如公路的路面、路基等结构在物理性能上的专门适用特性;③人力资本专用性,公路部门的员工拥有特殊的知识技能,一旦离开公路部门,可能导致自己人力资本的巨大损失。需要说明的是,高等级公路的资产专用性要大大高于普通公路的资产专用性。

案 例

飞行员的人力资产专用性

引自:《"天之骄子"缘何频频"罢飞"》,广州日报,2008年4月5日
和《东航集体返航事件索赔开始 飞行员称是为争取利益》,四川新闻网,2008年

13 运输市场中的交易成本

4月5日

2008年3月31日,东航云南分公司从昆明飞往大理、丽江、版纳、芒市、思茅和临沧六地14个航班共28名机长导演了一出国内民航史上从未见过的闹剧,由于不满东航"小时费"上的不公正待遇,他们执飞的14个航班到达目的地上空后又全部返航飞回昆明,千余名乘客只好陪着他们在空中"兜圈儿"玩。对这一异乎寻常的事件,东航的解释是"出于天气原因"。当飞行员因不满待遇集体"罢飞"这一真相层层剥离在公众面前时,东航的这一解释,顿时让人觉得异常苍白和无力。

飞行员,这是一个曾经令人羡慕不已的群体,他们翱翔在蓝天,拿着比普通人高出十几倍的工资。然而,正是这个群体,正在上演着一出出闹剧,3月31日,东航云南分公司从昆明飞往大理、丽江、版纳、芒市、思茅和临沧六地共14个航班在飞到目的地上空后又全部飞回昆明,导致大量旅客滞留;3月28日,东星航空11名机长因与公司发生劳资等纠纷,集体"告假",导致多数武汉始发的航班停飞;3月14日,上海航空40余位机长同时报请病假……这群"天子骄子"导演的闹剧愈演愈烈。

正方:飞行员待遇似有不平

飞行员是一个特殊的职业,大部分飞行员照顾不了家庭,而且时刻面临着危险,这就需要航空公司支付高额的工资来弥补,但由于航空公司管理体制的不同,造成了飞行员之间的收入差距巨大。各大航空公司普遍存在的问题是,外籍飞行员的工资往往是本土飞行员的2倍,这招致本土飞行员的不满;另外,飞行员的薪酬由基本工资和飞行小时费组成,同样飞一个航班,支线航班的飞行小时只有1个小时左右,干线航班少则2个小时,多则十几个小时(国际航线),但飞行员无论飞支线还是干线,准备、过站时间差别不大,导致干线飞行员每年能拿40万~50万元,但支线飞行员只能拿20万元左右。同时,飞行员与航空公司签署的是终身合同,辞职要面临70万~210万元的巨额赔偿,在没有民营航空公司为他们买单时,绝大多数人只好忍声吞气。

反方:飞行员怎能拿乘客生命陪绑?

"集体返航"事件已经引起了业内的广泛大讨论,业内多数人的看法是,"天之骄子"不应为一己私利拿旅客生命当儿戏、拿公众利益当儿戏,这说明这群飞行员最基本的职业精神缺失。这次,连以前多少有些同情飞行员的公众也是一边倒,对飞行员口诛笔伐,"你不满意就辞职,就别飞,带着几百个生命在高空兜圈,你们岂不是为了个人利益,把乘客当成人肉炸弹?""让乘客生命安全处于极其不确定的状态中,这些整天以维权为口号的飞行员们,究竟把旅客的权利放到了哪里?""这些飞行员应终身停飞。在他们违背指令,调头返航的同时,何尝不是另外一种意义上的劫机?""国外飞行员也有罢飞的,但有你们这样拿乘客生命做陪绑的吗?如果是在国外,不是要让你们终身禁飞,而是要送你们坐牢!"

案例分析

由于当事人从事的工作需要特殊的技能、符合特殊的要求，而这些特殊技能的获得或特殊需求的满足由于专业化或经济实力的原因往往由另一方当事人承担，这种富有针对性的投资就是人力资产专用性投资。飞行员罢飞的背后，体现了飞行员人力资产的专用性以及由此而来的"敲竹杠"问题。众所周知，飞行员属于特殊性质的高技能人才，每一位飞行员的培养要经历长时间地培训、复训、飞行训练及飞行经历时间的积累，还需要持续的能力保持过程。据估算，在学校培养费用大概是70余万元，而进入机组后，从见习人员到机长，其中的费用也是要几十万元的，总共费用是100余万元。因此，飞行员在学校期间的费用不是一个普通人家所能投资的，故而飞行员基本上是属于航空公司全额出资委托培训的。

为了避免此类专用性资产流失或遭遇"敲竹杠"等机会主义问题，航空公司通常会采用合同的形式保护这些专用性资产。现实中，航空公司和飞行员双方签订的通常是"无固定期限"的劳动合同（无固定期限劳动合同是指双方当事人订立的没有规定具体明确的终止时间的劳动合同，在这类劳动合同中，只要不出现双方约定的终止条件或法律法规规定的其他情形，无固定期限的劳动合同一般不能终止。因此，无固定期限的劳动合同虽然不是终身合同，要想解除也很不易。），合同中，作为飞行员可以提出解除合同的情况很有限。同时，2005年，民航总局等五部委颁发《关于规范飞行人员流动管理保证民航飞行队伍稳定的意见》（简称五部委），要求"飞行员辞职必须征得原有单位的同意"，并要向原航空公司支付70万元～210万元不等的赔偿金。近几年来，诸如此类官司数不胜数，"与航空公司打官司飞行员面临极大风险。"一位正在申请辞职的飞行员说，"第一是容易遭航空公司恶意诉讼，比如索赔高达千万元，民营航空公司也不敢接手；第二是很难从航空公司辞职，有五部委文件的限制，飞行员就没有了话语权。"

而与此同时，近年来，我国民用航空飞行员的缺口却日益增大。2004年，民营资本被允许进入民航业，时至今日，春秋、吉祥、奥凯、鹰联等十多家民营航空公司相继成立。然而当时各航空公司飞行员总数仅1万多人，刚好能满足当时国内700多架飞机的配备需要。而现在，国内飞机数量已经增加至1 000多架，但飞行员的数量止步不前，而且各大航空公司还正面临"大龄"飞行员退休的问题，哪家航空公司都不会眼睁睁地看着自己的飞行员流失掉。据民航总局预测，到2010年，我国航空运输机将达1 250架，需补充6 500名飞行员，而我国目前每年培养飞行员的总数只有600名到800名。对"零飞行员"的民营航空公司，没有飞行员就意味着无法开展正常经营，这让飞行员顿时变得"奇货可居"。飞行员辞职动辄被索赔数百万元，民营航空公司眉头不皱一下，只要飞行员愿意来，除了高额薪水，被索赔多少，这些民营航空公司就支付多少！航空公司和飞行员的关系，打个比喻，"就好像童养媳一样，长大以后必须嫁给我"。而且婚约也是受法律保护的，双方签的合同几乎是终身制的。"结婚"以后，刚开始相敬如宾，可是后来发现"婆婆"没有把自己当"媳妇"看待，而是把自己当奴隶在用，心里就不好受。正在这时，另一方伸出了橄榄枝，各个方面的待遇条件都更好。于是，前面的一幕幕便逐渐展现。

案例讨论

1. 上述案例体现了航空公司与飞行员之间存在着哪些机会主义倾向？
2. 现实中有哪些制度是为了避免这些机会主义问题？这些制度有没有副作用？
3. 能否通过航空公司与飞行员劳动合同的修改来减少双方交易中的机会主义倾向？（提示：能否借鉴足球运动员的转会制度。）

4）基于博弈的短期化行为与消极等待行为

博弈（game），是指在一定的游戏规则约束下，基于直接相互作用的环境条件，各参与人依靠所掌握的信息，选择各自策略（行动），以实现利益最大化和风险成本最小化的过程。简单说博弈就是人与人之间为了谋取利益而竞争。从博弈的角度来看，人的机会主义行为在一次性的交易与合作中会有更加突出的表现。

著名的"囚徒困境"（见本书第9章9.1节）说明了一个十分通俗而又重要的概念，即在一次博弈过程中，人们是不会为了集体的利益而有所奉献的，相反会不遗余力地追求自身的利益最大化。尽管在这种情况下博弈的结果对于集体来说往往不是最佳状态。一定程度上，合作的时间与交易次数成为个人采取机会主义行为的诱因，来自合作性交易或遵守契约带来的未来预期收益的减少甚至终止，是理性人采取行动需要考虑的一个方面。特别是当未来合作性收益无法由个人完全控制而须视群体或交易对手的共同决策而定时，为防止他人采取自利行为，个人为了取胜应该采取何种策略？任何一种团体游戏，都是一种群体环境之下如何进行决策的问题，各个策略之间存在互动关联。面对不对称信息，与同样有智能和谋略思想的对手与之强烈竞争情况下，为防止对手的机会主义行为，实现自身行为的最优化，个人需要不断在来自交易的长期收益与短期收益、眼前收益与未来收益之间进行权衡。如果说在长期的重复博弈交易与契约执行过程中，还存在着相互适应，改变策略的许多机会，采取动态跟随策略，参照对方不断调整自己的战略和策略以获得"双赢"博弈结果的机会，而在即将结束的交易或为数有限的利益互换的交易中，参与者则更有可能采取"一锤子买卖"方式，以"先下手为强"的策略防止"后下手遭殃"的结局。

补充：智猪博弈

猪圈里有一大、一小的两头自私而又精明的猪。猪圈的一头有个猪食槽，另一头有个按钮，用来控制猪食的供应。按下按钮会有2个单位的猪食进槽，这时，大猪小猪都有两个选择：按按钮或者等待。如果大猪按按钮，小猪等待，小猪可乘机得食1单位，大猪可得剩下的1单位；如果小猪按按钮，大猪等待，大猪得2单位，小猪得0单位；如果两猪同时去按，大小猪各得2和0个单位，因为大猪拥有武力优势；如果谁都不按，则无食可吃，收益皆为0。

表 13-2　智猪博弈的支付矩阵

	选择	小猪 按按钮	小猪 等待
大猪	按按钮	（3，1）	（2，4）
	等待	（7，-1）	（0，0）

注：括号中前一个数字表示大猪的支付额，后一个数字表示小猪的支付额

分析两头猪在几种不同选择下所得到的收益，可以看出，小猪将选择等待这种"搭便车"的策略，也就是耐心地等在食槽边，让大猪去踩踏板，食物总是会掉下来的；而大猪为了吃到几口残羹，则要不顾劳累地奔忙于踏板和食槽之间，最后是出力吃不饱。因此，从小猪的立场出发，耐心等待大猪去按按钮，自己才能获得生存发展的机会。这一博弈的"纳什均衡"为（大猪按按钮；小猪等待）。

智猪博弈可以用于解释强弱双方的一个完全信息下的静态博弈关系，如大小股东、行业内的大小厂商、企业里的员工。通过博弈矩阵的分析，力量强的一方当对方的策略是行动时，最优策略是偷懒，而对方策略为偷懒时，最优策略为行动，而力量弱的一方无论对方策略是行动还是偷懒，其最优策略都是偷懒，即占优策略是偷懒，虽然（大猪，小猪）就只形成一个纳什均衡（行动，偷懒）即多劳者不多得。产生这样的博弈结果的前提是理性与完全信息，包括知道其对方策略和支付矩阵等信息。

案　例

为什么公路超载超限运输的治理很难？

——试论公路市场中的机会主义

引自：张弛，《车辆超限超载危害有多大？》，中国公路网，2004.5.18

车辆超限超载运输对交通安全、运输市场及汽车生产秩序都造成了极大危害，致使道路运输市场扭曲，诚信水准下降，严重损害了统一开放、竞争有序的市场秩序，阻碍了现代道路运输市场体系的建立和完善，破坏了正常的社会经济秩序，也严重危及国家和人民的生命财产安全。车辆超载超限一是诱发了大量道路交通安全事故，给人民生命财产造成了巨大损失。据统计，70%的道路安全事故是由于车辆超限超载引发的，50%的群死群伤性重特大道路交通事故与超限超载有直接关系。二是严重损坏了公路基础设施，给国家造成了巨额损失。超限超载车辆的荷载远远超过了公路和桥梁的设计承受荷载，致使路面损坏、桥梁断裂，正常使用年限大大缩短，不得不提前大中修。每年因车辆超限超载造成的公路基础设施损坏超过 300 亿元。三是导致了道路运输市场的恶性竞争。以竞相压价承揽货源，以超限超载来获取利润，超得越多，赚得越多，形成了"压价→超限超载→运力过剩→再超限超载"的恶性循环，正常使用年限在 10 年左右的货运车辆 2 至 3 年后即报废。四是造成车辆"大吨小标"泛滥。为迎合车辆超限

超载运输的需求,一些汽车生产厂商竞相生产"大吨小标"车,一些汽车改装厂和修理厂也纷纷非法改装车辆,影响了汽车工业的健康发展。

案例分析

由于公路是不可移动的,而复杂多变性的货运需求要求货运车辆的行驶线路并不是固定的,因此,公路企业和车辆运输企业间的纵向一体化是不现实的。车辆运输企业通过公路市场(以交纳使用者税费的方式)购买了"公路通行权",并与公路企业形成了长期或短期的契约关系。至此,车辆运输企业得以直接向消费者(托运人)提供完整的公路货运服务。

在"公路市场"中,公路企业与公路运输企业构成了交易的双方。如果公路运输企业未按"规定"交足税费(如大吨小标),或违犯了行驶公路时的相应标准(如车辆超限),显然是属于交易中的单方"欺诈"或违约行为,相关责任应由公路运输企业完全承担。但是,交易成本的存在导致了超载超限运输"治理"的困难。

对于公路产品而言,暂时忽略其他方面而只考虑这样两个价值维度:"公路通行能力"与"公路承载能力",对应的产权维度分别是"车辆通行权"和"荷载通行权"。很明显,在产权的监督方面,车辆通行权的界定更易实现,因为只要控制了车辆的出入(虽然这也需要耗费不小的成本),就可以控制车辆对公路的通行;但对荷载通行权的界定则要困难得多,需要配备充足的人员使用足够精度的称重设备随时对车辆的轴载和总重进行检测,而对这些设备和相关人员的专用投资巨大(一套便携式称重设备的购置费用需要5万~10万元,而固定式称重设备更是高达数十万元甚至上百万元一套;对场地和人员的投入也是耗费巨大的)。

综上所述,由于产权界定困难的程度不同,公路企业对路面通行能力与路面行驶能力的产权界定程度是不同的。随着收费公路(主要是高等级公路)比例的增加和收费技术的成熟,车辆通行权得到了越来越完整的界定;而对于荷载通行权的界定明显要落后很多,现有的称重设备非常昂贵,而称重的精度也亟待提高。于是,当运输车辆通过登记注册、交纳道路通行费等相关税费之后取得了车辆通行权后,完全可以采用超过"法定"装载量的单车装载量进行运营,从而导致了对公路承载能力这一属性的"过度"使用,表现为严重的超载超限。

为了提高效率,方法之一是对所有者运用其所有权的方式施加限制,以防止该商品轻易地沦为共同财产。例如,对车辆载重的限制(总重与轴载限值)可以限制运输车辆在运用其道路通行权时对公路承载能力的过度使用。对所有权被分割的实体进行管理,监督和维护约束限制条件的执行,都需要"组织"以一定的制度对那些容易产生严重共同财产问题的属性加以控制;而相对而言不易产生这种问题的商品属性则往往由私人(车辆运输企业)所有。

案例讨论

1. 公路超载超限运输体现了运输企业的哪些机会主义问题?
2. 高等级公路与普通公路在治理超载超限运输时有哪些区别?

3. 试预测高等级公路与普通公路未来治超的政策趋势。

概念复习

交易成本　　　　　风险与不确定性　　　　有限理性
机会主义　　　　　信息不对称　　　　　　道德风险
逆向选择　　　　　敲竹杠　　　　　　　　博弈

思考题

1. 什么是交易成本？通过一个你身边的例子分析交易成本与生产成本有什么区别？
2. 假设一个诚实的朋友要和你抛硬币打赌，若硬币出现正面，你给朋友100元；若出现反面，则朋友付给你100元。解释为什么赢钱的期望值为零？如果你是一个风险规避者，为什么期望效用值会为负数？你能否判断，为什么你的朋友是风险偏好者？
3. 根据"有限理性"理论，公路企业没有为了使每一天的 $MC = MR$ 而调整道路通行费的费率，这才是真正有效率的。
4. 解释为什么要强制车主投保第三方责任险——交强险，而不是车辆自燃保险？

第四篇 运输与政府

为增长而增长,乃癌细胞生存之道。

——爱德华·艾比

14 运输外部性的控制

学习目标

了解控制运输外部性的几类政策工具;理解污染者付费原则;掌握拥挤收费的概念、思路及其存在的问题;理解控制运输外部性的私人方式。

14.1 控制运输外部性的政策选择

1) 控制运输外部性的目标

在本章的开头再次强调一下,许多学者和组织主张大量减少或全部清除运输对环境的危害,但他们忽略了清除这些污染的成本。同时,当一些人苦于运输造成的环境侵扰时,显然有另一些人由于能更方便地旅行或更便宜地运送货物而受益。几乎在所有情况下,环境的改善都将减少运输使用者所享受的净效益。经济学家往往考虑尽可能降低污染水平而不是彻底地"净化"环境。在提到由不同运输方式引起的过度环境危害时,务必要记住危害指的是超出最优污染水平以上的那部分,而不是指零污染水平或者人们感觉"纯净"环境以上的那部分。因此,理想地,应该把外部性控制到这样的程度,即"进一步降低外部性的边际社会成本将超过边际社会效益"。

2) 控制运输外部性的方法

那么,对付外部性造成的无效率的武器是什么?经济学家一般主张只要有可能就应尽量采用市场手段,例如收费和许可证交易制度,因为它们比较灵活,而且与市场体系可以更加吻合,此外政府通过经济手段还可以获取可观的收入,以补偿那些受外部性损害或因政策影响需要调整自身行为的群体。已经有一些运用市场手段减少运输外部性的成功案例,例如美国采用许可证交易逐步淘汰了含铅汽油的使用,一些欧洲国家则是采用税收差异的办法取得了类似效果,又如新加坡为控制城市中心区交通拥挤而采用小汽车通行收费的方式等。然而,尽管这些国家取得了一些成功,但完全采用市场手段或纯粹内部化方式来遏制运输外部成本还是不常见的。例如,如果在每一起有关交通引起污染或拥挤的事件中,都采用一对一谈判的方式解决问题包括实现必要的交易,

14 运输外部性的控制

那么高昂的交易成本带来的效率损失将是无法想象的。当严格的内部化或纯经济手段在现实中难以实行,这时政府的直接管制和其他行政命令就成为控制环境损害的必要途径。

而在越来越多的情况下,经济手段与行政措施相结合也许更为有效,因为它们既避免了一些靠实行纯内部化无法克服的难点,同时又保留了市场手段为运输使用者所提供的经济激励。因此,最常见的控制外部性的方法是政府的反污染政策,通过直接控制或财政激励来引导厂商矫正外部性;更细致的办法是明确并加强产权管理,以促成私人部门之间通过协商达成更加有效的解决办法。

3)控制运输外部性的政策工具

以用以控制公路运输外部性的政策为例,从表14-1中可以看出,尽管只考虑了对公路运输污染排放和拥挤外部成本的控制,可以用于减少运输外部性的政策手段也是多种多样的。这些政策大致上分为以市场为基础的方法和以行政命令为基础的方法两大类(现实中经常使用"成套的"手段)。进一步看,这些政策的着眼点也有区别,车辆、使用的燃料或者交通水平都可以作为所关注的对象。例如对车辆排放,可以采用制定排放标准、强制性推行低污染汽车或强制报废旧汽车等直接或间接的行政命令手段,也可以采用排放收费、可交易的许可证、不同类别汽车的差别税收或补贴新型汽车等直接或间接的市场手段;对交通拥挤,可以采用汽车禁行区、限定行驶路线或公共汽车专用道和其他优先等直接或间接的行政命令手段,也可以采用拥挤收费、停车收费或对大众交通方式实行补贴等直接或间接的市场手段。

表 14-1 控制公路运输外部性的政策工具

控制对象	市场手段		行政命令手段	
	直接	间接	直接	间接
车辆排放	排放收费	可买卖的执照	制定排放标准	强制性检查排放系统
		差别车辆税		强制使用低污染车辆
		新车税收优惠		旧车的强制报废
燃料类型		差别燃料税	燃料成分规定	汽油节约标准
		高燃料税	逐步淘汰高污染燃料	限速
交通拥挤	拥挤收费	停车收费	汽车禁行区	车辆使用限制
		补贴	限定行驶线路	公交优先权

既然有如此众多的政策工具可供选择,那么,理论上管制者是否一定能够选择出合适的政策组合来保证经济效率呢?在现实中做到这一点是很难的。事实上,许多污染管制苦于越来越多的"政府失灵"。例如,污染管制经常在对边际成本和边际收益进行比较之前就拍板定夺了,而没有这种比较就根本无法确定有效率的控污水平。的确,对

这些管制，法律还特别禁止根据成本效益分析去制定标准。此外，标准天生就是一种笨拙的东西。有效率的控污水平要求各种污染源的污染边际成本都相等。命令——控制管制通常不允许厂商、区域和产业之间存在差别。因此，管制对大企业和小企业、城市和农村、高污染和低污染的产业都是"一刀切"的。进一步的研究还表明，由于使用命令——控制管制法，实现环保目标的成本已经在不必要地增加了。

经济学家们一般认为市场调节由于以下原因而会比政府过多干预更为有效：灵活的价格变动能够自动显示经济稀缺性、分散化的决策有助于政策的及时调整、利益与损失的直接和迅速反馈以及由竞争激发的高效率等。而在治理运输外部性方面，相对灵活的价格政策与行政管制政策相比的优势在于，前者能够影响个人决策过程的各个方面，而且对政策响应的模式是由个人来决定的。通过交通运输价格的变动，个人或企业可以灵活地做出反应，例如选择更合适的空间地点居住、消费和生产，改变所使用汽车的类型，调整旅行的次数和空间分布，改变对运输方式及运输径路的选择，重建为原料的供应、中间产品和最终产品的运输与销售提供服务的物流系统等。这样由千百万个体决定的行为改变积累在一起，就可能比较好地实现节约能源、减少污染等可持续运输的目标。

虽然为了说明和保持理论与政策之间的联系，谈及运输管理部门所使用的实际措施是有用的，但本章的重点还是首先放在论述各种可供选择的方法的直接经济含义上，而不是它们的政治功效或者社会功效。

▲ **资料：我国控制运输外部性的一些措施**

引自：朱中彬，《外部性理论及其在运输经济中的应用分析》，中国铁道出版社，2003

（1）广泛地采用无铅汽油。如北京、上海等城市的汽车率先使用了无铅汽油，随后一些其他城市也使用了无铅汽油。1998年10月，国务院办公厅公布了《关于限期停止生产、销售车用含铅汽油的通知》，要求从2000年1月1日起，全国所有汽车生产企业一律停止生产含铅汽油，所有汽车一律停止使用含铅汽油。

（2）对汽车尾气排放制定标准并加强管理。例如，北京市为了减轻氮氧化物的污染，从1998年4月1日起，对汽车强行路检，对排气不合格的车辆要求安装排气净化装置。北京市还规定，自1998年10月1日起，不带电喷的汽车不准在北京销售，公安交通管理部门不予上牌照，并在1999年10月1日前用调整价位的办法淘汰"面的"。

（3）城区禁止汽车鸣笛。例如，自1998年10月1日开始，郑州市区汽车禁鸣。市区噪声平均降低了7.6 dB，市区噪声指标由原来的不合格变成了合格。

（4）使用替代汽油的燃料。一些城市鼓励更新的出租小汽车加装液化石油气燃料系统装置。例如，1996年，深圳市政府将1 000辆公交车辆改装为液化石油气和汽油双燃料汽车的工作；北京市1998年10月已有120辆使用双燃料作动力的小公共汽车。

（5）公共交通优先。例如，1997年6月25日清晨6时整，北京长安街上东起八王坟,西至公主坟,全长 15 公里的公交专用道正式开通,这是我国的第一条公交专用道。其他的一些城市也相继开辟了公交专用道。

有学者认为,我国已经开始重视运输业的环境问题,其步伐明显加快,但是,客观地说,我们在这方面的工作刚刚开始。其表现在:①从一些措施的实施范围看,主要是在城市,而且即使是有关城市交通的,其实施范围也有限　②从其手段来看,多是技术管理、环境强行管制以及交通组织方面的,缺乏经济手段。③公共交通优先政策仍然太少,如公交车道太少,公交发展速度也较慢。上述措施的一个根本缺陷在于忽视了对需求的管理,缺少经济手段,比如提高拥有小汽车的收费标准、对环境污染征税等。

14.2　控制运输外部性的市场手段

14.2.1　"污染者付费"原则

1）为什么是污染者付费

正如新制度经济学的创始人科斯所指出的,在优化外部性时有一个不可避免的问题,这涉及人们观察外部性时使用的观点。他认为,从理论上说可以消除外部性,办法是将环境财产权分配给污染者或被污染者并允许这些权利进行交易。这样做存在着一个明显的实际问题:是受害者应当得到保护,还是受益者因停止当前的交通活动应当得到补偿?虽然从效率的观点看,并没有一个清晰的答案,"但从道义上说,污染者应该为他们给环境造成的过分破坏付费"(经济合作与发展组织)。

2）庇古税的思想

实际上,这不是一个新的想法,庇古的开创性著作《福利经济学》曾提出,政府部门应对环境负有责任,对环境的破坏者征收适当的使用费(或税)——以使外部成本内部化,这样的费(或税)常被称为"庇古税"。图 14-1 说明了怎样把这种收费运用于运输。在交通的外部成本没有内部化的情况下,我们以起落于居民区附近的机场的飞机的噪音为例。交通水平会在 Q 点——在这个水平上,机场使用者的净私人效益达到最大化。噪音之所以会在这个水平上,是因为机场使用者的边际私人效益($MNPB$)会随着交通量的增加而下降,直到再增加使用者不再有额外效用($MNPB$ 便是使用机场的边际私人效益和边际私人成本的差额。因为可以预料,交通量的增加会使私人效益递减,所以图中的曲线将负向倾斜)。由于机场的使用者并没有考虑边际外部成本(MEC),这导致 Q 会明显地超过社会最优的交通量水平 Q^*,在这一点上,$MNPB$ 等于当地居民所遭受的噪音的边际环境成本。为了使交通量降低到这个最优水平,需要对每单位交通量征收 t 的税(即庇古税)。这会使航空公司意识到它们的社会成本,促使它们将($MNPB-t$)作为它们决策时应考虑的参数。

这样的税尽管还不普遍,但在中国正被越来越多地使用,人们最为熟知的例子可能是西方发达国家对含铅汽油征收的差别税(燃油税)。虽然这个基本概念并不难理解,但在过去的几十年里,它一直被争论和精炼。可能最重要的原因是,征收庇古税的是政府管理部门,主要的受益者也是它。在上面的例子中航空公司受到损失,那些受干扰的居民因噪音水平的降低而受益,但又不能完全摆脱干扰。政府部门通过征税获得收入 $CDAQ^*$,而航空公司既因付税而遭受损失,又因不再获得先前从 QQ^* 降落中享有的 $MNPB$ 而损失了 Q^*AQ。从居民的观点来看,虽然噪音税会把交通活动减少到 Q^* 的水平,因而他们获得了 $QEAQ^*$

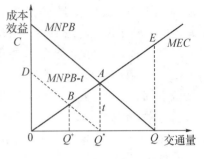

图 14-1　庇古税的设想

的利益,但他们仍将忍受令人讨厌的噪音,以福利标准计算,它等于 QAQ^*。其次,由庇古税产生的收入并不直接给予那些仍然受到遗留下来的噪音影响的人(这种政策不能导致真正的帕累托改进,而只是一种假设的改进)。实际上,政府部门享受了 $t \times QQ^*$ 的"意外"收益,这些收益完全可用作赔偿金。

在较高的理论水平上,我们可以对图 14-1 是否正确运用了"污染者付费"原则提出疑问。我们曾隐含地假设,机场的使用者应该购买在这个区域制造噪音的权利,但是,这个假设会受到反诘,有人会提议居民应该购买相对和平和安宁的权利,也就是说,居民应该付给运输者一笔补贴(即图中的 t)以减少他们的活动。这个问题实质上是涉及财产权利的道德——法律问题,虽然还有征收费用和发放补贴的实际管理成本问题也应该加以考虑。

14.2.2　拥挤收费

1)拥挤收费原理

人们不仅仅是在污染领域提倡对外部成本制定价格。一种优化拥挤水平的想法是,利用价格机制来使旅行者充分意识到他们之间相互施加的影响。这个想法是:汽车驾驶者进入一条拥挤道路时应为他们造成的"过分"拥挤支付费用,或者飞机在一天中繁忙的时间着陆应付额外费用。就公路交通来说,理想的做法是,与污染费一样,汽车驾驶者应向受到拥挤影响的公路使用者(包括自己)付费。但实际上,这显然是难以做到的。因而,符合逻辑的想法是,有关的公路管理部门有责任征收拥挤费。

2)最优拥挤费的制定

效率原则在逻辑上也同样要求运输使用者为出行的边际成本付费,即每一位道路的使用者都支付由其引起的边际成本。这意味着除了支付燃油费、维护费、车辆折旧和自己驾车时间的成本,新加入的驾车者还应该承担他所引起的其他驾车人的时间损失(这些损失并不是驾车人自己的实际花费,而是由于车速降低给社会带来的)。最优道路价格(也可以这样称呼拥挤收费),反映的正是出行的边际成本和平均成本之间的差异。

图 14-2 是在拥挤道路上征收最优拥挤费用的示意图。正如本书第 9 章 9.2 节分

析的那样,在不考虑拥挤收费的情况下,对每位驾车人而言出行量(交通量)就是图中需求曲线 D 与边际私人成本曲线 MPC 交点 b 所决定的 Q,该交通量对应的出行费用(出行的价格)是 P。Q 大于社会最优的交通量 Q^*,这说明由于驾车人没有按照边际社会成本支付费用,因此产生了无效率,导致过多资源投入而引起的拥挤。如果每辆车的最优道路价格是 RP(即对驾车人征收相当于图中 RP 的拥挤费用),便可以把车辆数减少到 Q^* 的水平并使对道路空间资源的需求等于边际社会成本曲线 MSC。

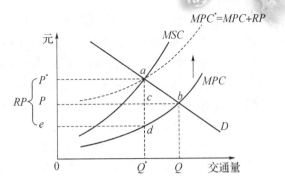

图 14-2 拥挤收费示意图

对于驾车人而言,如果出行时会被征收拥挤费,他们感受到的边际私人成本曲线便由 MPC 移动到了 MPC^*,此时,那些对自己时间价值估计最低的人,对交通拥挤的损失估计也最低,也最不愿意支付拥挤费用;而在不征收拥挤收费的情况下,这些人实际上又是最不怕堵在拥挤道路上的那些人。一旦开始征收拥挤费用,对时间价值估计较低的人就会因选择不交费而放弃在道路上占据空间,留下的那些认为快速驾驶十分重要的人则能更有效率地使用道路。从图上看,由于拥挤收费的出现,需求曲线与边际私人成本曲线的交点便由 b 移动至与边际社会成本曲线的交点 a,社会效率目标得以实现。

在交通量水平 Q^* 上,车辆的行驶速度可以大为加快,拥挤收费产生了福利收益(P^*ade-P^*abP),这是因为交通流量下降了($Q-Q^*$);同时,公路定价阻止了一些汽车使用者使用公路,损失了消费者剩余 abc;此外,道路管理部门征收了 aP^*de 的收入,这个收入并不全是社会收益,其中的一部分(等于 P^*acP)是道路使用者以额外收入的形式转移给公路管理部门的消费者剩余。如果需求曲线的相关部分有一定程度的弹性,那么($Pcde-abc$)为正值,公路定价增加了社会剩余。应当指出的是,该计划的直接受益者是公路管理部门而不是公路使用者。当然,政府征收的费用总可以通过某些分配机制返还给驾车者或公众。

道路并不是人们实施拥挤收费的唯一领域,实行拥挤收费对机场也具有同样的作用,因为那样做,机场的跑道就可以由那些愿意多支付费用的航空公司或飞机使用,达到提高效率的目的。由于小飞机特别是私人飞机一般不会像大型飞机那样有能力支付额外的跑道使用费,因此大型飞机就容易拥有在大型机场每天最优时段起降的优先权,而机场不必非要修建新跑道才能达到提高旅客吞吐能力的目的。那些载客较少的飞机和私人飞机则会自动选择在非高峰期或其他非主要机场起降。

3)拥挤收费的争议

虽然道路拥挤收费的基本理论比较简单,但人们对实施该理论的详细方法却一直争论不休。以下就是一些存在争议的领域:

①难以设计出征收拥挤费的可行方法

城市地区的拥挤程度不同,但是对道路网中的每个路段收取不同的费用显然是很困难的。为了使驾车人在事前就得知出行的拥挤成本(驾车人在进入拥挤路段之前就应当知道他们行程的全部成本——如果他们依然准备这么做的话),需要根据交通状况的实时变化来测算拥挤费并及时通知潜在的出行者,以便让他们进行思考和选择。此外,必须采用高效率且方便的收费方式和专门设施以免造成附加的拥挤(传统的公路收费站看来难以适用于实行拥挤收费的目的,而且这些收费站自身往往占地、用人和维护的成本很大,其导致的排队交费常常就是增加道路拥挤的一个重要原因),设计、安装和管理这样的系统当然是花费巨大的。必须发展先进的电子系统,能够随时高效率地识别、记录现有车辆的情况、收费并能普遍告知交通状况和价格信息。这样的系统过去很难设计和实施,在目前电子和信息技术越来越发达的条件下则已经有了实现的可能。例如最近 RFID(射频识别)技术的进步表明,不停车收费的成本正在下降。

②可能会对分配产生不良影响

对道路定价后,道路的使用便取决于潜在使用者支付拥挤费的能力。这是否会对社会福利产生不良的递减效应,可能只是个全凭经验决定的问题。拥挤收费如果有效,富人和政府官员可能由于能够"购买"不拥挤的道路空间而获益,因为他们重视时间的节省或无需自己付费(公车);而能更自由地运行的公共交通工具,很可能将为经常惠顾它的低收入阶层提供更好的服务。对照起来,中等收入阶层可能被迫从私人交通工具转向公共交通工具——一种他们认为是次等的交通方式。我们很难进行这种不同阶层间的福利比较,但是,如果从道路收费中获得的收入能直接用于进一步改进公共交通,那么,对中产阶级的不利影响就会大大减少。

③难以处理所征得的收入

既然是为了提高社会福利,那么,得自道路拥挤收费的收入必须要较为慎重地进行再分配。基于分配的理由,虽然一部分钱可以用来改进公共交通,但严格说来直接将钱转移给先前的道路使用者,对实现社会目标会更为有效。然而,直接返还给以前的驾车人带来的问题是,他们可能会用一部分钱来"买回"道路空间。补偿受到不利影响的驾车人的另一个可供选择的方法是,使用道路拥挤收费的收入来建设更多的道路。当然,也可以将这些收入看成是纯粹的税收收入,作为一般公共支出的一部分来使用,这样可以处理更广泛的效率和分配的问题。

④可能会引起通货膨胀

如果道路定价的负担落在最终消费者身上(这几乎是必然的事情),那么道路拥挤收入对货运成本的影响可能会引起通货膨胀。当然,由于货物运输成本与时间也有关联,因而道路拥挤收费导致的拥挤程度的降低可能会减少货运的时间成本(这对于城市配送运输来说尤为明显),从而会抵消部分拥挤收费的财务成本。

⑤可能会引起城市中心区的衰落

道路拥挤收费会增加在大城市驾驶车辆的费用,有人认为这会加剧城市郊区化或

14 运输外部性的控制

者市中心区衰落的进程。但很难说这是一个合理的推断:征收道路拥挤费只不过是把本来就已经提高了的驾车代价货币化,它应该导致人们更为合理的出行和区位选择行为,到市中心的通勤时间肯定会因此而缩短,公共交通也无疑会变得更有吸引力。

⑥道路使用的需求函数要比简单分析所表明的复杂

上面的分析假设对道路空间的需求可以用一个连续的函数来表示,但实际上,这个函数可能是纠缠的或者是不连续的。有学者认为,可能不存在最优的道路价格,因为需求处于这样的状况,即道路定价将依照所征收的费用数额导致或者过多或者过少的交通量。当然,这只是一种理论上的可能性,毕竟,在基本分析中使用的平滑曲线仅仅对说明问题有帮助,需求曲线的实际形状是一个由经验决定的问题,只能根据实际经验才能解决。

⑦可能涉嫌侵犯个人隐私

最后,道路电子收费系统的使用有可能引起关于个人自由或隐私权的问题。在有些国家和地区,人们对电子系统可以通过全面记录车辆的时空位置而侵犯驾车人的隐私权而表示异议,因此这种系统可能还需要进行这方面设计的调整。

案 例

交通堵塞经济学

引自:道格拉斯·C.诺思,罗杰尔·L.米勒,《我们身边的经济学》1998年第一版

当你在高峰时间驾车行驶在高速公路上,或是在一座大城市的主要街道上,你会发现自己不是在缓慢地行驶,便是干脆停滞不前。在洛杉矶,过去常有种说法,说是每条新建成的快车道,在开通的那天便是废弃不用的。为什么?因为交通堵塞。在美国,高峰时间的交通堵塞问题差不多是每座城市一个严重的问题。提出的解决方案往往是,建造更多的高速公路、慢车道、免费高速干道、快车道、桥梁之类的设施。

这种假定的道路滥用原因何在?答案似乎不难寻找。最主要的是在高峰时间驾车的个人并未被直接索取更多的货币代价,以便在特定时间使用被称为道路的资源。然而,许多其他资源的使用者在高峰期内被索取较高的价格。或者,他们可以在非高峰期内以较低的价格使用该资源。例如,许多影剧院备有梯度价格时间表,对于比如说下午2点以前开始演出的场次收取较低的价格,而在下午2点至6点之间的场次收取较高价格。下午6点以后的百老汇戏剧、音乐会之类,索取最高水平的价格。周末比平时或白天的演出索取更高的价格。许多餐馆向下午5点至7点之间的顾客提供所谓"早鸟"特价餐,此时食物和饮料的价格比晚些时候便宜。但是对于道路的使用来说,情形通常并非如此。如果你决定在早上8点驱车去上班,你支付与早上6点半离家所支付等额的名义价格,而那一名义价格是零。但是,堵塞的确向社会施加了一种成本;该成本就是使每个人在堵塞期间内行驶所花费的额外时间。(投入——道路的规模是固定不变的,虽然对于某些桥梁和道路来说可以根据交通流量建造成可回转的。)换言之,当旅行

者在高峰期往返他们的目的地时，承受着增加的边际成本(其他成本，例如道路维修，也许也会增加，但是我们在此将不涉及这些问题)。

几年前，有人开展一项研究，以美分/车·英里来比较在高峰期、临近高峰期和非高峰期之间的边际成本差异。该研究的重点是旧金山的高速公路系统。成本是以高速公路上增加的每辆车/公里衡量的。在高峰时，每车/公里的边际成本为38.1美分；在临近高峰期为8.9美分；在非高峰期为7.7美分。显然，由于交通堵塞产生的边际成本是很大的。如果这是一般情形，解决这一难题的一个方案，难道不可以是向在高峰期间使用道路这一资源的用户索取更高的价格吗？回答当然是可以。然而，在寻找一种现实的途径，以便向高峰期间的车辆征收较高价格时，又产生了新的难题。在已经征收了过桥费的桥梁处，这将是较为容易的，因为该机制多半是适宜的。桥梁管理者只需向那些在早上和晚上高峰期间使用桥梁的用户提高价格，或者，可以选择向那些在非高峰期间使用桥梁的用户降低价格。在多数场所，使用的方法恰恰相反，即一种反向的高峰负荷定价，以月票的形式发生效力。典型地，出售通过收费桥梁的月票册，该月票使得每单位价格低于每次单独过桥所付费用。鉴于月票的购买者就是通常在高峰期间过桥的用户，这一制度实际上助长了个人在高峰期间过桥的行为。

高速公路、快车道之类展示了一个更为困难的问题。因为这些道路的绝大多数不是收费道路？要演化成一个新的收费系统，在收费亭旁就一定会出现堵塞。目前，高速公路的使用是通过对汽油购买收取附加费的体系间接支付的。汽油的购买是根据行驶的英里数的比例为标准的。因此从根本上说，每个人为高速公路使用的每英里支付统一的费用。奔波于被堵塞的快车道上的驾车人，与星期天行驶在乡村的人要支付同等数额的价格。任何试图为使用高速公路而征收高峰负荷定价附加费的制度一定会引起一些愤怒。有一种论点总是说：只有那些较为富裕的人才能从中获益，因为只有他们能付得起在高峰期间通向未堵塞的高速公路所需的费用。当然，这一论点忽视了合乘汽车的可能性，以及集体运送的替代方案。但是，主要的障碍是实施中的障碍。结果是，多数国家几乎未付出努力去实施任何堵塞定价制度。

然而，有一个微小的城市国家，一直在进行一种试验。新加坡是一个拥有2 300万人口的海岛共和国，在其225平方英里的领土上有25万多辆私人汽车。在这一城市，高峰期间的场景是很值得一看的。70年代中期，新加坡采用了一种地区许可证制度，即一个为在高峰期间使用堵塞区域的道路，提高收费价格而专门设计的制度。私人汽车如今必须在进入控制区域时出示特别许可证。每一区域大致上是沿着受控区域的每一边1/4英里长。高峰期为早上7点半至上午10点15分。许可证每月花费大约30美元，也可以按天购买。当然，强制执行是一个问题，可它似乎是一个可以驾驭的问题，并且，以一小部分交警力量，在被控区域的每一入口处设点的方式，的确处理得很好。为使那些感到不能够每月支付30美元的个人减轻负担，政府提供了额外的公共汽车运送服务，以及额外的停车场地设施，以便供闹市区域以外的运送车辆使用。并且，四人合乘一辆小轿车可以免交许可证费。结果非常地成功，因此堵塞现象被大幅度地降低。

14 运输外部性的控制

在此计划实施之后,在受限制的高峰期间,交通总量下降了差不多50%。对那些开车和用替代交通方式的双方来说,以时间计算的通勤边际成本戏剧性地下降了。

案例讨论

1. 每当倾向于使用价格体系来配置稀缺的资源时,"穷人无力支付它"的问题就会出现。这是否是一个有根据的问题?
2. 当你在高峰期间驾车进入一条道路时,你的边际成本是什么?你是否能考虑一种现实的途径,以衡量你行为的边际成本?

14.3 控制运输外部性的其他政策手段

14.3.1 标准与规章

收取污染费能使外部成本最优化。此外,通过例如制定限制飞机所产生的噪音标准,而不是运用价格机制,同样有可能取得期望的效果。公路上执行的速度限制主要旨在降低事故风险——并有节约燃料的补充效果。许多国家强迫驾车者系上安全带也是为了降低事故成本。同样,定期检测车辆和给卡车和飞机等载运工具发放许可证,都是为了保证达到最低的安全和环境标准。它们所要达到的目的是相似的,即减少运输的边际环境成本。

虽然以上所述都是控制污染的实际规章,但应该把它们严格地划分为两类:一类是对外部性的直接控制(例如有关噪音的立法);第二类是通过控制运输来减少外部成本(例如对卡车行驶路线和飞机航线的限制性规定)。这两类措施的实际效果是不同的,噪音标准直接用于限制外部后果,但允许其他经营特征自由调整;而行驶线路的限制要严格得多。

我们来对比一下环境税与噪音标准。考虑到标准或规章一旦制定,就不能轻易地频繁改动,对污染的定价可能比实施噪音标准更加灵活。同时,由于技术是可变的,污染定价也会优于规章,因为前者会鼓励迅速采用更干净的技术。

一种可能的选择是采用环境税与排放标准相结合的方法。采用这个方法时,所有的车辆都必须满足规定的标准,而且超标的车辆要被"罚款"。如果标准是严格的和大大低于现有排放水平,那么这就和定价方法一样有效,与此同时为车辆经营者提供努力的明确目标。不过,这种税收与标准相结合的方法还是用在车辆的制造阶段更为有效,因为在这个阶段最容易把新技术注入运输部门。

补充:汽车排放标准的经济学

引自:R.平狄克、D.鲁宾费尔德:《微观经济学》,第三版,中国人民大学,1997

1970年,美国制定了首部《净化空气法》,该法对新汽车的生产实施了严格的尾气排放标准。从那以后,这些标准变得日趋严格,目的是要将每辆汽车排出的二氧化碳、碳氢化合物和一氧化碳的数量比 1970 年减少 90%。

像《净化空气法》这种法律的制定,要详细分析汽车的排放物对生态和健康的影响,不过它也涉及许多经济学问题。首先,政府必须估算一下这项法规给消费者带来的货币影响,排放标准既影响到购车成本(催化转化器将必不可少,而这会提高汽车售价),又影响到用车成本(每单位燃油的行驶里程数将会减少,催化转化器也要修理和保养等),消费者最终承担了增加成本中的相当部分。所以这一点很重要:要了解这种政策对消费者的生活水平有什么影响。这就要求我们对消费者的偏好和需求做出分析,例如分析消费者会不会减少用车而把收入中的更多部分用来购买其他东西?如果是这样,消费者的生活水平会怎样变化?为了回答这些问题,政府还需要判明这些标准是如何影响汽车制造成本的。汽车生产者会不会用其他材料去生产汽车,以便使成本增长的幅度降低?然后要知道生产成本的变化是怎样影响生产水平以及新汽车价格的:这些追加成本是被消化了还是以售价更高的形式转嫁给消费者了呢?政府还会问,为什么我们市场导向的经济体系没有自动解决与空气污染相关的问题?答案是空气污染的很多成本对厂商来说是外在的。如果厂商认为充分减少汽车排放物并不符合自身的利益,那么什么才是转变其行为的最佳激励手段呢?是应该制定一些标准,还是强制收取空气污染费更为经济呢?在缺乏一个产权明确的市场的情况下,我们应该如何判断人们为了清洁环境而愿意付出什么呢?用政治手段能解决这些问题吗?最后可能还有这样的问题:汽车排放物控制规划在费用——效益的基础上是否具有合理性,清洁空气所带来的审美的、健康的和别的好处值得用更高的成本去生产汽车吗?所有这些问题都涉及经济学,特别是微观经济学如何被应用。

案 例

自行车道与人行道合一有何不妥?

——析论公共资源的政府规制

引自:朱柏铭,《公共经济学案例》,浙江大学出版社,2004 年第一版

随着汽车数量的增加,城市道路的交通拥堵现象日益严重。我国的许多城市在拓宽道路的同时,又使出另外一招:将人行道略作修整,把骑自行车的市民"赶"到人行道上,即自行车道与人行道合而为一,而将原先的自行车道变成机动车道。

案例分析

将自行车道与人行道合而为一,可能的确是迫不得已的做法。但是,从公共经济学的角度看,这一规制行为违背了公共产品分配的公平性原则。堵车现象表面上看是一个技术问题,但其实质是一个社会公平的问题。任何试图单纯依靠技术来解决问题的做法,都是行不通的。道路的拓宽必然会涉及利益的重整,限制某些车辆的出行会直接引发社会冲突,把自行车道变成机动车道同样影响不同阶层的利益。在这个交通资源十分紧缺的时代,选择何种调整方法就十分重要了。

14 运输外部性的控制

如果单纯从技术层面来分析，把骑自行车的市民全部"赶"到人行道上，可以缓解交通拥堵状况。但是，就各类交通工具道路使用权的分配而言，虽然从表面上看是一个纯粹的技术问题，但其背后却蕴含着公平的因素。对那些只能依靠自行车上下班的市民来说，在人行道上骑自行车与在原来的非机动车道上骑自行车相比，感觉差多了。不仅如此，骑车族还会给步行族带来诸多的不便。

一般说来，拥有私家车的人比骑自行车的人要富有一些。在道路资源稀缺状况无法彻底改变，而各种出行方式并存的情况下，一些人试图通过重新分配道路交通责任来提高交通效率。这不是一个好办法。因为不同的交通工具背后有不同的收入分配结果，以牺牲骑自行车者的利益为代价，保证私家车的优先通行，实际上是确保富有者在马路这种公共产品消费上的优先权。把骑自行车的市民全部"赶"到人行道上，实在有歧视的色彩。对那些由于收入水平的约束只能依靠自行车上下班的市民来说，无疑是很残酷的，他们怎会平静地接受？

当不同利益群体在道路交通问题上出现分歧时，不能习惯于使用传统的规制方法，这样只会激化矛盾，并且引发新的问题。1997年，武汉决定取缔三轮车，结果引发了数万人的大游行，武汉市政府最后不得不取消自己的决定，这就是一个例子。在交通规制中，必须正视社会利益多元化的现实，倾听社会各界的意见。道路资源是越来越稀缺的，决不能因为政府规制行为而产生"杀贫济富"的后果。

案例讨论

1. 从技术的角度来看，自行车道与人行道合而为一是否可行？
2. 从经济的角度来看，自行车道与人行道合而为一是否合理？
3. 鼓励市民乘坐公交车从而减少自行车的使用，能否作为解决城市交通拥堵问题的出路？

14.3.2 运输补贴

还可以用另一种方法来直接产生外部性的运输企业，就是为运输使用者提供好处，即补贴，使他们转向更合乎社会需要的运输方式。如果是中央或地方政府向某项服务提供补贴，那么可以把它看做是政府对该服务的需求，可以与其他消费者的需求一起对待。这个理由一直被广泛地用来为向铁路和城市公交部门提供大量补贴作辩护。在完全竞争的世界中，是没有理由采取这种政策的，但如果边际成本定价并不普遍或者政治上的权宜之计反对采取像道路定价这样的措施，补贴便可以为解决外部性问题提供可行的次佳方法。

如果运输和其他商品之间的交叉需求弹性微不足道，而运输的总需求又完全没有弹性（对于许多大城市地区的上下班交通来说，这并非不是实际情况），那么，提供给不产生外部性的运输方式的最佳补贴，就会对使用产生外部性的运输方式产生与污染收费相同的效果。如果总的需求不是完全无弹性的，那么最佳的补贴将难以确定，尽管它依旧可以为解决外部性问题提供一种次佳的办法。

这种方法的实际困难是最佳补贴可能性极大,而且从理论上说,如果各种运输方式间的交叉需求弹性较低,甚至可能导致负票价。这种方法还被另外两点弄得很复杂。第一点是,如果是为了通常的收入目的而给予运输企业以一次性的补贴,则会出现如何最有效地利用这些补贴和对消费者征收适当费用的问题。尤其是很难确定定价和经营目标来确保管理部门能够有效地运用这种固定的补贴以达到它们想要达到的福利目标。在这种情况下,商业性标准(即以利润最大化为定价目标)会导致垄断性剥削,这是与补贴所要达到的社会目标背道而驰的;而社会福利最大化标准(即以边际成本定价)又会破坏成本、价格和产出之间的联系,很可能导致运输系统的 X- 无效率(以过高的成本提供服务)。尽管一些国家的管理部门已经使用一定的方法尽量减少这样的损失,但不能完全肯定,在长期内这些方法能不能解决问题,因为当前得到补贴的经营者实质上对潜在的新供应者来说享有经验经济。第二点是所要求的补贴的性质问题。例如票价补贴,可能在收入分配上具有社会重要性,但是对乘公交车上下班的人来说,更为重要的常常是服务的质量(即发车频率、可靠性、舒适性等)而非车票价格。

案 例

英国铁路的补贴与铁路的衰落

引自:茅于轼,《生活中的经济学》,暨南大学出版社,2003 年第二版

第二次世界大战之后,英国风光不再,由一个现代经济增长的创始国转变成一个经济处于相对停滞的国家。在第二次世界大战结束后的 28 年里,大多数西欧国家已经在生活水准上超过了英国,英国被普遍看做是经济停滞的典型的现代案例。究竟发生了什么?这是一个我们难以在几页篇幅中说明的复杂故事,但是英国铁路经济学是这故事中的一部分。

与美国相比较,英国是一个小而紧凑的、居住密集的国家,铁路在此发明出来并在自铁路发端之后的大约 160 年里,发展起密集的铁路网络,将货物与旅客运送到不列颠岛屿的各个角落。新技术进展提高了铁路旅行的速度和舒适程度,而高速计算机又使货物与旅客运输的自动化系统成为可能,铁路可以以自身优势与其他形式的运输抗衡。在一个面积与人口密度与不列颠相仿的国度里,铁路将会成为理想的基础运输体系。引用《伦敦时报》的话说:"铁路提供了最为文明开化的旅行与运输货物的方式,更快、更安全、更可靠,并且对其他人来说,比多数可替换的运输方式更少烦恼:乘坐它比驾驶小汽车经济,并且在将来石油耗竭时,在极为方便地使用能源方面将处于好得多的境地。"简而言之,英国铁路的广告标志"这是火车的时代"就可得到印证。再者,英国铁路是一个政府营运的企业,如果它出现赤字,它只需向政府请求提供补贴便可。1982 年该种补贴高达 10 亿美元以上。

可是它远非是一个兴旺发达的行业,英国铁路正处于深深的困境之中。仅私人小汽车一项,目前就能占据铁路所运载旅客英里数的 10 倍以上。并且公共汽车正在稳步

14 运输外部性的控制

地蚕食长途旅客英里运输服务。货物运输的85%现在已经转移到公路上。与欧洲其他国家相对照,目前英国铁路的货物运输量少于本世纪任何时期。1982年冬天,英国的两家铁路工会之一,火车机车员工、司机和司炉统一协会开始了一次每周三次的令人震惊的罢工,它使得英国铁路当局付出了一大笔金钱,并且导致了进一步的旅客与货物运输的长期损失。

案例分析

这一问题表明了两家工会与英国铁路当局之间的长期斗争。限产超雇(指为增加就业或减少失业,工会在劳资合同中要求雇主限制产量或超额雇佣工人)和人为制造工作机会(指为提供就业机会而安排的并非必要的工作)是工会生存的一种方式。两家工会担忧那些提高生产率的方法会导致对工人的削减,从而给它们的会员带来更多的失业,因而他们抵制此类措施。英国铁路当局坚信:除非它提高生产率,否则它将继续输给它在交通运输行业的竞争对手们。但是这一问题比那一点更为深刻,英国经济的基本组织结构处于危险之中。

让我们暂时忘却补贴。为了收回成本,英国铁路必须向旅客和货物运输收取足够的费用,以便避免亏损。但是它的每位旅客英里与每吨英里(货物运输)成本保持不变,生产率也无变化,但在富于竞争性的交通运输行业中却在持续下降,铁路当局必定或者输给它的竞争对手们,或者是要降低它的价格。对工会来说,对此问题有两个可能的解决办法。一个是美国式的——即将管制性控制扩展到各种富有竞争性的交通运输形式之上,以避免它们降低价格。另一个是被英国的工会所采用的解决办法——即对铁路实行补贴。只要在税收与从政府每年所给予的补助费用之间弥补上其差额,即每年由政府支出以弥补收入与成本的差额,但是这要求政府愿意负担不断增加的巨额支出费用。

工会是英国工党的脊梁,并且自1945年起,工党时而当政、时而在野。它的政策包括许多行业的国有化,并且当此类行业亏损时,政府给予补贴,补贴来自税收,所以一直有从纳税人转向该行业的收入再分配。其效果是,该行业的消费者正在得到补贴。英国铁路的旅客们与货物发运人,与在没有补贴的情况下有可能支付的水平相比较,支付较低的票价或运输税款。但是最终的受益者是两家铁路工会的成员们,因为以上证据表明该行业的需求曲线是非常具有弹性的。所以在非补贴性价值上,铁路的使用量将会有更为迅速的衰落,从而铁路的就业量也随之下降。

工会认为允许引入新技术意味袭用资本来替代劳动——并且从而引起其工会会员的失业以及工会权力的衰落。他们的解决办法不是避免竞争,便是在前者不可能的情况下对工人的工资予以补贴(因而帮助了工人的就业)。此类补贴来自普通税收,并且涉及从纳税人流向该行业的收入再分配。其效果是,英国铁路所服务的顾客已经受到所有纳税人的补贴。然而,此类补贴的主要受益者是铁路各工会的会员们。英国铁路当局感觉它必须提高生产率以便生存下去,而纳税人则感觉不应该对两家铁路工会奉献礼金。虽然英国铁路经济的倒退只是英国相对衰落故事中的一小部分,但它突出了

267

根本性的问题。这些问题是经济问题,但是它们的解答将是政治性的,政治经济学才是这一博弈的真实名称。

案例讨论

1. 政府为何要对铁路部门进行补贴?
2. 政府对运输行业的补贴会产生哪些问题?

14.3.3 对受害者的保护

到目前为止,我们所考察的策略要么是强迫外部性的产生者改变其生产方法,要么是鼓励他们采用不同的经营方法。实际上,除此之外,我们还可以将公众和环境侵害隔离开来。在短期内,可以通过使交通远离敏感地区,或者从物质上保护人们和财产(例如,用双层玻璃来隔绝噪音)来实现这种隔离,而从较长时期来看,新的投资能使运输更加有效地与那些受其广泛影响的人分离开。

例如,英国运输部曾建议设立"卡车行动区"以保护那些生活在数目有限的地区、但受公路货运影响最严重的居民。保护措施包括:给房子安装双层玻璃,这样会在很大程度上减少室内的噪音问题;对被卡车从物理上损坏的房屋给予维修补贴;维持路面的高标准,这样会减少震动;对道路进行改进,比如使用可吸收噪音的路面材料;修建护栏,以减少车辆冲撞街角或损坏建筑物;在最极端的情况下,若某一卡车运输公司对某一地区产生严重的环境侵害,可由计划当局停止或减少其在该地区的运营,并要求其给予补偿。

采取长期和短期保护性措施的问题在于:它们的影响经常比简单地保护社会上的敏感人群广泛得多,而它们的总成本则可能相当可观。限制飞机的飞行线路既提高事故的风险(因强制飞机做不那么安全的爬高和急转弯),又增加经营成本(特别是能源成本)。同样,改变卡车路线需要更高的基础设施成本和经常导致更长距离的行程。

从长期来看,在理论上空间经济的设计比较容易,可使运输对环境的影响显著降低,有许多选择可以利用,其中包括:在居住区和令人讨厌的噪音之间设置隔离带;使用不敏感的建筑物(例如轻工业工厂)作为噪音和敏感区域之间的屏障;设计住宅时,将很少使用的房间而不是卧室和起居室面对噪音;使用自我保护的办法,例如设计有院子的房屋来减少干扰。当然,这些设计显然会增加成本,而其只能部分地解决环境问题。像大部分短期保护性措施一样,它们只能减轻人们在家时遭到的环境侵害。土地利用规划也只能提供有限的保护,尤其是在减少事故风险方面——但是它不可能将交通与非旅行者完全分开。

14.4 控制运输外部性的私人方式

除了上述的政府行为之外,运输外部成本的控制还可以采用私人方式。一个普遍的假设是,某种形式的政府干预在克服污染和其他外部性导致的市场失灵问题时是必

14 运输外部性的控制

不可少的。实际上,产权的修正而不是政府的直接干预有时候也可产生有效率的结果。私人方式有两种:责任规则和私人谈判。

1)责任规则

一种方法是依靠责任规则的司法途径,或归于民事侵权一类的问题,而不是直接的政府管制。这里,外部性问题的制造者有法律责任向受害人进行赔偿。事实上,建立一个恰当的责任系统,外部性就被内部化了。在某些领域,这类规则已经确立和颁布。例如在大多数国家,如果你被一个冒失的司机撞伤,你可以依法索赔。那么,一套完备的责任规则是怎样限制外部性的呢?如果某一机场造成了每天1000元的外部危害,受害者可以通过法庭收回损失。机场面临每天1000元的赔偿就好像面临每天1000元的污染费,这种花费会带给污染者很强的激励:将污染减少到有效率的水平。

责任规则从理论上讲,是将生产非市场化的成本进行内部化的一个很好的方法。但在现实中,责任规则的应用却十分有限。它通常需要高昂的诉讼成本,这增加了原先(仅属于经济领域)的外部性成本。而且,由于产权并不完全(例如涉及清新的空气时),或者外部性涉及大量的企业(例如,众多的车辆污染了环境),许多受害方很难或根本无法起诉。

2)谈判和科斯定理

当企业不为其破坏环境的行为负责的时候有没有一种私人解决方式呢?科斯认为,只要产权清晰,交易成本较低,经过有关当事人的自愿协商和谈判,就能导致一种有效率的结果。科斯的分析的确适用于许多案例:私人谈判可以减轻外部性。例如,公路上汽车行驶时发出的噪声对邻近居民区的生活安宁有破坏作用,如果采取比较纯粹的内部化方法,就可以将居民区宁静的权利赋予居民,汽车驾驶者要想通过该地区,就必须向居民区的居民购买一定的噪声"制造权"。这样,一个有关噪声的市场就形成了,汽车噪声的外部影响也会降到一个较优的水平。因为制造噪声是要付费的,因此汽车驾驶者就会尽量将噪声控制在较低的水平,以免支付过高的费用;而另一方面,居民也会采取一些措施来隔离噪声,例如为房屋安装双层隔音玻璃等。要让汽车完全消除噪声,在技术上也许可以做到,但在经济上肯定是不合理的,因此只需要确保实施一定的技术标准就可以了,而且该标准可以通过谈判加以确定。于是,市场就会通过动员双方的积极性,共同努力把噪声保持在一个人们都能接受,同时治理成本也比较低的水平上。经济学家认为,在这种财产权的交易市场上,居民通过出售部分宁静产权保护了自己的利益,而不是强迫驾车人不出声或绕道行驶,驾车人则通过购买一定的噪声制造权也实现了自己的利益,因此是得到各有关利益集团的响应而获得了资源的最优配置。如果采用政府强行规定噪声标准或噪声罚款的办法,就不可能得到这种最优化的响应,因为政府措施只以管制一方对象为目标,也就丧失了受噪声影响的一方发挥作用的诱因。

应该进一步指出的是,运输外部性的内部化主要关心的是资源如何得到更有效利用,而在市场中谁最初拥有相关产权却并不特别重要。例如在上例中,也可以一开始把"噪声制造权"赋予汽车驾驶者,而由居民区的居民向驾车人购买减少一定噪声的权利。

只要有关产权可以明确界定，而且不存在交易成本，那么最后的结果也将是在双方共同努力下实现那个最优的噪声水平。还有分析指出，在引入污染税或者补贴等机制时情况也是类似的，人们既可以通过对污染制造者征税，也可以通过对他们减少污染排放实施补贴而达到同样的减轻污染的目标。这些都是著名的"科斯定理"所表述的内容，当然我们知道在实际中环境产权的界定往往很难，这类交易所引起的成本也不能忽视。

补充：牛群侵害庄稼的例子

一个农场主和一个牧场主为邻，土地之间没有栅栏，牧场主的牛群很容易跑到农场主的田地上去吃庄稼。牛群规模的扩大会增加牧场主的收益，但却会使农场主的谷物受到更大的损失。

如果农场主拥有土地的初始产权，牧场主就必须对牛群损害谷物负有责任，他必须负责赔偿农场主所遭受的谷物损失。假设建设围圈土地栅栏的成本为 900 美元，牧场主在决定养牛数量时就必须在要建造栅栏还是支付赔偿金两者之间进行选择，如果要建造栅栏，把牛管起来，他的养牛数量要求达到 4 头以上，因为这时若不建造栅栏，其赔偿的费用是 1 000 美元，高于其建造栅栏的成本 900 美元。如果牧场主使农场主遭受了巨大的损失，这一损失等于耕作土地所应支付的全部费用，农场主就会选择停止耕作，而要求牧场主赔偿自己的全部费用。如果牧场主发现扩大养牛规模有利可图，即使赔偿了农场主的全部费用后仍能获利，且比不损害农场主土地所获收入更多，他就有可能选择赔偿农场主全部损失的方案。这样达成的市场交易对双方都有利。也能使这块土地的使用效率达到最高。这里有三种解决外部侵害的方案：①建造栅栏；②支付低于栅栏建造成本的赔偿费用；③支付一笔费用，买回原来属于农场主的土地使用权。具体牧场主选择哪种方案，由牧场主根据其利润最大化的养牛数量来决定。前两种方法不改变资源的配置，所改变的只是收入与财富在牧场主与农场主之间的分配。第三种方法则是通过产权交易，由牧场主买下了属于农场主的土地使用权，这改变了土地的用途，提高了土地资源的使用效率，并使这块土地的产值更大了。结果是：产权界定给农场主时，只要交易费用为零，不论这种初始产权界定得是否合理，都能达到资源配置的最佳状态。如果出现后一种情况，说明这块土地的初始产权界定给农场主并不合理，因为不耕作这块土地，让牛群获得发展，更有利于产值的最大化。

相反，如果牧场主拥有这块土地的初始产权，结果会怎样呢？由于这块土地的使用权在牧场主手里，他可以选择：①如果养牛所得收入高于农场主愿意支付的最高地租，牧场主将选择把土地留给自己使用，以获得最大收益；否则他将选择把土地出租给农场主。②如果农场主每年除上交租金外能够得到的收入超过 900 美元，他将愿意在土地周围建造栅栏。③如果农场主每年除上交租金外能够得到的收入不足 900 美元，他希望牧场主来建造栅栏，如果牧场主不愿意建造，农场主将选择不租用土地，或要求牧场主进行赔偿。这同样意味着这块土地也选择了收益最大化的配置方案。两者的结果发现是一样的。

结论：只要产权是明晰的并受到法律的有效保护，双方之间的谈判和交易会带来资源的有效利用。而产权界定在不同人身上只是带来收入分配上的不同而已。当农场主拥有土地产权时，牧场主必须为其牛的过失而付出赔偿，而当牧场主拥有产权时，农场主就必须为他租用这块土地付出地租。

14.5 优化运输外部性的复杂性

1）运输外部性的关联性

优化运输的外部效应是一件复杂的事情。需要指出的是，许多外部性是相互关联的，我们无法在一个局部的框架中加以适当处理。例如，汽车噪音的减少经常伴随着空气污染的减少，但又并不总是这样。例如，较大的卡车可能增加单个车辆的噪音，而同时所需要的卡车数目却会减少。道路定价可能起到优化城市交通拥挤的作用，但这样做的同时，也可能会将交通流量转向对噪音和震动更敏感的地区；更快的交通流可能导致车辆数量的减少，但也可能造成较少但更加严重的交通事故。迄今为止，很多相关研究和政策还是零碎的。大部分对运输的环境方面所做的研究都存在这样一个共同的问题，就是不甚了解运输产生的不同外部效应的实际影响和社会对它们的评价。在对这些问题有清晰了解之前，我们很难知道运输的外部效应怎样才可能达到最优水平。

2）运输外部性内部化的困难

从更加宏观的意义上看，运输外部性不能完全依靠市场力量去解决，例如有人认为欧洲国家靠高燃油税政策并未能真正有效地阻止私人小汽车过度发展。因此除了需要更多地采用经济手段，必要的行政手段无疑也是必不可少的，此外还需要更多地唤醒人们的环境意识，借助道德的力量。如果所有的手段都不能有效地解决人类运输活动对地球环境的负面影响，那么前景就是十分黯淡的，至少对相当一部分学者来说是这样。为了说明外部成本内部化问题的复杂性，我们需要借助图14-3来表示运输外部性影响及内部化方法的类别。从图中可以看到，最内部的小圆由许多个人和作为市场主体的企业组成，紧靠它外面的圆表示市场能够作用的范围，在该范围内的外部影响属于简单外部性；市场外面的圆环是公共物品和准公共物品的范围，在该范围内市场会逐渐失灵，外部成本则由社会群体集体承担；再外面一个圆环是人类对自身行为感受的边缘区，有关的外部成本要由自己所在社会群体以外的其他相邻群体，例如其他邻近国家或下一代人去承受；最外面的圆环是地球的生物圈，有关的外部成本是对全球生态环境的长期影响。

图14-3是运输外部成本内部化方法的分类示意图。从图中可以看出内部化的方法可以分为若干组：第一组包括①②③④四个箭头，表示凡能够直接让造成外部成本的个体承担该全部代价的方法，都属于直接内部化方法；第二组包括⑤⑥⑦三个箭头，表示这类内部化的方法不能直接，而是需要通过市场的转移作用让造成外部成本的有关个体承担部分责任；第三组包括⑧⑨两个箭头，表示这类内部化的方法只能是通过让有关社会群体集体承担的方式，让造成外部成本的个体间接承担部分责任；第四组只有⑩

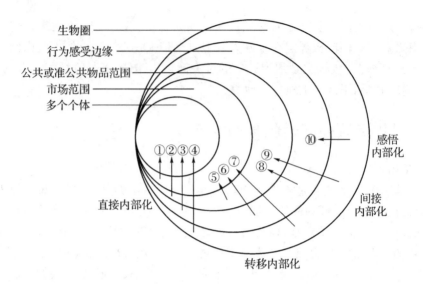

图 14-3 运输外部成本内部化的类别示意图

一个箭头,表示某些对全球生态环境的长期影响很难找到让有关个体承担责任的内部化方法,而只能依靠人类共同的觉悟或道德的力量来约束。从图中我们还可以了解到,有些运输外部成本的内部化是十分困难的。无论是学者还是政府,都无法设计出十全十美的方法,实现把运输业的外部成本全部内部化。

3) 资源和环境的产权问题

从经济学来说,完全或纯粹的内部化只有在有关资源和环境的产权得到完全明确的情况下才会出现,例如在空气污染问题上对大气确定产权、在拥挤问题上对道路空间确定产权等。产权确定之后,各产生影响和被影响的集团之间才可能或者通过产权交易以使资源达到最优利用,或者减少或合并其经济活动,以迫使他们为了共同的利益而调整自己的行为。在纯粹内部化过程中无法回避的实际问题是,对环境资源的产权界定和使用监测存在着巨大困难,这样就会在有关的管理上形成大量交易成本。例如,由于运输设施在空间分布上的广阔和载运工具的移动性质,有关交通运输的环境资源的产权划定比其他环境资源的产权划定只会更加困难。不可能完全准确地追踪并测量每一部机动车船、飞机等在每一个时刻的污染排放量或产生的噪声,也不可能完全准确地测量这些污染或噪声对每一个被影响对象的实际损害程度,特别是这些外部影响的施加者和被损害者可能都处于移动的状态之中。产权界定和监测难度的增加,必然导致在所设计的产权交易中交易成本急剧增加。

4) 外部性的准内部化

因此,运输外部性问题的解决在实际上很少采用纯粹内部化的方法。例如,实行像庇古税以及行政命令等手段,也可以在一定程度上以内部化方式降低运输的外部成本,因为运输业者或使用者由于成本增加而减少了运输量,但这些也还不是严格的纯粹内部化措施,而只是"准内部化"的过程。这些措施并没有为运输的外部性营造出一个市场,因为只有一方面的利益人或集团在承受措施实行所带来的影响,它们代表的是政府采取的诱导人们行为的措施。又如美国政府减少铅排放量的例子:添加铅可以提高燃油的燃烧性能,但含铅燃油污染环境,因此各国总的趋势是要减少燃油中铅的添加,美国使用了可交易的铅排放许可证以减少汽车尾气中的铅排放问题,就是先由联邦政府将预先确定的铅使用量用许可证的方式分配给各炼油厂,并允许炼油厂之间进行许可证的交易,以便使铅的使用量达到最优。许可证的交易价格由炼油厂之间自行商定,这确实使汽车的铅排放控制在一定程度上通过内部化方式实现了。这应该是利用市场机制解决环境问题的最成功案例之一了,但仍旧有人称这还没有做到纯粹的内部化,因为进入交易的铅总量是由政府人为确定而不是由市场过程自发确定的。尽管这些准内部化的措施也有利于减少外部成本,甚至目前在现实中被采用得还更多,但提出通过明确产权将外部性严格内部化的理论分析方法仍旧得到高度评价和充分的重视,也许这至少代表着一种解决问题的思路或者未来趋势。

案 例

"费改税"为何迟迟无法实现?

"费改税",就是将我国现行的养路费等公路费用转换成燃油税实行捆绑收费。由于现行的养路费等费用一般是按吨位和运营收入两种计费方法收取,实际上形成了一种定额费。对于用油大户尤其是公路车辆来说,道路使用率存在较大差距,因而造成了效率的损失。而燃油税通过将养路费捆绑进油价,将每辆汽车要交的养路费转换成税费,在道路等公共设施日益成为一种稀缺资源的大背景下,更多地体现了"多用多缴,少用少缴"的公平原则。

1997年全国人大通过《公路法》首次提出以"燃油附加费"替代养路费等,拟于1998年1月1日起实施。1998年10月,第九届全国人大常委会第五次会议审议有关燃油税的议案。同月国务院提请全国人大审议《公路法》修正案草案,但期间《公路法》修正案曾经两次遭否决,燃油税也跟着被推迟。到1999年10月31日全国人大常委会第十二次会议才通过《公路法》修正案正式将"燃油附加费"改为燃油税。但最终,计划还是赶不上变化,这一等就是9年,燃油税改革几次在热议中擦肩而过。2008年年底,随着国际油价的大幅下跌,费改税又一次被提上了议事日程。11月26日,国务院常务会议决定就成品油价格和燃油税费改革方案向社会公开征求意见。这也意味着,"费改税"终于尘埃落定。

案例分析

燃油税在国外被称为汽车燃油税、燃油消费税或汽油税。目前,世界上已有100多个国家征收燃油税。美国为鼓励普及汽车消费而对汽油征收30%的低税率。英、日、德、法等国为鼓励消费者节约用油,刺激汽车生产商研制低油耗车型而对燃油征收较高税率。英国税率37%,日本税率120%,德国税率260%,法国达到300%。在征收环节方面各国有不同的规定，但税负实际上通过零售商转嫁给最终消费者。美国对汽油和柴油的纳税环节以进口、生产和销售为主，而煤油和特殊燃料如天然气、乙醇等则主要在零售环节征收。也有国家在生产和进口环节征收的，如澳大利亚和新西兰。欧洲和日本则主要在销售环节征收。

西方各国政府征收燃油税的主要目的有两点：一是为了筹集资金来修路；另一个原因是为了公平税赋。在今天看来，燃油税又在发挥着另外一个作用，那就是促进环保和节能。在征收燃油税的同时，这些国家一般并不同时征收养路费等费用。德国的高速公路网络是全欧洲最大的，也是投资最贵的，但至今绝大部分的道路维修保养费用，都是由政府从税收中支付。除了对12吨以上的卡车征收高速公路通行费外，不再向普通车辆征收过路过桥费。这不是德国独有的现象，很多欧洲国家燃油税相对较高，所以都不需向车主另外征收过路费等其他费用。加拿大全部非高速公路和绝大多数高速公路均为免费开放，绝大多数桥梁也不收过路费，个别收费公路、桥梁按照规定，必须在附近另修平行线路，供车辆和行人选择。而对于美国来说，全美约有9万公里的高速公路。收费路段集中在东部城市，但也只有8000多公里。在中西部地区绝大多数高速公路很难看到收费站，即使碰到，收费也仅有1～2美元。

而对于我国来说，燃油税问题并不完全是一个费改税的问题，这个税种的出台，将取代原有的多重收费体系，将"收费"改为"征税"，涉及众多政府部门之间的利益协调。除了中央与地方，各政府部门间的利益分配难题外，最重要的是开征燃油税后公共利益的公平问题。开征燃油税，必然涉及取消养路费与部分公路收费。高速公路收费已经成为多年来中国经济发展过程中的一大特征，如果相关配套改革措施不能跟上，在目前的政策环境下，以追求公平调节为出发点的燃油税改革，会成为一种多余，将直接导致增加消费者与纳税人的负担，形成燃油税与公路收费并行的局面，或成为不成功的改革。部门之间的分配利益主要是交通部门和税务，交通部门每年的养路费的收入是500亿元。这500亿元如果上交税务部门收归国家财政，将不可避免地影响到地方利益。另外，交通部门在全国有30万养路费征收人员，如果这些人的就业安置不妥当，他们的就业问题也会变成一个社会问题。

除去油价的因素外，燃油税的推出还将牵涉多层利益的分割，包括征收环节及征税对象等。由于航空、水运、电力等非公路部门、商业部门不需要使用道路，对于这些用油户来说，增收燃油税毫无疑问将要付出更多的代价。同时，农用油不用纳税，而如何界定购买农用油的身份，以及如何进行利益补贴？如果有人购买免税的农用燃油用于应征税的领域，这样的逃税行为如何管理？种种现状表明，这些都将成为燃油税在制定中无法回避的问题。

案例讨论

1. 燃油税征收的社会成本主要有哪些？你认为最大的困难来自何处？
2. 燃油税在生产环节（向炼油企业）征收和在消费环节（向加油站）征收有何不同？

3. 试分析燃油税的征收将对私家车、出租车、公交车、货运车辆和政府公车产生怎样的影响？这会带来怎样的社会再分配效果？
4. 你认为在什么样的条件（国际油价、公路网完善程度等）下最适合开征燃油税？
5. 燃油税的税率应当如何确定？

概念复习

庇古税　　　　　　污染者付费原则　　　　　　边际私人效益
拥挤收费　　　　　责任规则　　　　　　　　　科斯定理
准内部化

思考题

1. 从经济上讲我们应该把外部性控制到什么样的程度？
2. 控制运输外部性的政策手段有哪些？
3. 什么是污染者付费原则？
4. 拥挤收费的标准应当如何制定？
5. 征收拥挤费会产生哪些问题？
6. 政府为何要提供运输补贴？现实中补贴的对象有哪些？
7. 试寻找我们身边的控制运输外部性的具体政策手段，并分析其实施效果。
8. 简述"科斯定理"的主要内容及其假设条件。
9. 简述政府行政措施与通过市场实现内部化在解决运输外部性问题上的相互关系。

15 运输管制

学习目标

理解运输管制的概念及产生原因；了解一些常见运输管制的类型及效果；掌握税收归宿、价格限制、供给控制的概念、经济机理及经济效果。

15.1 管制理论

15.1.1 管制产生的原因

1）管制的概念

管制(regulation)的基本内容是制定政府条例和设计市场激励机制，以干预经济主体(主要是企业)的价格、销售或生产等决策。政府既可以用行政命令也可以用市场激励的办法来努力控制整个经济活动。历史上，管制的主要形式是直接干预，即政府发出指挥与控制命令，通过这样的管制，政府命令人们从事或者放弃某些经济行为。近年来，经济学家正致力于倡导政府试行一种新的管制：市场激励。管制经济学领域存在着若干种关于为什么会出现管制的理论，其中具有代表性的是管制的公共利益理论和俘获理论。

2）公共利益理论(public interest theory)

经济学家们早就认识到，实际上市场可能受到严重的不完善之苦，即市场失灵。市场失灵(market failure)是指市场无法有效率地分配商品和劳务的情况。对经济学家而言，这个词汇通常用于无效率状况特别重大时；另一方面，市场失灵也通常被用于描述市场力量无法满足公共利益的状况。对于运输行业来说，市场的这些不完善之处或市场缺陷会给运输服务的使用者带来不利的影响，或者是价格过高，或者是提供的服务有危险，或者这些服务会危害第三者，或者现在的经营者的损人利己的定价行为会减少愿意提供运输服务的其他企业的潜在的独立发展机会，从而阻碍它们进入市场。而政府管制是为了克服市场失灵造成的问题，保护社会公众利益。这便是政府管制的"公共利

益理论"。许多论点和某些值得怀疑的经济学逻辑,被带进关于运输管制的争论中,最吸引人们注意的那些"市场失灵"包括:

- 抑制垄断权力:这在铁路运输中最为突出,从19世纪30年代后期开始的近100年来铁路控制了内陆运输,今天虽然在某些运输活动领域垄断权力仍然存在,但是许多运输方式中的技术进步,降低了纯粹垄断剥削的可能性,至少在发达国家中是如此。更为常见的或许是担心运输公司联合组成卡特尔,以限制产量并阻碍新的企业进入市场。
- 控制外部性:市场机制的缺陷,可能导致运输活动产生不直接包括在私营部门决策之内的成本——污染和拥挤是人们关心的主要事情。
- 提供公共商品:由于运输基础设施的某些项目,如公路,具有明显的公共商品的特性,也就是无排他性和无竞争对手,因而有人认为如果没有政府干预,它们的供应最乐观地看也是不足的。但是,应该在何种程度上把这样的基础设施看做公共商品,常常取决于最初实施的政策——例如,如果愿意的话,不准小汽车上公路是相当容易的。
- 提供高成本基础设施:高昂的成本和漫长的投资回收期,再加上可能的高风险,如果没有某种形式的政府参与,所有主要的基础设施就不可能建造或不可能进行费用昂贵的运输工程学研究。
- 资助"需要"适当运输人群:由于多种原因(包括现行收入分配方式的缺陷),有效需求不是分配运输资源的适当准则,所以应当寻求更广泛的社会标准。
- 高交易成本的存在:虽然从理论上讲,自由市场能使产出达到最优化,但这可能需要付出高昂的交易成本。公路上互相面对的驾车人可以协商谁有权利先行,而简单的规则如让左边优先,会证明更加有效。
- 将运输并入更广泛的经济政策:土地利用和运输显然是相互关联的,如果运输市场或土地利用市场存在缺陷,人们就会感到应进行某种程度的协调。此外,对运输部门的干预可能形成政府宏观经济战略(例如价格控制或投资计划)或工业政策的一部分。
- 需要反映出运输的真实资源成本:就某些有限的非再生资源(例如矿物资源)而言,市场机制可能反映不出社会全面的社会时间偏好。因此,政府可以进行干预以保证决策者知道真实的影子价格。

大多数官方政策声称包含一系列不同问题,但它们可能相互发生冲突,而且有些确实也是相互冲突的。例如,旨在抑制外部性的政策,可能对收入分配产生不利影响或者与追求国民生产总值最大化的国家经济政策背道而驰。同样地,确保进行适当的高成本研究的措施,可能意味着给予私人供应商垄断权力(例如,通过专利制度或购买新技术成果的政府合同)。因此,讨论或实施不同政策措施时为政府参与而提出的各种理由,不可避免地存在模糊不清之处。比一些政策所依据的确切理由或所要实现的目标更不肯定的,是政策制定者所运用的不同政策工具究竟可能会发挥什么作用。

补充：阿罗不可能定理——少数服从多数原则的局限性

在我们的心目中，选举的意义恐怕就在于大家根据多数票原则，通过投票推举出最受我们爱戴或信赖的人。然而，通过选举能否达到这个目的呢？1972 年诺贝尔经济学奖获得者、美国经济学家阿罗采用数学中的公理化方法深入研究了这个问题，并得出在大多数情况下是否定的结论，那就是鼎鼎大名的"阿罗不可能定理"——只要给出几个选择者都必然会接受的前提条件，在这些前提条件的规定下，人们在一般或普遍意义上不可能找到一套规则（或程序）在个人选择顺序基础上推导出来

例如，有张三、李四、王五三个人，他们为自己最喜欢的小汽车车型发生了争执，他们在 A、B、C 三种车型哪种更好的问题上争执不下，张三排的顺序是 A、B、C。李四排的顺序是 B、C、A。王五排的顺序是 C、B、A。到底哪种车型更好呢？没有一个大家都认可的结果。如果规定每人只投一票，三个车型将各得一票，无法分出胜负，如果将改为对每两个车型都采取三人投票然后依少数服从多数的原则决定次序，结果又会怎样呢？

首先看对 A 和 B 的评价，由于张三和王五都把 A 放在 B 的前边，二人都会选择 A 而放弃 B，只有李四认为 B 的优点多于 A，依少数服从多数的原则，第一轮 A 以二比一胜出；再看对 B 和 C 的评价，张三和李四都认为应把 B 放在 C 的前边，只有王五一人投 C 的票。在第二轮角逐中，自然是 B 胜出；接着再来看对 A 和 C 的评价，李四和王五都认为还是 C 更棒，只有张三认为应该把 A 放在前边，第三轮当然是 C 获胜。通过这三轮投票，我们发现对 A 的评价大于 B，对 B 的评价大于 C，而对 C 的评价又大于 A，很明显我们陷入了一个循环的境地。这就是"投票悖论"也就说不管采用何种游戏规则，都无法通过投票得出符合游戏规则的结果。如果世界上仅限于选车的事情也就算了，问题在于一些关系到国家命运的事情的决定上，也往往会出现上述的"投票悖论"问题。对此很多人进行了探讨，但都没有拿出更有说服力的办法。

由此进一步推出，在一般或普遍意义上，无法找到能保证所有选择者福利只会增加不会受损的社会状态。阿罗所说的几个选择者必然接受的条件是：广泛性。至少有三个或三个以上的被选方案，以供选择者选择；一致性。既一定的社会选择顺序以一定的个人选择为基础，但必须符合公众的一致偏好；独立性。不相关的方案具有独立性；独立主权原则。对备选方案的选择和确定，应由公民完全依据个人的喜好而定，不能由社会强加；非独裁性。不能让每一个人的喜好决定整个社会对备选方案的排序顺序，应坚持自由和民主的原则。

阿罗认为上述五个相互独立的条件每一个都是必要的，但是要构造能同时满足这些条件的社会福利函数是不可能的。导致不可能的原因在于 1～5 个条件之间存在相互矛盾，因此不可能达到完全一致。他从中得出了一个似乎不可思议的结论：没有任何解决办法能够摆脱"投票悖论"的阴影，在从个人偏好过渡到社会偏好时，能使社会偏好得到满足，又能代表广泛的个人偏好这样一种排序方法，只有强制与独裁。这样寻找

合理的社会选择机制的努力就几乎陷入了困境。

阿罗不可能定理,打破了一些被人们认为是真理的观点,因为我们所推崇的"少数服从多数"的社会选择方式不能满足"阿罗五个条件"。正如市场存在着失灵一样,对公共选择原则也会导致民主的失效。因此多数票原则的合理性是有限度的。

3)管制俘虏理论(regulatory capture theory)

如果能够识别出上述市场缺陷,对其进行干预和减少其扭曲效应符合公共利益,这样说似乎合乎逻辑。这不是一个特别引起争议的观点。但是,困难不是来自公共利益概念本身,而在于干预实际上能产生多大的公共利益?如我们将从下文看到的,20世纪70年代越来越多的人认为,规章已经太多,不再有利于公共利益。特别是,芝加哥学派的经济学家的思想怀疑规章制定者的动机——最令人注意的是说他们往往扮演理性的经济实体的角色,追求旨在提高自身地位而并非公共利益所必需的政策。其他人关心被管理者的权力,认为由于他们控制了信息流量(如制定车费所需要的成本数据)和他们所拥有进行院外活动的权力,因而他们有占有管理过程的意向。这便是20世纪70年代初出现了管制俘虏理论。研究者从对19世纪以来美国管制历史的考察揭示出管制与市场失灵并不存在必然的关联。经验研究也表明管制是照顾生产者利益的,通过管制可以限制竞争者进入,提高行业内生产者的利润,并允许超额利润的存在。这些实际资料的存在为管制俘虏理论提供了证据。

管制俘虏理论揭示了政府与特殊利益集团之间的相互利用关系。该理论认为:立法机构的管制立法是为满足产业对管制的需要(即立法者被产业俘虏),而管制实施机构最终会被产业所控制(即执法者被产业所俘虏)。其核心内容是:具有特殊影响力的利益集团—被管制企业—进行寻租活动,使管制者成为被管制者的"俘虏",并参与共同分享垄断利润,这就使政府管制成为企业追求垄断利润的一种手段。这一理论最初提出时强调了生产者对管制者的俘虏,而未说明其他的利益集团,如产业工人、消费者等对管制的影响,因此也被称为"纯管制俘虏理论"。之后,经济学家们发展了"纯管制俘虏理论",他们认为组织完善、规模较小的集团更容易俘虏管制者,从管制中受益。因为符合这些条件的利益集团更容易迅速组织起来形成各种决策,来决定支持或反对管制者的政策。而相对来说规模较大的集团形成决策的成本较高,而且在某种程度上,俘虏管制者的活动具有正外部性,会产生严重的"搭便车"行为,俘虏管制者的成本由一个人承担而收益却由全体成员共享,使集团中成员缺乏足够的激励来维护本集团利益。集团规模越大,"搭便车"现象就会越严重。由于消费者利益集团的规模要远远大于生产者利益集团,因此生产者更容易俘虏管制者,从管制中获得收益。

即使管制的目的出于公共利益,也依然存在许多问题。政策制定者从理想出发,喜欢对一个目标使用一种措施,但是这在运输领域很少能够做到。诸种目标的相互依存问题上文已经提到,但政策本身经常有不同的效果。旨在减少使用特定运输方式的税收政策证明是税率递减的,而抑制外部性的许可制度可能导致将准垄断权力给予某些运输供给者。实际上,预测、监控和评价各种政策工具的效果,常常也是困难的。运输政策是通过一揽子工具实施的,政策的变化通常会立即引起一些工具力度的改变。这些变化的作用只能在一段时间之后才完全感到,因为运输市场上的行为者是逐渐对新情况做出反应和根据新情况进行调整的。例如对征收较高燃料税,公路运输业者在短期内除了付出额外的金钱之外没有多大反应,但从长期看,他可能修改经营方式,从更长期看,他甚至可能改变使用的车队的类型。当单一政策工具发生变化时,即使人们能分析出起因,但在进一步的变化出现前,不可能将全部后果记录下来。最后,还有弄清与事实相反的情况的问题,即:如果政策不变,本来会接着发生的一系列事情。政府的政策常常是反应性的,即:实施政策时,已经可以观察到形势的变化,但是在另外一些场合,政策变化则代表一种首创精神,实际上是预先采取措施防止变化。人们绝不会简单地假设,事情还会在主要政策变化之前规定的道路上继续下去。

补充:集体行动的逻辑

传统的社会理论家研究集团行为时总是认为,组织或集团的存在是为了维护其成员的共同利益,而且它们也能有效的做到这一点。而奥尔森从经济学的个人主义视角出发,首先假定,每个人都是理性人,而理性人的显著特征就是行为前要进行成本收益的计算和权衡,以追求自身效用的最大化为目的,即使在组织或集团中也是如此,由此得出了相反的结论:理性的自利的个人不会积极主动地发动集体行动、提供集体物品以满足所属集团或组织的需要,必须对集团成员实施选择性激励才能提高成员提供集体物品的可能性。具体来说,不同规模和性质的集团对其成员行为有不同影响。在集体物品的获取方面,小集团比大集团更有优势。集团越大,它提供的集体物品的数量就会越低于最优数量。而在抱有共同利益的小集团中,存在着少数"剥削"多数的令人惊讶的倾向。

具体来说,有三个独立的但是累积的因素使较大的集团不能增进他们自身的利益。第一,集团越大,增进集团利益的人获得的集团总收益的份额就越小,有利于集团的行动得到的报酬就越少,这样即使集团能够获得一定量的集体物品,其数量也是远远低于最优水平的。第二,由于集团越大,其中的任一个个体,或集团中成员的任何(绝对)小子集能获得的总收益的份额就越小,就越不可能出现可以帮助获得集体物品的类似寡头卖方垄断的相互作用。第三,集团成员的数量越大,组织成本就越高。由于这些原因,集团越大,它就越不可能提供最优水平的集体物品,而且很大的集团在没有强制或独立的外界刺激的条件下,一般不会为自己提供哪怕是最小数量的集体物品。

而某些小集团不用靠任何强制或任何集体物品之外的正面的诱因就会给自己提供集体物品。因为,他从集体物品获得的个人收益超过了提供一定量集体物品的总成本;有些成员即使必须承担所有成本,得到的好处还是比不提供集体物品时来的多。而且,在存在着相当程度的不平等的小集团中,即在成员的"规模"(指成员从一定水平的集体物品供给中的获益程度)不等或对集体物品的兴趣不等的集团中,集体物品最有可能被提供。

那么,该怎样解决搭便车困境呢？只有一种独立的和"选择性"的激励会驱使潜在集团中的理性个体采取有利于集团的行动。这种选择性的激励必须是针对个体的,使得集体中做出贡献和没有做出贡献的人,做出贡献多和做出贡献少的人得到区分对待,"赏罚分明"。因此,这种激励包括正面的奖励和负面的惩罚两大部分。这种机制可被概括为"不平等原理",即组织内部在权力、利益、贡献和分配上都不能搞平均主义。

15.1.2 管制的成本与效果

一些经济学家研究了管制的影响,以权衡管制的成本与效益,表15-1显示了一部分研究成果。管制后果包括效率上的得失（例如,无效率而高水平的污染被遏制）和收入的再分配（例如,高额的运费在消费者和货车车主之间的再分配）。大多数研究表明,有些案例有明显的效益,而其他一些只有巨额损失和很小的收益,即经济管制的主要后果是效率的损失和大量的收入再分配。

表15-1 管制对效率和收入再分配的影响

	效率损益			
	收益 （10亿美元）	成本 （10亿美元）	净收益 （10亿美元）	收入再分配 （10亿美元）
经济管制：				
电信业	0.0	14.1	-14.1	42.3
航空业	0.0	3.8	-3.8	7.7
铁路业	0.0	2.3	-2.3	6.8
天然气	0.0	0.3	-0.3	5.0
内陆运输业	0.0	0.3	-0.3	0.8
海洋运输业	0.0	0.1	-0.1	0.2
邮资费率	0.0	na	0.0	8.0
社会管制：				
环境	58.4	66.5	-8.1	na
核动力	na	6.5	na	na
工作环境安全保障	0.0	8.8	-8.8	na
高速公路安全保障	35.6	7.7	27.9	na
所有管制效果累计	94	139	-35	191
占GDP的百分比	2.1	3.2	-0.8	4.4

资料来源：Robert W.Hahn and John A.Hird,"The Costs and Benefits of Regulation：Review and Synthesis," Yale Journal Regulation, vol.8, 1991, pp.233-287.

15.1.3 管制经济学的发展趋势

作为管制经济学研究对象的政府管制活动近年来有了新发展,主要体现在如下方面:激励性管制与放松管制在全球的兴起;社会性管制日益发展,其管制领域不断扩大;政府管制方法更着重体现市场原则,出现了政府管制活动与市场机制相融合的趋势。政府管制活动中这些新趋势的出现促进了管制经济学的迅速发展。管制经济学对这些新趋势的出现进行了深入研究。

政府管制的无效一方面可用实证分析的管制俘虏理论来解释;另一方面,即使不存在管制俘虏问题,由于政府与企业之间存在着信息不对称,导致管制制度本身也存在着缺陷。但在政府管制低效与市场失灵同时存在的情况下,完全放弃管制或实行私有化也并非是解决问题的万全之策。因此实行激励性管制与部分放松管制便成为政府管制的发展方向。

激励性管制(incentive regulation)就是在保持原有管制结构的条件下,通过设计合理的制度来克服传统政府管制所存在的缺陷,激励受管制企业提高内部效率,也就是给予受管制企业以竞争压力和提高生产或经营效率的正面诱因。在管制实践中,管制者与企业之间是信息不对称的。具体地说,存在两种形式的信息不对称:事前的逆向选择和事后的道德风险。前者指相对于管制者而言,企业对产业环境具有更多的私人信息,如技术状况、成本信息、需求信息等;后者指在管制契约确定后,企业的努力程度、经营行为等不能完全为管制者所观测。激励性管制政策的设计就是在基于这两种信息不对称的前提条件下寻找使管制者目标函数最大化的合约。激励性管制主要针对如下几种管制形式:特许投标制度、区域竞争(或称为标杆竞争)制度、价格上限管制、社会契约制度等。尽管上述激励性也不同程度存在着某种缺陷,但很大程度上改善了传统管制存在的问题,在欧美一些国家的实践中取得了较好效果。

放松管制(deregulation)则意味着放宽或取消原有的管制制度,如将行业禁入改为自由进入、取消价格管制等。放松管制的首要目的在于引入竞争机制、减少管制成本、促使企业提高效率、改进服务。最近20年来,许多经济学家提出,管制过程实际上是在增强而不是在遏制垄断权力。这一观点部分地是基于前面提到的管制利益集团理论。此外,研究者还注意到,经济管制在地方上已远远超出了自然垄断产业的范围。多年以来,许多产业,包括铁路和公路运输、航空和公共交通都有管制者在发号施令。而在这些产业中,许多理论上本应该更接近于完全竞争,而不是自然垄断。70年代以后,以美国、日本、英国等主要国家为中心,对电信、运输、金融、能源等许多产业,都实行了放松管制。各国在放松管制过程中,根据本国情况采取了不同方式。英国的放松管制是与私有化过程相伴而生的,先后部分或全部将英国电信公司、英国煤气公司、自来水公司出售,出售后企业的效率有了不同程度的提高。

上面对管制经济学产生与发展的叙述主要是针对经济性管制而言的,因为相对于社会性管制而言,经济性管制起源较早、体系较为完善、发展较为成熟,在早期政府管制中占据着主导地位。但近年来,随着经济发展水平的提高,对生活质量、社会福利等问题关注程度日益加强,各国在逐步完善经济性管制,对经济性管制产业实施放松管制的同时,将关注点更多投向了社会性管制领域,社会性管制在政府管制中的地位与作用正逐步提高,管制的领域也不断扩展,管制的方法与手段也在不断改进。政府对社会性管制的重视在某种程度上是社会进步、生活质量提高的反映,更直接体现了对消费者利益的保护与对社会可持续发展问题的关注。因此社会性管制也将成为未来政府管制中一个日益重要的组成部分。

 补充:经济学中的"租"

引自:薛兆丰,《永远从租的角度看垄断》,经济观察报 2007 年 4 月 21 日

经济学中的租(rent),并非仅指"租用"和"租金"所代表的含义,而是指由某种特殊经济资源带来的收入。这种资源既可以是有形的,也可以是无形的,其特点是:即使它在市场上炙手可热,其可用量也难以增加(或者说难以用别的资源顶替);而即使它在市场上无人问津,其可用量也难以减少(或者说难以转作别的用途)。

例如,天赋带来的收入,就是租的一种,它通常被称作"李嘉图租"。一把嗓音,一副身材,一张脸蛋,它们可能平庸无奇,路人不屑一顾;也可能倾国倾城,带来滚滚财源。不管怎样,其"可用量"不变,长成这样,就是这样。明星的巨额收入中,小部分应归功于他和其他人一样付出的努力,而大部分应归功于他独有的李嘉图租。例如,在纽约曼哈顿区的一幢普通楼房,不论出售或出租,由此带来的收入,大部分是其"经济租"。这幢房子之所以值那么多钱,并不在于它是一幢楼房,而是在于它地处曼哈顿。无论曼哈顿区的用房需求多高,该区的房屋面积大致不变。这个区域楼房所享有的经济租,则是由于当地生产力水平比别处高而造成的。举个更抽象的例子,包括英国在内的很多国家,其国王都曾经垄断过盐的专卖权。国王即使完全不接触盐的生产、转运和销售,也能靠"恩准"别人从事盐业来获得收益。这收益便是国王独享的"权力租"。它是一份特权,不多也不少,其价值取决于有多少人要吃盐以及这份特权受到多大程度的维护。不管是"李嘉图租(与天赋相关)"、"经济租(与生产相关)"、"权力租(与行政相关)",还是别的什么名堂的"租",凡是享有"租"的个人或组织,都是某种程度的垄断者。这是对五花八门的垄断的一般化的处理。只有这样处理,才能给垄断分析一个持平的起点。

例如,中国的铁路是国家垄断的。春运期间,铁路垄断者的收入可以大增。多数人——包括那些坚决反对行政垄断的人——认为,以行政手段限制火车票的价格、从而限制铁路垄断者的垄断收入,是对垄断的一种有效矫正。基于同样的理由,他们也主张对其他公共事业,包括电力、用水、环卫、乃至教育,都实施限价管制。这种思维背后的逻辑是:垄断的祸害在于垄断者需索过度,而只要对垄断进行价格管制,就可以解决问题,使消费者免遭盘剥。

从租的角度看垄断,上述成见错了,而且错得清楚——由政府来管制垄断,不可能

保护消费者利益。这是因为,"垄断租值"永远是由需求强弱决定的,其他因素无法改变租值。就铁路而言,只要政府仍然垄断铁路运输业,那么它就必然享受春运期间的额外租值。只要需求还在,这租值就不消失。不论政府管不管,这种"垄断租"的存在和大小都不受影响,受影响的只是租的实现形式。假如没有任何价格管制,那么铁路垄断者就可能提价,从而将其享有的租全部变现;假如存在价格管制,那铁路垄断者便无法将其垄断租全部变现,而只能通过这样或那样的方式,把车票卖给与他有特殊关系的乘客。这时,部分租值就从钞票形式,转变成诸如人际关系的非钞票形式。政府管制垄断的结果,不仅对垄断者不利,对整个社会也不利,因为它不仅扭曲了垄断者套取租值的意愿,而且还迫使需求者将资源耗费在人际关系的竞逐上,造成社会的净浪费。不明白这一点,我们就无法明白,为什么经济学家在反对行政垄断的同时,也反对以价格管制作为对行政垄断和其他垄断的矫正手段。

15.2 运输管制概述

15.2.1 运输管制的工具

运输管制是政府对运输业实施的特殊管理形式。运输管制的政策工具有时被划分为两类,用美国行话说,一类旨在进行经济管理,另一类旨在进行社会管理。用英国行话说,一类是数量管理,一类是质量管理。前者控制运输市场的供给数量、谁供应运输服务以及消费者支付的价格。后者控制运输服务的质量,例如车辆的设计、最大排放水平、驾驶时数、人员培训等等。实际上这两套工具之间存在不可避免的重复。例如,限制市场进入,可以抑制运输对环境产生的许多有害影响,而严格的质量控制可以起抑制竞争的作用。因此,在下列标题之下列出不同政策工具的清单或许更有用处:

- 税收与补贴:政府可以运用它的财政权力增加或减少不同路线上各种运输或服务的成本。或者实际上就是总的运输成本。政府也可以影响运输投入的要素成本。
- 直接供给:地方和中央政府通过市办的或国有化的企业,是许多种运输服务的直接供给者。它们还负责供给大量的运输基础设施(如公路)以及辅助服务(如交通警察)。
- 法律和规章:政府(和在较小范围上,地方当局)可以按法律管理运输部门,实际上已有大量的法律控制和指导运输的供给者和使用者的行为。
- 竞争政策和消费者保护立法:分清一般的产业立法和消费者保护立法,是很有益处的,前者规定了限制性习惯商业做法和企业合并等事物,后者包含诸如广告之类的事务,它涉及经济上的各种形式的活动,不仅仅是运输。显然它们适用于运输。
- 许可与准入:政府可以给驾驶人、运输工具或运输单位签发执照,以此来管理运输设施的质量和数量。驾驶执照制度也影响对私人运输工具的要求。

- 购买运输服务：政府的许多非运输活动，需要使用运输服务。因此利用它作为庞大消费者的地位，政府可以对运输供给者施加一定程度的抵消力。
- 道义上的劝告：在许多情况下，这是一种不够有力的形式，通常是对诸如安全等问题进行教育或提出忠告（例如，宣传系带安全带的好处）。
- 研究与发展：政府可以通过研究活动影响运输的长期发展。研究活动一部分由政府机构（如运输研究实验室）进行，一部分通过资助外部研究机构进行。
- 提供信息：政府通过许多不同机构向运输使用者提供技术建议，并提供一般信息以提高运输的决策水平。许多这些信息服务专门针对运输（如天气预报对于航运），而这些信息对运输部门只能起间接的作用（如海外贸易安排方面的信息）。
- 与投入有关的政策：运输是重要的能源消耗者，尤其是石油，它还利用各种各样的其他原料和中间产品。因此政府有关能源和其他原料及产品的政策，对运输产生重要的间接影响。

15.2.2 我国的运输管制

在我国，各种运输方式由不同部门主管，尚未形成综合管理体制。对运输业的管制是通过法律和行政命令的方式，由各级行政主管机关执行。管制的内容主要包括进入和退出管制、费率管制、服务水平管制、运输补贴等等。

1）进入和退出管制

加入和退出管制的内容涵盖了运输企业从设立到退出行业的全过程。

例如，我国对公路客运企业实行许可证制度，《中华人民共和国道路运输条例》第十条规定：申请从事客运经营的，应当按照下列规定提出申请并提交符合本条例第八条规定条件的相关材料：（一）从事县级行政区域内客运经营的，向县级道路运输管理机构提出申请；（二）从事省、自治区、直辖市行政区域内跨2个县级以上行政区域客运经营的，向其共同的上一级道路运输管理机构提出申请；（三）从事跨省、自治区、直辖市行政区域客运经营的，向所在地的省、自治区、直辖市道路运输管理机构提出申请。依照前款规定收到申请的道路运输管理机构，应当自受理申请之日起20日内审查完毕，作出许可或者不予许可的决定。予以许可的，向申请人颁发道路运输经营许可证，并向申请人投入运输的车辆配发车辆营运证；不予许可的，应当书面通知申请人并说明理由。对从事跨省、自治区、直辖市行政区域客运经营的申请，有关省、自治区、直辖市道路运输管理机构依照本条第二款规定颁发道路运输经营许可证前，应当与运输线路目的地的省、自治区、直辖市道路运输管理机构协商；协商不成的，应当报国务院交通主管部门决定。客运经营者应当持道路运输经营许可证依法向工商行政管理机关办理有关登记手续。

2）费率管制

我国对运输业的费率实行严格管制，各种运输方式的费率均有明确的运价表予以规定，运输企业被要求严格按照运价表收取运输费，并由铁道部、交通部、民航局等行政部门及其下属机构负责监督执行。除非特别批准，运输企业不得变更运价。

例如,《中华人民共和国铁路法》第二十五条规定:国家铁路的旅客运输票价率和货物、包裹行李的运价率由国务院铁路主管部门拟定,报国务院批准。国家铁路的旅客、货物运输杂费的收费项目和收费标准由国务院铁路主管部门规定,国家铁路的特定运营线的运价率,由国务院铁路主管部门商得到国务院物价部门同意后规定;地方铁路的旅客票价率、货物运价率和运输杂费的收费项目和收费标准,由省、自治区、直辖市人民政府物价主管部门会同国务院铁路主管部门授权的机构规定;兼办公共旅客、货物运输营业的专用铁路的收费项目和收费标准以及铁路专用线专用的收费标准,由省、自治区、直辖市人民政府物价主管部门规定。第二十六条规定:路途旅客票价、货物、包裹、行李的运价,旅客和货物运输杂费的收费项目和收费标准,必须公告,未公告的不得实施。

又如,《中华人民共和国民用航空法》第九十七条规定:公共航空运输企业的营业收费项目,由国务院民用航空主管部门确定。国内航空的运价管理颁发由国务院民用航空主管部门会同国务院物价主管部门制定,报国务院批准后执行。国际航空运输运价的制定按照中华人民共和国政府与外国政府签订的协定、协议的规定执行;没有协定、协议的,参照国际航空运输市场价格制定运价,报国务院航空主管部门批准后执行。

3)服务水平管制

服务水平管制的内容涵盖运输业经营的技术和服务标准。《中华人民共和国铁路法》、《铁路货物运输规程》、《铁路旅客及行李包裹运输规程》、《汽车旅客运输规则》、《汽车货物运输规则》、《水路运输管理条例》、《水路旅客运输规则》、《水路货物运输规则》、《中华人民共和国民用航空法》、《国内旅客行李航空运输规则》、《国内航空货物运输规则》等法规对运输设备的提供、班次、时刻表、票据、运营线等有比较明确的规定,例如在《中华人民共和国铁路法》第十三条中对铁路服务水平做出了规定,在《中华人民共和国民用航空法》第九十五条中航空服务水平做出了规定;而交通安全则有诸多交通安全规则加以规范。在我国目前的服务水平管制的规定中,有关安全、运输工具、运输业从业技术人员的考核以及运输合同条款方面的规定较多也较为详细;而对于服务的水平、次数等规定比较笼统。

4)运输补贴

我国运输补贴分为中央财政补贴和地方财政补贴两级。中央财政补贴主要用于铁路和管道,补贴方式主要是差额式补贴,即由中央财政拨款弥补运输企业运营亏损,我国铁路就采取此种补贴方式。地方财政补贴主要用于补贴城市公共交通,对城市公共交通运输企业包括地铁、公共汽车等进行补贴,补贴方式主要是差额式补贴。

15.3 几类运输管制的经济学分析

除了在第 14 章我们曾提到过的控制运输外部性的一些政策措施,还有一些可供选择的管制方法值得我们关注。

15.3.1 税收

税（tax）指政府依照法律规定，对个人或组织无偿征收实物或货币的总称。我们应当去回答这样一个问题：谁最终支付政府所征收的税？我们不能假定那些向政府纳税的个人或企业就一定是这些税款的最终出资者。难道仅仅因为是石油公司将汽油税的收入上交了政府，就意味着这些税收完全来自石油公司的利润？实际上，企业完全可以根据税额提高价格，从而将税收向前转嫁到产品的消费者身上；企业也可以将税收向后转嫁到要素的供应者（劳动、土地和其他要素的所有者）身上。

税收转嫁涉及税收归宿（tax incidence），税收归宿是指对生产者或消费者的真实收入征税的最终的经济影响。这个概念体现了税赋被最终负担的方式，及其对价格、数量以及生产和消费构成的影响。供求分析可以帮助我们推断一种税收的真实负担者并预计税收如何影响产出。这里，参考萨缪尔森曾举过的一个案例，以汽油税为例来说明税收对市场产量及价格的影响方式。为具体起见，假设政府决定对每升汽油向石油企业征收1元的汽油税。图15-1给出了问题的答案。如图所示，税前初始均衡点为E，即原先的供给曲线S与需求曲线D的交点，此时每升汽油的价格为1元，每年的汽油总消费量为100亿升。我们把对每升汽油征收1元零售税的情况描绘在图上便是：在需求曲线保持不变的前提下，供给曲线向上移动。需求曲线没有移动是因为汽油税增加后在每一个零售价格水平（含税价格）上，需求量并没有变动。注意：汽油的需求曲线比较缺乏弹性。相反，供给曲线却恰好向上移动了1元，其原因就在于：只有当生产者得到与以前相等的净价格，他们才会愿意出售某个数量的汽油产品。也就是说，在每一供应量上，市场价格上升的幅度必须正好等于税额。如果生产者最初愿意以1元的价格出售100亿升的汽油，则给定1.9元的含税零售价格，他们仍愿意出售相同数量的汽油（扣除1元的税额之后，生产者得到了与以前相同的价格，即每升1.0元）。那么，新的均衡价格是多少？答案就是新的供给曲线与需求曲线的交点，即S'与D的交点E'。由于供给曲线的移动，价格上升了。同时，购买量与销售量却下降了。新的均衡价格大约从1元上升到了1.9元。

谁最终支付了税款呢？税赋的归宿如何？显然石油企业支付了一小部分，因为现在它们出售每升汽油只得到了0.9元（1.9元售价减去1元税收）而不是1元。但由于汽油的零售价上升了0.9元，消费者承担了大部分负担。这是因为供给相对富有弹性，而需求却相对缺乏弹性。这个例子体现了税收转嫁的一般原理：税收归宿取决于供求均衡时税收对价格和数量的影响。更一般地说，税收归宿取决于供给和需求的相对弹性。如果需求相对于供给缺乏弹性，则税收主要转嫁给消费者；而如果是供给相对于需求缺乏弹性，则税收主要转嫁给生产者。

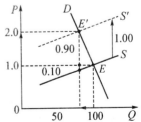

图15-1 汽油税由消费者与生产者共同承担

另一个重要的问题是：政府向生产者征税，或者向消费者征税，两者有区别吗？经济学明白无误地告诉我们：如果不考虑交易成本的话，两者几乎没有任何区别。不管政府规定税赋是向哪一方征收的，都不影响买卖双方分担税负的比例（当然，征税行为本身的成本会有差别）。

如图 15-1 所示，假设政府对每升汽油增加的 1 元汽油税是向消费者征收的，即生产企业的汽油零售价中并不包含汽油税。税前初始均衡点为 E，即原先的供给曲线 S 与需求曲线 D 的交点，此时每升汽油的价格为 1 元，每年的汽油总消费量为 100 亿升。征收汽油税后：在供给曲线保持不变的前提下，需求曲线向下移动了 1 元，其原因就在于：只有当消费者得到与以前相等的总价格（含税），他们才会愿意购买某个数量的汽油产品。也就是说，在每一供应量上，市场价格下降的幅度必须正好等于税额。如果消费者最初愿意以 2 元的价格购买 70 亿升的汽油，则给定 1 元的零售价格附加 1 元的汽油税，他们仍愿意购买相同数量的汽油（增加 1 元的税额之后，消费者得到了与以前相同的价格，即每升 2.0 元）。

那么，新的均衡价格是多少？答案就是新的供给曲线与需求曲线的交点，即 S 与 D' 的交点 E'。由于需求曲线的移动，汽油价格（不含税）下降了。同时，购买量与销售量也下降了。新的均衡价格大约从 1 元下降到了 0.9 元。此时，税赋的归宿如何？与向石油企业征税的结果相同，石油企业依然只支付了一小部分，因为现在它们出售每升汽油只得到了 0.9 元而不是 1 元。但由于汽油的零售价加上税赋共计上升了 0.9 元（上升的 1 元汽油税减去下降的 0.1 元零售价），消费者还是承担了大部分负担。实际上，将图 15-2（a）整体向上移动 1 元，就可以得到图 15-2（b）。

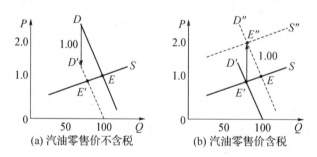

(a) 汽油零售价不含税　　(b) 汽油零售价含税

图 15-2　谁是纳税方并不影响税收的归宿

案　例

"自行车税"叫停缘何得民心

——论税收的成本与效率

引自：中国税务报 2003 年 2 月 28 日同名文章

自行车税，是新中国成立以来首批设立的税种之一，已经走过 50 多年的风风雨雨。

1951年，当时政务院出台了《自行车使用牌照税征收条例》，征收对象为中国境内的自行车，税额每辆征收2元。当时国家刚解放，人民生活相对困难，自行车作为人们生活中的"三大件"，属于高档的奢侈品，是一种身份的象征，不亚于现在的轿车。因而开征自行车税具有财产税的特征，其对收入的调节的目的比较明显。到了1973年，自行车使用牌照税国有集体部分被合并为工商统一税，个人的自行车税虽仍在征收，但实际上已陷于停征状态。到1986年税制改革时，我国恢复征收车船使用税，自行车税被作为传统项目得以保存，但开征权交给省一级地方政府。1987年江苏省率先开征自行车税，继而上海、北京、天津、福建等省、市也相继开征。

2003年2月1日，经江苏省政府决定，全省暂停征收车船使用税的自行车税目（俗称自行车税）。至此在辖区开征自行车税的12个省、市已先后有安徽、福建、江苏等6个省停征，另外，北京等省、市也在考虑停征此税目。此举引起社会各界强烈反响，人民群众拍手称赞，称政府举措"合时宜，得民心"，负责此项税收征收工作的地税部门也长长地出了口气，觉得甩掉了一个"烫手的山芋"。

自行车税作为省级地方政府有权自行决定开征与否的少数几个地方税种之一，在目前各级财政并不十分宽裕的情况下，为何纷纷决定停征？

案例分析

在我国的所有税种中，自行车税似乎是征税额最少、投入力量最多、耗费精力最大、征收成本最高、税款流失最明显、控管难度最大、公众逆反心理最强的税种。

——征税数额较少。随着我国居民人均纯收入的快速增加，单车纳税额较少使自行车税对收入的调节作用已不复存在。因此，尽管到20世纪90年代初，全国自行车的保有量已接近2亿辆，但年实现税收一般在3亿元左右，征收较好的江苏省最高年份不足6 000万元，占年财政收入的3‰左右，在工商税收中充其量算一粒芝麻！

——征税成本较高。1994年，江苏省地税局曾做过一个统计，当年全省征收自行车税5 000多万元，但为此支付了700多万元的印刷、劳务、宣传、组织等项费用，直接征税成本就占了收入总额的14%。另外，还有地方政府、相关部门以及村组干部的鼎力支持，可见此项税收征收所耗用的人力、物力远高于其他税种，且这仅是执法机关的行政成本，还不包括纳税人因履行税收义务形成的时间、精力等缴税成本。区区4元钱，形成如此的征纳耗费，实在得不偿失。

——管理难度大。自行车税虽小，却涉及千家万户，可以说是中国目前征收对象最普及的税种之一。从目前的统计数据分析，各地自行车征收比率不及自行车保有量的60%，其中经济发达地区征收率还不到30%；欠发达地区由于税源不足，因而对此税种征收力度较大，征收比率略高，但也没有超过70%。这是因为自行车税税收数额小，税源却如一天星斗，要想征足征齐，仅靠地税部门自身的力量很难，因而税务部门大多是在各地政府的支持下，通过形成与公安、农经、街道以及村组的协护税网络，委托相关单位代征代扣。但由于税务部门没有路上稽查权，一些突击检查常被社会视为"三乱"，而村组代扣农民的自行车税又易被看成加重农民负担，因而此项税收征收步履艰难，目前已陷于困境。近年来,全省自行车的社会拥有量持续上升,而自行车税入库额却一直处于下降趋势,这是不争的事实。

——群众反应强烈。由于自行车税一般均采用委托征收,代征单位及代征人员素质良莠不齐,一些地方时常出现平摊自行车税现象,造成部分群众实际负担不合理,自行车税也时常成为居民来信反映的热点,在一定程度上损害了政府的形象。同时,因为半数的自行车税被偷逃,税务部门没有过硬的惩戒手段,这一来不仅助长了不守法社会成员的偷税侥幸心态,还会形成对守法公民事实上的不公平与税收歧视。

征收自行车税无论从财政经济角度或是从政治角度看,均已无实际意义。此税目确实已经走到了尽头,一些地方政府审时度势,决定停征,实属明智之举。

案例讨论

1. 有人建议,自行车税可以继续征收。为提高征税效率,可以采取在自行车的销售环节一次性纳税的办法。也有人提议,应该改变自行车税的性质为财产税。还有人建议,自行车税虽然有限,但是对于民众纳税意识的养成却是很好的手段。你觉得上述建议是否合理?(提示,自行车税是使用税,不使用是不能征税的。)
2. 这个案例表明,征税的交易成本有哪些?
3. 考虑到税收的交易成本,纳税方的选择会不会影响到税收的归宿?

15.3.2 价格限制

政府有时不是对某种商品进行征税或补贴,而是通过立法规定该商品/服务的最高或最低价格,历史上这样的例子并不少。20世纪70年代石油危机期间,美国等国家曾出现汽油价格管制。今天,中国对铁路票价和出租车价格的限制仍非常严格。与政府征税之后任由市场通过供求原理运作的措施相比,这些直接干预供求规律的举措具有本质的不同。在大多数经济体系中,动机良好而技术拙劣的供求干预导致低效率的现象可谓比比皆是。制定市场中的最高价格或最低价格可能会产生令人吃惊的结果,有时甚至会出现南辕北辙的经济效应。以下我们分别以出租车市场和汽油市场为例来说明价格上限的作用机制。

1)出租车价格管制

本书第5章曾以出租车市场为例说明了由于运输服务的不可储存性,传统的市场均衡可能并不是最有效的状态。由于潜在的顾客很少正好位于空出租车巡行的地方,若要提供充分的搭车服务的话,就必须提供超过总需求的出租车数量。如图15-3所示,这种时间上的不一致性意味着,图中的"有效供给曲线"不是一条真正的供给曲线,因为它还取决于需求条件。在正常情况下,需求只有在车费高于"有效供给曲线"与需求曲线交汇点(即达到P_1)时才能被完全满足。因为在这一价格或更高的价格下,需要的车辆数和提供的车辆数之间才能够趋于一致,才不存在由于不能乘上出租车而放弃等候的失望的旅客。

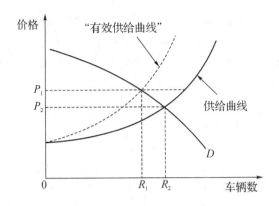

图 15-3　出租车费的决定

实际的票价水平可能定于 P_1 和 P_2 之间的任何一点上,由此可见表面上完善的出租车市场并没有一个单一的价格。我们有理由推测最终的价格接近 P_1 甚至高于 P_1 而不是接近 P_2,从而使出租车司机获得超额利润。这也意味着那些准备付费并使用出租车的人获得一种良好的服务时——提供的车辆远超过需求量——虽然短暂的等候时间和充足的载运能力有可能是在资源使用上的浪费。这种高收费的趋势是由于在租车时任何出租车均享有一定的垄断权力。与正常的完全竞争市场不同,当出租车司机被潜在的顾客招呼时,他们实际上是能提高他们服务收费的垄断者。人们很少在听到一辆车的报价后不愿搭乘而招呼另一辆车——因为很难判定另一辆车的收费是否较低。一旦收费处于较高水平,将没有什么激励促使个别司机降低他的收费,因为对于顾客来说,出租车看起来可能都差不多。当然,现实中的出租车市场要复杂得多,例如,可能存在出租车的等级或档次的区别。因此,担心出租车可能滥用上文描述的垄断权力以及使票价保持在次优高度,是大部分大城市控制出租车车费水平的原因之一。虽然可以证明这样做是正当的,但是很难理解为什么与此同时大多数城市对所辖区域的出租车数量也进行了控制。如果认为车费在 P_1 时处于最优,那么市场中提供的车辆数将自动地进行调整,可能并不需要会使市场严重扭曲的官方对车辆数的控制。

2)汽油价格管制

接下来,我们假设像 2007 年发生的那样,石油价格突然急剧上升。其原因可能是石油卡特尔减少供给而消费者的需求上升,也可能是由于国际金融炒家的投机行为。政治家们目睹价格的急剧上升并出来谴责这种局面。他们宣称消费者受到了牟取暴利的石油公司的"敲诈"。他们担心日益高涨的价格会导致生活成本遭遇恶性通货膨胀,他们还为价格上涨对穷人及老年人的冲击而烦恼。因此他们呼吁政府采取措施,政府也许会倾听这些意见,规定石油价格上限,正如美国政府 1973—1981 年所做的那样。

这种价格上限会产生什么效果呢? 假设每升汽油的初始价格为 5 元。由于国际原油市场的价格攀升,汽油的市场价格上涨到每升 10 元。现在请考虑一下受到冲击后的汽油市场。图 15-4 中受到冲击后的均衡点为 E。假设政府插手进来,规定每升汽油的价格不得超过原价格 5 元。图 15-4 中,我们将这一法定最高价格绘制为上限价格线 CJK。那么,在法定上限价格处,供给量与需求量不相匹配。给定管制价格,消费者愿意购买的汽油量超过石油公司所愿意提供的数量。如图,J、K 之间的距离表示了这一缺口。结果是各加油站的油被很快销售一空,一些人不得不扫兴而去。如果运行市场自由运行的话,则市场就会在 10 元或更高的价格水平上出清汽油;消费者也许会怨声载道,不过也可能愿意支付这种高价,因为这总比加不到油空手而归要强一点。但是,由于生产者索取较高的价格是违法的,市场因此也就无法出清。接踵而至的便是一个令人沮丧的短缺时期:当抽油机被耗尽之后,某些人就会得不到汽油。汽油供给不足导致不得不采用配给制来进行供应。最初,也许可以通过"先来先得"的原则加以实施,对于每位车主的加油量加以限制(也可不限制)。于是,结果演化成这种非价格的配给机制——排队配给。而排队这种形式,显然需要人们花费太多的时间,产生了巨大的浪费。有时候,政府会设计出某种以票证配给为基础的更加行之有效的非价格配给方法,而那些能够通过特权获得短缺物品的人会在高于管制价格的水平上从事非法的黑市交易。

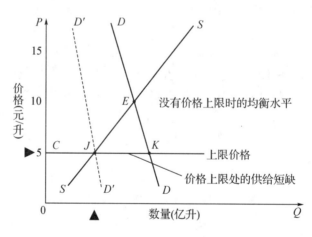

图 15-4　价格管制造成短缺

在大多数市场经济中,无论有无正式的配给制,对能源等物品的价格管制都是不受欢迎的。历史表明,随着时间的推移,价格管制会被合法或非法地加以规避,无论价格管制最初对消费者如何有利,最终都会被势必造成的效率损失所抵消。特别是当受管制物品有很多替代品(即供给或需求弹性高)时,价格管制既会带来昂贵的成本,也难以实施。更深刻的问题在于:资源总是稀缺的,社会可能永远不能满足每个人的愿望。在正常时期,价格本身起到了配给稀缺资源的作用;当政府插手干预供给和需求时,价格不再充当配给者的角色,浪费、缺乏效率和短缺问题的加剧是这些干预的必然伴随物。

案 例

机票打折　国家买单

引自：韩刚，《现代市场经济案例》，西安政治学院训练部，2004年4月第一版

在国外，机票价格的浮动空间很大，比方说机型、买票的时间、座位的前后等等都会影响机票的价格。相比之下，我国的机票价格就没有这么自由，自从1999年2月民航总局发布机票禁折令以来，机票价格从此就成为铁板一块，无论是淡季还是旺季，也无论是大公司，还是小公司，一条航线一个价。2001年3月，民航总局终于允许航空公司在15条乘客较少的航线实行明折明扣，但对其余航线，禁折令依然有效。不过，禁令虽在，执行不执行却是另外一回事。明折明扣不行，暗折暗扣却从未停止过，一些奇招、怪招也就出来了。

2001年6月17日，海南省海口市一条繁华商业街的人行天桥上，至少有20个票贩子在向行人兜售打折机票。按照民航总局规定，从5月20日起，海口往返北京、上海、广州、成都、重庆、深圳、昆明等七条航线实行了试行特惠价，其中团体票可打到5折，散客票可打到6折。而事实上从海口飞出的各个航线机票全都有折扣，海口—北京的机票，这里仅售800元，4.1折；海口—沈阳，民航局规定不能打折的航线，他们也打折，原价2 170元，他们仅售1 210元，为5.5折。

折扣主要有两种方式：一种叫做散客组团，一种叫做明折暗扣。散客组团就是由旅行社把那些零散来买票的人集中起来，凑够10多人买团体票。明折暗扣则是票面价与实际买票价不符。以海口—北京为例，原票价1 950元，实际票价是800元，而机票上却写的是1 755元，这样一来，那些因公出差买票的，回到单位一报销，一张机票净赚955元。这样可以逃避禁折令，因为很多航线仍受禁折令的限制，不能打折。这样不仅可以应付民航局的检查，同时因公出差的人又能得到实惠。

政府发布禁折令，航空公司却是遇到红灯绕着走。原本应该放开的市场，非要管着它。禁折令不仅形同虚设，而且在市场上又出现了一个难以想象的大漏洞。仅以海口为例，我们不妨来算一笔账：

- 海口—北京：原价1 950元、实际交款800元、票面9折1 755元、报销后赚955元；
- 海口—沈阳：原价2 170元、实际交款1 210元、票面9折1 953元、报销后赚743元；
- 海口—大连：原价2 080元、实际交款900元、票面9折1 872元、报销后赚972元。

海口每年进出港的旅客若按 300 万人次计算,每张票暗扣 300 元,国家就损失 9 个亿。如果按散客组团,每张机票暗扣差额为 260 元,若按 300 万人次计算,一年下来民航流失票款高达 7.8 亿元。同时,民航在痛失巨资之后,还要为流失的票款缴纳 4.57% 的民航基础建设资金 3 900 万元,缴纳税款 2 500 万元。这一出一进,一折一赚,民航能不亏损吗?而国家真的就成了倒霉的"冤大头"。

有人说,机票禁折就有点像远古时代的鲧治水,对滔滔洪水,鲧一味采用堵的办法,结果洪水泛滥依旧。其实,明折明扣也好,暗折暗扣也好,从某种角度上讲都是市场需求旺盛的反应。它就像是一个硬币的两面,都是想通过价格杠杆把走远了的乘客给拉回来。有人就发出了这样的疑问:机票打折,无论明暗都说明机票价格是有水分的,那为什么不干脆把市场放开,给百姓一个明明白白、实实在在的价格呢?

案例讨论
1. 试查找资料分析,民航总局为什么要对机票价格进行管制?
2. 试分析机票价格管制对民航基础设施所有者、航空公司、票务公司和旅客的影响。
3. 机票价格管制符合市场经济发展的要求吗?

15.3.3 市场准入

以出租车行业为例,我国的出租汽车行业起步于改革开放初期,是依托于国营交通运输企业和旅游公司而发展起来的。在 20 世纪 80 年代,由于车辆投入成本高,消费需求规模小,出租汽车数量相对偏少,整个行业处于自发发展阶段。90 年代初期特别是 1992 年小平"南巡"讲话之后,各地出台了一系列鼓励出租汽车行业发展的政策,并普遍放松了对出租汽车行业的进入限制,各种社会资本特别是私人资本迅速进入,使出租汽车行业进入了"井喷式"的发展阶段,短短一两年的时间,出租汽车数量和种类迅速增加。从 1993 年起,各地开始将出租汽车作为"城市公共资源"按照特许经营方式进行管理,陆续采取了准入数量管制、经营权有偿使用和公司化运营等管理办法(当时的初衷可能是为了避免资源浪费并加强对行业的管理)。

2007 年"油荒"使得出租车行业直接遭受不利影响。对此,不仅国家出台了相关措施,而且各地区也纷纷酝酿政策,对出租车行业进行补贴。某市运输管理局称,扣除"油补"后,出租车的税后利润率为 1.68%,属于微利甚至无利经营。事实上真是这样吗?有学者认为,出租车行业在我国实际上是一个产生暴利的行业,而产生暴利的原因并不是因为出租车企业的管理者经营有道,也不是政府有关部门监管不力,更不是"的哥""的姐"们物美价廉,而是市场结构设计造成的缺陷。长期以来,我国许多城市的政府部门都试图通过限制出租车数量来帮助这个行业。这怎么会对出租车行业有利呢?图 15-5 说明了这一政策的经济学原理。如果政府管理部门(通过准入限制或经营权有偿使用)限制了出租车的数量,就会导致供给曲线向左上方移动。由于出租车需求缺乏弹性,限制出租车数量不仅提高了出租车的价格,而且增加了该行业的总收益和利润。

当然,消费者在限制出租车数量所导致的较高价格中受到了损害。

限制供给是政府牺牲一部分人的利益以增加另一部分人的收入时一种常用的市场干预举措。这种政策是无效率的,因为出租车行业收入的增加实际上小于消费者因此遭受的损失。

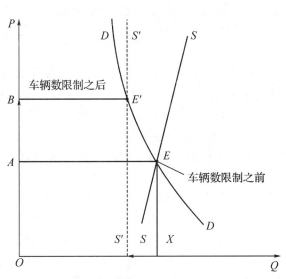

图 15-5　出租车数量限制提高了价格和出租车行业的收入

注:在数量限制之前,竞争市场在较低的价格水平 E 点达到均衡。当政府限制出租车数量时,供给曲线向左移动到 S'S',均衡点移动到 E',价格上升到 B。由于需求缺乏弹性,新的收益矩形 OBES 的面积肯定要大于初始收益矩形 OAEX。

案　例

对招手车与出租车的管制

引自:道格拉斯·诺思,罗杰尔·米勒,《我们身边的经济学》,1998年4月第1版

1)对招手车的管制

你也许从未听说过"招手车"这个词,因为它在一段时期以前便从美国的城市景观中消失。但是在不同时期招手车和出租车构成了城市市区交通的主要基础。它们展示了交通景观中主要的两难困境:即在城市中还用政治性政策和法规来限制和消除一定种类的竞争及其对美国总体交通效率的影响。

词典中将招手车定义为:"一种巴士或小汽车,尤其是沿着特定线路运行,以低廉票价载客的车。"招手车在许多外国城市是一种普遍的交通形式,例如在墨西哥城,沿着"改革林荫大道",被称作"佩塞罗"的地方。招手车的规则很简单。一辆车,通常是正

常规格的轿车,但有时是小面包车,沿着通常为固定的线路,在沿途随时停下接纳乘客,直到车上载满乘客为止。然后在沿着这条固定线路上乘客所指定的任何一点停车,让乘客下去。在某些调整的情况下,招手车将(当然要额外付费)乘客送离原定线路,但限制在一定距离以内的地方,再返回到分叉路口以便继续沿同一线路行驶。招手车与普通出租车的区别是,后者不能同时接纳超过一个付费单位的乘客并且不会沿着某一固定线路行驶(如同我们将要看到的,这些限制通常是由法律强制实行的,而不是由出租车司机随心所欲地决定)。

招手车在它们所索取的价位上完全能够对遍布美国的有轨电车系统造成严重竞争威胁。事实上,《有轨电车杂志》开始将招手车称作"捣蛋鬼"、"交通中的怪兽",以及种种其他绰号。一种竞争性的交通模式造成了侵蚀城市中有轨电车系统利润的威胁。一般的经验规则是:如果你面临无法在经济基础之上与之进行的竞争,就试试政坛上的竞争。这正是有轨电车系统所做过的:他们寻求他们所在地市政当局的保护,尽管有倾向于招手车政治策略的零星报纸舆论的支持、招手车联合会游说者们的努力,以及反招手车法规中显而易见的反竞争含义,限制性规则终于在整个美国获得通过。起初该法规要求招手车营运者申办许可证,以使用作为营运场所的公共街道。这一限制极大地减弱了进入该行业的便利,尤其是自从市政当局申办准入或许可证的手续漫长而昂贵。在某些城市里,许可证或专营许可证竟提交给选民们决定!另外还征收附加费,例如要求购买相对较大面额的债券,以便在招手车司机对他们有所冒犯时保护招手服务的消费者们。在某些情况下,办许可证的费用,加上购买债券已经相当于一位招手车司机年收入的50%。这相当于对招手车司机征收同等数额的税收。在一个具有高度竞争性的行业中,单个参与者并非在赚取超额利润,例如一种税收只能导致一种结果——即该行业参与者具有意义的部分被排除在外。接着又做出了进一步的限制,把作为美国公共交通的一种主要形式的招手车,从根本上予以消除。这些限制包括要求招手车的营运不得低于最低小时数。所谓最低小时数一般超过了招手车通常营运的平均小时数;固定的线路与时间表降低了招手车所具有的灵活性;将招手车从乘客密集的闹市区排除出去,尤其是从有轨电车线路区域,对招手车司机最为有利的工作区域排除出去。于是,在洛杉矶出现招手车的18个月之内,反招手车(即倾向于有轨电车)的规则法令,在有招手车与有轨电车竞争的175个城市中的125个城市获得通过。多数主要城市于第二年也仿效而行。

2)对出租车的管制

招手车行业被消灭当然对有轨电车有利,但它也对出租车行业有利,我们将该行业加以展示作为限制竞争的另一案例。

在美国大多数城市里,不是任何人都可以合法地驾驶出租车,并且向乘客的索价也受到限制。该价格一般是由一个委员会所制定的,在一天的任何时段对所有出租车都是同样地适用。在许多城市的出租车行业,一辆出租车的潜在车主或营运者必须购买一种被称作"大奖章"的东西。这一大奖章形状的出租车执照使得车主拥有在某一定区域驾驶出租车的合法权利。一切都正常,然而,在纽约市这些出租车执照的价格竟然一度升至 3 万美元,其他一些城市的价格也上升到天文数字。你可能会问,驾驶出租车的权利为何会如此昂贵?很显然,大奖章形状的出租车执照的制造费用并不昂贵,哪怕它是用青铜制成的。

  理解这一问题的关键是,要知道从一般意义上讲,大奖章形状的出租车执照只发放一个固定数量。换句话说,在美国的很多城市,进入出租车行业的机会被法律限制到零。这就是证章的拥有者可以向他人以如此高昂的价格出售他或她进行出租车营运权利的唯一原因。要购买出租车执照的人不会支付这一高价,除非他或她认为,未来不会有新的竞争存在,并且现有的垄断回报率或利润,对于出租车执照拥有者来说,将会无限制地持续下去。自然,这些垄断利润只能与该垄断的存在一样久远。使得在诸如洛杉矶、达拉斯、福特沃斯、费城、克利夫兰、纽约和芝加哥等城市的垄断得以长久存在的法律文件给人印象很深,无可辩驳地展示了限制进入的典型事例。

  正如你可能预料到的,如果出租车数量受到过于严格的限制,现存垄断情况中的欺骗或无照经营者进入的潜在可能性也就很大。事实上,纽约市非法或"吉普赛"出租车(无证的个体出租车、不准流动找客,只能停止在营业站等候召唤)营运的"问题"是众所周知的。显然,官员们或多或少地对此问题置若罔闻,因为他们认识到,相对城市人口数量的增长,对出租车执照数量的限制已过于严厉。芝加哥的情况也是如此,"吉普赛"们偶尔被捉住,但只扣以 100 美元的罚款。一般来说,在纽约、圣路易斯、匹兹堡,也许还有芝加哥的贫民窟区域,对非法出租车似乎有着更大的忍耐度。在这类地区,因为分散的家庭工作情况而有着对出租的需求。尤为甚者,因为有很大数量的会开车的失业者居住在这些地域,故有相对数量较大的非法出租车与出租车营运者。

  已经有人建议一种解决城市交通问题的办法,即取消禁止个人自行进入该行业的禁令,撤销对招手车和出租车数量的限制。然而应当注意的是,如果这样做的话,所有那些现有的出租车许可证的拥有者将遭受额外的损失。毕竟那些从对进入该行业实现限制中获利的人,正是许可证或垄断权利的初始所有者们。现有的所有者不得不支付较高的价格,以获得这些权利,并且这个包含了初始所有者所能察觉到的所有未来垄断利润的价格会存在下去。而现在的所有者只能获得正常的回报率,而且如果有价资产——大奖章形状的出租车执照——即他们以比方说 25 000 美元的价格所购买的权利变得分文不值时,他们便会遭受损失。

  另一可能性是撤销在特定城市中对出租车和招手车营运的所有限制,同时对垄断权利现在的所有者的意外损失予以补偿。如果这一情况出现,城市交通混乱有可能得到很大改观,即便它不可能得到完全解决。

  在美国,招手车通过城市有轨电车系统的政治活动被排斥出营业圈之外。今天在多数城市中阻止它们重新出现的另一种政治力量,是出租车行业的垄断。在许多主要城市中,出租车拥有者的利益在建立垄断市场结构方面得到成功的保障。在此类垄断市场中,只有那些拥有出租执照(许可证)的人,可以合法地进行一辆或一批出租车的营运。大奖章形状的出租车执照在公开市场的价值与超出竞争回报率的(贴现了的)利润相等。在纽约市,它的价值一度曾高达3万美元。出租车市场中的公开竞争,或非法经营之"吉普赛"出租车的有效竞争,会严重削减大奖章形出租车执照的价值。在极端的情况下,它的价值可能为零。

案例讨论

1. 现实中出租车准入许可的常见理由是什么？这些理由从经济上看是否合理？
2. 如果招手车被允许营运的话,出租车执照的市场价值会怎样？
3. 公共汽车(包括中巴车)与出租车提供的运输服务有何异同之处？

概念复习

管制	市场失灵	公共利益理论
管制俘虏理论	激励性管制	放松管制
税	税收归宿	

思考题

1. 分别归纳不同理论对管制原因的解释。
2. 什么是"市场失灵"？管制能不能解决所有的市场失灵问题？
3. 简述我国运输管制的主要内容。
4. 举例简述管制对我国几种主要运输方式所起的作用。
5. 结合实例简述运输税收管制的内容和优缺点。
6. 结合实例简述运输价格限制的内容和优缺点。
7. 结合实例简述运输市场准入管制的内容和优缺点。
8. 结合实例简述其他运输管制手段的内容和优缺点。

第五篇 综合运用

人类一切努力的目的在于获得幸福。

——罗伯特·欧文

16 城市公共交通经济学

学习目标

了解我国出租车司机收入的变化历程及其原因；掌握出租车价格管制、运力管制和经济租之间的相互关系；理解网约车的实质；了解公共交通需求的差异性；理解公共交通差异化供给的必要性与可行性；掌握公共交通服务水平与小汽车出行选择的关系及其经济影响。

16.1 出租车市场的经济学解释

16.1.1 出租车价格管制

1）出租车售价的变化

1984年之前，中国汽车工业基本上是"中国卡车工业"。1984年，中国的千人汽车保有量为0.5辆（2015年这一数值为110辆/千人），在全世界140个国家中排名倒数第一。其中，商用车（卡车、载重车）与乘用车（轿车和SUV、MPV）的比例为9∶1左右，呈严重的"倒挂"状，而且主导产品还是"高不成、低不就"，与世界汽车产业发展潮流相违背的中型货车。中国汽车产业这一状况，后来被总结为众人耳熟能详的"缺重、少轻，轿车近乎空白"。

从市场交易角度来看，建国后是不允许私人购置机动车的，80年代以前，机动车都属于公车，即都属于某个机关或单位。直到1984年，国家才开始从政策上明确私人购置汽车的合法性。而小汽车价格——尤其是相对于收入水平的价格——在当时也是十分高昂。例如，90年代初"面的"的售价为3万～5万元一辆、夏利为10万元一辆、捷达和桑塔纳为15万～20万元一辆。要知道，1990年，我国城镇人均可支配收入按当年价格计算仅为1510元/年，农村居民人均收入仅为686元/年。相比较，2015年，我国城镇人均可支配收入为31195元/年，农村居民人均收入为11422元/年，而主流出租车的售价却仍然是10万～15万元一辆。

资料：80-90 年代的中国出租车

引自：出租车的发展变迁及展望，交通与运输，2007

在我国，出租车作为一种公共交通工具，是从 20 世纪 70—80 年代开始的。1978 年，上海市出租车的数量是 1 709 辆，到 1988 年超过 1 万辆。当时出租车使用率也不高，每天的载客次数平均只有 7 次左右，是属于高价的交通工具。20 世纪 90 年代是上海城市大发展的时期，也是交通的大发展时期，到 1997 年出租车拥有量已超过 4 万辆，在 10 年里翻了两番，每天车均载客次数也上升到 15 次左右。2001 年以后，在管理的严格控制下，基本上保持在 5 万辆左右的水平。根据 2004 年的调查，每天的载客次数已经高达 36 次，平均每车每日行驶里程达到 348 公里，比 1995 年提高了 87%。

2）出租车费率

出租车市场的价格管制是随着出租车市场的逐渐繁荣和计价器的引入而确立的。管制下，出租车运价成为一种"固定"价格，即司机向乘客收取的费用名义上只能是计价器显示的数额。司机不允许随意提价，也不能降价。最初，仅采用按车型和里程定价。里程定价又分为起步价和单位里程价格。固定定价的好处是避免了大量的交易成本——讨价还价的成本、由于信息不对称被交易对方欺骗的成本、由于交易不成耽误的时间和精力，以及由于消费者被欺骗后反馈带来的投诉和城市形象受损等（可参考本书 11.3 节的案例）。

以 90 年代初的北京出租车费率为例，"面的"为 10 元 10 公里，之后每公里 1 元；夏利出租车为每公里 1.2 元，相对更舒适的富康为每公里 1.6 元。看似比现在便宜不少，但要知道，1992 年北京市城镇居民人均可支配收入仅为 2 556 元/年（即每月 213 元）！时至今日，北京市出租车的起步价已达到 3 公里 13 元，之后每公里的基本单价为 2.3 元/公里。尽管表面上费率有所上涨，但是相对于居民收入的增长，车租车资费用实际上是大幅下降的，并开始被更多普通市民所接受。换言之，出租车服务的定位已经出现了很大变化，从 20 世纪 80—90 年代的"高档交通工具"发展为现在的"大众交通工具"。

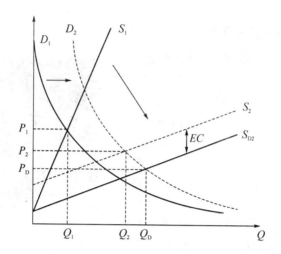

图 16-1　上世纪 80、90 年代与当前出租车市场供需关系示意图

注：D_1 为上世纪 80、90 年代的出租车需求曲线，D_2 为当前的出租车需求曲线，曲线右移的主要原因在于城市人口的增加；S_1 为上世纪 80、90 年代的出租车供给曲线，S_2 为当前的出租车（行业）供给曲线，S_{D2} 为当前如果不存在出租车市场"经济租"时的供给曲线，S_2 和 S_{D2} 的差为经济租 EC，曲线右移且变平缓的主要原因在于车辆价格（可比价格）和司机劳动力资产专用性的大幅降低；易见，当前市场均衡下的需求量／供给量 Q_2 要远远高于 80、90 年代时的水平 Q_1，同时，当前的市场均衡价格 P_2 要低于 80、90 年代时期的水平 P_1。

3）固定费率的不足

不过，固定的费率体系对于市场供需关系的变动并不敏感。

当市场供不应求时，出租车司机无法通过提价来接近市场均衡价格，因此，往往采取挑选"优质顾客"的方法来避免出现较高的机会成本。例如，高峰期一位前往几公里外的市中心拥堵地区的顾客，常常不会被定义为"优质顾客"，因为，花费同样这段时间，司机往往可以在不太拥堵的市郊获取更多的净收入。现实中，司机的应对方法主要有"挑客"（在停车之前就选择拒绝为部分打车人服务）、"拒载"（在停车询问打车人之后选择拒绝为其服务）和"加价"（在载客出发之后通过软、硬、或软硬兼施的方法让乘客增加车资）。这就形成了高峰时段或恶劣天气下"打车难"的现象。随着城市规模和人口总量的不断扩大，很多大城市的主城区道路甚至通往城郊的道路均出现了较严重的交通拥堵，"打车难"问题非常突出，早晚高峰时段再遇上恶劣天气，几乎是"一车难求"。

另一方面，当市场供过于求时，出租车司机也较难通过降价来争取顾客。因为，在一个城市区域中，所有同一类型车辆的定价是相同的。司机很难在行驶中表达他／她试图降价的意愿。替代的做法是停车与潜在的顾客协商，或干脆暂停运营以减少车辆的空驶。后者又进一步加强了管理者心中出租车运力过剩，车辆空驶率太高，需要加强运力管制的印象。

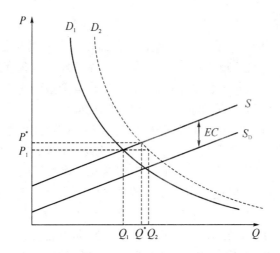

图 16-2　高峰时段或恶劣天气时的出租车供需关系示意图

注：D_1 为每日的出租车需求曲线（综合了高峰和平峰的情况），D_2 为高峰时段或恶劣天气下的出租车需求曲线，曲线右移的主要原因在于人们出行需求的增加和替代交通方式服务水平的下降；S 为出租车供给曲线，S_D 为没有出租车市场"经济租"时的供给曲线；由于价格管制，出租车费用 P_1 要低于高峰时段或恶劣天气下的市场均衡价格 P^*，出租车供给意愿 Q_1 则远小于市场需求 Q_2；这就导致了此时市场整体上的供不应求。

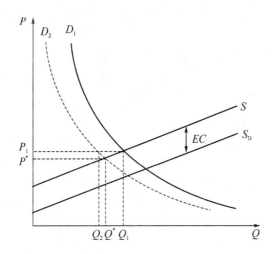

图 16-3　平峰时段或低需求区域的出租车供需关系示意图

注：D_1 为每日的出租车需求曲线（综合了高峰和平峰的情况），D_2 为平峰时段或低需求区域的出租车需求曲线，曲线左移的主要原因在于人们出行需求的不足；S 为出租车供给曲线；由于价格管制，出租车费用 P_1 要高于平峰时段或低需求区域的市场均衡价格 P^*，出租车供给意愿 Q_1 则远大于市场需求 Q_2；这就导致了此时市场整体上的供过于求。

4）新技术的影响

时至今日，我国大城市出租车计费模式较传统的里程计费丰富了不少，燃油附加费、按堵车时间增加收费、长距离跑空费、预约叫车费等均一定程度地影响了出租车司机的供给意愿和消费者的需求意愿。不过，显然仍未完全达到高峰时段或恶劣天气下的市场均衡价格。因此，无法真正地攻克"打车难"的问题。

近年来，随着信息技术、通信技术和网络支付技术的改变，出租车市场的供需矛盾正在得到缓解。以"滴滴打车"APP（中的出租车选项）为例，在供不应求时，需求者可以通过"小费"等操作进行加价从而将自己升级为出租车司机眼中的"优质顾客"；在供过于求时，出租车司机可以通过定位顾客的具体位置减少空驶里程，并缓解"被顾客挑选"的风险（部分打车人在可能的情况下有选择出租车车型、新旧程度乃至颜色的偏好）。简言之，出租车打车软件通过"加价"和"定位"等功能，进一步"精确"了出租车的市场供需。由于此类"加价"功能是对既有出租车价格体系的一种挑战，在一些城市已被叫停。

16.1.2 出租车司机收入

1）出租车司机的资产专用性

需要说明的是，出租车供给的收入与出租车司机的收入并不相同。出租车供给的收入主要受出租车需求、运价和运力管制等因素影响，出租车司机的收入则主要是受劳动力市场供求状况影响。当前，出租车行业常常被指责存在"垄断暴利"，但很少有人会认为出租车司机仍属于高收入职业。

实际上，20世纪80到90年代中期，出租车司机是一个收入颇高的群体。原因很简单，那个时代很难获得汽车驾照，因而小汽车司机的劳动力具有较强的资产专用性。当时的驾照考试制度与现在大不一样：学车大多是在单位跟着会开车的师傅学，且不是随便就能学的，每个单位的学车名额指标是车管所根据该单位的车辆数量分配的，学车名额分配到单位之后，谁能够成为学车的幸运儿就说不定了；个人如果选择在屈指可数的驾校学习，不仅需要脱产，学费也是相当高昂，甚至超过了一般职工一年的工资；当时学车的内容也很严格，从学习到最终领取驾照有的得需要两三年的时间，不仅需要培养扎实的驾驶技术，也需要花很长时间学习汽车维修技术，考试合格后才能领取驾照；有的还需要一年的实习期，一年中没出大事故才能换成正式驾驶证。

例如1992年成为出租车司机的崔师傅，他开着公司的出租车，早上6点出班，干一上午的活儿，中午吃完饭，还能休息打扑克，再从下班的点干到晚上八九点钟，这样一天既可以把"份子钱"150元和油钱50元赚出来，自己还能剩余近100元钱。用崔师傅的话说："90年代，边玩边干，一个月轻松愉快地赚个3 000元没问题。"在当时，3 000元绝对是高工资，要知道那时一般城市职工月收入也就几百元。

2）向劳动密集型行业的转变

90年代末21世纪初，随着驾校和学车人数的日益增多，汽车驾照的含金量逐渐下降,出租车司机劳动力的资产专用性也逐渐消散。时至今日,中国已有超过 3 亿人获得了驾驶证。出租车司机也沦为了不需要太多技术含量、劳动力市场竞争激烈的体力劳动密集型职业。而这样的职业,在中国大城市是无法获得较高收入的。以北京 2015 年一次调查中的数据为例,一辆出租车月均运营收入约 16 300 元,其中,份子钱为 6 400 元/月,司机(包含了白班和夜班司机)的总收入为 6 400 元/月;同期北京市职工的平均收入为每月 7 086 元。

再次强调,出租车司机收入较低并不意味着出租车供给的收入较低。简单地讲,一辆出租车在一年中创造的价值还是很高的(在大城市单车年收入可以达到 20 万~30 万元),出租车供给与司机的劳动力供给之间形成了较大的差距。

 资料:不同年代的中国出租车司机

《上世纪 80 年代上海出租车也存在"乱收费、服务差、要车难"问题》,杭州日报,2013.1.29

在 20 世纪 80 年代,上海出租车行业由于普遍存在"乱收费、服务差、要车难"问题,在公众中的形象并不好。上海出租汽车的形象已影响到上海的声誉,影响到上海的投资环境,必须予以整顿。当时状况:出租车企业多为私人承包,管理较为混乱,行业停滞不前。另外,当时出租车企业利润非常丰厚,而且没有总量控制,出租车司机的收益水平很好。黄伟春说,白领才几百块的收入时,出租车司机一个月可以挣两三千,趋之若鹜者众多。上海 10 万出租车司机外地人只有 2 000 人。当时一个驾驶员要是被开除了,肯定是一个爆炸性的行业新闻。因此,的士司机很珍惜这个岗位,认真对待考核。

《出租车司机 1985 年月入七八千 如今只赚 6 千》,半岛晨报,2013.1.7

作为 1984 年本市第一批个体出租车经营业者,李伟从业之初就看到了出租车行业的"钱"途,也预测到了这行会越干越难。李伟回忆,上世纪 80 年代,大连的出租车以大汽和国营为主导,之后出现个体,再之后才是当前的民营。1984 年,李伟凑了 3.8 万元买车,加上营业执照的钱,一共花了不到 5 万元,李伟拥有了属于自己的出租车。那个时候,全市的出租车还不足 1 000 辆,而到今天已经发展到 12 000 多辆。"当时出租车还不是普通老百姓消费得起的,打车的主要对象就是出差办公群体。"李伟说,当时出租车很少在大街上跑。因为飞机班次也比较少,所以出租车都集中停在火车站和码头。那个时候出租车还没有安装计价器,在出发前,乘客和司机还要经过讨价还价。不过那时候价格也很低,最早的起步价是 4.5 元。不仅如此,由于当时的私家车比较少,出租车还是婚庆车的主力,出一次婚车能收几十元钱。

1985 年的时候,谁家账户上能有 1 万元钱,那就是了不起的万元户。李伟骄傲地说:"好的时候,单月收入就能达到 1 万元,一般月份七八千元,买辆车不用一年本儿就回来了。"当时油价也便宜,一天油钱也就几十元。那时候没有承包车,不用交份子钱,没有那么高保险费用,刨除油钱,司机一天净赚也有 200 多元。

《出租车司机收入相对偏低的原因分析——以北京市为例》,经济与管理研究,2008.5

由对外经济贸易大学课题组发布的《北京市出租车司机生存状况调查报告》指出，"出租车价统一上调至 2 元/公里后，受访司机人均月净收入由涨价前的 2 210 元下降到 1 658 元。"无论是涨价前的 2 210 元，还是涨价后 1 658 元，北京市出租车司机的人均年收入 26 520 元或 19 896 元都低于北京市 2005 年城镇单位在岗职工的平均工资 34 191 元。更何况北京市出租车司机的工作时间远远高于北京市职工的平均水平，据中国商学院专家的调查，北京市出租车司机平均每天工作 14 个小时，每月工作 427 小时，每年工作 585 个工作日，是法定工作日的 2.5 倍。

16.1.3 出租车运力管制

1）运力管制的内容

从管理者的视角来说，出租车市场运力管制的目的之一是控制市场中的总供给，因为，"多余"的出租车运力似乎会造成城市道路交通资源的"浪费"和更加严重的拥堵。

出租车运力管制包含两个方面：一是出租营运证（出租车牌照）管制，二是对非法营运车辆（没有营运证的私家车"黑车"、克隆出租车以及跨区非法运营的出租车等）的管理。实际上，出租车营运证的管制决定了一个城市区域中正规出租车运力的上限——即所有出租车司机均保持最长工作时间并积极揽客时的总运力。而一个城市区域中出租车的实际运力会受到司机供给意愿的影响，例如，晚高峰时段，在市中心游弋的出租车数量可能非常有限，更多的车辆可能前往市郊运营；在暴雨暴雪等恶劣天气下，部分出租车甚至会暂停运营；在平峰时段，部分司机会找地方停车休整。对非法营运车辆的打击力度则影响了一个城市区域中"类出租车"（通过收取经济回报来提供载客服务的车辆）运力的上限。

2）运力管制的结果

对于世界上的大部分城市而言，出租车运力管制与价格管制是一起实施的。但也有例外，例如台北市在多年之前已基本放开了出租车运力管制，而运价管制却一直保留了下来。从数据上看，台北市的出租车大约有 3 万辆，加上周边县市（新北市和桃园县）的 2 万多辆，这些与台北同属于一个营业区域的出租车数量在 5 万辆左右，导致台北市出租车万人拥有率接近 150 辆/万人；仍存在牌照管制和价格管制的纽约曼哈顿和日本东京，出租车万人拥有率分别也达到了 60 辆/万人和 40 辆/万人（对于后者，60%的客运量是由市郊铁路承担的，尤其是在市中心，不含出租车的公共交通包揽了出行总量的 86%）；而中国大陆出租车万人拥有率最高的北京、上海等大城市，该指标仅分别为 31.2 辆/万人和 20.9 辆/万人；这一指标深圳是 15 辆/万人、成都是 12 辆/万人，广州是 17 辆/万人。打车难成为很多城市普遍存在的一个问题，一些城市也滋生了相当数量的"黑车"。

资料：台北出租车市场

引自：《台湾地区出租车业管制的变迁及其经验借鉴》,价格理论与实践，2014

台湾地区对出租车业的数量管制相当宽松，基本没有总量控制，主要由市场调节。

台湾地区出租车数量远超大陆同类地区或城市的出租车数量。在2011年，人口不到300万的台北市，出租车数量达到3万多辆，每万人拥有量超过100辆。而同期，大陆地区常住人口469万的西安市出租车拥有量仅10 762辆，每万人拥有23辆，北京也不过35辆。数量管制的宽松是台湾地区出租车总量及每万人拥有量大大高于大陆城市的主要原因，也诠释了为何台湾地区很少有"打的难"现象。

台湾地区对出租车业实施较严格的价格管制，管制当局规定出租车的费率标准。例如，2014年台北市起步价为1.25公里70元（新台币）（约合人民币1公里11元），超过1.25公里后每0.25公里加5元（新台币）（约合人民币4元每公里），堵车低速时（时速5公里/小时）每1分钟40秒再加5元（新台币）（约合人民币5分钟3元），晚11点至早6点加价20%，远途则要加价50%。

资料：北京市出租车市场

引自：《北京市出租车价格调整的经济学分析》，山西师大学报（社会科学版），2013.6

北京的出租车开始于1980年代末，出租车较少、价格较高，出租车司机属于"高收入"人群，社会地位也较高，乘坐出租车的主要是外国人和外地人。

1990年代初，出租车市场是卖方市场，正处于培育阶段，当时北京市大力倡导发展出租车，发展原则是"让老百姓打得起，一招手就停个三五辆车"。此时政府管制较少，进入门槛低，出租车牌照的颁发是申领制，无论单位或是个人都可以申请，经过管理部门的审核批准就可以获得牌照。经过这段时间的发展，北京市大、中、小型出租车公司同时并存，最多的时候有1 085家出租车公司。这时的份钱不多，司机和车都比较自由，出租车公司和司机都获得了令人满意的报酬。

在1993年到1994年期间停止批准设立新的出租车公司，对出租车经营权实行严格的管制，希望通过控制出租车的数量来管理和规范市场与行业。与此同时，加大出租车的兼并整顿力度，许多小的出租车公司被大的出租车公司兼并。1997年后，政府即停止向个人出租车颁发营运资格。在北京的出租车市场上，出租公司占绝对份额，出租车公司里面又有7家企业因为出租车的数量多，占据北京市场的绝对优势地位。当前的6.66万辆出租车中，属于个人的只占1.7%。个体出租车司机不具有营运资格，只能通过向出租车公司交纳份钱和风险抵押金的方式来获得正规的营运资格。20年来，北京市场上出租车数量跟1990年代中期的出租车数量相比没有变化。按照北京市交通委官方网站发布的《北京市"十二五"时期交通发展建设规划》，未来不会调整增加出租车数量。管制的结果之一是黑车的出现，据统计，北京黑车数量为7.2万辆，甚至超过了正规出租车数量。

16.1.4 出租车市场的经济租

1)经济租的形成

在出租车价格管制与运力管制下,出租车车费高于无管制的应有水平,消费者支付水平/意愿与出租车司机劳动力供给出现了的差距,从而形成了一类重要的"经济租"(Economic Rent)——对于公司化管理的出租车主要表现为"份子钱",对于个体出租车经营者主要表现为"牌照费"。这类似于垄断企业通过控制产量获得超额利润的做法(详见本书 12.2 节)。在经济较发达的城市(打车人的需求较高),如果出租车价格管制与运力管制较严格,"份子钱"或"牌照费"也会居高不下;而在经济欠发达的城市,"份子钱"或"牌照费"则有可能较为亲民。

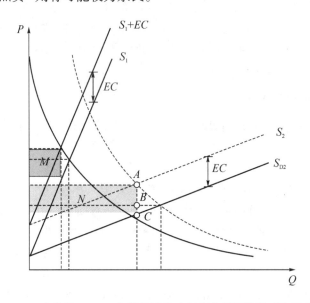

图 16-4 上世纪 80、90 年代与当前出租车市场经济租对比示意图

注:假定上世纪 80、90 年代的出租车市场通过价格和运力管制,也能收取与当前相同水平的"经济租" EC,那么,由于供给与需求状况的差别,该城市中当年能够获得的"经济租"总量为矩形 M 的面积,而现在可以得到多得多的总量为 N 的"经济租"。考虑到市场管制的成本(包含交易成本)并不低,当年通过运力管制收取"经济租"的动力要远低于现今。这可以从经济上解释为何出租车市场的运力管制是逐步形成并得到加强的。

2)经济租与"份子钱"

以"份子钱"为例,作为出租车市场"经济租"的一种表现形式,"份子钱"在数量上并不完全对应于"经济租"。份子钱中有比较清晰的支出项,例如营业税,但亦有很多不够透明的支出项。理论上,出租车市场"经济租"应等于在"份子钱"中除去职工工资福利、车辆折旧、车辆保险等生产要素"影子价格"后剩余的部分。在 20 世纪 80—90

年代，出租车市场的"经济租"非常有限甚至可以忽略不计，而当前，"经济租"就非常可观了。这部分收益并不会全部流入出租车公司，而且，随着一个市场中出租车公司/集团/联盟数量的减少，出租车公司与其他部门或机构之间的交易成本也可得到降低，"经济租"变动和分摊的灵活性也有所提高。

与第15章中描述的"税收"类似，"经济租"并不等于管制价格减去无管制时的市场均衡价格，而是要大于上述差值！意即出租车司机和打车人共同支付了"经济租"（如图16-4所示）。双方承担的份额要视双方相对的价格弹性而定：弹性相对较小的一方会承担大部分的"经济租"。图16-4中，单车的经济租等于长度 AC，其中消费者承担了值为 AB 的"经济租"部分，出租车司机承担了值为 BC 的部分。

资料：出租车的成本结构

引自：《出租车市场组织形式管制效果分析——上海市出租车市场调查》，城市问题，2012.6

2010年4月上海市出租车公司与个体出租车每月运营成本如下表所示。

表16-1 上海市出租车公司与个体出租车每月运营成本一览表（单位：元）

运营项目（月）		个体司机	公司司机	备注
1. 每月燃油费用				
	其中：每天行驶里程（公里）	250	360	因为公司出租车司机每月要上交公司一笔承包金，因此每天工作时间较长
	每天工作时间（小时）	12	18	
	每天燃油支出	180	250	
	每天燃油费用合计	5 400	7 500	
2. 每月固定运营费用				
	其中：①养路费、保险费及相关税金	2 850	2 196	为了便于公司司机与个体司机的比较，从公司司机上交公司的承包金中剔出折旧额，即 10 000-1 666.67 = 8 833.33元，折旧额单列为③
	②公司收取的托管费	150		
	③每月折旧额	1 666.67	1 666.67	
	④维修费用	400	1 000	上海市出租车管理条例规定：营运车辆满5年必须下线，营转非之后还可以开3年，一共8年。通常公司运营车辆4年后下线，而个体经营者则可达8年。此处统一按照5年计算折旧
	公司其他经营费用及利润等		5 137.33	
每月固定运营费用合计		5 066.67	10 000[s]	
3. 每月每年运营成本合计		10 466.67	17 500	公司出租的运营成本约为个体出租车运营成本的1.67倍

注：①根据相关规定，个体经营者必须挂靠加入出租车公司，并交纳托管费；出租车公司司机每月必须向公司上缴一笔承包金，包括出租车的固定费用、公司经营费用及利润等。②上海市出租车以桑塔纳3 000型为主要车型，出租车的初始成本为10万元（包括车辆价格、计价器等出租车必备装置）。③除标注的数字之外，其他数据经市场调研得到。

资料：北京出租车的"份子钱"

引自：北京出租车"份儿钱"进化史：始于上世纪 80 年代

起步于 20 世纪 80 年代初的出租车行业，起初只是游离于市场和公司化经营的一种特殊产物。"车不多，司机不多，谁想坐车得公司指派。"从事出租车行业 20 多年的老司机刘先生回忆，那时候没有所谓的"份儿钱"，司机是公司的职工，每月从公司领死工资，有活儿才出车。上世纪 80 年代末，当人们看到马路上越来越多的黄面的时，北京的出租车行业管理模式第一次改革基本完成。出租车不再等着指派工作，只要乘客有需要，招手就停。出租车公司与司机的关系由原来的公司对职工升级为服务方与承包人。出租车公司购买的车辆为司机提供服务，司机需要按月给出租车公司交承包费。当时各公司承包费并不统一。

到 90 年代初期，北京市出租车数量已经达到 6 万辆。最鼎盛时，北京有近 1 500 家出租车公司。在利益的驱使下，一些出租车公司做起了卖车的"生意"，将所购车辆卖给个人，个人每月只要交一定的管理费就可以运营。1996 年，北京市出租汽车管理局下发《关于加强企业营运任务承包管理工作的通知》，规定出租汽车企业实行承包管理，应与其驾驶员签订营运任务承包合同；同时，车辆价值保证金和营运收入保证金的收缴，不得突破规定的比例数额，月承包金的收缴应严格控制在行业公布水平线的 ±15% 以内。在许多司机看来，该文件彻底改变了出租车司机的命运。

1998 年，北京市完成了出租车更新，代替"小面"的是红色夏利，后来补充了富康，完成了北京出租车换代。同时，新的承包方式也确定，单班司机每月需要支付 4 300 元到 4 500 元给公司，这笔承包费用仅包含了养路费、税费等。之后，政府开始鼓励大公司兼并小公司以提高管理的效果。2001 年到 2003 年，北京的出租车公司减少到 600 家左右。2005 年，北京出租车更新换代，单班承包费首次明确，每月 5 175 元。这个金额一直延续至今。"这数字为什么有零有整，其实是在夏利的 4 500 元份儿钱上浮了 15% 得出来的。"

3）经济租的表现形式

需要说明的是，即使按照部分人的呼吁取消了"份子钱"，只要出租车市场的价格管制与运力管制不变，"经济租"就不会轻易消散，改变的只是"经济租"的表现形式和"经济租"分配时的交易成本。例如，假定某一时刻"份子钱"突然被取消，出租车公司也全部撤出（公司车辆全部交给私人车主），只要司机劳动力市场不出现阻碍，出租车司机的收入也不会出现大幅上涨。原理很简单，这些出租车的车主会利用管制下的市场优势攫取可观的"经济租"：即使车主原来就是艰辛的出租车司机，他／她也很可能去招新的司机顶替自己的角色，而自己变身为"雇主"向其雇佣的司机发放工资（工资水平依旧与"份子钱"取消前相当）或向其雇佣的司机收取"抽头"（可视为"份子钱"的变体，而被雇佣司机的工资水平依旧与"份子钱"取消前相当）。前后的区别在于：由于无需与其他部门或机构分享"经济租"（仅凭这一点就可反证该情形不会被允许出现），加之可以避免不少"公司"内部的管理成本,个体雇主的单车收益水平要高于原来的出租车公司。

 资料:出租车市场的组织形式

引自:《出租车市场组织形式管制效果分析——上海市出租车市场调查》,城市问题,2012.6

自1978年至今,我国大城市出租车市场的组织形式先后经历了社会办出租阶段(1978—1990年),即行政机关、事业单位、企业及个体经营者均可进入经营出租车行业;有限进入阶段(1992—1996年),即审批时侧重于单位和企业组织;全面限制阶段(1996—2002年),明确限制个体经营者进入出租车市场而鼓励公司化经营,即限制进入市场的组织形式;企业办出租阶段(2002年以后),鼓励大企业兼并小企业,个体经营者必须挂靠公司。截至2006年年底,北京市的出租车个体经营者数量占行业经营者总数的1.5%,上海市的比例为8.7%。

目前,我国各大城市的出租车市场组织形式主要分为:

1) 经营型企业

即公司拥有出租车运营权和出租车所有权,同时具备经营出租车业务的其他条件,雇用驾驶员运营。我国大中型城市出租车市场的组织形式主要以这一方式为主,以北京、上海等城市为代表。

2) 个体经营者

即个人拥有出租车运营权、出租车所有权、个人驾驶出租车或者雇用驾驶员开车。根据管制机构的规定,个体经营者必须挂靠在某一家出租车企业,由企业收取一定金额的管理费,负责车辆安全、服务质量等日常管理。

3) 牌照租赁型企业

即企业拥有出租车运营权,出租车司机拥有出租车车辆所有权,司机带车加入企业,按月缴纳出租车运营权的租赁费及相关管理费用。在我国,这一组织形式以南京市为代表。

16.1.5 新事物与展望

1) 网络约车的影响

近年来出现的优步(Uber)等网络约车平台,其经济学实质是借由更加灵活(如果和提供相似服务的出租车相比,则提供了更低的运价,例如人民优步的定价约为出租车的70%)的定价和服务组合,通过对出租车价格管制和运力管制的规避,获得了相对于传统出租车的供给优势。在这样的竞争下,传统的出租车行业自然难以抵挡。特别是对于"经济租"水平较高和出租车运力保有量较大的城市来说,网络约车平台的冲击更大。据《经济学人》报道,2014年夏季,一张纽约市出租车牌照的价格是100万美元左右,但迫于Uber等网络约车的竞争压力,仅仅一年以后就降到了69万美元,随后仍持续降低，如今已经腰斩一半，徘徊在 50 万美元左右。当然，优步等专车应用业态也很容易引发来自出租车行业相关利益方的阻力（因"涉嫌非法经营"遭到查处、出租车罢运、出租车司机与专车司机的冲突等）。

资料：Uber 们在不同城市的境遇

引自：《Uber 的秘密：随行就市的差异定价》，销售与市场（评论版），2015

比较有趣的是：目前国内优步用户还没有提到太多关于价格的问题，但在国外使用过优步的用户或许已经发现其打车价算法是"随行就市"的，同样的路在不同时间，可能价格是完全不一样的，当然它定了个上限（不会吓跑用户）。具体来说，假如是下雨天，打车的人多，出来接客的车少，优步的价格就会上升；相反，假如在非高峰期，或某个地点的车很多，而用车的人少，价格就会相应调低（当然，现阶段优步也会补贴司机，使参与进这场游戏的"供方"保持良好的增长势头）。

这种随行就市的定价方式看似简单，其实是专车领域的首创。在以往，从出租车业务发展而来的"专车"业务，它从思维上延续了价格管制型企业的烙印，虽然这种"行业自律"并不会让管理部门（中外都一样）主动将你从"黑车"行列区分出来，由此变白，但这种路径依赖的思维格局仍然导致了其他专车服务还在沿用按里程计价的传统定价模式，而完全无视由移动互联网带入的地理位置与时间维度。换句话说，现有的绝大多数移动专车应用在这两点上，只开发了"地理位置"的就近接客便利，却没有以地理位置的优劣（中心区或偏僻区）对价格进行优化，而对于时间维度则完全忽视。

在以往"散兵游勇"式的出租车行业并没有实行差异化定价，主要是因为它既往采用的是"人制"化管理：中心人工调度＋路边随机招停。由于这个行业的随机与高频次服务次数，要人工随行就市地实行差异化定价是完全不可能的。但优步作为基于移动互联网的新经济业态，它几乎可以自动化匹配（运行），因此就有能力再一次重操相关行业的差异化定价，以期最大限度地提升这场游戏中供需双方的满意度，虽然平台型业态的差异化定价的主旨在于提升供需双方的满意度，并非平台的直接盈利。

2）出租车市场展望

简单地说，出租车市场的价格管制主要是为了给市场交易提供价格标杆，以减少信息不对称条件下的市场秩序混乱；出租车市场运力管制的出现是消费者支付能力上升和出租车司机劳动力价格下降大潮下的产物，而依托出租车公司的牌照管制在全国得到如此迅速的推广，既有降低管理成本方面的考虑，也有以相对较低的管理成本获取"经济租"的目的。在城市化进程非常快的地区，消费需求、服务范围、竞争性交通方式的发展瞬息万变，加之汽柴油等生产要素价格的波动，出租车市场中协调一致的价格管制、运力管制和"经济租"的测算变得非常复杂，导致各类管制的调整难以及时跟上变化。面对滴滴、优步等新兴势力的强势竞争，传统出租车行业及其管制模式，都需要进行改变和调整，以适应市场需求和城市发展的需要。与此同时,滴滴、优步等也可能主动或被动地顺应当地政府的监管,以取得完全"合法化"的身份。

16.2 城市公交市场的经济学解释

16.2.1 大城市公共交通的经济属性

经济学公共物品理论将全部社会物品分为3类:私人物品、公共物品和准公共物品(详见本书第8章第2节)。大城市公共交通兼具了公共物品和私人物品的属性。

一方面,虽然每一个社会成员都可以乘坐公交系统,公共交通似乎并不排他。但现实中,目前在技术上和经济上已经可以实现有效排他。例如在各大城市得到广泛使用的公交IC卡可以做到区别本市居民与外地客商;老人卡、学生卡则有助于识别出某一年龄段的人群。简言之,大城市的公共交通系统已经初步具备了"排他"的条件。

另一方面,人们对城市公共交通的使用会影响其他人对公交物品的消费。例如,在工作日的高峰期或高峰线路上,当公交车辆满载甚至超载时,存在较高的边际拥挤成本。除此之外,出于道义,老年人等弱势群体享有公交座位使用的优先权,这亦会影响到他人对"座位"物品的消费。简言之,城市公共交通在大部分时空中亦具备"竞争性"。

综上所述,不应因为公共交通的名称含有"公共"两字而认定其就属于"公共物品"。实际上,在大城市客流密集的地块或交通走廊,城市公交更接近于经济学中的"准公共物品"(有竞争,但不排他)甚至"私人物品",可以由自由市场中的企业提供服务。在客流较为稀少的平峰/低峰时段或城市地块,城市公交更接近于经济学中的"公共物品",更需要由政府保障企业不愿提供的"普遍服务"。上述组合类似于邮政系统中的特快专递服务和普通包裹服务的关系。若干年之前,在邮政法"信件和其他具有信件性质的物品由邮政企业专营"条款的庇护下,邮政系统包揽了上述服务。然而,近20年民营快递和外资快递的快速发展证明,特快专递市场可以更有效率,服务水平也可以更好。

实际上,自20世纪末年开始,由于政府公交投入不足、国有公交企业条件有限等原因,我国的城市公交系统一度对民营资本敞开大门。但是,随着城市化进程的加速,自2007年左右,政府开始加大公交财政补贴并重新主导公交市场,民营资本也不得不逐渐退出城市公交市场。直至现在,形成了高政府补贴下的城市公交市场供给。

16.2.2 大城市公共交通出行者的需求特征

城市交通的本质,是为了满足"人"的出行需求。良好的城市交通意味着人们能够以适当的"交通成本"满足其"交通需求"。这里的"交通成本"既包含显性成本(如票价、油费)、出行时间,也包含隐性的出行风险和精力、体力损耗;而"交通需求"不仅与人们更本源的"出行需求"(工作、休闲、购物、社交)有关,也包含了可达、可靠、舒适、私密等方面的个体效用。

一种观念认为,"在中国,公交车对老百姓来说是一个缺乏弹性的商品"。然而从运输经济学的视角来看,单纯地分析公共交通的"价格弹性"本身就是一种不够全面的做法(可参考本书第4章第2节的内容)。毕竟,公共交通的(潜在)消费者看重的不仅仅是票价。可以这样理解:公交票价、出行时间价值的高低(受出行者自身特征与出行目的影响)和出行者"服务水平弹性"(常被忽略)共同决定了其"乘坐公交出行的意愿"。进一步分析,大城市居民的公共交通出行需求特征可以按照人群差异分为以下三类。

1) 学生群体

学生出行时较偏重安全性,因此在中长距离通学出行时往往倾向于使用公共交通而非慢行交通(非机动车与步行)。加之其出行时间较集中(特别是早高峰时),因此,若从价格弹性的单一视角来看,学生群体在高峰期的公交需求价格弹性并不高。然而,公交学生票优惠在不少城市都已经成为了一种"传统"(需要注意的是,校车与公交车的区别,前者可以得到教育系统内部的资金流入,而后者得到的是城市财政的支持)。一些城市在取消学生票优惠后,公交车甚至遭到了家长的封堵。

2) 老龄群体

由于老龄群体自身活动能力相对较差,在城市公交与慢行交通的选择中常倾向于前者。因此,从全时段来看,老龄群体的公交需求价格弹性应当较低。然而,由于老龄群体出行的机会成本相对较低,加之大多具有节俭的习惯,因此这一群体在交通方式选择时常常偏重经济性,这又导致其公交需求价格弹性偏高——表现为老龄群体常常较灵活地调整出行时间段和出行频次。简言之,高峰期老龄群体的公交需求价格弹性反而较高。同样,公交老人卡优惠甚至免费在不少城市都已经逐渐成为了一种"潮流"(政府财政对这种优惠和免费给予了充足的资金支持)。不过,这种做法也遭到了部分年轻乘客和公交司机的反对。车票优惠甚至免费政策带来了老年人更高频次的出行,对于年轻乘客,由于老年人对座位通常具有被动甚至主动的"优先权",车上更多的老龄乘客也意味着自己更少的就座概率;对于公交司机,则增加了乘车时发生意外的概率与公交司机/公交企业的风险损失。

2016年6月26日开始,上海市"带头"取消了沪籍老人免费交通制度,老人乘坐公共交通也需购买全价票(同时实施了老年综合津贴制度)。老年乘客们的公交出行量随即出现了大幅下降,也应征了其需求价格弹性普遍较低的判断。

3) 上班族

在高峰时段,出于通勤出行时间较集中,上班族普遍注重准时性,加之大城市普遍的"职住分离"现象,人们会根据各交通方式的提前时间和可靠性选择出行方式和出发时间。此外,这一群体出行的可选方式较多——非机动车、步行、私家车、出租车。出于支付能力和"服务水平弹性"的差别,上班族中的中高收入者在高峰期的公交需求价格弹性较低,但是对公交服务水平要求较高,这一特点在其休闲购物出行时更为显著;低收入者的公交需求价格弹性较高,对公交服务水平的要求有限。

综上所述,大城市公共交通出行者的需求特征存在显著的差异性。因此,大城市公共交通的发展要及时顺应服务对象的生活方式和出行需求的变化,应当努力去了解和把握各类城市出行者在不同交通供给水平和广义成本下的出行意愿,并充分尊重人们的选择,提供相适应的交通服务,而不是根据所谓的"国际经验"去代替人们做出选择。

 资料:老年乘客公交免费政策的影响

引自:《上海公交取消敬老卡免费首日老年乘客锐减》,新闻晨报,2016.6.27

上海已实施老年综合津贴制度(可视为用现金补贴取代每次的乘车补贴),涉及260万老年人,年财政投入超过45亿元。具体方案是:65～69岁每月获75元;70～79岁每月150元;80～89岁每月180元;90～99岁每月350元;100岁及以上每月600元。在此背景下,2016年6月26日起,上海正式终止70岁以上沪籍老人持敬老卡免费乘公交制度,今后老年人也需买全价票。

记者实地观察发现,公交车站及地铁上的老年乘客明显减少。据巴士公交二和三公司48、49路车队反映,当天老年乘客比以往至少下降了八成以上。"我今天一早出车,到现在已经开了4圈,老年乘客明显减少,感觉比平时下降了八九成。"一位驾驶员告诉记者。"今天与以往的确是两个世界。过去这里的老年乘客要排队上车,昨天下雨天,这里照样有老年人来排队。今天第一次没有出现这样的情况。"一位女乘务员对记者说。

16.2.3 大城市差异化公交服务模式发展的必要性

差异化公共交通服务模式,对于中国大城市来说是一种创新。狭义上,这是指"短距离费率高以及长距离费率逐渐降低"的差异化定价结构;广义上,是指服务水平与服务费用的差异化,类似于高铁动车与普通列车的"高票价提供高水平服务,低票价提供一般服务"。下面主要探讨后者。

1)符合资源使用的效率原则

差异化公共交通服务模式,符合社会资源使用的效率原则。从经济学的角度来看,公交价格不仅仅是一种"负担",更是同时引导消费者和供给者的有效信号,是一种资源调节方式。为了实现资源的有效利用,价格应该等于所提供产品或服务的机会成本,换言之,公交票价应该对应于做出每一次位移或出行决策的短期边际成本。过低的公交票价会导致公交需求过于旺盛,但公交企业却没有兴趣增加供给。尽管此时政府可以通过财政补贴对公交企业提供补偿,但补贴机制下的公交服务与市场机制下的公交市场服务存在着显著的区别:市场机制下公交企业需要考虑如何让千千万万的乘客个体在千差万别的微观行程中满意;而政府补贴机制下的公交企业则偏重于达到宏观指标(例如公交总客运量、公交出行比重)。这些宏观指标往往旨在"公平"而非效率,例如,为了购买鸡蛋能够节省2元而乘坐2次"免费"或低价公交前往较远的超市(两段公交运程的边际成本合计为3元),尽管在数字上提高了公交客运量和公交分担率,但是,此类低效率的公交出行不仅占用了本不必消耗的公交资源,同时也对同车的其他乘客造成了不可忽略的影响(高峰期和高峰线路尤其明显)。因此,一味地采取低票价策略,未必能够提高城市公共交通工具的利用效率,过低的公交票价甚至会导致对公共交通资源的滥用。

2)有助于吸引客源

差异化公共交通服务模式,有助于最大限度地吸引客流。现实中,并非所有出行者都会受到低票价吸引而选择使用公共交通方式。随着社会的发展,越来越多的城市出行者逐渐追求更高品质的出行,而低价公交往往无法提供高水准的服务。因为,从公交供给的主体——公交企业的角度来看,公交服务水平与公交运营成本即使不是完全一一对应,也基本是同向变动的。因此,即使公交票价低廉,较低的服务水平也足以吓退"服务水平弹性"较高的出行者。为了吸引越来越多的追求生活品质的出行者,必须提供高服务水平的公共交通。根据2012年10月在南京市江宁区开展的公交乘客调查,52%的公交出行者愿意为更舒适的公交服务支付更多的费用,其中,76%的乘客愿意多支付1～2元。

3)有助于缓解城市交通拥堵

差异化公共交通服务模式,有助于缓解城市交通拥堵。从交通系统的角度来看,(所有乘客统一的)低票价并不是所有公交出行者以及潜在出行者考虑的最重要因素,亦不是提高公交分担率的唯一有效途径。"公交优先"不仅意味着对公交路权和财政投入的保障,更重要的是切实提高乘客服务水平。因为,对于可能从使用小汽车/出租车转向乘坐公交车的出行者而言,公交服务水平(便捷性、舒适性、安全性等)才是影响其出行选择的关键。当前较低的公共交通服务水平,不仅降低了公交乘客的福祉,也造成了小汽车的更多出行和城市道路的过度拥挤,从而降低了城市交通系统的整体运行效率。据测算,高峰期城市混合车流中,1辆公交车的瞬时车道占有率等同于3.4辆小汽车;而1辆公交车的载客人数相当于1辆小汽车的15～40倍,综合来看,高峰期公交车的道路交通效率为小汽车的4.4～11.8倍。因此,从理论上看,如能将众多小汽车出行者吸引至公交出行,可以有效地降低道路交通拥挤程度。香港的实践也证明了这一推断:南京主城区机动车交通量中2/3为小汽车,高峰期机动车平均行驶速度仅为18公里/小时;香港每千米道路机动车密度接近南京的3倍,然而得益于90%的公共交通分担率和良好的交通秩序,市中心高峰期机动车平均车速仍高达25～30公里/小时。

需要指出地是,上述理想的交通方式转换很难通过低价公交实现,相对于票价低廉但服务水平一般的传统公共交通供给模式,高服务水平、高票价的公共交通服务模式将更具吸引力。面对存在多元出行需求的大城市居民,公交的服务对象也不仅仅是所谓的"低收入者"。通过公共交通票价的引导作用,合理调节各收入层次的居民对公交方式的选择;通过公交服务水平的多元化,促使更多的小汽车出行者转乘公交并放弃日常通勤驾车,从而有效地缓解有限路面所承受的交通压力。

资料：老年乘客公交免费政策的影响

引自：《过度拥挤的公交车》，民生周刊，2012年第16期

近日，中国青年报社会调查中心通过民意中国网和搜狐新闻中心，进行的一项调查显示（1 365人参与），61.6%的人对所在城市的公共交通不满意。受访者中，70后占37.7%，80后占43.5%。19.1%的人在北上广等大城市，24.3%的人在普通省会城市，30.9%的人在地级市，21.8%的人在县城或县级市。

调查中，82.1%的人认为现在公交拥挤现象严重。进一步分析显示，城市越大，公交拥挤现象越严重。身处"北上广等发达大城市"的受访者中，有44.6%的人认为公交拥挤现象非常严重。"普通省会城市"的受访者选择比例为41.8%，"地级市"为20.0%，"县城或县级市"为19.9%。

什么原因导致公交拥挤不堪？78.3%的人表示是上下班时间集中，出行人数太多；74.2%的人认为城市交通整体规划不合理；68.7%的人表示城市化进程过快，交通无法满足需要；52.5%的人表示公交车班次太少，运力不足。

如果可以选择，大家愿意选择什么样的出行方式？调查显示，51.3%的人愿意乘坐地铁，49.4%的人选择骑自行车，45.2%的人选择开私家车，只有32.5%的人愿意挤公交车。

调查中，85.8%的人表示如果公交不再拥挤，愿意不开车选择坐公交。

16.2.4 大城市差异化公交服务模式发展的可行性

1）市场需求的可行性

大城市的城市化进程提供了差异化公共交通服务模式的潜在需求市场。20世纪90年代以来，随着单位制度的解体，原有"职住合一"的城市空间模式被打破。城市更新、产业升级、旧城改造、房价高涨等一系列因素导致经济活动和居住用地分离（职住分离）的趋势逐渐明显，给城市交通造成了巨大压力。据调查，南京等大城市通勤出行的潮汐式特征明显，高峰期近郊片区进出中心片区的机动车交通量极高，给片区交界区有限的交通设施增加了极大压力，并造成了中心片区乃至全城的交通拥堵。而对于距离中心片区较远的新城来说，交通压力也在日益增加。以南京新城（仙林、东山、江北新城区）为例，目前有超过56.3%的居民在主城区工作并需要每日向主城通勤。其中，30%以上使用私家车通勤，接近于采用公交或地铁35%的通勤比例。大量的中远距离机动交通需求为差异化公交服务的发展提供了机遇。

为了突破传统公交调查仅询问公交乘客的局限，东南大学交通学院调查组针对江

宁区小汽车出行者的公交出行意愿进行了抽样调查，结果表明：对于使用小汽车进行中长距离通勤的出行者来说，交通拥堵带来的交通延误、精力损耗以及事故风险是其普遍感受到的主要困难，燃料和停车费用在制约小汽车使用的因素中却并不是非常重要（以通勤交通为例，很多单位均拥有内部停车场，尽管停车竞争愈来愈激烈，但相比单位外的公共停车场还是能够节约相当的停车费用）；由于公共交通过于拥挤、路线设置不合理以及偷窃行为普遍等问题，小汽车出行者对公共交通服务的评价普遍较低，他们宁可忍受极高的出行成本，也不愿转而使用公共交通方式通勤；在当前的公交服务水平下，小汽车出行者中仅有11%考虑在通勤时偶尔使用公共交通方式；而在公共交通服务水平得到大幅度提高的预期下，即使公交票价涨至5元/次，仍有27%的小汽车出行者愿意放弃小汽车而转用公共交通工具通勤。可见，如果能够有效解决公共交通服务水平低下的问题，相当比例的小汽车通勤出行者可能会转向使用公共交通工具。

2）市场运作的可行性

从实践经验来看，香港的非专营巴士（非专利巴士）可谓差异化公共交通服务思想的很好体现。早在20世纪70年代，香港的巴士公司为鼓励中产阶级使用巴士出行，就开办不少往来大型屋苑与市中心的"豪华"巴士路线。之后，香港为专营巴士和专线小巴不能很好服务的大型社区提供了较充足的非专营巴士服务。包括绿色小巴、红色小巴在内的香港非专利巴士总数已超过6 000辆。其中，绿色小巴按固定的路线、班次和收费提供服务。红色小巴可行驶香港各区，没有固定的路线、班次和收费，车上提供16个座位，严禁站立，客满不再上人。针对香港小汽车拥有者的调查表明：香港市民使用小汽车的最重要原因是小汽车"有助于搬运物品"、"节省时间"和"更舒适"。而与公共交通直接相关的"公共交通不方便"或"不喜欢公共交通"只排在第7位和第9位（表16-2）。

表16-2 香港小汽车拥有者使用小汽车的主要原因

原因	重要程度加权值	排序
不喜欢公共交通	102	9
有助于搬运物品	494	1
接送小孩上学及其他活动	254	4
公共交通不方便	143	7
提高社会地位	10	11
个人的自由程度	230	5
更舒适	295	3
节省时间	448	2
只是习惯	124	8
残疾人在家里	31	10
公司小汽车	144	6

16.2.5 公交服务水平提升困难的经济学解释

1）公交服务水平对小汽车出行者的影响

尽管"公交优先"已逐渐成为共识,但公交服务水平(狭义上,是指公交乘车与候车的服务水平;广义上,则包含了出行者在公共交通工具上、在站台候车、查询公交信息、甚至两端慢行交通的服务水平)在很多大城市仍未得到本质的提高。

值得注意地是,在城市出行方式选择方面,有一类重要出行者的真实意愿遭到了绑架:意向乘坐公共交通工具的出行者由于公共交通/换乘服务水平的限制不得不被动地选择小汽车(私人小汽车、出租车、专车等)出行。为便于叙述,特将这类出行者定义为"被小汽车化人群"。现状公共交通和停车换乘供给水平的低下,不仅造成了公共交通的过度拥挤和小汽车的更多出行,也降低了"被小汽车化人群"的福祉,从而降低了整个城市交通系统的运行效率。

2）公交服务水平提升的观念阻碍

这或许是由于长期以来人们以及形成一系列观念:现状乘坐公共交通的主要是中低收入人群,因此,乘坐公共交通的只能是中低收入人群;公共交通不会为中高收入人群服务;公共交通也不能提价因为中低收入人群无力承担。在交通运输业内,亦是如此,研究者在公交服务水平调查时引入了太多乘客反馈之外的指标,从而冲淡了消费者的真实意愿。不仅如此,调查往往只对现有的公交乘客进行调查——实际上,"公交优先"战略真正需要吸引的,是现在很少乘坐公交的小汽车、班车和出租车出行者。

另一可能性是对开展差异化公交服务的一种担忧。例如将公交服务分为"一人一座、有序排队的高档公交"与"无坐即站、自行竞争的普通公交",那么普通公交的出行者会认为受到了不公正的待遇。长期来看,通过适当的宣传和引导,上述担忧是多余的。参考航空公司的经济舱、商务舱和头等舱设置,"一等价钱一等货"并不会遭到成熟消费者的抵制。

3）公交服务水平提升的经济阻碍

将可能转用公共交通的"被私人机动化人群"排除在公共交通的服务对象之外,抑或有经济上的考虑。对于城市管理者来说,小汽车(私人小汽车、出租车等)出行者的人均贡献(税费)要远高于公交出行者和慢行交通出行者。因此,较低的公交服务水平(较高的公共交通通达率或覆盖率并不是高服务水平的充分条件)有助于将摇摆不定的小汽车出行者与坚定的公交出行者区分开。

这类似于本书第11章第3节中的航空公司对商务舱与经济舱的定价方法:商务舱的定价可以远高于边际成本,经济舱的定价只能略高于边际成本。需要指出的是,经济舱的服务水平不仅要足以吸引真正的经济舱出行者,也要适当"低"的到足以吓退试图伪装成经济舱乘客(需求弹性较高)的商务舱出行者(需求弹性较低)。

算例：2015 年南京市各类交通方式人均交通税费/补贴的估算

1）私家汽车

2015 年南京市私家汽车保有量 172.07 万辆，其中，2015 年新增 23.51 万辆。

假定车辆年均行驶里程为 1.2 万公里，当年新增的车辆年均行驶里程 0.6 万公里（平均使用半年），平均油耗 10 升/百公里，燃油费 6 元/升估算，则 2015 年总燃油费用 ≈ [(172.07-23.51)+23.51×0.5] 万 × 1.2 万公里 × 10 升/100 公里 × 6 元/升 = 115.4 亿元。

燃油费中包含的税费按 45% 计算 ≈ 115.4×0.45 = 51.9 亿元。

公共停车场（含路内停车，不计入商业停车场和住宅小区停车场）停车费 ≈ 30 亿元。

假定新增车辆平均售价 12 万元，则：

车辆增值税总额 ≈ 23.51×12/1.17×17% = 41.0 亿元

车辆购置税总额 ≈ 23.51×12/1.17×10% = 24.1 亿元

车船税按每车 400 元估算，年车船税总额 ≈ 23.51×400 = 6.9 亿元

假定车辆交强险与商业险全部被用以赔付，车辆违章罚款全部被用来投入执法管理，即没有盈余。

可以估算出南京市 2015 年私家汽车上缴的税费总额为燃油税费 + 公共停车费 + 车辆增值税 + 车辆购置税 + 车船税 = 51.9+30+41.0+24.1+6.9 = 153.9 亿元。

假定私家汽车日均出行 2.0 次，平均实载人数 1.2 人，则全年私家汽车总出行量 ≈ [(172.07-23.51)+23.51×0.5] × 2.0×1.2×365 = 14.04 亿人次。

私家汽车出行的平均交通税费约为 153.9/14.04 = 11.0 元/人次。

2）公交车

2015 年南京市公交车年客运量 10.24 亿人次（每日 280.5 万人次），按照 2014 年市财政预算，2015 公交成本规制补贴 12.14 亿元，公交车辆购置补贴 2 亿，假定全部按预算执行。

公交车出行的平均交通补贴约为 14.14/10.24 = 1.4 元/人次。

3）地铁

2015 年南京市地铁年客运量 7.17 亿人次（每日 196.4 万人次）。南京地铁十年来在不计折旧和还本付息同行业同口径统计下，收支基本平衡。但考虑到地铁运营成本在计算中并不包括贷款利息和政府投资所形成的固定资产应计提的折旧（详见《关于南京地铁运营有限责任公司运营成本监审报告》），因此，政府实际上对地铁出行者是存在交通补贴的。据报道，2012 年南京地铁折旧加上贷款利息约为 23.69 亿元。由于近几年地铁建设如火如荼，每年的折旧加上贷款利息要超过上述数值。姑且按照 25 亿元进行保守估算，则地铁出行的平均交通补贴约为 25/7.17 = 3.5 元/人次。

4）出租车

2015 年南京市出租车保有量 1.42 万辆，2015 年南京市出租车客运量 3.11 亿人次。出租车份子钱按一个月 7 000 元/车计算，考虑到其中包含了 1 000 多的车辆折旧和公

司管理运营成本,因此,税费按一个月 4 000 元进行估算≈1.42 万 ×0.4 万/月 ×12 月 = 6.8 亿元。

按年均行驶 13 万公里,油耗 9 升/百公里,油费 6 元/升,燃油费中税费率 45% 计算,燃油费中包含的税费总额为≈1.42 万 ×13 万公里 ×9 升/100 公里 ×6 元/升 × 0.45 = 4.5 亿元。

出租车出行的平均交通税费约为 (6.8+4.5)/3.11 = 3.6 元/人次。

5)电动自行车

南京市社会电动车保有量约为 300 万台。按年新增 36 万辆,每辆车平均 2 000 元估算:

车辆增值税总额≈ 36 ×0.2/1.17 ×17% = 1.0 亿元

按日均出行 2.5 次计算,年客运量为 27.38 亿人次。

电动自行车出行的平均交通税费约为 1.0/14.04 = 0.04 元/人次。

6)公共自行车

2015 年南京市主城区公共自行车总量 2.1 万辆,日均借还量 50 454 次,即年客运量 0.18 亿人次。考虑到公共自行车的建设、购置和运营大部分来源于政府投入,因此,政府对公共自行车出行者是存在交通补贴的。考虑到南京市每套公共自行车系统的投入约 7 000 元(自行车可以使用 5—6 年),还需加上每年车辆维修、调度、养护的费用,而年收入(租借费用和公共自行车卡押金的利息)相比较忽略不计,可以认为每套系统每年的净投入超过 1 000 元。那么,公共自行车出行的平均交通补贴约为 2.1 ×0.1/0.18 = 1.2 元/人次。

7)小结

通过上述估算和对比,可以看出,公交车、地铁和公共自行车出行者得到了政府的交通补贴;而电动自行车、出租车和私家车出行者则支付了交通税费。

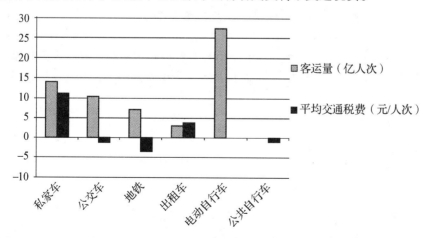

图 16-5　2015 年南京市各类交通方式客运量与平均交通税费/补贴估算

注:平均交通税费为负值即意味着存在净交通补贴

当然,实际上,公交车、地铁和公共自行车出行者也在其他领域支付了税费,这些税费是政府财政的主要来源,地铁的建设和延伸极大地带动了城市房地产事业的发展,因此不能认为人们"免费"地获得了全部的补贴;同时,由于各级政府在城市地面交通基础设施的维修、养护、管理、资产折旧和还贷中投入了大量的财力、物力,因此也不能认为出租车和私家车出行者的税费支出没有回报;最后,小汽车出行者上缴的税费中有相当一部分——例如燃油税、车辆购置税等——归入了国家财政,地方政府无权直接支配。

尽管如此,通过简单地横向对比依然可以清楚的看出,出租车和私家车出行者与公交车、地铁和公共自行车出行者可能被视为两类消费者对待:由于出租车和私家车出行的需求弹性较低(可能是因为出行者的支付能力较强,也可能是因为这些出行比较重要或紧急),因此出行者被认为属于支付意愿可以远超过边际成本的人群(类似于飞机公务舱的乘客);而公交车、地铁和公共自行车出行的需求弹性较高(可能是因为出行者的支付能力较低,也可能是因为这些出行并不重要或紧急),因此出行者被认为属于支付意愿不能偏离边际成本过多的人群(类似于飞机经济舱的乘客)。

思考题

1. 为何出租车的售价与20年甚至10年前相比出现了大幅下降?
2. 为何出租车的费率与20年甚至10年前相比出现了大幅下降?
3. 高峰期出租车"一车难求"背后的经济学原理是什么?"滴滴打车"之类的软件缓解了出租车市场的哪些问题?
4. 从经济学的角度分析,"份子钱"的实质是什么?单纯取消"份子钱"的经济后果又会怎样?
5. 学生群体、老年群体和上班族在公共交通需求方面的差异有哪些?公交学生卡和公交老人卡的经济影响是什么?
6. 从经济学的角度分析,提供高水平的公交服务为何有助于缓解地面交通拥堵?
7. 从经济学的角度分析,不提供高水平的公交服务,会产生哪些经济利益?

17 城市慢行交通经济学

学习目标

了解公共自行车与私人自行车交通供给的区别;理解公共自行车供给的经济效果;了解电动自行车与脚踏自行车供给的区别;理解外部性和交易成本在电动自行车管理中的影响。

17.1 公共自行车系统的经济学解释

截止到2015年底,我国一次投放公共自行车系统大于500辆的县市共有296个,累计投放公共自行车100万辆。其中,有6个城市的公共自行车投放数量超过3万辆。

需要注意的是,在分析公共自行车的使用效率时,不应单纯地将其与私人小汽车等交通方式进行比较并简单地得到"公共自行车低碳环保因而需要鼓励发展"的结论。道理很简单,公共自行车相对于其他交通方式的几乎所有优点,都能通过私人自行车获得。下文主要从消费者和城市管理者的角度,比较公共自行车与私人自行车在经济方面的短长。

17.1.1 消费者视角的分析

1)公共自行车的优势

(1)可以"免费"使用车辆

在中国,对于大部分公共自行车的使用者来说,得到的服务是"免费"的。众多城市的公共自行车收费标准规定了前1~2小时不收费,而由于自行车交通方式自身的特点,出行者很少长时间的骑行,因此,免费时长足以让绝大部分使用者完成单次出行,也给公众带来了公共自行车"免费"的感受。相比较,国外诸如法国巴黎、里昂、美国纽约等城市的公共自行车系统,免费时段只有借车后的前半小时。美国芝加哥的公共自行车收费标准则为每日7美金,可不限次使用,但同时需满足下述条件:

- 30分钟之内还车到任一租赁点:不加收费用;

- 30 分钟～1 小时还车：一次加 2 美金（多次使用中某次时间超过 30 分钟，则该次加收 2 美金）；
- 1～1.5 小时还车：每次加收 6 美金；
- 1.5 小时之后还车：每半小时加收 8 美元一次。

严格地说，公共自行车的使用并不是完全免费的：由于公共自行车服务常常是通过地方财政进行补贴，因此，使用者通过支付税费，实际上已经支付了公共自行车使用的部分费用；可见，公共自行车财政补贴属于一类交叉补贴——不使用公共自行车的居民补贴了使用公共自行车的出行者。另外，部分城市对于公共自行车的使用者会收取押金，押金的资金成本——利息——也是公共自行车供给的收入来源之一，尽管这部分收入并不算太多。

案　例

公共自行车的收费

引自：南京市公共自行车实行通借通还统一收费标准，新华网

2015 年 4 月份起，南京市公共自行车的收费标准已经得到统一，具体是市民通过办理公共自行车卡，或使用市民卡、公交卡等，到公共自行车服务点交纳押金 250 元、预交费 50 元共 300 元，即可办理公共自行车租赁手续。公共自行车实行 2 小时内免费，第 3 个小时收费 1 元，第 4 个小时及以上每小时 3 元。

（2）减少了车辆管理成本

公共自行车统一的外形、亮丽的颜色、较坚固的停车桩以及较低的骑行品质，均大大降低了车辆的失窃率。因为，试图出售失窃公共自行车的卖家，不仅要承担更高的被举报或被识破风险，也需要支付高昂的换色和改装成本，才能向买家提供品质堪比私人自行车的产品。

实际上，较高的被盗风险是私人自行车使用中一类重要的成本。由于自行车被盗后往往难以找回，为了防止车辆被盗，使用者需要慎重地选择停车场地和停车时间。即便如此，据统计，全国每年仍有超过 400 万辆自行车失窃。

（3）便于非基家的自行车出行

尤其方便家庭和单位以外的起讫点与公共交通站点（地铁站、公交站）间的衔接，缓解由于公共交通站点密度不足导致"最后一公里"步行距离过长的问题。出于担心车辆被盗和节省费用的考虑，亦有一部分出行者在"基家出行"（家庭是起讫点中的一个）时也选择公共自行车。

2）公共自行车的不足

（1）难以提供真正"门到门"的交通

公共自行车的租借点常常分布在城市道路或旅游景区道路两侧的人行道和公共交通站台区域，站点间距通常在 300 米以上，导致使用者常常需要配合借、还车两端的步

行来完成全部交通行程。相对于私人自行车可以直接行使并停放在住宅、单位楼下来说,公共自行车难以提供真正的"门到门"交通服务。

（2）骑行更费力,舒适度不如私人自行车

目前,很多国内城市的公共自行车采用的是实心轮胎,骑行起来比充气胎要费劲。原因主要有两点,一是因为实心胎比充气胎要重,从而摩擦力较大；另外,实心轮胎比较容易受重量和温度影响而变形,车轮不圆也会使骑车人感觉很累,同时颠簸也更加严重。

而公共自行车为何放弃使用充气轮胎,主要是由于维修成本和人力成本较高。据某市公共自行车管理中心经理反映,使用充气胎的那批公共自行车,内胎平均每个月就有50%的更换率,99%的自行车每天都要充气。相比较,实心轮胎更加耐用、维修率低且不易爆胎,也间接降低了车辆被盗的风险。

（3）车辆使用功能单一

由于公共自行车没有安装后货架,载货能力大打折扣,亦无法载人。虽然公共自行车普遍安装有前车篓以提供一定的载货能力,但同时也增加了车辆控制与转向的难度。

（4）可能遇到租借点"空桩"或"满桩"问题

租借点"空桩"指的是某一时刻某一租借点的车辆全部被取走的情形,与之相反,"满桩"意指租借点的停车桩位全部被占满的状态。"空桩"时潜在的需求者无法得到服务,"满桩"时消费者需要费时费力地原地等待或更换租借点。当然,这属于供需不平衡时的规划和运营问题,并非公共自行车体系的必然,也可以通过车辆/停车桩数量的合理布设和及时的车辆调度加以缓解。

3）小结

简单地说,公共自行车的使用者以较低的显性费用获取了一类需要消耗较多体力和舒适性且具有更多使用空间限制的自行车租借服务。相对于私人自行车,公共自行车的主要优势在于其降低了自行车的购置成本、停车成本和失窃的风险。

17.1.2 城市管理者视角的分析

1）公共自行车的优势

（1）提高城市交通效率

公共自行车的人均使用次数较高,一般为4~6次/日,要高于私人自行车(通常被认为低于3次/日),因而在一定程度上提高了自行车和自行车公共停车空间的使用效率。同时,通过公共自行车与公共交通的换乘,为很多中长距离的出行者提供了便利,减少了一定的私人自行车(含电动自行车)乃至私人小汽车中长距离出行。这些都有助于节约道路交通资源并缓解地面交通拥堵。

（2）提升城市形象

统一、整齐、有序的公共自行车系统,有助于塑造城市低碳、环保、健康的良好形象。与之相比,显得拥挤、杂乱的私人自行车停车场地,往往被认为有损于城市形象。

（3）降低非机动车的社会管理成本

公共自行车的被盗率要低于私人自行车（这一点对于公共交通站点及其附近的非机动车停车点来说尤为显著），从而降低了全社会的非机动车停车保管成本和失窃执法成本。

2）公共自行车的不足

（1）车辆购置及停车设施供给成本较高

据报道，公共自行车及其租借点设备设施的供给成本较高，每套高达数千元。与之相比，私人自行车的购置费用往往低于500元，新增停车设施的单位成本也较为低廉。

案　例

公共自行车的购置成本

引自：扬州公共自行车两次采购价格悬殊 官方回应质疑，央广网

通过扬州政府采购网，有质疑者发现，2014年3月，扬州市用480万元购买了1 000辆自行车及配套服务，平均一辆自行车就要花4 800元；然而五个月后，扬州市采购中心又以平均每辆车8 530元的价格，增购了5 000辆同款自行车及配套服务。不足半年的时间，为什么自行车价格"疯涨"了近1倍？为什么"一辆自行车"需要8 000多元？

面对这样的质疑声，有关部门回应：扬州的公共自行车去年总共采购了1万辆，5年的费用一共是8 700万，这个单车价格8 700元在全省都是最便宜的。而且，平均8 700元不是一辆车的价格，还包括锁车桩、场地平整费用、手续维护费用等。

（2）车辆维护成本较高

公共自行车的运营维护成本较高，据统计，一辆公共自行车的运营成本一般位于1 000～2 000元/年的区间。一方面，是由于公共自行车需要调度以缓解供需不平衡的矛盾。更重要的是，使用者很难像对待自身财物一样地爱护公共自行车，加之自行车道路交通基础设施存在的不足，造成了大量公共自行车被"无意"甚至"有意"的损坏。

案　例

公共自行车的维护成本

引自：北京公共自行车频遭"恶搞" 平均每天修两辆，中新网

2014年12月2日（北京）每辆公共自行车平均每天借骑3～4次，极大地便利了市民。然而，踹碎挡泥板、偷走脚蹬子、卸走铃铛、刀划烟烫车座子、卸走车尾反光灯……为市民提供短途接驳便利的公共自行车，如今被人为恶意

损坏的情况几乎每天都会发生,负责维修的部门每天都得修两辆。平均算下来,每辆公共自行车的运维成本每月约为200元。

3)小结

简单地说,公共自行车的出现是现代城市空间尺度扩展和"职住分离"潮流下的产物,而在全国得到如此迅速的普及推广,的确有经济性之外的因素。至于看似"高昂"的供给成本是否值得,不可一概而论。相信每个城市的管理者和决策者会有更为准确的判断。

17.2 电动自行车市场的经济学解释

17.2.1 电动自行车市场分析

1)电动自行车的优势

电动自行车的市场化销售始于20世纪80年代初的日本,但直到21世纪初,技术和成本对市场吸引力的限制才被打破。电池和发动机的技术改进、组件模块化以及规模经济的改善,意味着电动自行车可以行驶更长的里程、速度更快,并且价格比以往任何时候都更经济。特别是与传统自行车相比,电动自行车使用者的出行距离比传统自行车使用者更远、行驶速度更高、骑行更省力,节省了出行者的时间和体力消耗。同时,发展之初也不受许多城市禁止使用小型燃油摩托车和电动摩托车的限制。电动自行车的购置成本也较低,新车价格在2 000元至4 000元,二手车辆仅需300元至400元。因此,电动自行车产业得到了迅速的发展。过去10年,全球电动自行车销售量超过2亿辆,是机动化历史上规模最大、发展最迅速的燃料替代型交通工具。截至2013年底,中国电动自行车社会保有量为1.81亿辆。中国已成为世界最大电动自行车生产和消费国。

> 资料:电动自行车的使用特征
>
> 引自:《城市电动自行车出行交通特性研究》《电动自行车市场调查分析(三)产品使用及满意度篇》
>
> 2011年的调查表明,电动自行车的出行比例已经占到非机动车道上车辆的30%(上海)和50%(成都),电动自行车在出行中发挥的作用已不容忽视。电动自行车的使用者多为城市中等偏下收入水平,无性别差异,男女老少皆宜。
>
> 电动自行车在城市中出行时间多在40分钟以内,但是最多的出行时间也可以达到2小时。从出行距离来看,自行车在0~5公里范围内具有优势,但电动自行车的平均行驶速度比传统自行车高40%~50%;5~15公里是自行车的极限范围,同时也是电动自行车的优势范围;出行距离在5~10公里时电动自行车与公交车的竞争比较明显,超过10公里后和公交也存在竞争,但电动自行车竞争力逐渐下降。
>
> 通勤仍是电动自行车使用者的第一目的,尤其是上海市民,高峰时期83%的电动

自行车出行者为通勤出行；但另一方面，工作出行也占了不少比例。上海最为明显，在非高峰时期，有36%的电动自行车出行为工作出行，很多个体商户进货、家政服务者上门服务、快递人员等选择电动自行车作为交通工具，甚至有些地区的民警出勤也选择电动自行车作为交通工具，还配备了专门的警车标志。

调查显示，若电动自行车被禁止使用或者无法使用，将会有54%左右的人转移到公交车上来，有13%左右的人转移到自行车上来，会有9%的人转乘出租车，也会有2%左右的人会转移到小汽车上来。

电动自行车南北方市场发展状况差异明显。华北、东北和西南市场不温不火，受北方气候条件和西南地形以及失窃率高和居民购买力较弱等因素制约，发展较慢；上海、浙江和广东等市场竞争激烈，由于气候温暖，地势平坦，居民消费能力较强，因此发展较快；华中、山东、江苏等市场竞争激烈，电动自行车失窃率高限制了发展。

2）电动自行车市场的阻力

然而，近年来，中国不少城市却实施了针对电动自行车的限制甚至取缔政策。例如，2005年，《珠海经济特区道路交通安全管理条例》修订，新增了禁止电动车上路的规定；2006年11月15日，广州市在对电动自行车能否上路进行多次听证后，做出了禁止电动自行车上路行驶的决定；2007年8月15日，东莞市开始"禁电"……

这些城市限制甚至禁止电动自行车的出发点主要有三个方面：一是为了降低交通事故发生率；二是为了缓解道路交通拥挤；三是为了打击非法营运。同时，电动自行车的身份问题（究竟属于"非机动车"还是类似轻型摩托车的"机动车"范畴）也一直是社会关注的热点之一，因为这涉及管辖权和相关法律法规的适用性问题。

资料：电动自行车的身份界定

引自：以深圳为例的电动自行车调查分析及对策

国标《电动自行车通用技术条件》（GB17761—1999）对电动自行车的定义是：以蓄电池作为辅助能源，具有两个车轮，能实现人力骑行、电动或电助动功能的特种自行车。并详细规定了三个核心指标：最高车速应不大于20公里/小时；整车重量应不大于40千克；具有良好的脚踏骑行功能，30分钟的脚踏行驶距离应不小于7公里。可以看出，这里定义的电动自行车除了动力、重量之外，与自行车特征基本相同，规定的最高速度与自行车相差不大。同时，国家法规《道路交通安全法》中，规定：电动自行车在非机动车道内行驶时，最高时速不得超过15公里/小时；电动自行车属于非机动车的范畴，应和机动车各行其道。由于被列为非机动车，电动自行车的驾驶人不必遵照与其他机动双轮车相关的许可证及头盔规定。但现实中，大量电动自行车在车重、是否有脚踏、特别是最高车速方面与上述国标相去甚远。

相比较，在美国，电动自行车归消费者产品安全委员会（Consumer Product Safety Commission）管理，单纯依靠电力行驶的速度须低于32公里/小时，发动机最大功率为750瓦。欧盟委员会（European Commission）则根据一系列审批指标，将使用油门式控制器的电动自行车分为两类：电动助力车（powered bicycles）（最高时速25公里/小时，最大功率1 000 瓦）和电动摩托车（moped）（最高时速25～45公里/小时，最大功率1 000～4 000瓦，通常需要额外的驾驶证件并遵守相关的行驶法规）。而电动自行车（pedelecs）（最高时速25公里/小时，最大功率250瓦）则与传统自行车划为一类。

3) 电动自行车的不足

随着电动自行车价格的日益亲民，电动自行车使用者也逐渐与自行车趋同，存在着交通素质一般的问题。与自行车相似，电动自行车车体小、转向灵活、易造成蛇形骑车而偏离原行驶车道。与自行车不同的是，电动自行车速度较快有助于提升平衡性并更为迅速地通过道路交叉口，但由于启动和加速快，电动自行车在车流中穿插空档、在绿灯起亮时甚至起亮前穿越停车线进入交叉口等现象也较为常见。

由于与自行车和机动车的交通特征均存在区别，而交通违章甚至违法行为亦较为普遍，电动自行车与其他交通方式的矛盾也较为突出。

> **资料：电动自行车的行驶特征**
>
> 《信号交叉口电动自行车闯红灯行为及其管理建议》，综合运输，2015.2
>
> 据分析，电动自行车与人力自行车在信号交叉口的穿越行为存在显著差异。首先，电动自行车骑行者的等待忍耐时间显著低于人力自行车骑行者，电动自行车骑行者中风险喜好者或不等待的比例（20%）明显高于人力自行车（13%），电动自行车骑行者表现得更不耐烦，其等待位置更接近冲突车流。其次，电动自行车的违规率（46%）明显高于人力自行车（32%），而且电动自行车骑行者具有更高的二次穿越行为偏好或在远侧左转相位时实施违规的偏好，这容易增大他们与机动车发生碰撞的风险。再次，在穿越轨迹方面，电动自行车骑行者的斜向和曲线穿越行为显著高于人力自行车，这种穿越轨迹也会增大他们与其他车辆发生冲突的可能性。
>
> 《基于SMI的电动自行车骑行者视觉行为分析》，交通运输研究，2015.3
>
> 电动自行车骑行者的注视点主要集中在对骑行安全有影响的对象上面，包括交通设施和交通参与者；当道路交通设施及交通组织不合理时，骑行者关注了过多的不安全因素，超过视觉搜索的极限便不能对突然出现的对象做出反应，容易造成事故。骑行过程中，骑行者更容易关注前方行驶的非机动车，跟随前方运动轨迹骑行，但是电动自行车车速快，超越自行车的行为较多，且电动自行车骑行过程噪声小，超车行为容易造成事故。
>
> 《电动自行车交通发展的主要趋势——近10年文献综述》，城市交通，2016
>
> 一批关于交叉口行为的研究发现，中国传统自行车和电动自行车用户闯红灯的比例非常高（56%），并且指出影响闯红灯行为的地理及环境因素非常多。在所有情景中电动自行车用户闯红灯的概率（63%）都比传统自行车（50%）高，但如果对变量进行控制，则不能从统计学意义来证明两者的不同是由于交通工具的不同造成的。其中一个可能的原因是，电动自行车的运行特性使得用户更愿意承担闯红灯的风险。在苏州各

种类型的道路交叉口对 1.8 万名电动自行车用户进行了观测,以找寻不安全的骑行行为。他们关注那些主流的不安全行为(即使这些行为还没有被列入相关法规),包括骑行时打电话、头盔的使用、错误的驾驶方式、在自行车道以外行驶及闯红灯等。结果发现这类不安全行为发生的概率比较高,1/4 的人会在通过交叉口时选择不遵守交通规则,这与传统自行车的行为一致。

17.2.2 电动自行车问题的经济学解释

1)电动自行车出行的外部性

电动自行车市场更关键是外部成本和路权问题:前者影响外部成本和管理成本;后者影响交通效率和公平。

相对于传统的人力自行车(后文简称自行车),电动自行车更好的动力性能和较大的尺寸带来了更高的交通干扰和事故风险,特别是对于交通素质和道德修养较低的人群来说(这又与电动自行车的使用人群交叉较多)。这些干扰和风险常常是作为"外部成本"存在的。因为很多电动自行车带来的"外部成本"无法有效地内部化/市场化——许多电动车驾驶人为逃避赔偿和处罚,要么不承认违章或侵权的事实,要么逃逸,或者无力支付,使得受害人损失难得到赔偿、相关处罚难以落实。对于保险公司和执法管理部门来说,相关的交易成本十分高昂——搜寻当事人的成本、事故鉴定的成本、执法处罚的成本、落实赔偿的成本……

2)电动自行车违章执法的交易成本

如果在某交叉口临时设点对违章(闯红灯、逆行、占用机动车道、超速、私自改装车辆、营运送客等)的电动自行车进行拦截和处罚:

- 在众多骑行者中"少数"被"抓"的骑车人往往会认为自己运气不好,而不会由于被处罚而改变自己的交通行为,执法的教育作用非常有限;
- 在部分违章骑车人被拦截之后,后续的骑车人会更容易察觉执法行为并暂时隐藏自己的违章动机(例如,违章载客的骑车人会让乘客暂时下车步行),加之电动自行车的灵活性远高于机动车,即使违章行为被发现,只要不是无路可走,部分车辆仍然可以迅速改变方向甚至掉头进行规避;
- 从执法成本的角度来说,执法过程需要消耗一定的人力物力,在执法资源有限的情况下,执法的机会成本更是非常高昂(相同的执法资源如果转用于疏导交通或进行机动车执法等其他任务,社会收益可能更高);
- 从执法处罚的经济收益来看,电动自行车的单车处罚数额通常在几元、几十元,如果设置的太高,会由于阻碍执法和暴力抗法而增加执法成本(据报道,深圳市的禁摩限电整治行动遭受暴力抗法率已达到 80%,几乎没有车主愿意配合执法,执法过程必须使用强制手段。深圳市交管局近年因禁摩限电整治受伤人员为 320 人,各分局、派出所、交警大队因禁摩限电执法冲突造成对方当事人受伤赔偿金额约 380 万元),骑车人甚至会放弃自己的电动自行车以免遭罚款(毕竟,重新买一辆二手车的代价只有小几百元）；
- 最后，由于缺乏车牌等车辆相关信息，利用摄像头等适用于机动车执法的常态手段暂时也无法被移植到电动自行车执法中。

因此，以减少电动自行车违章来缓解其对交通流的干扰并降低事故风险的事前执法成本高、收效低，很难持续。与之相比，面向所有（或大部分）电动自行车的执法处罚，由于可以较大地增加车辆捕获率和处罚收益，因此更容易做到常态管理。这也是广州、深圳等城市可以连续实施多年电动自行车限行、禁行政策的经济学基础。

3）电动自行车事故处理的交易成本

再分析电动自行车涉及交通事故的"外部成本"。电动自行车由于行驶稳定性较差、车速较高、刹车性能差、防护措施少，一旦发生和机动车的相撞事故，由于碰撞双方质量悬殊，电动车方处于明显弱势，伤亡率很高；如果和自行车或行人发生相撞事故，则电动自行车由于质量较大、速度较快，往往会占据优势并造成后者一定的伤亡率；城市中发生更多的是电动自行车与其他车辆的碰擦事故，损失通常不是很大。

更关键的是事故发生之后的处理和赔偿问题。由于电动自行车一般没有牌照（由于前述的执法困难，即使设立电动自行车牌照制度也很难落实），事故发生后，肇事者如果选择逃逸，会极大地增加事故处理的成本。现实中确实有很多电动自行车肇事者选择了事后逃逸。同时，目前大部分电动自行车没有购买保险（实际上，许多保险公司为了避免承担对事故发生率较大的电动车的赔偿责任，往往以电动车不属交强险的承保范围为由拒绝为其承保），骑车人多数来自中低收入阶层，损失赔偿能力有限。一旦发生事故，在赔偿金额方面极易产生纠纷。加之中低收入阶层的时间价值较低，在耗时耗力的讨价还价、调解、诉讼甚至逃逸等潜在威胁下，机动车驾驶人即使是受害人，也常常主动、被诱导甚至被迫承担事故的主要甚至全部责任，并通过机动车保险减少事故的损失。从经济上看，不少电动自行车驾驶人成功地将交通事故的风险转嫁给了机动车车主/驾驶人和机动车保险公司，这显然属于社会"外部成本"的范畴。

4）电动自行车的环境外部性

另外，常被忽略的一点是，中国90%以上的电动自行车（大多为踏板式电动自行车）均使用铅酸电池，尽管其他类型的电池（如锂电池）近年来陆续进入了市场。电动自行车很大程度上导致了中国铅消费量不断增长并影响到相关种类电池的生产、回收和报废——这一过程被视为产生环境污染的主要来源。

5）电动自行车限制政策的经济解释

综上所述，尽管电动自行车的市场巨大，对于提升使用人群的交通福祉也非常有效，但该交通方式的"外部成本"很高，并由于高昂的交易成本难以市场化。即使将部分"超标"电动自行车划入机动车的范畴并得到与机动车相似的监管，监管（牌照管理、驾照管理、交通违法行为监管）和事后处理（处罚、定责、理赔）的交易成本仍然会十分高昂。因此，部分城市选择默认电动自行车的"外部成本"（当然，也会进行短期的运动式专项整治），至少可以避免大量低效的执法支出；而另一些城市则实施了严格的电动自行车限行禁行政策,至少这样做可以从经济上维持常态的执法处罚(例如深圳市自2012年4月实施"限电"政策以来,公安机关2013年和2014年每年查扣的涉摩涉电车辆就达到40万辆);而长期进行电动自行车违章整治的城市却非常罕见。

另一方面,电动自行车的主要竞争对手主要是公共交通和人力自行车/三轮车。限行禁行后,虽然对于原电动自行车出行者来说,短期内很难找到满意的替代品,但从地面交通的角度来看,可以获得一定的效果——无论原电动车的使用者改用公共交通还是人力自行车——并降低当量交通量(标准车当量数)和停车压力。原理很简单,电动自行车对道路交通资源的人均占用水平虽低于小汽车,但要高于公交车、地铁和自行车,对停车资源的占用水平要高于自行车,而受限后电动自行车的骑车人绝大部分会转由公共交通或其他慢行交通出行,因此,总体的道路交通资源使用水平会下降。但是,这还不足以判断社会交通的整体福祉是否会得到提升,因为电动自行车出行者如果被迫改由其他交通方式出行,他们的交通福祉肯定是下降的;限行禁行电动自行车也会造成快递物流业等行业成本的增加;其他出行者的交通福祉是否能够得到更大的提升是个较复杂的问题,另外这里还牵涉到交通出行的公平性问题——电动自行车的所有权和路权问题。总而言之,有助于缓解城市交通拥堵,也是部分城市趋向于限行或禁行电动自行车的重要原因之一。

简单地说,电动自行车的出现是交通工具制造技术发展下的产物。在无需搬起自行车上下台阶的场合,电动自行车在机动性和便捷性方面几乎完胜脚踏自行车,在拥堵的城市道路甚至可以击败机动车,因此在气候和地理条件合适的区域出现了蓬勃的发展。然而,如果电动自行车使用人群的交通素质和道德风险问题较为突出,会造成极大的社会"外部成本"。在找到能有效降低这些外部性的方法之前,必须在忍受这些外部成本和降低电动自行车出行者福祉之间进行权衡和取舍,城市管理者须做出更适合城市需求和多数居民意愿的选择。

案　例

对电动自行车管理应该回归常识

公众之所以对电动自行车颇有诟病,无非是其不遵守交通规则,对于不遵守交规的行为,最好的办法就是依照法律为准绳,该行政处罚就行政处罚,而不是走极端:要么因为数量太多对电动车的违规行为视而不见,或者就是像深圳这样一刀切禁止个人拥有摩托车和电动自行车。

为什么市民在驾驶机动车的时候会注意交通规则,而驾驶电动自行车时却会违规?最为重要的原因是机动车驾驶的违规有罚款和扣分等手段,而电动自行车却只有罚款无扣分。同时还有一个不可提及的因素是,电动自行车的所有者大都是社会的中低收入阶层,他们的违规会博得公众的同情,而交警也会因此而视而不见。久而久之,这种同情就变成了特权,就像一个评论所说:"机车/电动车事故率高是事实,但可靠的解决方案应该是明确法理严格执行,不和稀泥不维稳。完善道路交通设施,明确路权概念,废掉交规中的无责任赔偿以及照顾弱势群体条款,机车/电动车甚至行人严重违章被撞死白撞倒赔无责方,家属胆敢闹事全抓不客气,坚持几年交通情况可彻底改观。"

长久以来机车/电动车违章者的肆无忌惮本质上是维稳思维和照顾弱势群体观念所纵容出来的。靠一刀切禁止机车/电动车事实上与法治精神不符,更是侵犯了守法机车/电动车主的权利。

思考题

1. 从出行者的角度来看,公共自行车与私人自行车的主要区别有哪些?
2. 从城市管理者的角度来看,公共自行车与私人自行车的主要区别有哪些?
3. 我国公共自行车收费标准的主要特点是什么?与发达国家的收费标准相比,有何异同?这样的差别会带来怎样的经济后果?
4. 试分析电动自行车与机动车和脚踏自行车的差异。
5. 电动自行车带来的外部性有哪些?这与脚踏自行车造成的外部性有何区别?
6. 电动自行车限行、禁行的经济学机理是什么?

18 公路货运经济学

学习目标

了解我国公路货运价格的演化历程;理解公路运价的关键影响因素及其变化;掌握我国公路货运行业的特征;了解公路货运特征对交通效率、交通安全和基础设施的影响机理,理解公路货运市场几类外部性的内部化途径。

18.1 运价走低的经济学解释

18.1.1 可比较的公路运价水平

改革开放初期,道路运输市场运力严重不足,于是,交通部在1983年召开的全国交通工作会议上提出"有路大家行车,有水大家行船"的开放政策,全面开放道路水路运输市场,道路运输市场的生产力也由此获得了极大的解放。短短几年内,道路运输市场运力紧张的状况就得到缓解。时至今日,公路货运量在我国各种运输方式中已稳居榜首。2014年,公路货运业1 453万辆货车共完成了全社会76%的货运量(334.3亿吨)和33%的货物周转量(61 139.1亿吨公里),全行业745万家运输业户,全年完成总产值约3万亿元。据统计,公路货运业平均每天在途货运量8 400余万吨,平均每吨货物运输180公里,平均每年为每人运输和接受22吨货物。对于如此庞大的行业,运输价格的变动可谓牵一发而动全身。

建国后,政府实行统一运价政策,由交通主管部门编制运价方案,在各省统一执行。货运运价分长短途,整车运输、零担运输,分等级计费。例如,辽宁省1981年整车运输费率为每吨公里运价0.20元。1986年,货物运价改为按等级计费。货物等级按交通部统一规定分为三等。例如,福建省1986年一等货物运费标准为0.17元/吨公里,二等货物0.18元/吨公里,三等货物0.20元/吨公里。数十年间,运价经历了多次调整,时至今日,公路货运价格似乎没有太多增幅。图18-1为2014年12月江苏省公路整车运输平均价格的调查值,根据运距与车型的不同,运价区间为0.285～0.614元/吨公里。

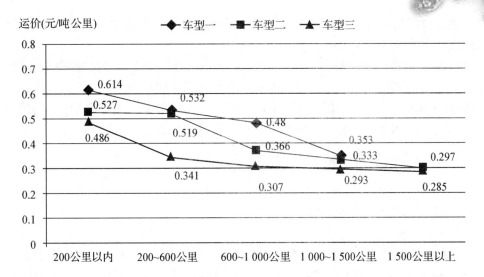

图 18-1　江苏省 2014 年底公路整车运输平均运价（元/吨公里）与运距（公里）调查值

注：车型一为限载 20 以下吨车型，车型二为限载 20 吨～30 吨车型（含 20 吨、30 吨），车型三为限载 30 吨以上车型；"限载"指高速公路计重收费整车不超重的限定载重量。

　　再沿用本书 12.3 节案例中的描述："20 世纪 70 年代，山西运价吨公里为 0.20 元，运输距离低于 20 公里的还要加 50% 的空驶费，其实短途运价是吨公里 0.30 元，长途运价才是 0.20 元，那时燃油价格每公升不过 0.57 元。另外，当时一台解放汽车一万多元，一个一级驾驶员（最高级别）的工资每月也就 81 元。与过去相比，如今的油价涨了近 10 倍、司机的工资最少涨了 30 倍、汽车售价涨幅也在 10 倍以上，再加上高速公路、等级收费公路的增加，运输成本也大幅增加，但运价却没有相应涨起来。"

　　实际上，参照当年和现在的工资水平，运价不仅没有涨起来，反而大幅下降了。其中的影响因素比较多，但不宜仅根据成本项的简单堆砌就断定目前的运价水平"极不合理"或"需要回归理性"。例如，70 年代的 81 元工资（1978 年上海市社会职工平均工资只有 56 元/月），实际购买力要远超过现在的 2 430 元，虽然表面上后者是前者的 30 倍。参照 GDP 平减指数进行修正后，1980 年的运费 0.20 元/吨公里大致相当于 2014 年的 4 元/吨公里，要远远高出现在的运价水平。即使按照 CPI（居民消费价格指数）的官方数据，1980 年的运费 0.20 元/吨公里亦大致相当于 2014 年的 1.15 元/吨公里，同样远超当前水平。

补充：GDP 平减指数和 CPI

　　GDP 平减指数（GDP Deflator），又称 GDP 缩减指数，是指没有剔除物价变动前的 GDP（现价 GDP）增长与剔除了物价变动后的 GDP（即不变价 GDP 或实质 GDP）增长之商（也可是名义 GDP 与真实 GDP 之比）。它的计算基础比 CPI（居民消费价格指数，Consumer Price Index）更广泛，涉及全部商品和服务，除消费外，还包括生产资料和资本、进出口商品和劳务等。因此,这一指数能够更加准确地反映一般物价水平走向,是对价格水平最宏观测量。

CPI 居民消费价格指数(Consumer Price Index),是一个反映居民家庭一般所购买的消费价格水平变动情况的宏观经济指标。它是度量一组代表性消费商品及服务项目的价格水平随时间而变动的相对数,用来反映居民家庭购买消费商品及服务的价格水平的变动情况。其变动率在一定程度上反映了通货膨胀或紧缩的程度。

18.1.2 运价走低的经济解释

本书 6.4 节已探讨过我国公路货运车辆的成本结构并给出了调查统计结果,这里重点分析公路货运成本的几个关键影响因素。

1)车辆载重能力的提升

在我国,中吨位/中型卡车(装载质量大于 3 吨、小于 8 吨的普通载货车及其各种变形车)是我国汽车工业中生产历史最长、社会保有量最大的产品。20 世纪 90 年代中期之前,以载重 5 吨系列的中型车为核心产品,虽然先后经历了长头换型、柴油化、平头化等技术升级过程,但载重能力一直未有显著提升。当时载重 8 吨以上即可迈入重型货车的范畴,载重 12~15 吨已经是国产货车的上限。

20 世纪 90 年代中后期开始,用户最强烈的要求是多拉快跑,创造更多的效益,原来拉 5 吨的车,如何能够拉到 10 吨,成为汽车企业重点面对的技术难题,经过了加强化、多轴化两个过程充分满足用户超载的需求。中型货车通过不断强化逐渐与重型车接轨,形成了具有中国特色的准重型卡车。近 10 年来,高速公路网快速发展,全社会公路货运量、货物周转量稳步提高,加之房地产开发如火如荼,使得载重 15 吨以上的重型货车、自卸车、工程车及拖挂 25 吨以上的牵引车车型高速增长。

从发动机的角度来看,90 年代初市场上的发动机不论是解放牌还是东风牌,功率都在 140~180 马力左右,只能满足 5~8 吨车的需求。经过多年的发展,排量更大、技术更先进、排放更环保的新款发动机得以推出,排量由 6~7 升提高到 10~12 升,功率也提升到 280~420 马力,可以满足重型牵引车、自卸车的需求。

参考本书 7.2 节表 7.2,可以发现,目前中型和重型货车的实际载货能力相当于 80、90 年代中型和重型货车的 2~3 倍。

资料:解放卡车的发展

1956 年 7 月 13 日,国有特大型汽车生产企业一汽,装配出了第一辆解放牌汽车 CA10。CA10 空车重 3 900 公斤,配备直列水冷 6 缸四冲程汽油发动机,最大功率 71 千瓦,最大速度为 65 公里/小时(满载时经济时速为 33~35 公里/小时),载重量为 4 吨,可拖带 4.5 吨重挂车,每百公里耗油 29 升。不过,直到 1982 年以前,汽车在我国还属于紧缺物资。一汽投产后,每年按国家计划组织生产,下线车经调试后交国库,国家物资局按计划分配,由其下属省、市、自治区的机构负责销售。在计划经济时代,企业没有自主权,创造的利润全部上缴,也无力开发新产品,老解放一生产就是30年。

1982年,一汽开始生产CA10C型载货汽车。它在CA10B型的基础上改进设计,载重量由4吨提高到4.5吨,发动机最大功率由95马力提高到110马力,最高车速由CA10A型的75公里/小时提高到80公里/小时,百公里油耗由29升降至25.8升。第二代解放卡车CA141(1986—1995年)的载重量为5吨(1993年的CA142型升级为6吨),最大功率135马力,最高车速90公里/小时。90年代中后期,我国高速公路迅速延伸,大宗货物运输从以铁路为主向以公路为主转移。加之1998年后政府明确提出扩大内需的构想,同时增加了基础设施建设的投资,促使中重型载货车市场持续快速发展。一汽也在此时通过增加发动机排量、加重后桥、加厚大梁等举措,开发出中重型卡车。1997年,解放牌第四代9吨平头柴油车CA1170P2K1L2批量投产,载重量由5吨提升至9吨。除了基本型以外,解放牌还开发出各种变型车,以产品多样化适应市场的多元化。比如:满足煤炭矿石运输特殊需要的拉煤王和新拉煤王;适应西北地区风沙大、气候恶劣环境的西北王等。21世纪初,中重型卡车在大规模基础设施建设和远距离重载物流面前,开始显得力不从心。重型卡车逐渐成为大宗货物运输市场上的首选。2007年7月,一汽解放重型卡车J6正式下线,为满足不同用户的需求,分为豪华版、标准版、加强版等不同配置,额定载重量超过18吨,价格区间为26.98万~45.98万元。

2)车辆售价的下降

汽车在20世纪80—90年代是稀缺物品,即便是在大城市,汽车也只是极少人才能享用的奢侈品。在当时的历史条件下还没有私家车这一说法,不论是军队的吉普车,还是供高级官员乘坐的轿车,抑或是用于运输的大卡车,在普通民众的心目中同样富有神秘的色彩。

改革开放前的车辆价格未必是真实的市场价格,一是因为当时没有健全的市场——私人不允许购买汽车,单位或企业购置汽车也有计划分配和市场销售两条渠道,并分别实施计划价和市场价,市场价格波动很大;二是当时公布的"价格"并不等于添置车辆全部的"代价"——除了支付一定的费用,还需要使用"指标"等其他资源。以中型卡车为例,80年代中后期每辆车的计划内外差价高达1万元。考虑到当时主流中型卡车(CA15)的售价仅为3万元左右,1万元的差价相当可观。总体来看,80年代中后期,轻型卡车的价格约为2万~3万元(相当于现在的20万~30万),中型卡车约为3万~4万元(相当于现在的30万~40万),重型卡车的价格区间为6万~10万元(相当于现在的60万~100万)。现今,11万~13万可以购得载重4~5吨的依维柯中型货车;额定载重量10吨的福田欧马可5系售价为15万元上下;25万~35万可以买到载重量20吨的重型货车;而40万~50万元可以购买到牵引总质量超过40吨的牵引车。简单地对比,现在公路货车的售价几乎只是80年代中后期的同级别车型的一半,而载重能力要远超当时同级别车型。

3)司机劳动力价格的下降

与出租车司机相似,在20世纪80到90年代中期,卡车司机一直以来都是一个令人羡慕的职业。在普通人看来,卡车司机走南闯北、见多识广,报酬丰厚、家境富足。《平凡的世界》中"方向盘一转,给个县长都不换"正是对当时卡车司机工作的描述。卡车司机成为抢手的职业与特定的历史背景分不开。在很长的一段历史时间中,只有大型企业才会有运输部门,很多运输部门是政府机构参与运营的,普通人家的子弟很难进入。在这种特定的历史条件下,卡车司机自然成为"高人一等"的就业岗位。

据统计,中国目前已有近3 000万名货车司机。货车司机也沦为了不需要高学历和太多技术含量、劳动力市场竞争激烈的职业。中国物流与采购联合会对3 000多名货车司机的问卷调查显示,多数司机年龄在26至45岁之间(25岁以下占10%,26～35岁占56%,36～45岁占29%,45岁以上仅占5%),70%的从业人员为初中及以下文化程度(21%为中专学历,7%为高中学历,职高、大专及以上分别仅占1%),多数司机为农村户籍(其中不乏拿土地补偿款买货车跑运输的失地农民),40%的司机每天工作时间超过12小时(44%的司机平均每天工作8～12小时,仅有16%的司机平均每天工作不足8小时),84%的司机月均纯收入低于8 000元。总体来说,虽然货车司机的月收入仍超过社会平均工资水平(根据2011年调查,约超过城镇单位在岗职工平均工资的30%～50%),但考虑其承担的工作压力和面对的多重风险,货车司机已无法被视为高薪职业了。

资料:中国卡车司机职业特征

引自:《中国卡车司机生存现状蓝皮书》

根据调查,中国卡车用户以男性为主,其比例超过95%,其中,重卡用户中男性占99.4%、中卡占97.1%、轻卡占到了95.7%。

(1)对收益状况不太满意

只有29.1%的重卡用户,40%的中卡用户,47.8%的轻卡用户对自己的运输收入比较满意,但满意度均值较低,分别为5.3、5.6和6.0(满分为10分)。相对来看,重卡司机月收入较高,达到8 380元的水平,其次是中卡司机5 441元/月,轻卡司机为4 375元/月。(并非所有卡车司机都能意识到,自己的"收入"可能包含了生产购置车辆所投入资金的时间价值)其中,收入亦与所运货种相关,例如重卡用户运输煤炭等固态能源物资、小汽车机械等货物时收入较高,而运输集装箱则收入较低。

相对于司机净收入,卡车用户月度费用支出较大,重卡在32 303.3元/月的水平波动,中卡在17 572.6元/月水平波动、轻卡在5 272.2元/月水平波动。费用支出主要是燃油费、路桥通行费、维修保养费用、购买配件的费用等。

（2）司机生活质量较低

从卡车司机的生活质量来看，主要表现在不良的消费生活习惯、不规律的生活、超负荷的工作等等，80%以上的用户80%以上时间在外运输，41.4%的重卡用户单次驾驶时长超过9小时。由于工作时间比较长，司机为了提神经常要抽大量的烟（70%以上的用户抽烟，50%以上用户经常喝酒），对身心健康危害较大。有接近一半的卡车司机一日三餐不能按时保证，且有80.1%的司机选择"路边小饭馆"就餐，人均日消费仅为11～30元/天。另外，住宿条件也很艰苦，47.4%的用户在车上睡觉，36.3%的用户选择在廉价旅馆休息，其中一半的用户住宿支出在11～20元/天的低水平。

（3）休闲娱乐形式较单一

出车在外，在有限的时间内进行休闲，司机一般采取在车上睡觉、同老乡同行聊天、给家人打电话、打牌等方式进行休闲娱乐，各种卡车之间差别较小。其中，60%以上的比例用户选择打牌消磨时间。不出车时，与家人团聚是很多司机最好的休闲娱乐内容，包括与家人看电视、聊天、看报纸杂志等。

（4）健康医疗意识较低

运输过程中的车上、货场、道路、路边修理店、小饭店的恶劣环境等严重影响着卡车用户的身心健康。50%以上的用户认为驾驶、运输对自己健康有很大影响。39.1%的用户承认自己患有职业疾病，64.7%的用户患有胃病、38.8%用户患有颈椎病。然而，只有37%的用户认为自己的健康应放在生活的第一位，更多的用户则认为赚钱最重要。56.5%的重卡用户没有参与定期体检，这一比例中卡为71.4%、轻卡为66.2%。另外，41.1%的用户没有购买任何保险，在58.9%参险用户中，险种集中在医疗、人身意外、重大疾病险，但险金有限，人身意外险平均为347元/年，医疗保险平均仅为534元/年。

（5）对政策商业环境不太满意

对目前卡车运输相关政策满意的均值仅仅为5.1分（满分10分）。10个调查城市中，满意度状况都比较差。就卡车司机生存的政策、商业环境来看，从事卡车运输职业，社会地位比较低下；受市场竞争激烈以及油价攀升、过路过桥费高的影响，卡车运输行业利润空间较小，不仅如此，还时常会受到车匪路霸的骚扰。此外，城市限行给卡车司机长途运输带来了不便，车辆超载与国家治理超载的矛盾又客观存在，使卡车运输陷入两难境地。司机辛苦赚来的利润受到管理部门的抽成（高达纯利润的30%），处于自我奋战的艰难境地。

4）燃油价格与燃油经济性的变化

1998年以前，我国的成品油价格由政府制定，并不考虑国际油价的变动；1998年之后，国家对原油、成品油价格形成机制进行了重大改革，改变了过去单一的政府定价模式，实现国内原油和成品油价格与国际市场逐步接轨。以1994年为例，当年的0#柴油出厂价约为1 800元/吨（市场零售价约1.20元/升）。相比较，2016年4月0#柴油的最高零售价为6 000元/吨左右（市场零售价约为5.60元/升，含1.20元/升的成品油消费税）。看似现在的油价水平要高很多，但考虑到 GDP 平减指数后，1994 年的柴油价格甚至相当于当前水平的 2 倍以上。

从车辆油耗水平的视角来看。据统计，1987 年我国中型货车的平均油耗为 33.4 升/100 公里。90 年代中期，以 1994 年投产的东风第三代 5 吨卡车 EQ1092F 为例，该车平均车速 53.6 公里/小时的公路行驶油耗为 23.8 升/100 公里。而当前，载重 5 吨的货车的平均油耗通常不会超过 20 升/100 公里。总体来看，货车燃油经济性的逐渐提升是车辆技术进步的大势所趋。

5）"费改税"的影响

根据 2000 年 10 月国务院批转财政部、国家计委（现在的发改委）等部门《交通和车辆税费改革实施方案》的通知（国发〔2000〕34 号）中的规定，费改税方案的核心内容可概括为"三费（养路费、客运附加费和运管费）改为一税"。具体实施方案是：开始征收燃油税取代公路养路费（三费中占比最高）、公路客货运附加费、公路运输管理费、水路运输管理费、水运客货运附加费，以及地方用于公路、水路、城市道路维护和建设方面等的部分收费。

"公路客货运附加费"的收费标准是：0.01 元/吨公里；"公路运管费"的收费标准是：营业收入的 0.8%（上述 2 项收费在实际中大部分是定额收取的，货运附加费通常按 15～30 元/吨月收取，运管费通常按 20 元/吨月收取）。"养路费"的收费标准是根据 1991 年四部委联合通知中的规定而进行征收的。养路费有 2 种征收办法：一是按费率征收，征收费率为运营收入总额的 12%～15%；二是按费额征收，对实行承包后难以掌握营业收入的情况按费额计征，其费额标准按规定的费率以专业运输企业平均运营收入总额折算。据调查，按费额计征养路费的全国平均水平是 200 元/吨月。"燃油税"是指对在我国境内行驶的汽车购用的汽油、柴油所征收的税，实际就是成品油消费税。2009 年 1 月 1 日起，我国正式实施成品油消费税改革方案，在取消公路养路费等 6 项收费的同时，汽油消费税单位税额由每升 0.20 元提高到 1 元，柴油由每升 0.10 元提高到 0.80 元。

费改税的原因较为复杂，对于公路货运车辆来说，主要的影响有：一是可以将税费同车辆的实际使用强度联系起来，实现税费征收的相对公平；二是避免原来"三费"征收环节高昂的交易成本（例如"大吨小标"——指车辆标称的核定载重量远小于实际载重能力/吨位的行为，以逃避按照核定载重量征收的公路养路费等税费），以及由于高交易成本造成的"税费流失"；三是有助于促进车辆燃油经济性的技术进步。当然，费改税时需解决原费收体系人员的安置问题，费改税之后需面对成品油消费税征收环节更高的交易成本。

据报道，2008 年全国的养路费总额是 1 300 亿元；2009 年开征燃油税后，我国成品油消费税是 2 024.7 亿元，2010 年，成品油消费税是 2 403 亿元。2015 年初，汽油和柴油的成品油消费税率已分别提高至 1.52 元/升和 1.20 元/升。

资料：卡车费改税的量化影响

引自：《燃油费改税政策对卡车市场的影响——以燃油费改税政策为例介绍宏观政策的量化研究方法》，商用汽车杂志，2007.2

在环亚商用车数据库（2003年数据）中，按功率配额随机抽取全国10个城市的200个普通载货车样本，并按功率平均分为3组：162～190千瓦、191～220千瓦、221千瓦及以上。

费改税前，3个功率段的卡车每月缴纳的费用（公路养路费＋公路货运附加费＋公路运输管理费）的调查统计结果：162～190千瓦组平均为4 279元／月，191～220千瓦组平均为5 591元／月，221千瓦及以上组平均为6 425元／月。

实施费改税之后，3个功率组的卡车每月应缴纳的燃油税 Y 的计算公式为：

$$Y = (a/100) \times b \times c \times d \quad (18\text{-}1)$$

式中：a 为平均100公里的耗油量，162～190千瓦组取值34.0升，191～220千瓦组取值40.2升，221千瓦及以上组取值45.9升；

b 为月行驶里程，162～190千瓦组取值6 445公里，191～220千瓦组取值6 702公里，221千瓦及以上组取值6 507公里；

c 为燃油单价，元／升，2003年10月0号柴油的价格，2.85元／升；

d 为燃油税税率，按45％计算。

计算结果为，3个功率段的卡车每月缴纳的燃油税分别为：162～190千瓦组为2 810元／月，191～220千瓦组平均为3 455元／月，221千瓦及以上组平均为3 830元／月。均小于当时的缴费水平。

讨论

1. 上述计算中使用的参数是否存在与实际不符的情况？
2. 试测算当前成品油消费税率下各类货运车辆每月或每年的成品油消费税额。

6）计重收费的影响

本书11.3节介绍了道路基础设施成本分摊的几类方法。我国传统的公路收费制度中，主要采用的是分车型按次收费或分车型按里程收费这两种方式。对于货运车辆，通常是按照车辆"核载"（车辆行驶证上的核定载重量）将其分为几类，再对每一类车型按照不同的里程费率收取通行费。这样的收费分类方式较为明确，也便于人工判别车型。然而，这种分类方式存在着两个较严重的缺陷。

（1）"大吨小标"问题

与公路养路费征收相似，按照车辆"核载"收取通行费的问题时，车主有降低标称载重量以减少缴费额的强烈动机，车辆生产厂家也有配合消费者的利益关系。因此，市场上一度出现了众多压着收费分类线的"核载"，例如1.99吨（以避免迈过2.0吨的2类车门槛），4.99吨（以避免迈过5.0吨的3类车门槛）。而这些车辆的实际载重能力甚至高达20吨。从公路运营方的视角来看，由于其无权对行驶证上核载数据的真实性和准确性进行干预,而修改各车型的通行费费率不仅容易"误伤"大型客运车辆,在制度上也较为复杂,因此,"大吨小标"的做法无疑造成了通行费的大量流失。

(2)缺乏排他性

重载货车对于道路桥梁的寿命存在着几倍至数百倍于小汽车的影响。特别是对于公路路面,一辆严重超载的货车在理论上的影响可能相当于数千辆小汽车,甚至会出现一次行驶就造成路面损坏的情况。因此,公路运营方没有向此类车辆提供服务的意愿。然而,公路运营方缺乏限制或禁止严重超载货车通行的权限。结果是,不得不按照事先公布的价格——通行费费率——提供通行服务,或者,支付费用邀请拥有执法权限的公安等部门协助管理。

综上所述,公路市场("公路产品"交易的市场,该市场中,汽车用户通过支付路桥通行费或交税,向公路供给方购买"车辆通行权")中严重的机会主义问题和高昂的管理成本引发了公路供给方的强烈不满。这也直接导致了21世纪初我国各地多次出现的超载超限车辆运输治理运动(简称"治超")。不过,运动式的执法无法改变货车重载的经济基础,也难以消除市场中的机会主义风险,前述问题一直没有得到解决。

21世纪初,随着车辆动态称重、轮胎识别、车辆分离等技术的日趋成熟,公路建设运营方找到了一种新的费收方法,可以有效解决上述两个问题。这就是计重收费。2005年10月,交通部(现在的交通运输部)发布了《关于收费公路试行计重收费的指导意见》,此后近数年时间里,计重收费模式在全国各地得到迅速推广。计重收费,是通过对收费车辆进行以轮轴类型和重量划分进行收取费用的系统。收费方不再按照捉摸不定的"核载",而是改为依据车辆轮轴类型(轴数、轴型)这样较为准确的特征对货车进行分类,再按照车辆的重量特征(车轴重量、车货总重等)设置基础收费费率和超载车辆"惩罚性"费率。这样,不仅有效地缓解了业者"偷逃"收费的机会主义问题,也通过更为细致的费率标准攫取了更多的"消费者剩余",同时通过高昂的"惩罚性"费率阻止了严重超载的驶入。

简单地说,尽管计重收费系统的建设运营投入较高,也存在着一定的准确性和可靠性问题,但计重收费模式这一中国式创新,是高速公路市场较为成功的机制转变。当然,从高速公路市场中消费者(货运业者)的角度来看,计重收费无疑在一定程度上增加了车辆运营成本(业者支付了更多的通行费,或者改走其他公路)。而这样的成本增加,大部分会转移至公路运输的最终消费者——社会中的所有人。

7)综合影响

综合来看,与20世纪80—90年代相比,当前的公路货运行业在运输能力、运输范围和服务水平方面都有了很大的进步。与此同时,运输成本却得到了大幅下降。其中,最主要的原因在于车辆制造技术和公路建设技术的改进。车辆制造技术不仅大幅提升了车辆的装载能力,减少了车辆油耗,也降低了车辆售价和维修成本。加之货车司机劳动力价格在一定程度上的降低和司机们更辛勤的付出,公路货运价格不升反降并没有太多费解之处。更不能根据部分运输成本项出现"增长"就做出目前公路运输价格与成本变化"相背离"的判断。

至于成品油消费税、养路费、路桥通行费等税费的增加,一方面确实是社会税费成本的提高;另一方面,由于货运业者得到了更好的公路服务,也可以理解为是一种对公路货运生产要素之一的道路服务的经济支付。

最后,公路货运市场在起讫点(供给地—消费地)需求差异很大,而目的地周边范围内亦缺乏其他货运需求地的情况下,也可能使用出现"高峰定价法"的情况(详见本书 11.3.1 节)。此时,货运业者在车辆返程接受较低的运费(甚至低于单程的运输成本)也是理性的选择。不能因此就断定公路货运市场存在非理性的"恶性竞争"。

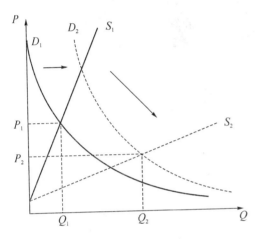

注:D_1 为 20 世纪 80—90 年代的公路货运需求曲线,D_2 为当前的公路货运需求曲线,曲线右移的主要原因在于人口的增加和产业经济的发展;S_1 为 20 世纪 80—90 年代的公路货运供给曲线,S_2 为当前的公路货运供给曲线,曲线右移且变平缓的主要原因在于:虽然税费水平有相当程度的提高,但车辆装载能力得到大幅增加,车辆能源效率有所提升,公路服务水平有很大提高,以及车辆价格(可比价格)和司机劳动力资产专用性的降低;不难判断,当前市场均衡下的需求量/供给量 Q_2 要远远高于 80—90 年代时的水平 Q_1,同时,当前的市场均衡价格 P_2 要低于 80—90 年代时期的水平 P_1。

图 18-2 公路货运市场供需关系对比示意图

18.2 我国公路货运的优势与代价

18.2.1 我国公路货运行业的特征

与欧美发达国家相比,我国的公路货运行业有下述 3 个主要特征:

1)车辆装载量较高

在车辆轮轴类型相同、车辆自重相近的情况下(后文简称同级别),我国公路货运车辆的载重能力和实际载重量要远超过欧美发达国家的货车(如图 18-3 所示)。而同级别对比,中国货车的发动机功率往往要小于美国货车,尤其是对于车型 4 和车型 5 的重型车辆来说。其中的主要原因在于:中国的货运需求者往往更看重运输成本的节省而非单程的运输速度。因此,中国的公路货运行业普遍采取"重载"加"低速"的运输业态,以提高运输批量、降低油耗,从而降低单位运输成本(元/吨公里)。中国的货车也常常装配功率相对较低的发动机(因为无需高速行驶,尽管装载的货物更重,但对车辆动力的需求会更低)并减少车辆的舒适性和安全性配置以进一步降低成本。

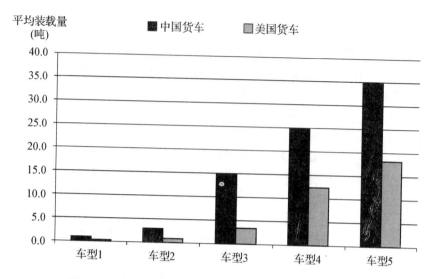

图 18-3 中美公路货运车辆平均装载量对比示意图（吨）

注：为便于中美对比，车型 1 为车辆标称总重（含所载货物）小于 1.8 吨的货车，车型 2 为车辆标称总重大于 1.8 吨小于 6.0 吨的货车，车型 3 为车辆标称总重大于 6.0 吨小于 14.0 吨的货车，车型 4 为车辆标称总重大于 14.0 吨的货车，车型 5 为车辆标称总重大于 14.0 吨的汽车列车（由汽车或牵引车和挂车组成的车列）；中国数据为编者统计，美国数据来源于《Vehicle Inventory and Use Survey》。

2）车辆行驶车速较低

车辆选定后，货车司机在行驶车速决策时，主要是基于下述考虑：

- 经济性

货运车辆的经济时速（通常是一个速度区间）是指在车辆行驶中消耗燃料最节省的速度。它随路况、载重、风向、气候及使用情况有所变化。由于我国公路货车重载的倾向性，车辆的经济时速在负载时通常较低（否则就会造成油耗的急剧上升）。因此，对燃油成本较敏感的大多数货车司机，即使在高速公路上，也会尽量将车速控制在 60～75 公里/小时经济时速（相比较，很多小汽车驾驶员的期望车速常接近公路的限速 100～120 公里/小时）。这就造成了我国公路货车的行驶车速普遍较低的现状。较低的行车速度，带来了更好的燃油经济性，并减少了对车辆动力的需求从而降低了车辆售价，这些都有助于降低运输成本。不足之处在于增加了运输时间（中国的运输业者通过长时间连续行车、夜间行车和减少休闲时间等方式，弥补了这些"损失"的时间，甚至做到了超过美国的长途运输效率），并带来了交通效率、交通安全等方面的负面影响。

- 时效性

对燃油成本不太敏感的部分货车司机（例如正在赶时间的快递物流车辆驾驶员），则有选择高行驶速度的动机。当然，车辆能够达到的速度会受到车辆动力性能（如最大车速）、路段交通量和驾驶员能力等因素的制约。

- 安全性

在面对下坡、弯道、交通拥堵等路况时,出于安全方面的考虑,驾驶员会在车速方面做出一定的保留。

表 18-1　解放牌载货车部分车型的车速数据(km/h)

车型	最大经济速度	安全速度	最大车速
CA1083PK2L2	75	4	99
CA5083XXYP9K2L4	75	84	99
CA112LPK2L3A80	70	81	95
CA5170XXYP9K2L7T3A80—1	70	77	90
CA1250PK2L7T1A80	80	85	100
CA1240PK2L7T4A80	80	85	100
CA1163P7K2L3	75	81	95
CA1203P7K2L11T3	65	66	78
CA5200CLXYP1K2L7T9A80—1	65	77	90
CA5200CLXYP4K2L11T3	75	77	90
CA5240XXYP1K2L7T9A80—1	65	77	90
CA5241CLXYP7K1L11T4	65	77	90
CA1253P7K1L11T1	60	70	82
CA1313P7K2L11T4A	65	80	94
CA5252GJBP2K2T1	60	77	90
CA5242CLXYP2K2LT4	65	83	98
赛龙Ⅱ CA1080/CA5080	70	79	93
赛龙Ⅲ CA1127/CA5127	85	89	105
赛龙Ⅱ CA1080/CA5080	75	85	100

注:数据来源于《货车期望运行速度的分析与研究》,公路与汽运,2011

3)货车司机的工作强度大

如前文所述,中国的货车司机,尤其是长途货车司机,连续驾驶时间长、夜间驾驶时间长,休闲甚至睡眠休息时间都很有限或不完整,工作强度相当大。原因主要有:在重载低速的行业需求下,为了保障整个运程的效率,司机不得不通过减少休整时间以弥补低车速造成的效率损失;为了与起讫点的物流集散时间相一致,并减少很多城市白天限行货车政策的阻碍,长途运输只能选择夜间行驶以保证傍晚发车、凌晨到达;货车司机的劳动力供给较为充足,司机们在工作内容和时间安排方面没有太多的选择余地;为了躲避各地针对货车的多种形式的执法处罚,司机在某些时段会被迫停车"休息",而在其他时段(如夜间)连续赶路;在被执法人员拦截后,司机需要耗费精力和财力"讨价还价"甚至寻求其他手段以减小总体损失。这些都增加了货车司机的工作强度和工作压力,并成为了中国货车司机有别于发达国家同行的特征。

18.2.2 公路货运特征对国民经济的促进作用

在公路货运行业的努力下,全体国民获得了巨大的实惠。不仅保证了运输的整体效率,更是将运费控制在了很低的程度。《基于车辆轴型分类的公路货运车辆运营成本研究》的研究表明,超载超限行为取缔后,中长途货运车辆的单位运营成本将增加38%~61%(重型车辆的增浮较高),运价和物价也将出现相应的增加。2015年我国公路运输完成货运周转量 64 705 亿吨公里,总产值约 3.2 万亿元(除了运输费用,还包括信息费和货物装卸、保管等环节的费用),可以简单推算出公路货运的单位产值约为 32 000/64 705 = 0.49 元/吨公里,假定:若超载超限行为完全消失,公路货运价格增加 35%(即涨到 0.66 元/吨公里),同时公路货运总量保持不变(实际上,运价上涨必然会导致货运需求的下降,为简化分析,这里假定运价变动不影响运输需求量),则全社会的公路货运总费用将增加 64 705 × 0.49 × 0.35 = 11 097 亿元!平均每位国民需多支付 800 元。

作为对比,美国 2007 年公路货运业的单位运费为 16.54 美分/吨·英里,按当年汇率 1 美元≈7.5 人民币计算,相当于 0.77 元/吨公里,远高于中国公路货运行业。

资料:公路货运成本对运价和物价的影响

引自:猪价"烧高"中的冷思考,广东智农通农业网,2004.8.18
《基于成本分析与指导价格的超载治理研究以湖南省的调研数据为例》,财经理论与实践,2011.1

集中"治超"抬高运价,减少了运输量。据南昌市佛塔生猪交易市场反映,过去河南、山东生猪大量进入南昌,生猪价格涨不起来。全国集中"治超"后,过去可以装三层的运猪车现在只能装两层,运价上扬,调入生猪减少,价格水涨船高。江西省城调队统计显示,从 6 月 20 日(2004 年全国治超工作的启动日)以来,南昌市货车的社会平均运价上升了 77%,其中蔬菜及鲜活产品运价上升了 28%(运输蔬菜及鲜活产品的车辆,在治超时常常被网开一面)。

调研了湖南省某大型的第三方物流企业,采集了其 2007 年 1 月到 2009 年 3 月共 27 个月的运价和平均成本的数据。图 18.4 所示为运价和额定载重量下平均成本的关系。位于上部的成本曲线为(车辆装载量改为)如果按照额定载重量装载时的平均成本(元/吨公里),下部为货运市场的实际运价(元/吨公里,为车辆存在超载超限行为时的实际运价)。

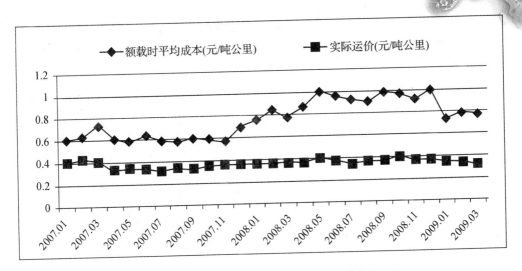

图 18-4　实际运价与按照额载运输时平均成本的关系

18.2.3　公路货运特征对交通效率的影响

在我国某些公路路段,常出现运行交通量并没有达到设计通行能力而实际交通状况却拥挤不堪的现象,并迫使这些公路提前进入改造期,影响了这些公路社会经济效益的正常发挥。原因之一,在于公路上较多车速较低的重载货车与其他快速车辆混行,在公路沿线形成大量的"移动瓶颈",导致道路实际通行能力下降。"移动瓶颈"(moving bottleneck)的概念:在多车道道路上,当一辆货车在一条车道上行驶的时候,经常会造成后面几辆甚至大量车辆减速跟行,形成"成簇"慢行车队,它不同于在那条车道上的一个实际的障碍物,而是由于速度的差异,这种情况称为移动瓶颈。

在发达国家和地区,针对"移动瓶颈"的应对措施主要集中在重型车爬坡及弯道转弯上。通过专设重型车爬坡车道,问题已得到基本解决。在我国,公路货车行驶速度较低的现象不仅仅出现在爬坡及弯道,而是贯穿于整个行驶过程:低速运行的货运车辆引发后方到达车辆的超车需求,而车道数的限制使得超车机会受限,从而使得小客车和大型客车延误的增加;而当一辆货车从超车道超越另一辆更慢的货车时,会暂时形成全部车道的障碍,造成后面大量车辆减速跟行;在无法立即超车的情况下,小汽车驾驶者出于自身安全的考虑常倾向于远离低速行驶的货车,因此会采用比正常行车间距偏大的跟驰距离,从而导致交通流密度降低,影响实际通行能力。因此,货车行驶车速较低的国情,容易形成道路交通移动瓶颈,造成车流速度趋向于重型货车的期望速度,对于道路交通效率的影响极大,尤其是对于交通量较大且货车混入率较高的路段来说(形成的移动瓶颈不再独立,而是相互影响)。

表 18-2　2013 年我国高速公路货车的平均速度

车型	轴型	平均速度（km/h）
货车	2 轴 4 轮	73.62
货车	2 轴 6 轮	66.25
货车	3 轴和 4 轴	63.16
半挂列车	3～6 轴	63.23

表 18-3　2013 年我国高速公路客车的平均速度

车型	座位数	平均速度（km/h）
1	≤7	93.49
2	8～19	87.24
3	20～39	82.33
4	≥40	85.34

注：数据来源于《中国高速公路运输量统计调查分析报告》2014

当前我国很多公路服务水平的下降，并非由于交通量接近通行能力，而是由低速货运车辆的影响。为了缓解拥堵，直接将双向四车道公路扩建成双向六车道（甚至更多车道的）公路，需要相当大的投资。扩建后虽然改善效果较明显，但由于实际交通量并不大，亦造成了较严重的投资浪费。

补充：道路通行能力计算中对货车的考虑

在交通工程学中，道路通行能力与服务水平的测算，通常都是针对标准车流（纯小汽车组成的车流）进行的。而对于货车，则需要先通过车辆折/换算系数（PCE）将其换算成当量小汽车。

我国的《公路工程技术标准》（JTGB01-2014）中，将 2 吨≤载质量≤7 吨货车的车辆折算系数定为 1.5，将 7 吨＜载质量≤20 吨货车的车辆折算系数定为 2.5，将载质量＞20 吨货车的车辆折算系数定为 4.0。在《城市道路设计规范》（CJJ37-2012）中，则规定大型货车的车辆换算系数为 2.5，铰接车的车辆换算系数为 3.0。

PCE 的研究常常基于货车在某一方面的影响，如密度、延误、速度等，而且，PCE 的研究很多是基于影响结果的，即通过实际观测得到。货车 PCE 在不同国家和地区、不同路段、不同天气条件下甚至不同时期的变化需要得到深入研究。

18.2.4　公路货运特征对交通安全的影响

道路交通事故的致因较为复杂，通常都包含了多方面的影响因素。为方便表述，下文主要从车辆和驾驶员的角度探讨我国公路货运的特征（超载、低速和高强度运营）对交通安全的不良影响。

1) 超载的影响

相对于满载状态，货车超载不仅降低了车辆操控性能，增加了驾驶操作的强度，同时也增加了驾驶员的心理负担（对于车辆控制、事后处理以及被处罚的担忧）。由于车辆在超载状态下的行驶性能存在更大的不确定性，而驾驶员对这些负面影响难以全面把握，当面对行车阻碍（如车辆故障，路面障碍物，其他车辆、非机动车或行人干扰，人员执法等）需紧急变向、刹车或采取其他操作时，驾驶员容易犹豫、惊慌甚至操作失误，从而造成事故的发生或事故严重程度的增加。另外，部分车载货物（例如钢材、化学危险品等）在车辆急刹车、侧倾等状态下也会对驾驶室和驾驶员造成一定的威胁，这种威胁在车辆超载状况下会增加。

最典型的场景是连续长下坡或陡坡路段。在连续长下坡路段，车辆超载加速了车辆制动性能的衰退，货车驾驶员为避免刹车磨损和失效，较少制动，因此车速往往较高，此时一旦出现突发情况往往非常被动——首先车辆会变得比低速时更容易失控，另外，紧急制动也更容易造成车载货物前冲并挤压驾驶室。而在陡坡路段，制动失效是主要的事故原因之一，尤其是在急弯陡坡组合路段，因驾驶员频繁制动，导致制动器温度上升，制动失效现象最容易出现，车辆超载加剧了制动失效的风险。据统计，2004年全国一次性死亡10人以上的特大道路交通事故中，超过一半发生在长下坡路段。其中，连续陡坡路段事故率最高，而货车是主要的事故车型。

2) 低车速的影响

发达国家的研究表明，车辆的车速与平均车速的差值越大（无论是高于还是低于平均车速），即车速分布越离散，事故率就会越高。这里有一个前提，即这些国家公路货车的行驶车速在平直路段与小汽车基本一致。而对于我国的公路，特别是高速公路来说，由于客车与货车的期望车速差距较大，时常会形成两种典型车速（例如客车的110公里/小时和货车的70公里/小时）共存的现象，并形成两个车速峰值（而非发达国家公路的单峰值）。尽管存在这样的差异，对比车速标准差与事故率，还是可以发现，车速离散性较大的路段，事故率较高（表18-4）。

表18-4 我国部分高速公路车速特征与事故统计数据

高速公路	平均车速 /(公里/小时)	车速标准差 /(公里/小时)	车速标准差系数	事故总量/(次/年)	交通量/(辆/年)	里程	亿车公里事故率/(次/亿车公里)
成渝高速（重庆段）	87.61	17.16	0.195 9	206	7 708 800	114	23
石太高速	71.00	20.32	0.286 2	244	3 972 470	213.4	29
广佛高速	58.13	13.01	0.223 8	145	42 223 200	16	21
京石高速	93.00	26.63	0.286 3	1 065	8 719 852	269.6	45
沪宁高速（上海段）	79.86	14.22	0.178 1	164	12 511 608	74.08	21

续表 18-4

高速公路	平均车速 /（公里/小时）	车速标准差 /（公里/小时）	车速标准差系数	事故总量 /（次/年）	交通量 /（辆/年）	里程	亿车公里事故率 /（次/亿车公里）
沈大高速	79.50	12.37	0.155 6	887	12 334 480	375	19
京津唐高速（北京段）	88.70	22.57	0.254 5	140	12 859 680	35	31

注：数据来源于《基于平均车速和车速标准差的路段安全分析方法》，公路交通科技，2008

货车车速远低于客车，之所以会造成更高的事故率或伤亡率，主要有以下原因：

1）增加了追尾的风险

货车车速明显低于客运车辆，易造成车速明显不同的车辆发生追尾或碰擦。当发生小汽车追尾货车的事故时，我国货车重载和低速的特征又进一步降低了"碰撞相容性"。"碰撞相容性"是指在不同的车辆之间发生碰撞时，车辆的总质量、几何外形和结构刚度方面相互融合可以达到彼此能够承受的程度，换句话说，汽车不仅要保护自己车内乘员，也能保护对方车内乘员的安全。为了重载的需要，我国公路货车的长尾高度较高，当小汽车以较高的相对速度追尾货车时很容易发生"钻撞"，即小汽车车头钻入货车或挂车的后下部（小汽车保险杠以及与其相连的前部防护结构均无法正常工作或溃缩），而小汽车相对脆弱的乘员区与货车的尾部发生直接碰撞。此时，货车尾部极有可能碰撞小汽车车顶并导致小汽车司乘人员的头部损伤。数据显示，我国小汽车与货车发生追尾时，即使是在 40 公里/小时的相对车速下，小汽车前排驾乘人员的死亡率仍高达 80%。

2）增加了交通冲突

货车车速明显低于客运车辆，亦导致了大量、频繁的车速变化与超车行为，间接地增加了事故率。而道路上发生交通冲突现象的次数越多，发生交通事故的可能性越大。在超车的客车与被超的货车之间，由于两车的流谱发生相互干涉，引起扰流的变化，在车身上产生瞬时气动力的压力分布，并且该压力分布在整个超车过程中迅速变化，这种变化将直接导致作用在汽车车身上的气动力发生改变，导致车辆（往往是正在超车的小汽车）横摆、侧倾、侧滑状况发生变化，从而影响车辆行驶的瞬态稳定性，严重时会发生交通事故。此外，由于存在货车这样的移动瓶颈，试图超车的车辆与对向车道的车辆、试图超车的多台车辆之间也会产生交通冲突。尽管事故发生后无法认定货车的事故责任（因为其正常行驶），但事前的影响不可忽视。

3）运营环境的影响

货车司机的人为失误是很多交通事故的主因，其表现主要有：超速行驶、疏忽大意、疲劳驾驶、酒后驾车、疾病等。从驾驶员自我认识的角度来看，分别有 95% 和 90% 的驾驶员认为疲劳驾驶、疏忽大意是造成交通事故的主要因素之一。

驾驶疲劳引发的交通事故在货运行业比较突出。驾驶员普遍认为夜间以及长时间连续驾驶是导致疲劳的最主要因素,睡眠不足和酒精的影响也会导致驾驶疲劳。对于长途运输来说,沿途道路几何线形、路面条件、视野状况和气候条件等差别很大,环境的变化也会导致驾驶员产生恐惧、孤独感,引起心理疲劳。此外,车辆振动、驾驶室温度过高等因素亦会造成驾驶疲劳,使驾驶员视觉敏锐度降低,对道路情况反应不及时,操作的准确性下降。最后,交管部门对疲劳驾驶行为的认定也会对保险公司的事故理赔金额造成负面影响,这也进一步增大了货车驾驶员的心理压力并导致其心生不满情绪。

驾驶环境的特殊性决定了货运驾驶员易冒险。货运车辆在夜间或空旷路段行车较多,有些冒险行为不易被交通管理人员发现,从心理学的角度看,如驾驶员屡次采取冒险行为却没有发生交通事故也没有受到惩罚,则驾驶员的主观风险意识会大大降低。

18.2.5 公路货运特征对公路基础设施的影响

1)车轴重量对路面破坏的理论影响

针对汽车轴载质量与路面强度及使用寿命的关系,美国各州公路工作者协会(AASHTO),通过环道试验,在研究了不同汽车轴载质量对各种结构及材料修筑的路面破坏情况后,于1958年提出了著名的"汽车对路面的破坏作用与汽车轴载质量的n次方成正比"的理论,即著名的"四次方法则",公式如下:

$$EF = \left(\frac{P}{P_0}\right)^n \tag{18-2}$$

式中:EF 为 P 对路面的作用次数换算成 P_0 对路面的作用次数,即破坏系数;
P_0 为标准轴载;
P 为任一轴载;
n 为试验系数,一般情况下 $n=4 \sim 5$。如美国取4.2,日本取4.0,英国取4.55,而我国一般沥青路面结构 $n=4$,水泥混凝土路面结构 $n=16$。

由此可见,超载超限车辆的轴载若超过标准轴载1倍,每通过路面1次相当于标准轴载车辆正常通过 $16 \sim 32$ 次,若超过2倍,相当于标准轴载车辆正常通过 $81 \sim 243$ 次,影响成几何倍数增加。

根据上述公式、各车型轴载谱(某一车型每一根轴/轴组的重量分布函数)、货车车型组成、货车混入率和公路交通量等参数,可以计算一条公路在一年中承受的累计标准轴次。

2)超载程度对路面使用寿命的理论影响

《公路超载车辆运输管理关键技术研究》中,针对安徽省各级公路进行了车辆采用额载和不同超载程度运输时的使用寿命测算,结果如表18-5所示。

表 18-5　沥青路面使用寿命对比分析（年）

路面等级	高速公路	一级公路	二级公路	三级公路
设计累计轴次（×10^4次）	7 197.5	5 127.3	4 950.3	409.5
按额定装载量运输	15	15	12	8
超载30%	10.43	10.65	9.42	5.52
超载60%	7.05	7.31	7.20	3.70
超载100%	4.15	4.38	4.92	2.17

可以看出：若各级公路按车辆额载时的累计标准轴次进行设计，则当公路货车普遍超载时，公路的使用寿命随着超载率的增加而明显降低。当货车全部超载100%时，高速公路路面的使用年限由15年下降为4.1年，一级公路路面的寿命由15年下降为4.3年，二级公路由12年下降为4.9年，三级公路则由8年下降为2.1年，可见，超载对公路路面使用寿命的影响非常大。

据此和安徽省各级公路里程统计数据，可以推算出，若公路货运车辆全部超载30%，则安徽省2006年三级（含三级）以上公路路面年经济损失达10.6亿元；车辆全部超载60%时，年损失为24.3亿元左右；车辆全部超载100%时，年路面损失可达约47.1亿元（2013年安徽公路收入总额129.8亿元）。

3）公路基础设施运营方的应对

尽管公路市场的重要消费群体——公路货运车辆——对公路路面可能存在着如此严重的影响，但是，只要定价与服务合适，买卖双方仍有可能达成一致。正如18.1节所述，计重收费模式的提出，一改之前大部分公路货运业者"支付不足"的问题，并得以部分车辆排除在供给对象之外（一些高速公路甚至拒绝向5轴以上的货车列车开放），从而成功地消除了公路货运车辆对高速公路路面的外部影响，或者说将这些外部性内部化了。目前，全国已有超过20个省/市/自治区引入了计重收费，广东等省份的高速公路甚至已全部实施计重收费。

对于普通公路市场，计重收费模式则很难实施。一是由于普通公路的非排他性较高（出入口太多），控制全部出入口的成本将过于高昂；二是由于国家从2009年开始逐步取消政府还贷二级公路的收费站，普通公路费收体系将逐渐退出。针对重载货车，相关部门采取了"固定式超载超限检查站"配合"流动式执法"的管理模式，亦取得了不错的效果。

18.2.6　小结与展望

综上所述，我国的公路货运业基本属于"成本导向型"行业。车辆重载、低速行驶与货运业者的高强度劳动将单位运输成本控制在非常低的水平，全社会均得以从中获利。这也是超载超限运输治理中最大的阻力来源。需要说明的是，由于身处可竞争市场,公路货运行业(尤其是整车货运)本身并没有取得较高的利润水平。而货车司机群体,随着劳动力资产专用性的下降,不仅无法取得高收入,亦承担了较大的职业风险。

公路货运重载、低速的特征对于交通效率、交通安全和基础设施寿命均产生了巨大的影响。需要说明的是,并非所有负面影响都属于"外部成本"。在交通安全领域,货运业者可以通过购买车辆保险和货物保险降低风险损失;换言之,通过商业保险,行业已将公路货运交通安全方面的部分外部性"内部化"了。在公路市场领域,货运业者通过路桥通行费和其他税费、罚款,支付了车辆通行公路基础设施的费用;换言之,通过支付税费和罚款,行业已将车辆对公路基础设施的大部分外部性"内部化"了。从经济学的角度,这些已被"内部化"的部分,不应被继续视为公路货运对社会的负面影响。

当然,公路运输行业仍然存在尚未被"内部化"的社会影响。例如由于货车低速行驶导致其他车辆交通效率的降低和交通事故率的增加。当然,这里牵涉到一类产权——路权——是否明晰的问题,如果货车低速行驶的权利受到法律保护,那么,其他社会车辆受到的交通影响不应被视为货车带来的外部性。此外,货车在环境污染、噪声、震动等方面亦存在外部影响。

展望未来,随着产业转型升级和社会经济发展,公路货运需求将逐渐从"成本导向型"向"效率导向型"转化,其他社会车辆和货车司机群体自身亦会在交通效率和交通安全领域提出更高的诉求。多方博弈的结果将给行业的发展带来新的动力。

思考题

1. 为何公路货运价格与20年前相比出现了大幅下降?
2. 公路货车重载运输的经济效果有哪些?
3. 公路货车低速行驶的经济效果有哪些?
4. 货车司机的工作强度对于自身和公路货运行业的影响有哪些?
5. 从经济学的角度分析,费改税的本质是什么?
6. 从经济学的角度分析,计重收费的本质是什么?

主要参考文献

［1］Kenneth D. Boyer. Principles of Transportation Economics. New York: Addison Wesley Longman, Inc., 1997

［2］Stuart Cole. Applied Transport Economics: Policy, Management and Design Making. 3nd Edition; Kogan Page, 2005

［3］Patrick S. McCarthy. Transportation Economics- Theory and Practice: A Case Study Approach. Blackwell Publishers, 2001

［4］Emile Quinet and Roger Vickerman. Principles of Transport Economics. Edward Elgar, 2004

［5］US Department of Transportation, Bureau of Transportation Statistics. Transportation Statistics Annual Report 1995—2015.

［6］Wen Hang, Yuanchang Xie, Jie He. Practices of Using Weigh-in-Motion Technology for Truck Weight Regulation in China. Transport Policy, 2013(30):143-152.

［7］肯尼斯·巴顿；冯宗宪, 译. 运输经济学（第二版）. 北京：商务印书馆, 2001

［8］保罗·萨缪尔森, 威廉·诺德豪斯；萧琛, 译. 经济学（第十七版）. 北京：人民邮电出版社, 2004

［9］H. 彼得森, W. 刘易斯；吴德庆, 译. 管理经济学. 北京：中国人民大学出版社, 1998

［10］中田信哉；陶庭义, 译. 物流·配送. 深圳：海天出版社, 2001

［11］斯蒂格利茨；王尔山, 译. 经济学小品和案例. 北京：中国人民大学出版社, 1998

［12］张维迎. 博弈论与信息经济学. 上海：上海人民出版社, 2002

［13］王国顺、周勇、汤捷. 交易、治理与经济效率：O.E. 威廉姆森交易成本经济学. 北京：中国经济出版社, 2005

［14］管楚度. 新视域运输经济学. 北京：人民交通出版社, 2001

［15］荣朝和. 西方运输经济学. 北京：经济科学出版社, 2002

［16］许庆斌、荣朝和、马运等. 运输经济学导论. 北京：中国铁道出版社, 1995

［17］严作人、张戎. 运输经济学. 北京：人民交通出版社, 2003

［18］陈贻龙, 邵振一. 运输经济学. 北京：人民交通出版社, 1999

［19］赵锡铎. 运输经济学. 大连：大连海事大学出版社, 1998

［20］朱柏铭. 公共经济学案例. 杭州：浙江大学出版社, 2004.11

［21］金雪军. 公共经济学案例. 杭州：浙江大学出版社, 2004.11

［22］《国民经济和社会发展统计公报》(1979—2007), 中国国家统计局

［23］《中国统计年鉴》(1998—2016), 中国统计年鉴编辑部

［24］王正、施文俊等.《上海市小汽车出行成本研究》, 第十六届海峡两岸都市交通学术研讨会, 2008 年9月

［25］邓欣、黄有光.《中国道路交通外部成本估计——北京案例研究》, 重庆大学学报（社会科学版），

2008年第1期
- [26] 杭文:《公路货运车辆载重规制策略研究》,南京:东南大学博士学位论文,2006年
- [27] 杭文、李旭宏、何杰:《基于车辆轴型分类的公路货运车辆运营成本研究》,公路交通科技,2005年第9期
- [28] 李旭宏、杭文、何杰等:《世行安徽公路项目Ⅱ——车辆超载课题研究:最终报告》,东南大学、安徽省交通厅,2006年10月
- [29] 李旭宏、杭文、何杰等:《公路超载车辆运输管理关键技术研究——最终报告》,东南大学、安徽省交通厅,2008年4月
- [30] 杭文:《大城市公共交通的经济属性及其模式创新》,人民公交,2015年第1期